dtv

Der Blaue Bär ist der Inbegriff der Wildnis Alaskas: Nur selten verläßt er sein Versteck, und nur ganz wenige Menschen haben ihn aus der Ferne gesehen. Als der japanische Tierfilmer Michio Hoshino diesem geheimnisvollen Tier auf die Spur kommen will, bittet er den Tourenführer Lynn Schooler, der die Heimat dieses Bären wie kein anderer kennt, um seine Hilfe. Schon bald entwickelt sich zwischen den beiden Männern eine tiefe Freundschaft – Schooler bringt dem Japaner die Schönheit Alaskas nahe, dieser wiederum lehrt den leidgeprüften Trapper fernöstliche Gelassenheit und Weisheit. Die gemeinsame Suche nach dem Blauen Bären aber findet ein tragisches Ende: Hoshino wird von einem Grizzly erschlagen. Doch Schooler gibt nicht auf – und das Unglaubliche gelingt: Das Foto des Blauen Bären, das er nach Jahren der erfolglosen Suche schießen kann, ist unvergängliches Sinnbild seiner Freundschaft zu Hoshino, der sein Leben verändert hat.

Lynn Schooler, geboren 1954, kam als Kind mit seinen Eltern von Texas nach Alaska und lebt dort in der Nähe des kleinen Hafenstädtchens Juneau. Seine Fotografie wurde u.a. mit dem ›National Wildlife Grand Prize‹ ausgezeichnet.

Lynn Schooler

Die Spur des Blauen Bären

Zwei Männer in der Wildnis Alaskas

Aus dem Englischen von Hartmut Schickert

Deutscher Taschenbuch Verlag

Ungekürzte Ausgabe:
Juni 2004
Deutscher Taschenbuch Verlag GmbH & Co. KG, München
www.dtv.de

Die Originalausgabe erschien unter dem Titel:
The Blue Bear. A True Story of Friendship, Tragedy and
Survival in the Alaskan Wilderness
New York, Ecco/HarperCollins Publishers 2002

Redaktion: agens, Stuttgart
Biologische Fachberatung: Gerhard Hartmann
Kartenzeichnung: Jackie Aher
Umschlagkonzept: Balk & Brumshagen
Umschlagfoto: © Getty Images / Benelux Press
Satz: Jürgen G. Rothfuß, Neckarwestheim
Druck und Bindung: Druckerei C. H. Beck, Nördlingen
Gedruckt auf säurefreiem, chlorfrei gebleichtem Papier
Printed in Germany · ISBN 3-423-20719-1

Für Michio Hoshino

Inhalt

Prolog

Ich lebe auf einem Boot in Juneau. Während ich dies schreibe, quäkt aus dem Funkgerät des Schiffs der Wetterbericht für die nächsten drei Tage. Von draußen rüttelt eisiger Wind an den Fenstern und pfeift durchs Ofenrohr. Es ist Dezember, wenige Tage vor der Wintersonnenwende, und eine dünne Schicht grün-schwarzen Eises bedeckt das Wasser im Hafen. Seit mehreren Tagen schneit es, und die leiernde Stimme aus dem Funkgerät warnt vor einem Wetterumschwung, der Stürme, wärmere Luft und Regen bringen wird.

Juneau, Heimat von rund 30 000 Menschen, ist mehr als bloß abgelegen. Zwischen Meer und Berge gezwängt, ist die Stadt nur auf dem Luft- und Seeweg zu erreichen. Keine Straßen verbinden sie mit der übrigen Welt; steil ragen hier die Berge von der Wasserlinie bis zur Baumgrenze empor, und darüber folgt die Hochgebirgszone. Deren blasse Farben überragen nackte Felsgipfel, und hinter denen liegt ein riesiges, von Brüchen durchzogenes Eisfeld von bis zu 1000 Metern Stärke.

Unten vom Stadtzentrum aus ist das Eisfeld nicht zu sehen, doch es ist immer da, lauert gleich hinter den Graten und schickt seinen kalten Atem in einem eisigen Schwall hinab, der zwischen Häusern und Geschäften hindurchwirbelt und ständig daran erinnert, daß das Eis für Alaska dasselbe ist wie Schiwa für den Pantheon der Hindus: die Gottheit, die erschafft, und der Dämon, der zerstört. Über die Jahrtausende hinweg vordringend und sich wieder zurückziehend, haben Gletscher rastlos am Felsgrund des Kontinents gegraben und Tausende Meilen Küste mit einem gewundenen Muster von eisbehauenen Bergen und Fjorden kanelliert, das an die verzweigte, geschlängelte Furche erinnert, an der die Knochen des Schädels zusammengewachsen sind.

Entlang der unteren Hänge sind die Berge mit dunkelgrünen Wäldern bedeckt, die ein dichtes Unterholz von Rauschbeeren, Erlen und Igelkraftwurz beschützen. Feuchte Winde wehen vom Pazifik und vom Golf von Alaska heran und hüllen das Land oft in dicke weiße Wolken. Steilwandige Fjorde schneiden in regelmäßigen Abständen tief ins Festland ein, und an ihrem Ende schlecken die langen blauen Zungen von Gletschern am Meer. Ein Rosenkranz von Inseln schmückt die Küste und unterteilt den dagegen anbrandenden Ozean in ein Gewirr von langen, schmalen Wasserstraßen. Die Schwerkraft des Mondes läßt den Meeresspiegel hier bei Flut manchmal um bis zu siebeneinhalb Meter in sechs Stunden steigen, was diesen Passagen zu einigen der extremsten Tiden- und Strömungsverhältnissen der Welt verhilft.

Entlang des Küstenbogens zwischen den Aleuten im Westen und der Mündung des Stikine River bei Wrangell im Süden sind noch immer über 60 000 Quadratkilometer Land unter Eis begraben, das acht große Eisfelder sowie zahllose kleinere bildet, von denen Dutzende blaßblauer Gletscher sich langsam bergab zum Meer schieben, wo sie unter Donnerhall Eisberge ins Wasser kalben. Hier ist noch immer Eiszeit.

Auf der Titelseite der gestrigen Tageszeitung stand die Nachricht, daß ein Jäger vermißt wird, ein einundzwanzigjähriger Tlingit-Indianer aus dem Dorf Hoonah, der irgendwo auf den dicht bewaldeten Inseln im Westen verschollen ist. Auch jetzt patrouillieren noch Boote entlang der Küsten, eine Suchmannschaft durchkämmt die undurchdringlichen Wälder, ein Hubschrauber wurde losgeschickt, um vom grauen, wolkenverhangenen Himmel herab Ausschau zu halten. Der Name des vermißten Mannes kommt mir bekannt vor, doch ich kann ihm kein Gesicht zuordnen. Das bedeutet nicht, daß es keine Verbindung zwischen ihm und mir gibt – fast mit Sicherheit ist das der Fall. Alaska ist nur dünn bevölkert, doch unsere Wege kreuzen und verschlingen sich in merkwürdigen, vorhersagbaren Mustern. Wir erkennen uns gegenseitig anhand unserer Familien- und Freundschaftsbande oder daran, wo ein Mann jagt und mit wem. Wir erkennen uns an unseren Booten – der Silhouette, der Farbe, dem Namen –, und wir wissen, welches Kind in welches Haus gehört. Dies ist eine Nachbarschaft, die sich tausend Meilen weit erstreckt.

Was mich mit dem verschollenen Jäger verbindet, will mir nicht einfallen, bis ich mich an seinen Vater erinnere – einen Mann mit kräftiger Brust, sanfter Stimme und einer Mähne schwarzen, sorgfältig gekämmten Haares sowie den langsamen, umsichtigen Bewegungen eines Menschen, der viel Zeit in freier Natur verbringt. Wir saßen zusammen in der Sauna des Gemeindeschwimmbads, schwitzten uns die Winterkälte aus dem Leib und hörten den Fischern zu, die die niedrigen Preise für ihren Winterfang an Quinnat-Lachsen beklagten.

Ich stelle mir vor, wie der Vater sorgenvoll und nach nasser Wolle riechend sich auf der Suche nach seinem Sohn einen Weg durchs Unterholz bahnt. Falls es regnet, wird der Sohn vermutlich sterben – wenn er nicht bereits tot ist. Die Kombination von Regen und Wind ist viel tödlicher als Schnee, denn ein nasser Mann ohne Nahrung und Schutz verliert die Körperwärme zwanzigmal so schnell wie einer, der einfach nur kalter Luft ausgesetzt ist. Der Junge wird seit zwei Tagen vermißt, und die Wahrscheinlichkeit, daß er überlebt, sinkt so stetig wie die Nadel des Barometers.

In ihren Legenden geben die Tlingit oft Kushtaka die Schuld an solchem Verschwinden, einem gnadenlosen Geist, halb Mensch, halb Otter, der in Gestalt einer Sirene oder eines geliebten Menschen die Unachtsamen in ihr Verderben lockt. Kushtaka hat Heißhunger auf Seelen, sein schemenhafter Schatten schlängelt sich durch die Wälder und verschmilzt mit dem Nebel.

Der Otter-Mann bewegt sich im Wasser genauso behende wie über Land, und wenn er schwimmt, entwickelt er manchmal solchen Appetit, daß er Schiffe im Ganzen verschlingt. Das kann die See wie den Wald zu einem grauen, schreckerfüllten Etwas machen.

Kürzlich überraschte ein rasender Sturm einen Fischdampfer aus Haines – einem kleinen Hafen nördlich von Juneau –, der ein paar Meilen vor der Küste seine Netze ausgeworfen hatte. Vor gar nicht langer Zeit, vielleicht vor einem Monat, hatte ich die *Becca Dawn* noch gesehen, wie sie durch ruhiges Wasser volle Fahrt nach Süden machte – mit, wie Seeleute das nennen, »einem Knochen in den Zähnen«: einer weißen, wirbelnden Bugwelle – und eine Rauchfahne in der stillen Luft über ihrem Kielwasser zurückließ. Ich fuhr mit meinem Boot, der *Wilderness Swift*, gerade nach Norden, als wir einander passierten, und aus dem Fenster der *Becca Dawn* winkte mir eine Hand zu.

Doch vor zwei Wochen verbreitete sich die Nachricht, daß sie in Schwierigkeiten war – das Wetter war schlecht und die Küstenwache hatte einen Hubschrauber losgeschickt. Bei Anbruch der Nacht waren die Wellen auf bis zu zwölf Meter angeschwollen, und ein brüllender Sturm von 130 Stundenkilometern zerfetzte die Schaumkronen. Als das letzte Tageslicht des tiefen Winters im Westen verblaßte, taumelten von Horizont zu Horizont schwarze Wasserwände, zerbrachen und ertränkten die Welt in einem Chaos von Donnern und Gischt. Eine wütende Welle nach der anderen brach aus dem Dunkel heraus über die *Becca Dawn* und verbog ihre Wrangen und Spanten. Zermürbt und zerschunden schlug die *Becca Dawn* leck und begann zu sinken.

In dem Durcheinander warf man eine automatisch aufblasbare Rettungsinsel mit Notrufsender über Bord, ohne sie vorher am Schiff festgemacht zu haben. Als diese sich nicht entfaltete, band sich der stärkste Schwimmer der Crew – ein athletischer junger Fischer mit einer Vorliebe für Weißwasser-Kajakfahrten – eine Leine um die Brust, befestigte das andere Ende am Boot und versuchte zur Rettungsinsel zu schwimmen, während seine zwei älteren Brüder sich verzweifelt bemühten, im gleißenden Licht eines Scheinwerfers das Boot über Wasser zu halten. Unter den Schlägen der gigantischen Brecher gierte die *Becca Dawn*, taumelte und sank immer schneller, als die Luken brachen und der Frachtraum vollief. Dreimal versuchten die älteren Brüder, die Leine zu kappen, die den Schwimmer ans Boot fesselte; dreimal brach eine Welle über das Deck und entriß das Messer ihren Händen.

Als die *Becca Dawn* schließlich unter ihren Füßen wegsackte und ihnen nichts übrigblieb, als sich selbst in einem Gewirr von Schwimmleinen und Netzen und Ausrüstung zur dürftigen Zuflucht des winzigen Rettungsfloßes durchzukämpfen, blieb der Schwimmer – ihr Bruder und Freund – ans Schiff gebunden. Die Überlebenden berichteten später, daß das Scheinwerferlicht der *Becca Dawn* noch lange, lange Zeit zu sehen war, während das Boot immer tiefer im dunklen Wasser versank.*

Die *Becca Dawn* fand ihr Grab nahe Lituya Bay, einem legendenumwobenen Ort, den ich sehr gut kenne. Es handelt sich um einen T-förmigen Fjord, der direkt auf einem geologischen Stolperdraht namens Fairweather-Verwerfung liegt und wo nach den Erzählungen der Tlingit-Indianer Kah-Lituya zu Hause ist, ein großer, böser Bär-Gott, der es zutiefst haßt, wenn Fremde in sein Reich eindringen. Ist er wütend, schickt Kah-Lituya einen der dunklen, reichlich mit Muskeln bepackten Grizzlys los, die die Gletscherküste unsicher machen, und der nimmt dann das Land zwischen seine schrecklichen Kiefer und schüttelt es, bis Erdrutsche von den Bergen herabstürzen und die See vor Wasserstrudeln kocht.

Vor gut 40 Jahren löste eines von Kah-Lituyas Erdbeben, dessen Epizentrum in der Bucht lag, eine massive Flutwelle aus, die über sechs Quadratkilometer Wald vernichtete. Sie schlug mit solcher Wucht zu, daß sie die Muscheln in der Bucht abriß und den Berg hinauf bis in eine Höhe von über

* Die an der Rettung beteiligte Crew des Küstenwachen-Hubschraubers wurde später mit der höchsten Auszeichnung der Nation in Friedenszeiten geehrt für, wie Admiral Tom Barrett von der Küstenwache es formulierte, »fliegerisches Können und außergewöhnliche Zähigkeit«. Lieutenant Commander Robert Yerex, Lieutenant James O'Keefe, Petty Officer First Class Christian Blanco und Petty Officer Third Class Noel Hutton erhielten das Distinguished Flying Cross für den Wagemut, mit dem sie tiefste Dunkelheit, Seekrankheit, Schnee, sprühende Gischt und Treibstoffmangel überwanden, um die Überlebenden aus der tosenden See zu holen.

500 Metern trug, auf diesem Weg alles Lebendige auslöschte und den dünnen, sauren Mutterboden vom Felsgrund wegspülte. Sie zerstörte auch zwei Fischerboote, die in der Bucht ankerten.*

Als ich vor zwölf Jahren erstmals die Bucht von Lituya besuchte, leckte sie noch immer ihre Wunden. Der Strand war zwischen den Granit- und Schieferfindlingen mit Fiberglasfetzen, Plankensplittern und rostigen Metallteilen übersät. Nahe der Einfahrt in die Bucht war ein plumpes Denkmal aus Steinen errichtet worden. Eine zerfledderte gelbe Ölzeugjacke, auf die der Name eines Fischerboots geschrieben war, hing mit ausgebreiteten Armen auf einem Kruzifix aus Treibholz, an dessen Fuß die Opfergaben eines Strandläufers ausgebreitet lagen: Adlerfedern und Fender, Latten von Kisten mit verblaßten asiatischen Schriftzeichen, Stücke von Netzen und Leinen. In ungelenken, verwaschenen roten Buchstaben waren auf dem Rücken der Regenjacke die Namen von vier Seeleuten aufgelistet.

Es war ein ruhiger Tag. Seehunde und Vögel schaukelten zufrieden auf Eisschollen, die der Gletscher am Ende des Fjords gekalbt hatte. Als ich einen glatten Streifen Sandstrand überquerte, um in den Wald zu gelangen, stieß ich auf einen tellergroßen Fußabdruck, den ein Gehilfe von Kah-Lituya hinterlassen hatte. Die Ränder des Abdrucks waren deutlich, tief und frisch. Ich bückte mich und maß die Spanne der Bärenspur mit meinen gespreizten Fingern: genauso breit und anderthalbmal so lang.

Ein paar Minuten lang beobachtete ich den Waldrand und lauschte auf Alarmrufe von Erdhörnchen oder Eichelhähern.

* Schiffbruch hat es hier immer gegeben, seit der französische Entdecker La Pérouse als erster Abendländer die abgelegene Bucht ansteuerte und prompt 21 Männer in einem Mahlstrom von wütender Brandung und heftigen Strömungen verlor. In den 200 Jahren seither wurden die Seelen von über 100 Seeleuten den kalten Wassern des Fjords geopfert – Tribut an die trügerische Einfahrt, die eine mit Steinen gepflasterte Landzunge versperrt, die La Pérouse »La Chaussee« taufte und die örtlichen Fischer »Chopper« nennen.

Eine kühle Brise wehte mir in den Nacken und hob die Haare über meine Ohren, also trieb mein Geruch in den Wald vor mir hinein. In der Stille hörte ich mein Herz schlagen, als ich über den Sand ging und zwischen die Bäume trat.

Die Demarkationslinie zwischen dem von der Flutwelle verwüsteten Bereich des Waldes und dem unbeschädigten war deutlich. Unter dem Baldachin des nicht verletzten alten Baumbestands fiel das Sonnenlicht in Flecken zwischen die in Größe und Alter ganz verschiedenen Stämme. Bejahrte, vernarbte Veteranen erhoben sich über biegsamen grünen Schößlingen, und der Boden war mit dem reichen verrottenden Gemenge von Windbruch und Herbstlaub übersät. Ein undurchdringliches, brusthohes Gewirr von Rauschbeeren und Igelkraftwurz kämpfte um die besten Plätze für die Lichtfetzen, die die Lücken zwischen den Bäumen durchließen.

Der Vergleich des alten Waldes mit den jungen Bäumen, die den von der Welle blank gefegten Grund neu kolonisierten, war beeindruckend. Die frischen Gehölze waren uniform und ebenmäßig, jeder Baum von ähnlicher Höhe und vergleichbarem Durchmesser wie seine Nachbarn. Die Zweige verschmolzen in der Höhe zu einem dicken grünen Dach, das alles direkte Licht abhielt. Der Boden lag im Schatten, das Unterholz war spärlich. Verglichen mit der Vielfalt pflanzlichen Lebens unter altem Baumbestand war dies eine Wüste, die nichts von dem üppigen Saus und Braus der Sträucher und Farne und Bodendecker an sich hatte, die in Hülle und Fülle unter alten Bäumen gedeihen.

Doch das Leben, wie es nun einmal ist, erkämpfte sich langsam, aber hartnäckig in perfekt angepaßter Form wieder, was ihm zustand. Stengelumfassender Knotenfuß und Hartriegel versuchten einen dünnen Vegetationsteppich zu bilden, und erste züngelnde Streifen von Bärlappmoos hatten begonnen, versuchsweise flache Steine und Wurzelschwellen zu überwuchern. Mit der Zeit – in 50 oder 100 Jahren, vielleicht auch mehr – würden ein, zwei Bäume ihre Nachbarn überragen, die Wipfel in den Wind strecken, gefällt werden und dabei eine Lücke in den dichten Blätterbaldachin reißen. Dann könnte Licht eindringen, und die höheren, kräftigeren Formen pflanzlichen Lebens würden ein frenetisches Wachstum an den Tag legen.

Ein kühler Lufthauch wehte durch den Wald, als ich ruhig dastand und sorgfältig auf alle Geräusche achtete, die mich vor einer Rückkehr des Grizzlys warnen konnten. Ein vereinzeltes lautes »Bumm« hallte von den Bergen über mir wider, als der Gletscher am Ende des Fjords einen weiteren Eisbrocken in die Bucht entließ.

Der Wind heult, die Erde bebt, die Flut kommt und geht. Menschen wandern in die Natur hinaus und verschwinden spurlos. Und die ganze Zeit ist das Eis da – massiv, steril und kalt – und wartet darauf, wiederkommen zu können.

Doch wenn das Eis sich zurückgezogen hat, flutet das Leben in die Täler und Buchten hinein, greift nach den Bergen und schiebt Wurzeln in die Erde hinunter, genau wie es das jetzt nach der katastrophalen Flutwelle tat. Wälder wachsen, Tiere ziehen ihre Jungen groß, Vögel erinnern sich an die Flugrouten, die sie durch die Jahreszeiten geleiten. Wenn das Eis schwindet, entdecken Lachse und Stahlkopfforellen neu entsprungene Flüsse, die ihrer Brut Schutz bieten und zu traditionellen Laichgründen zukünftiger Generationen werden. Ein ganzes Ökosystem bildet sich aus und verknüpft die elementaren Stränge von Sonnenlicht, Energie und Niederschlägen zu dem dynamischen, wirbelnden Wechselspiel von Schöpfung, Fortpflanzung, Jäger und Beute.

Aus diesem Grund liebe ich diesen Ort. Glühend verehre ich ihn wegen seiner Fähigkeit, sich wieder zu erholen, nachdem Eis oder wütende Tsunamis ihn bis auf den Felsgrund skalpierten, wegen des komplexen Spiels der Kräfte, wenn die genesende Erde ihren Reichtum unbezähmbaren Lebens entfaltet. Ich liebe ihn wegen der Gewalt, die sich in der Wucht des Regens zeigt (der sich mancherorts entlang der Küste auf bis zu 500 Zentimeter pro Jahr summiert). Ich begehre ihn heftig wegen der Lieder, die er mit der Stimme eines Wales singt oder mit dem rostigen, trachealen Trompeten eines Kranichschwarms. Ich verehre ihn wegen seines Ungestüms und seiner Gier, und ich liebe ihn, gleich ob es stürmt oder windstill ist. Manchmal im Frühling, wenn die frischen grünen Blätter und die ersten zarten Blüten aufbrechen, liebe ich ihn so wie ein Hund es liebt, auf der Ladefläche eines Pickup mitzufahren, und ich möchte dann Seite an Seite mit ihm bellend und mit wehender Zunge laufen.

Der Frühling ist auch die Zeit, wenn die Bären wieder aus ihren Winterhöhlen hervorkommen, und da ich meinen Lebensunterhalt als Tourführer verdiene und Naturfotografen helfe, sie zu fotografieren, markiert dies meinen Jahresanfang genauer als irgendein kalendarisches Ereignis. Im April werden die Tage rasch länger, und der Tiefschnee auf den Hängen oben beginnt in der Flut des Sonnenlichts zu vergehen. Bäche von Schmelzwasser bahnen sich ihren Weg unter der Schneedecke, und die Kruste beginnt einzubrechen. Unter der Oberfläche schlafende Grizzlys zucken und räkeln sich, wenn das Eindringen neuer Gerüche in ihre moosgepolsterten Höhlen sie kitzelt.

Als erstes kommen die alleinlebenden Bären hervor, einzelne Männchen und Weibchen, die in die Sonne blinzeln und ihre Nasen der neuen Welt um sie herum entgegenstrecken. Weibchen mit Jungen, die sie füttern müssen, tauchen erst später auf, wenn mehr Fressen zur Verfügung steht. Unsicher und schlaftrunken tollen und trödeln sie am Eingang herum und besudeln den Schnee mit Unrat aus der Höhle. Mit einem guten Fernglas kann man vom Strand unten die Schmutzflecken in der Hochgebirgszone ausmachen und weiß dann, daß der Winter das Land nicht mehr fest im Griff hat.

Weiter unten im Wald stecken die kleineren Cousins der Grizzlys bereits versuchsweise die Nasen unter Wurzelstöcken und Sturmholz hervor. *Ursus americanus*, der amerikanische Schwarzbär, verbringt den Winter am liebsten in den Höhlen und Gruben des Waldes und windet sich in kleine Öffnungen unter lebenden Bäumen oder günstige Lücken zwischen Findlingen, wo er in der kalten Jahreszeit dem Hunger trotzt, indem er sich tief in seine Träume zurückzieht.

Doch es gibt noch eine dritte Kreatur hier, die im Frühling zum Leben erwacht: ein argwöhnisches, flüchtiges Tier, das sein Leben in Geheimnis gehüllt verbringt, doch an der Peripherie meines Gesichtskreises wie ein Nachbild der Eiszeit herumzulungern scheint. Es trägt die Farbe des Winterhimmels, ein blasses Blaugrau, das zu den nackten Granitfindlingen paßt, die der Rückzug der Gletscher liegenließ, und es lebt nirgendwo auf der Welt mit Ausnahme eines Küstenstreifens von 500 Meilen zwischen dem Prince William Sound im Nordwesten und Ketchikan im Süden. Der einzige je unternommene Versuch, die Anzahl dieser Lebewesen offiziell zu ermitteln, gelangte zu der Schätzung, daß weniger als 100 Individuen diesen verwirrenden Kartenabschnitt durchstromern. Die Ureinwohner dieser Gegend glaubten, es handele sich um das Ergebnis einer Vereinigung des Bären-Clans mit dem der Bergziegen, und tauften das Wesen *klateutardy tseek* – »weißer« oder »schneegleicher« Bär. Doch man nennt ihn auch den Gletscher- oder Blauen Bären, und ein Mensch kann leicht sein Leben damit verbringen, die Fjorde und Eisfelder Alaskas nach ihm abzusuchen und niemals einen zu Gesicht zu bekommen.

Beim Schreiben dieser Seiten habe ich manchmal eine Pause gemacht und mir ein Foto angeschaut, das am Schott neben der Koje hängt, wo ich sitze. Das Motiv des Bildes steht im trüben Licht der Abenddämmerung auf allen vieren und quer zur Kamera. Nach allen Regeln der Kunst ist es ein schlechtes Foto – das Licht ist flach, die Schärfe verwackelt, der Bildaufbau banal –, und doch zähle ich es zu den größten Kostbarkeiten unter meinen materiellen Besitztümern.

Der Wert dieses Bildes gründet sich für mich nicht darauf, daß es das Foto eines Gletscherbären ist (obwohl es genau das ist und es weltweit weniger Abbildungen von Gletscherbären gibt als zwanzigkarätige gelbe Diamanten), oder auf meine Hoffnung, daß sein Seltenheitswert mir Geld oder Ruhm einbringen wird. Das Licht durchs Objektiv eindringen, durch die Prismen und Spiegel spielen zu lassen und das Bild für immer festzuhalten, dauerte nur 1/60 Sekunde. Doch es bedurfte fast eines Jahrzehnts der Suche nach dem Gletscherbären, ehe der Verschluß sich öffnen konnte, und davor lag noch einmal ein ganzes Leben, ehe ich an den Ort gelangte, wo die Suche beginnen konnte. Am wichtigsten aber ist, daß in dem Moment, da meine Kamera klickte und den Bären einfing, ein Jahrzehnt der Freundschaft mit einem ungewöhnlichen Mann in einem Sekundenbruchteil zusammengefaßt wurde.

Das Bild erzählt diese Geschichte.

1 Abnabelung

Ich wurde 1954 am Rand des Llano Estacado in Westtexas geboren; diese Wüste ist so riesig und eintönig, daß die einstigen spanischen Eroberer quer durchs Land eine endlose Reihe Pfosten aufstellten, um sich nicht zu verirren. Die deutschen, holländischen und russischen Einwanderer, die sich Ende des 19., Anfang des 20. Jahrhunderts hier und da in Westtexas niederließen, zogen Stacheldrahtzäune, bauten Windräder und versuchten, sich dieses sonnenverbrannte Land zu unterwerfen. Störrisch wie Maulesel waren sie, und sie verabscheuten es, *irgend etwas* aufzugeben, das sie einmal begonnen hatten. Doch zu der Zeit, als mein Vater ein junger Mann war, setzte ein Wandel ein, und so wurde er der erste aus unserer Familie, der ausbrach aus unserer angestammten Heimat: einer kleinen Farm auf hartem, steinigem Land zwischen den von Mesquitbäumen bestandenen Hügeln nahe Robert Lee, Texas, wo schon sein Vater und sein Großvater immer wieder von endlosen Dürrezeiten und hartherzigen Viehaufkäufern am Boden zerstört und übers Ohr gehauen worden waren. Als ich geboren wurde, klapperte er als eine Art moderner Klinkenputzer die Straßen ab; mit einem blauen Plymouth Fury fuhr er tausend Meilen pro Woche quer durch Texas und New Mexico, um elektrische Geräte und Zubehör in den im steten Niedergang begriffenen Öl- und Baufirmen an den Mann zu bringen.

Eines Nachmittags im Jahr 1969 (ich war 15) rollte Dads Plymouth, in eine beißende Alkali-Wolke gehüllt, in den sonnenverbrannten Hof. Als der Wagen knirschend zum Stehen gekommen war, ging die Fahrertür auf, ein bestiefelter Fuß kam heraus und wurde auf den Boden gestellt. Mein Vater warf, den einen Arm über das Lenkrad gelegt, seinen schlanken Körper halb auf dem Fahrersitz herum, dann saß er einen Augenblick so da und sah mich an, ehe er mich herbeiwinkte.

»Schau dir das an«, sagte er und entfaltete dicht vor meinem Gesicht eine Zeitung. »Was hältst du davon?«

Er fuhr sich mit der Hand durch seine dünner werdenden Haare, während ich die Zeitung studierte.

»Nun, was hältst du davon?« Er lächelte. »Man hat Öl in Alaska gefunden. Jede Menge Öl.«

Ich war nicht sicher, wo Alaska lag, doch es war ziemlich weit weg, das wußte ich. Viel weiter als El Paso oder sogar Colorado, wo mein Freund Jimmy mit seinem Vater auf Elchjagd ging. Jimmy war immer eine Woche weg, wenn er nach Colorado ging. Wenn sie in Alaska Öl gefunden hatten, bedeutete das wahrscheinlich, daß Dad viel länger unterwegs sein würde.

»Du wirst noch mehr weg sein?«

Dad gab mir mit der Zeitung einen Klaps auf die Schulter, und in seinen Augenwinkeln zeigten sich ein paar Lachfältchen.

»Ja, ich denke, das werde ich«, sagte er und ging aufs Haus zu. Er schien in Eile zu sein, schloß noch nicht einmal die Autotür. Ich konnte den Rauch der Camels riechen, der noch im Wageninneren hing.

»Wirklich?« rief ich ihm nach. »Noch viel länger weg?«

»Keine Sorge, mein Sohn.« Er war schon bei der offenstehenden Garage und verschwand in der kühlen Dunkelheit, um die Abkürzung in die Küche zu nehmen. »Du kommst mit!«

Ich blinzelte in die gleißende Sonne, als ich mich umblickte: 60 Ar steinharter texanischer Boden mit einem tristen Haus aus Schlackensteinen in der Mitte; eine halbe Meile davon entfernt eine Ölraffinerie, die nachts so viel Gas abfackelte, daß man ohne Lampe lesen konnte; ein ebenes Buschland mit Mesquitgestrüpp und Kalkgeröll bis zum Horizont, in der Ferne ein Windrad. Dann sagte ich zu mir selbst, aber dennoch laut und deutlich:

»Hört sich ziemlich gut an.« Jeder Ort, dachte ich, war wohl besser als dieser.

Dad feilschte und handelte und kaufte schließlich einem bankrotten Ölbohrschwindler einen Chevrolet-Zweitonner ab, der bislang auf Ölfeldern Dienst getan hatte; dann ging er daran, einen behelfsmäßigen Möbelwagen daraus zu basteln. Links und rechts vom Fahrerhaus thronten faßgroße Zusatztanks.

»Benzin ist teuer, vor allem in Kanada«, sagte Dad, während er den Deckel abschraubte, der auf dem Einfüllstutzen saß, und in die leere Dunkelheit eines Tanks spähte. »Damit haben wir jede Menge Reichweite. Es ist ein verdammt langer Weg nach Alaska.«

Ein Schwenkkran, den der frühere Besitzer aus Stahlrohren in Form eines A zusammengeschweißt und über der Ladefläche zum Heben und Senken von Schweißmaschinen, Bohrköpfen und anderen schweren Geräten montiert hatte, fiel krachend zu Boden, als die Haltebolzen losgeschlagen wurden. Statt dessen wurde ein Skelett von Holzlatten aufgebaut, das einen kastenförmigen Aufbau aus Aluminiumblechen bekam. Dad zeigte mir, wie man Styropor-Platten als Isolierung zuschneidet und einpaßt.

»Vielleicht müssen wir hier drin wohnen«, sagte er, und ich fragte mich, ob das ein Witz sein sollte. Nach Alaska aufzubrechen war eine so verrückte Vorstellung, daß es mir nicht weit hergeholt schien, im Laderaum eines Lastwagens zu hausen.

Mutter sah mit verschränkten Armen zu, schüttelte den Kopf und lächelte, dann ging sie wieder packen. Ihre beste Freundin brachte einen eimergroßen Becher Erdnußbutter vorbei, und dann rief Jimmys Mutter an und fragte, wo wir denn Gemüse herbekommen wollten, wenn wir erst einmal in Alaska lebten. Meine Eltern umarmten sich und lachten darüber. Doch wenn sie glaubte, daß niemand sie beobachtete, wurde Mutters Gesicht sehr ernst.

Unsere gesamte Habe wurde sorgfältig eingewickelt, verpackt und auf der Ladefläche des Lastwagens verstaut, dann die Tür dahinter verriegelt. Das funkensprühende gleißende Blau eines Schweißbrenners tat meinen blinzelnden Augen weh, als ein Freund meines Vaters damit vorn an unserem alten Ford-Pickup eine Zugdeichsel montierte.

Mit dem Pickup im Schlepptau des Möbellasters manövrierte Dad mit Zwischenkuppeln die überladene Fuhre vorsichtig die langen, allmählichen Steigungen hoch; ich saß neben ihm, in einen Stapel Zeitschriften vertieft, um mich vom langweiligen Einerlei der endlosen Ebenen abzulenken. Meine Mutter und meine beiden Schwestern schlichen in unserem Familienauto hinterher; immer wieder hörten sie Otis Reddings »Sittin' on the Dock of the Bay« auf dem Acht-Spur-Recorder (die einzige Musik, auf die sie sich einigen konnten), während wir uns von Westtexas verabschiedeten.

Unsere langsame Karawane arbeitete sich durch die Gebirge Colorados nach Norden vor, bis sie schließlich unter dem weiten Himmel Montanas immer in Richtung Polarstern und über die Grenze nach Kanada kroch.

Drei Wochen, nachdem wir Texas verlassen hatten, endete der Asphalt, und wir bogen vom Schnellstraßennetz auf den Alcan Highway ein: tausend Meilen Waschbrett-Schotterpiste, die sich durch die endlosen Birken- und Krüppelkieferwälder des Yukon bis zur Grenze von Alaska winden. Durch die dünnen Sperrholzwände der einfachen Rasthäuser, in denen wir übernachteten, konnte ich das Murmeln meines Vaters hören, der die Fragen beantwortete, die meine Mutter mit immer spitzerer Stimme stellte. Die Belastung, alles Vertraute zurückzulassen, quälte und zermürbte und legte auf dieser Reise zusammen mit der immer kälter werdenden Luft die Nerven mit eisigem Biß blank.

Es war Januar, und solch eine Kälte hätten wir uns niemals vorstellen können. Glitzernd weißer Rauhreif überzog alles, die Dampfwolken meines Atems hingen reglos in der Luft. Die Temperatur fiel auf über 30 Grad unter Null, und morgens mußte Dad mit einer Lötlampe die Zahnräder und Achsen des Pickups vorwärmen, damit wir losfahren konnten. Je weiter wir kamen, desto tiefer wurden die Furchen in seiner Stirn.

Nach 30 Tagen Fahrt erreichten wir Alaska. Die Grenze

zwischen Kanada und den USA markierte hier eine breite, mit Kettensägen in den dichten Wald zu beiden Seiten der Straße geschlagene Schneise; eine lange Reihe Baumstümpfe marschierte in die eisverkrustete Ferne und kletterte den Wald hinauf, bis sie dem Blick entschwand. Ein paar Meilen hinter der Grenze trat Dad mit Wucht auf die Bremse, weil ein Wolf in vollem Lauf zwischen den Weiden am Straßenrand hervorgeschossen kam. Schlitternd kamen Lastwagen und Wolf gleichzeitig zum Stehen. Die schrägen gelben Augen in seinem schlanken, schwarzen Gesicht starrten eine lange, eisige Sekunde reglos in die meinen, ehe der Wolf auf der Stelle kehrtmachte und wieder im Unterholz verschwand.

Reglos und still saßen wir da, nur das Leerlauftuckern des Motors war zu hören, und starrten auf die Stelle im Waldsaum, die den Wolf verschlungen hatte. Ich merkte, daß ich den Atem anhielt. Dad beugte sich nach vorn und legte beide Arme für eine kurze Weile auf das Lenkrad. Schließlich drehte er sich mit einem merkwürdigen Gesichtsausdruck zu mir um.

»Wir haben das Richtige gemacht«, sagte er. »Oder nicht?«

Ich konnte nichts sagen, aber ich wußte genau, was er meinte.

Ich hielt seine Hand, als er starb. Dieser Krebs war wie eine Hinrichtung: zuerst das Urteil und all die kleinen Demütigungen, nicht mehr die Freiheit zu haben, für sich selbst sorgen oder ganz alltägliche Entscheidungen treffen zu können. Dann kamen die hoffnungsschwangeren Klinikaufenthalte, Chemotherapie, Diäten, Bestrahlungen, bis schließlich klar war, daß all das nicht viel Zweck gehabt hatte und daß durch die Zeit, die für den Kampf gegen das Urteil aufgewandt worden war, wichtigere Dinge unerledigt geblieben waren.

Die Hand, die ich hielt, war von Arbeit gestählt und stark und fühlte sich unter der papierenen Lederhaut wie geschnitztes Eichenholz an. Sogar als der Krebs sich schon mit den Muskeln und Organen meines Vaters sein letztes Festmahl gönnte, sahen seine Hände immer noch aus, als könnten die Finger einen festgefrorenen, verrosteten Schraubenkopf umklammern, und, ohne einen Schlüssel zu Hilfe zu nehmen, herausdrehen.

Als ich bei jenem letzten Mal die Hand meines Vaters hielt, betrübte es mich, daß es eines solchen Unglücks bedurft hatte, damit endlich seine Hand in meiner lag. Nur ein einziges Mal, an mehr kann ich mich nicht erinnern, hatte er (abgesehen von einem Händeschütteln) zuvor je meine Hand ergriffen, und zwar, als eine erblich bedingte Verdrehung meiner Wirbelsäule erstmals den Ärzten aufgefallen war. Diese Krankheit namens Skoliose läßt das Rückgrat in Krümmungen und Windungen wachsen, so daß es in schweren Fällen sogar auf innere Organe drückt und deren Funktion beeinträchtigt; sie kann ständige, quälende Schmerzen verursachen und zu einem Buckel führen.

Es war unser zweites Jahr in Alaska. Ich war gerade 16 und in jene Wachstumsphase eingetreten, die schlaksige Jungs mit zu großen Händen und Füßen hervorbringt, die ihnen ständig im Weg sind. Das Buckel-Gen hatte mir die Hand auf die Schulter gelegt und versuchte mich niederzudrücken, während mein Körper immer mehr in die Länge wuchs – wie Unkraut, das unter einem Brett hervorzuwachsen versucht, das man in ein Feld geworfen hat. Auch meine Großmutter hatte ein gekrümmtes Rückgrat, das ihr Probleme bereitete, und es war klar, daß auch meines in so gut wie jede Richtung wachsen wollte, nur nicht nach oben.

Ein stämmiger, barscher Arzt mit silbergrauem Haar und finsterem Blick stellte mich vor die Wahl. »Wir können deinem Oberschenkel Knochenstücke entnehmen«, sagte er und führte dabei seine Finger in einer Schneidebewegung über sein Bein. »Die können wir dann in dein Rückgrat verpflanzen, und das wird verhindern, daß die Verkrümmung stärker wird.« Er verschränkte die Arme vor der Brust, kreuzte die Beine auf Knöchelhöhe und lehnte sich neben mir an den Untersuchungstisch, ehe er fortfuhr:

»Wenn das durchgestanden ist, wirst du natürlich ein bißchen steif bleiben. Und wir müssen dich nach der Operation einige Zeit in einen Ganzkörpergips packen.« Unter seinen struppigen Augenbrauen blickte er mich an.

»Ganzkörpergips?« fragte ich.

»Vom Hals bis zur Taille.« Er warf meinen Eltern einen Blick zu und nickte. »Rund ein Jahr muß er auf dem Rücken im Bett verbringen. Dauert so lang, bis die Knochen zusammengewachsen sind.«

Ich stellte mir vor, wie es wäre, in einem Kokon von Gipsbinden ein Jahr auf dem Rücken zu liegen. Keine Schule. Kein Football. Keine Mädchen. Die Aussicht, ein sattes Jahr an die Decke zu starren und darauf zu warten, daß meine Knochen zusammenwuchsen, war unerträglich. Allein der Gedanke daran zermürbte mich nervlich.

Dad nahm sich eine Zigarette und bot auch dem Arzt eine an, der sie gründlich betrachtete, um mir nicht in die Augen zu blicken.

»Es gibt …«, hob er wieder an und machte dann eine Pause, um die Zigarette an dem Streichholz anzustecken, das mein Vater ihm in der hohlen Hand hinhielt. Er blies eine bläuliche Rauchwolke zur Decke und fuhr fort: »… eine Alternative.«

In einem Arbeitsraum mit nacktem Betonboden ließ der Arzt mich auf eine Sperrholzkiste steigen und meine Unterarme auf Stützen seitlich neben mir legen; dann umwickelte er meinen Torso mit Gipsbinden, um das Muster zu erhalten, anhand dessen die ledernen Bestandteile eines Stützkorsetts geformt werden würden. Ich sollte in einem Gestell aus verchromten Stahlstangen festgezurrt werden, das meinen Körper zwischen Kinn, Achseln und Hüften unter Zugspannung setzte. Hals und Hüften würden in Lederteilen stecken, die so geformt waren, daß sie perfekt an meinem dürren Teenagerkörper anlagen. Die Stangen konnten verlängert werden, um den Druck zu erhöhen, der meine Schultern und meine

Taille ständig weiter auseinander zog, um wie ein Folterbett der Inquisition die Krümmungen aus meinem Rückgrat hinauszustrecken. Zwei Jahre würde das Ganze dauern, und während der gesamten Zeit dürfte ich nur einmal pro Woche den Apparat ablegen, um kurz zu baden. Bei seiner Arbeit rauchte der Arzt eine Zigarette und wischte sich jedesmal, bevor er einen Zug nahm, an einem Handtuch den Gips von den Fingern.

Mein Vater stand neben mir, während sich der Arzt ans Werk machte. Meine Mutter saß an der Rückwand des Raums auf einem Stuhl mit gerader Lehne und schwieg. Ich starrte geradeaus und schluchzte.

»Wenn du weiter so heulst und zuckst, bekommt der Gips Risse, ehe er getrocknet ist.« Der Doktor wischte sich mit dem Handtuch einen Fleck vom Kittel, ehe er wieder nach der Zigarette griff. »Wenn ich noch mal von vorne anfangen muß, werde ich euch das Doppelte berechnen.«

Dad trat unruhig von einem Fuß auf den anderen, dann streckte er den Arm aus und löste vorsichtig meine Hand aus ihrem festen Griff um die Armstütze. Er legte meine Hand in seine, drückte sie und ließ nicht mehr los. 30 Jahre später, als es an ihm war, geradeaus zu starren um zu versuchen, nicht vor dem Onkologen zu heulen, fühlten sich die eichenharten Knöchel und rauhen Schwielen seiner Hand in der meinen noch immer warm und stark an.

Im Verlauf der nächsten zwei Jahre streckte das Korsett mein Rückgrat tatsächlich – in gewissem Maß. Betrachtet man meinen Körper aus verschiedenen Winkeln, fehlt es ihm immer noch an Symmetrie: Von vorne scheint mein Kopf auf den hängenden Schultern etwas außermittig montiert zu sein, von rechts wirke ich dicker als von links. In meinem Körper spiegelt sich die Topographie meines Lebens wider: auf den ersten Blick normal, doch bei eingehenderer Betrachtung von Ein- und Ausbrüchen, Springfluten und Wirbelstürmen geformt.

Wenn ich zurückschaue, mein Leben wie einen Ballen gebrauchten Stoff entrolle – mit Flecken und allem –, ist der

Tag rot angestrichen, an dem mir dieses Korsett umgeschnallt wurde: als der Punkt, an dem die Demontage jeder mir noch verbliebenen Unschuld begann. Heute scheint es mir, daß genauso, wie das Leder und das Metall um Körper und Hals meinen Kopf fixierten und mich geradeaus starren ließen, damals mein weiterer Lebenslauf festgelegt wurde. Die neun Pfund Stahl, die um meinen Körper geschraubt und gespannt waren, reagierten so magnetisch wie eine Kompaßnadel und richteten mich auf die Wildnis Alaskas und auf eine stille Entfremdung aus, die nie von mir weicht – wie ein schlimmer Zahn, der nur darauf wartet, daß man auf ihn beißt. Von meinen Teenagertagen an stand ich zum Rest der Welt in einer etwas merkwürdigen Position.

Der Februar zwei Jahre später, der mich von diesem Korsett um meinen Körper erlöste, war eine Enttäuschung. Ich hatte mich so darauf gefreut, von allem befreit zu werden, was in meinem Leben nicht stimmte, hatte mir vorgestellt, wenn ich erst einmal die mich der Welt entfremdenden Stahlstangen und vergammelnden Ledermanschetten abgeschüttelt hätte, dann würde mich – ganz bestimmt – die Welt mit offenen Armen empfangen, Mädchen würden herbeieilen, um mich zu knuddeln, und Jungs mir auf die Schulter klopfen, und alle wären voll der Bewunderung, wie ich die endlose Folter ertragen hatte.

Ich hatte unrecht. Die ungeschlachte, vorwärtsgeneigte Silhouette des Korsetts, die ich unter zu weiten Mänteln zu verbergen versucht hatte, die kaum den strengen Duft eines heranwachsenden Jungen verbergen konnten, der nur einmal die Woche baden durfte, und das merkwürdige, kopflastige Schlurfen, das zu meiner gewohnten Gangart geworden war, die blieben mir auch dann, als das Korsett selbst weg war. Das Seltsame an meiner Erscheinung hatte mich von den Gleichaltrigen isoliert, und ich mußte feststellen, daß diese Isolation von Dauer war, mein Einsiedlerdasein weiterging. Die Jahre des Versteckspielens hatten mich anders werden lassen als die übrigen Jugendlichen, und das Ablegen des Korsetts wirkte sich überhaupt nicht darauf aus, wie sie mich sahen. Mein vorletztes Schuljahr war halb vorüber, und mir blieb als Jugendlicher einfach nicht mehr genug Zeit, um zu lernen, wie man sich anpaßt.

Das Ablegen des Korsetts hatte mich jedoch in die Lage versetzt, mir eine ganz andere Bürde aufschnallen zu können – einen Rucksack – und in die Freiheit der Natur zu entkommen. Als die letzten schönen Augusttage die Pappeln und Espen an den Flußufern gelb werden ließen, begann ich die Straße zu erkunden, die von Anchorage nach Süden auf die Halbinsel Kenai führt. 30 Minuten, nachdem ich das Haus verlassen hatte, war ich allein, weg von der Stadt. 40 Meilen schlängelte sich der Highway am grauen Wasser des Turnagain Arm entlang über Felsklippen und durch Kurven, die aus den Flanken der Chugach Mountains geschlagen waren, ehe er sich nach Süden auf die Halbinsel wandte, wo das Getöse der Stadt weit hinter einem lag und man in eine wunderbare Welt eintrat.

Entlang der gewundenen Straße gab es Aussichtspunkte, wo ich auf eine Klippe klettern und weißen Beluga-Walen zusehen konnte, die im schlammigen Wasser nach Lachsen und Kerzenfischen suchten, welche in den trüben, von Gletschern gespeisten Flüssen laichen, die entlang des Arms ins Meer münden. Nach einer Stunde Klettern war ich oben in den Bergen und blickte auf die weißen Rücken von Dallschafen hinab. Die Hügel mit einem Fernglas absuchend, lernte ich, die dunklen Schatten großer Körper von der blaßgrünen Wand aus Weiden und Erlen zu unterscheiden und so Elche ausfindig zu machen.

Als ich einmal am Kiesufer eines kleinen Sees saß und den klagenden Rufen einer Schar Kanadakraniche hoch über mir lauschte, spürte ich etwas hinter mir. Ich drehte mich um und erstarrte, als ich ein Paar dunkelgelber Augen sah, die mich aus kürzester Entfernung fixierten. Da saß ein Luchs auf seinen Hinterbacken, völlig regungslos, nur seine diamantenen Pupillen schienen größer zu werden, als wir einander anstarrten. Silbern und grau war sein Gesicht gefleckt. So wie die große Katze dasaß, konnte ich an ihrem Bauch weißes Fell sehen, das sich zur Brust hochzog und dort in einen so zarten braunen Saum überging, daß ich mich kaum zurückhalten konnte, ihn zu streicheln.

Die Katze bewegte ein wenig den Kopf in meine Richtung, so daß ihre Nase genau meine Witterung aufnahm. Die gelben Augen schienen sich, ohne zu zwinkern, kurz zu weiten, dann entspannte sich die Katze wieder und blickte zur Seite. Ohne mich noch einmal anzusehen, stand das Tier auf und trottete das Ufer entlang, wand seinen Körper zwischen Weiden und Farnen hindurch, ließ ihn noch einmal kurz zwischen den Blättern grau aufblitzen, dann war der Luchs weg. Ich hatte kein einziges Geräusch gehört, weder als er kam, noch als er ging.

Bei jeder Gelegenheit ging ich wandern und klettern, suchte nach Plätzen, wo es am wenigsten wahrscheinlich war, anderen Menschen zu begegnen. Ich lernte, wie man anhand ihrer Muster und ihrer Fleischfarbe Keta-Lachse von Blaurückenlachsen unterscheidet. Flußstellen, wo es Quinnat-Lachse so lang und dick wie mein Oberschenkel gab, hielt ich streng geheim und verriet sie niemandem. Nachts schlief ich in Wiesen voller Weidenröschen oder wickelte mich hinten im Ford in einen Schlafsack.

Im Herbst schoß ich mit einer .22er Flinte Schneeschuhhasen und Tannenhühner. Das magere Kaninchenfleisch wird ganz zart, wenn man es langsam in einer Pfanne mit Salz und Butter schmort, doch ich spießte den kleinen Körper lieber auf einen grünen Erlenzweig und röstete ihn langsam am Lagerfeuer. Das Fleisch wurde dadurch oft zäh und war an den Knochen noch roh, während die Oberfläche schon ganz ausgetrocknet war, doch irgendwie paßte das besser in das Bild, das ich mir vom Leben in freier Natur machte. Und wenn ich draußen war unter dem riesigen Himmel und vom Wind umspielt, fand ich die Einsamkeit, nach der ich mich sehnte, ohne mich allein zu fühlen.

2 Erste Begegnung

Das schiefergraue Tier duckte sich flach auf den Boden und breitete drohend seine Flügel aus. Eine der Krähen, die sich im Kreis um den verwundeten Eisvogel versammelt hatten, schoß vorwärts und hackte mit ihrem Schnabel nach seinem Kopf, sprang aber zurück, als das verletzte Tier sich umdrehte, um den Angriff zu parieren. Mit weit aufgesperrtem Schnabel trat der Eisvogel den Rückzug an und versuchte zu entkommen, doch von der Seite näherten sich weitere Krähen, um ihn zu piesacken.

Ich bückte mich und hob einen Stein auf, um ihn nach den Krähen zu werfen, doch ich hielt inne, als mein Begleiter mir mit der Hand ein Zeichen gab. Brav wartete ich und sah zu, wie die nächste Krähe und dann noch eine sich vorwagte und auf ihr schwächer werdendes Opfer einhackte. Es konnte Stunden dauern, bis die Krähen den Eisvogel zu Tode gepickt und geschunden hatten – diese Grausamkeit war zu quälend, um sie mit anzusehen.

»Es sind bloß Krähen, Lynn«, sagte er.

Der Eisvogel nistet in Felsspalten oder gräbt sich in Steilufern eine kleine Höhle, die er dann mit Federn und Gras zu einem Nest für die Eier auspolstert. Er sieht merkwürdig aus: Der Kopf scheint im Vergleich zum Körper viel zu groß zu sein, die Füße hingegen zu klein, doch mit seinem reinweißen Brustkragen und seinem scharfen, heiseren Ruf sowie seinem an einen Stoßdegen erinnernden Schnabel und dem Obsidianschimmer in den Augen wirkt der Eisvogel unangreifbar und strahlt die pompöse Würde eines Vorkriegs-Senators der Südstaaten aus – etwa wie ein graugefiederter John C. Calhoun. Eisvögel hocken auf Baumstümpfen und -stämmen entlang mäandernder Flüsse und an den Ufern ruhiger Salzwasserbuchten; kopfüber stürzen sie sich ins Wasser, um Elritzen und deren Brut zu fangen. Man sieht sie häufig entlang der waldgesäumten Ströme, an denen ich so gerne wandere, und es war seltsam, einem in so karger Umgebung zu begegnen: Ringsum war der Boden, abgesehen von einem schmalen Streifen Grün entlang des Wassersaums und ein paar Gräsern und jungen Erlen am Grund einer Spalte, kahl wie der Mond. Mein Boot, die *Wilderness Swift*, lag eine halbe Meile entfernt in einer kleinen Bucht vor Anker, und von unserem momentanen Aussichtspunkt wirkte es wie ein an den Strand gespültes kleines Spielzeug.

Mein Begleiter stampfte mit dem Fuß auf den Boden, was eine Kaskade kleiner glatter Steine den Abhang hinunterklackern ließ, und verlagerte sein Gewicht auf diesen neuen Halt. Er war ein kleiner Asiat mit einem runden, offenen Gesicht, das fast immer lächelte, und sein Teint hatte die Farbe eines Menschen, der viel Zeit im Freien verbringt. Sein Gepäck wog noch einmal die Hälfte mehr als meines, und während wir innehielten, um das Drama zwischen dem Eisvogel und den Krähen anzusehen, rückte er seine schiefsitzende Grönländer-Mütze gerade. Dann hob er die Hand, zeigte hinter mich und sagte leise so etwas wie »Achtung«.

Ich drehte mich um, erblickte ein großes, braun geflecktes Etwas, das durch die Luft rauschte, und duckte mich instinktiv. Der noch nicht ausgewachsene Adler schien aus dem Nichts gekommen zu sein, ging zum Angriff in den Sturzflug über, warf sich dann nach hinten und näherte sich dem tiefsten Punkt seiner Bahn mit vorgestreckten Krallen. Mit einer eleganten, zupackenden Bewegung holte er den Eisvogel aus dem Kreis der Krähen heraus. Vielleicht durchbohrte eine der scharfen Krallen des Adlers das Herz des Eisvogels, vielleicht brachte der plötzliche Schock des Angriffs ihn auf der Stelle um, auf jeden Fall konnte ich, als der Adler sich in die Höhe schraubte und zurückflog, den Eisvogel leblos, wie ein Fetzen im Wind flatternd, in seinen Fängen baumeln sehen.

Beim Gedanken an das Zupacken der Krallen zuckte ich zusammen. Die Krähenrunde begann krächzend den Vorfall zu kommentieren und zerstreute sich dann mit viel Geflatter.

Michio (so hieß mein Begleiter) sah dem davonfliegenden Adler nach, blickte einen Moment nachdenklich drein und sagte dann: »Alles kommt so, wie es soll« – was bedeuten sollte, dachte ich, daß der Räuber sein Futter hatte, der Eisvogel von seinen Qualen erlöst war und die Krähen ... nun, die Krähen mußten weitersuchen, so gut sie konnten.

Mit ernstem Gesicht wandte er sich mir zu und fuhr fort: »Wir haben nur eine bestimmte Zeit. Ich denke, das versucht uns die Natur ständig zu sagen, daß auch wir eines Tages sterben werden, und das ist der Grund, warum wir wirklich *leben* wollen.«

Im Verlauf der kommenden Jahre hörte ich ihn noch oft auf dieses Thema zurückkommen, doch im Augenblick dachte ich nicht viel darüber nach. Ich war immer noch verstört darüber, wie die Krähen den Eisvogel gequält hatten und welche unangenehmen Erinnerungen diese Szene bewirkt hatte. Ich zuckte mit den Achseln, verlagerte das Gewicht meines Rucksacks auf die Hüften und ging einen Schritt den Abhang hinunter.

Ich hatte Michio Hoshino erst vor einem Monat kennengelernt; er hatte mich unvermittelt angerufen und gefragt, ob er mich einen Monat lang zur Mitarbeit an einem Film für einen Fernsehsender in Tokio anheuern könnte. Jetzt befanden wir uns im Glacier Bay National Park, in wenigen Tagen würde unser fünfwöchiger Trip zu Ende sein. Wir hatten in dieser kleinen Bucht haltgemacht, um ein Phänomen zu dokumentieren, das vom Rückzug der letzten Eiszeit übriggeblieben war, und waren auf dieses kleine, düstere Drama über die Natur und das Leben gestoßen.

Unter uns glitt ein großer Kanadareiher über den Steilhang des Berges, kam dem Boden immer näher und landete am Wassersaum; dann breitete er die Flügel aus und nahm eine elegante Pose ein. Kiesel und Steinchen lösten sich unter unseren Füßen und ergossen sich wie Wasser den Hang hinab, als wir ihn querten. Rings um uns ragten Baumstämme und -stümpfe von einer Farbe wie Treibholz aus dem lockeren Moränenschutt-Boden.

Michio hielt inne, wischte sich mit der Hand über das Gesicht, dann streckte er sie aus, um die glatte Oberfläche eines Stumpfs zu betasten: »Kaum zu glauben, daß er so alt ist, nicht?«

Am Fuß des Abhangs sah ich das dreiköpfige Kamerateam auf den Punkt in der Landschaft zuhalten, wo es eine Aufnahme machen wollte. Yamanushi Fumihiko, der jüngste des Dreigespanns, ging unter der Last eines immensen Rucksacks und eines sperrigen Stativs mit großkalibrigen Beinen vorsichtig hinter den anderen. Maeda Yasujiro, der Kameramann, ging vor seinem Assistenten, zeigte auf mögliche Motive und besprach mit dem Produzenten, einem großen, schlanken Mann namens Eiho Otani, die Einfallswinkel des Lichts.

»Proben von diesem interstadialen Holz wurden mit der ^{14}C-Methode auf 7000 Jahre datiert«, erklärte ich, wobei ich den glaziologischen Fachausdruck für die verstreuten Überreste des voreiszeitlichen Waldes um uns herum gebrauchte. »Diese Bäume waren Schößlinge, 2000 Jahre bevor Cheops erste Pläne für die große Pyramide zu schmieden begann.«

Michio ging weiter, sein zusammengefaltetes Stativ als Wanderstock nutzend; dann blieb er neben einem Baumstumpf stehen und hielt sich mit einer Hand daran fest, ehe er seinen schweren Rucksack zu Boden gleiten ließ.

»Erklär noch einmal, wie das passiert ist«, bat er, wobei er die Beine des Stativs ausklappte und im Boden versenkte, bis es senkrecht stand. Das war, wie ich bald herausgefunden hatte, Michios typische Art von Fragen: sehr kompliziert (jedenfalls für mich) zu beantworten, doch mit der Unschuld und Schlichtheit eines Kindes vorgetragen. Ich zog die Schultern hoch, um das Gewicht meines Rucksacks zu verlagern, und stützte mich mit beiden Händen auf das bergauf angewinkelte Knie, ehe ich antwortete. Die Gelegenheit, mich ein bißchen in Szene zu setzen, indem ich ein Stück weit mein Wissen enthüllte, ließ die Erinnerung an die Krähen verblassen.

»Nun, während der letzten Eiszeit breiteten sich die Gletscher sehr rasch aus«, erklärte ich und schwenkte mit der

Hand auf Brusthöhe durch die Luft, um den Eisstrom anzudeuten, der vom oberen Ende des Muir Inlet heruntergekommen war. »Und an den Seiten strömten gigantische Wassermassen, die all die Kiesel und den Sand von da hinten in den Tälern herunterspülten. Diese Sturzbäche haben den Wald einfach lebendig begraben. So hoch türmten sich die Kiesel« – dabei zeigte ich auf die Spitze des zersplitterten Stumpfes in Höhe meines Kopfes – »und das Eis schob sich auf dieser neuen Oberfläche weiter, wobei es den Rest all der Bäume abrasierte.«

Michio kramte ein Kameragehäuse aus dem Rucksack und ließ es auf das Stativ schnappen. »Und als die Gletscher zu schmelzen begannen, wusch das Wasser alles weg?«

Ich nickte und ließ meinen Rucksack von den Schultern rutschen. »Richtig, all der Kies und der ganze Sand wurden in den Fjord hinuntergespült, zurück blieb der Wald. Er ist nicht versteinert, konserviert hat ihn der Sauerstoffmangel während der Zeit, da er vergraben war.«

Michio überlegte einen Moment, dann streichelte er die glatte, an Platin erinnernde Oberfläche des Stumpfes. »7000 Jahre.« Er seufzte. »Das läßt ein Leben ziemlich kurz aussehen.«

Die Zeit zählte zu Hoshinos Lieblingsthemen. Ihr Verstreichen schien ihm in jedem Augenblick klar vor Augen zu stehen, was sein Bewußtsein für die Bedeutung von Momenten, Stunden und Äonen schärfte. Als wir früh am selben Morgen mit der *Swift* immer tiefer in die Glacier Bay getuckert und vor den Fenstern die frisch von Gletschern freigegebenen Grate und Hänge der Berge vorbeigezogen waren, hatte er mir erklärt, daß unser Leben »wie ein Stapel Kalender« sei.

»Bei unserer Geburt bekommen wir so viel.« Er streckte mir, übereinander gehalten, seine Hände entgegen, als wollte er mir einen vielleicht 30 Zentimeter hohen Kalenderstapel reichen. »Wir sind schon in der Mitte unseres Lebens und haben nur noch so viel übrig.« Er bewegte seine Hände, bis ihr Abstand nur noch halb so groß war.

»Oder vielleicht nur noch *so* viel.« Fünf Zentimeter. »Du weißt es nie.«

Und jetzt faszinierte ihn offenkundig das Vergrabenwerden und Wiederauftauchen des zwischeneiszeitlichen Waldes. Während wir sprachen, richtete er die Kamera aus, säuberte das Objektiv mit einem kleinen Pinsel, zog noch ein kleines bißchen die Schärfe nach und schraubte einen Drahtauslöser ein. »Also«, sagte er schließlich, »der Wald ist wie ein Bär; legt sich im Winter schlafen und kommt dann wieder hoch.«

Ich nickte zustimmend und krümmte den Rücken, um mir vom Wind die Haut unter dem Rucksack abkühlen zu lassen. Im Verlauf der Tage und Wochen, seit wir Juneau verlassen hatten, hatte ich auszuloten versucht, warum dieser kleine Mann mit der sanften Stimme ein so begnadeter Fotograf war. Er konnte Dinge ganz intensiv betrachten, wobei er oft Details und Winzigkeiten bemerkte, die mir entgingen. Ein Strom von Schweißperlen lief mir über die Rippen und kitzelte mich, und ich atmete tief ein.

»Michio ...«, ich zögerte und fummelte an einem Schulterriemen herum. Ich wollte ihn um etwas bitten, um einen Gefallen, und hatte mir die Worte seit Tagen zurechtgelegt, aber sie wollten mir nicht über die Lippen kommen. Andere Leute um *irgend etwas* zu bitten, kam mir immer wie eine Verletzung des Sicherheitsabstands von Armeslänge vor, den ich zum Rest der Welt einhielt.

Doch Hoshino hatte etwas an sich, das mir das Vertrauen gab, einen Versuch zu wagen. Vielleicht war es seine sanfte Art, über große Themen und Ideen nachzudenken (beispielsweise wie sich die Zeit auf das Land auswirkt), vielleicht hatte ich auch schon damals irgendwie erkannt, daß er wenig oder gar kein Ego von der Sorte besaß, die auf andere einen bedrohlichen Schatten wirft. Abgesehen davon würde unser gemeinsamer Trip bald zu Ende sein, und es gehört nun einmal, wie ich gelernt habe, zu den unangenehmeren Seiten eines Lebens als Führer von Touren in die Wildnis, daß die meisten Freundschaften nur von vorübergehender Dauer sind. Die Kontakte zu den Klienten, wie kameradschaftlich sie auch sein mögen, brechen bald nach dem üblichen Abschiedsessen samt Drinks und einem letzten Händeschütteln bis auf vielleicht ein, zwei Postkarten ab. Dies könnte also die letzte Gelegenheit sein.

Ich zeigte auf seine Kamera und versuchte ganz normal zu klingen. »Würdest du mir ein bißchen das Fotografieren beibringen?«

Michio antwortete nicht, sondern machte die Aufnahme und transportierte den Film weiter, dann blinzelte er in die tiefstehende Sonne und drückte abermals den Auslöser.

Er ignoriert mich, dachte ich. Ich fühlte mich verletzt. Im Verlauf des vergangenen Monats hatte ich immer größere Bewunderung für ihn empfunden, und das machte diese Mißachtung um so schmerzhafter. Vermutlich kann man nicht einfach jemanden bitten, seine Geheimnisse für nichts preiszugeben.

Michio schielte noch ein paar Augenblicke in den Sucher, nickte, dann trat er zurück und deutete in Richtung Kamera: »Nur zu. Bitte, willst du mal durchgucken?«

Eifrig beugte ich mich zur Kamera hinunter und näherte mein Auge dem Sucher. Ich richtete mich – verblüfft – wieder auf und sah mir den Baumstumpf an, dann senkte ich den Kopf wieder zur Kamera hinunter. Was ich im Sucher sah, unterschied sich von *allem*, was ich mit bloßem Auge gesehen hatte. Der Baumstumpf war so in den Ausschnitt genommen, daß er sich vom oberen Rand her ins Bild erstreckte, und eine Komposition verschiedenfarbiger, an seiner Basis liegender Steine bildete ein perfektes Gegengewicht. Die geschwungenen Linien der Wurzeln leiteten meinen Blick entlang der Maserung des uralten Holzes bis zum Rand des Ausschnitts und schienen zu suggerieren, daß da noch etwas außerhalb des Bildes war – die Seele des Baums vielleicht – und auf die in perfekter Ruhe abwartenden Steine herabblickte, die sich in die Kurvaturen der Wurzeln schmiegten wie ein Säugling in die Arme seiner Mutter. Wo ich nur eine zufällige Ansammlung von Steinen und totem Holz gesehen hatte, hatte Michio ein Muster erkannt, das eine ganze Geschichte erzählte.

»Wie hast du das gesehen?« fragte ich kopfschüttelnd. »Wie hast du das *entdeckt*?«

»Kamera ist …«, Michio hob die Schultern und schürzte die Lippen, um anzuzeigen, daß er heftig nachdachte. »Die Kamera sieht nur einen kleinen Teil von dem, was dein Geist sieht.« Er sah mich aus den Augenwinkeln an und wartete, ob ich verstanden hatte.

Ich zwinkerte und zuckte dann mit den Schultern, um anzudeuten, daß ich Bahnhof verstand, und er versuchte es abermals. »Wenn du in die Kamera blickst, täuscht dich dein Geist über das, was du siehst. Vielleicht … vielleicht guckst du mal hin, was die Kamera *wirklich* sieht.«

»Aber du hast hier etwas aus *nichts* gemacht.«

»Nein, nein. Das ist …« Er machte eine Pause und suchte nach den richtigen Worten, dann sprach er sorgfältig jede einzelne Silbe aus: »Ein Bild muß dich dazu bringen, an eine Geschichte zu denken.«

Eine dunkle Ahnung dessen, was er meinte, begann sich in mein Bewußtsein zu schleichen: die Elemente einer Geschichte finden – in diesem Fall die Überreste eines Baums, die genau die Steine zu umarmen schienen, die ihn umgebracht hatten –, dann bewußt hinsehen, was der Sucher *tatsächlich* zeigt – und nicht das, was der Geist mit seinem Vorverständnis, wie die Szenerie aussehen *sollte*, annimmt, was die Kamera sehen würde. Das war ein einfaches Konzept, das die Menge wirklich schlechter Fotos erklärte, die ich immer vom Entwicklungslabor zurückbekam: Bilder von Bergketten, die überwältigend und ehrfurchtheischend ausgesehen hatten und nun nichtssagend und banal wirkten; Elche und Bären, die bei den Aufnahmen furchterregend nah gewesen waren und jetzt zu winzigen, kaum auszumachenden braunen Flecken reduziert waren, bei denen es sich auch um Collies oder Baumstümpfe handeln konnte.

Später ging mir auf, daß Michios Lektion auf eine einfache Methode hinauslief, die man auch anwendet, um versteckte oder halb verborgene wilde Tiere auszumachen: Man muß Ausschau halten nach dem, was da *ist*, nicht nach dem, was man zu sehen hofft. Viele Leute gehen in die Wälder und erwarten, einen Hirsch oder Bären in der beeindruckenden

Pose zu sehen, die man von Kalendern kennt. Nach einer Zeit jedoch lernt man, inmitten dichten Gestrüpps die Silhouette eines reglosen Beins zu erkennen, das da nicht hingehört, oder einen Farbfleck, der sich nur ein bißchen vom Rest eines Schattens unterscheidet, oder das Wackeln eines Ohres im hohen Gras. Wenn man sich das vorgefaßte Suchbild erst einmal aus dem Kopf geschlagen hat, wächst die Fähigkeit, wilde Tiere zu entdecken, exponentiell.

Doch jetzt beugte sich Michio über seinen Rucksack, nickte sich selbst zu und packte die Kamera ein. Die Sonne sank im Westen rasch tiefer, das Licht verblaßte. Ich stabilisierte den Rucksack, als er ihn sich mit einem Stöhnen auf den Rücken wuchtete, mit dem Gleichgewicht kämpfte, sich dann aufrichtete und das Stativ in die Armbeuge nahm.

Ich bückte mich, um ein Stück Filmschachtel aufzuheben, das Michio aus der Tasche geflattert war. Bei seinen Wanderungen durch die Natur gelangen ihm großartige Bilder – das blaßrosa Origami einer zarten Nutka-Rose oder das Muster der Sonnenstrahlen, die in eine Kathedrale von Berggipfeln und -graten fluten –, doch ständig hinter diesem geistesabwesenden Genie aufzuräumen, das eine Spur verlorener Handschuhe, leerer Filmdosen und sogar vergessener teurer Kameraobjektive hinter sich ließ, zehrte ein wenig an den Nerven.

»Sieh dir das an, Michio«, sagte ich und zeigte auf einen schwachen Fußabdruck in einer Senke voll Flugsand hinter einem Felsen.

Michio bückte sich und betrachtete den Boden: »Schwarzbär, glaube ich.«

Ich nickte zustimmend. Der Abdruck entsprach dem kleinen, fast menschlich wirkenden Umriß des Hinterfußes eines Schwarzbären, und die Vertiefungen der Krallen lagen dicht an denen der Sohle. Der Abdruck eines Grizzlys erinnert eher an eine Schaufel, und dessen Klauen, die viel weiter nach vorn reichen, sind zum Graben besser geeignet.

»Merkwürdiger Ort für einen Bären«, sagte ich. »Nichts zu fressen hier.«

Unter dem Gewicht seines Rucksacks hob Michio die Schultern und lächelte. »Vielleicht hat er was *anderes* gesucht«, sagte er, das Wort dehnend, und grinste.

»Ja, wie wir«, gab ich zurück. »Mal nach den Gletschern schau'n.«

Michio blickte über das Tal zu den steinernen Stupas, die das Eis auf seinem Weg zurückgelassen hatte, dann winkte er Otani und den anderen zu, die am Strand beim Ruderboot auf uns warteten. Ehe er den ersten, gleitenden Schritt auf die steil abfallende Kieshalde setzte, drehte er sich noch einmal zu mir um und sagte in einem Ton, der Belustigung signalisierte: »Der Bär wird schon wissen, wonach er sucht!«

Ich lächelte, rutschte hinter ihm her – und lachte dann laut auf, als er wild mit den Armen fuchtelnd im lockeren, abrutschenden Löß um sein Gleichgewicht kämpfte und schließlich außer Kontrolle die ganze Strecke bis zum Strand hinunterschlitterte.

Zum ersten Mal begegnete ich Michio Hoshino im Frühling 1990.

Die Sonnenwende war ohne die üblichen, tobenden Stürme vorübergegangen, und das Wetter hatte sich zu einer Folge von schönen, regenfreien Tagen besänftigt, wie sie Bootseigner als ideal zum Lackieren betrachten. Der Hafen summte von Elektrowerkzeugen, und dem Händler auf der anderen Seite der Straße gingen Sandpapier und Terpentin aus, denn die Fischer beeilten sich, lange liegengebliebene Arbeiten zu erledigen, ehe der Juli scharenweise die Lachse in die Flüsse trieb.

Ich reparierte in der Kombüse der *Wilderness Swift* ein paar Dinge, baute einige neue Schubladen und polierte das Holz auf. Just als ich eine Schranktür zu beizen begonnen hatte, klingelte das Telefon. Ich legte eine Zeitung unter die Tür, deponierte den nassen Pinsel auf der Dose, zog einen Handschuh aus und beeilte mich, den Hörer zu greifen, ehe sich der Anrufbeantworter einschaltete.

»Hallo?« Die Stimme des Anrufers klang fremdartig und zögerlich. »Mein Name … äh … mein Name …«

Meine Klienten kommen aus aller Herren Länder – Deutschland, Singapur, Argentinien, Frankreich, einmal sogar aus der Mongolei –, doch mit dem rhythmischen Singsang dieser Sprechweise konnte ich auch dann nichts anfangen, als er seinen Namen sagte. Vielmehr war ich noch nicht einmal sicher, ob das überhaupt ein Name *war*; es klang eher, als müsse er niesen, und ich bat, ihn zu wiederholen. Das zweite Mal verstand ich: »Michio Hoshino.«

Ich konnte hören, wie er versuchte, seine Gedanken zu sortieren, um die richtigen Worte zu finden: »Ich bin ein … Fo*to*graf«, und dann erklärte er in stockendem Englisch, daß er mit einem Produzenten von TV-Asahi in Tokio zusammen an einer Dokumentation über Alaska arbeitete und ein Teil von Buckelwalen und der Glacier Bay handeln solle; sie bräuchten einen Führer mit einem Boot. Er wollte mich für einen Monat anheuern.

Zunächst war ich argwöhnisch. Die *Wilderness Swift* ist 32 Fuß lang und hat einen zehn Fuß hohen Mast. Sie wurde zum Arbeiten konzipiert, und zwar nach dem Vorbild der Fischerboote an der Pazifikküste im Nordwesten, einem sogenannten »Bowpicker«, der so heißt, weil die Fischer auf den Booten dieses Typs die Netze mit den Lachsen über den Bug einholen. Das Steuerhaus liegt achtern und bietet eine einzige kleine Kajüte mit einer breiten unteren Koje über der Maschine, einem niedrigen, engen Bord darüber, das für einen kleinen Menschen (der nicht an Klaustrophobie leidet) als Koje dienen kann, und einem Tisch, den man zu einem dritten Bett umbauen kann. Weiter vorn befinden sich Backbord eine Toilette, gegenüber ein Ölofen und eine Spüle und davor schließlich das Ruder. All das ist auf zweieinhalb mal viereinhalb Meter zusammengepfercht.

Die *Swift* wurde dafür gebaut, Bergsteigerexpeditionen, Wissenschaftler, Kajakfahrer und andere mit mehr Ausrüstung, als in ein Wasserflugzeug paßt, in die Wildnis zu transportieren. Mit der Kajüte achtern und dem Steuerstand ein Stück weiter vorn sowie einem Vordeck ohne jegliche Aufbauten ist sie optimal dafür geeignet, vorsichtig an einen unbekannten Strand oder Felsabbruch heranzufahren, um Menschen und Ausrüstung abzusetzen, doch nicht dafür, vier Passagiere einen Monat lang herumzuschippern. Ich hatte nie daran gedacht, für meine Klienten bequemere Aufenthalts- und Schlafmöglichkeiten vorzusehen; ich war gern allein und winkte den Leuten fröhlich zum Abschied, wenn ich ablegte und mir anderswo einen ruhigen Ankerplatz für die Nacht suchte.

Doch mich plagten auch eine erschreckend hohe Hypothek, absurd teure Versicherungsprämien und laufende Kosten, die niemals weniger wurden. Und mein Auftragsbuch wies so viele weiße Seiten auf, daß ich Angstzustände bekam. Die Aussicht, einen ganzen Monat lang gutes Geld zu verdienen, war verlockend.

»Schauen Sie sich mein Boot an, und sagen Sie mir, was Sie davon halten«, antwortete ich. »Ich kann auf dem Boden schlafen.«

Am nächsten Morgen wartete ich an Deck im Sonnenschein, genoß die Wärme und das Licht in meinem Gesicht und spleißte ein neues Auge in die Ankerleine (auf einem Boot gibt es immer irgend etwas zu tun); vier asiatisch aussehende Männer kamen die Rampe in den Hafen hinab. Schnell steckte ich das letzte Garn des Auges in die Leine, rollte den Backspleiß zwischen den Handballen, um ihn zu glätten, und sah dem Quartett entgegen.

Als erstes kletterte ein eher kleiner Mann mit einem sackartigen, grob gestrickten Pullover und Denim-Hosen, die an den Knien dünn wurden, an Bord. Sein Kopf wirkte im Verhältnis zu seinem Körper ein wenig groß, und als er das eine Bein ungelenk über die Reling schwang, mußte er sich festhalten, um das Gleichgewicht nicht zu verlieren, da das Boot unter seinem Gewicht schwankte. Er stellte sich mit einem schwachen Händedruck und einem breiten Lächeln vor, das zwei vorstehende Eckzähne freilegte.

»Ich bin«, sagte er und nahm dabei seine spitze Strickmütze ab, die auf seinem Kopf sprießende, ungebändigte dunkle Haarbüschel freigab, »Michio Hoshino.«

Als nächstes kam ein großer Mann mit dem kräftigen, muskulösen Körperbau eines Kletterers; er überwand den knappen Meter vom Kai aufs Boot hinunter ohne jede Anstrengung. Hoshino hielt die Strickmütze hinter dem Rücken und verbeugte sich leicht, als er ihn vorstellte:

»Und das ist Eiho Otani.«

Eine rasche Auffassungsgabe zeigte sich in Otanis Augen, als er mich durch seine dunkelrandige Brille von oben bis unten musterte und mich genauso einzuschätzen versuchte wie ich ihn. Sein Parka, abgewetzt und ausgebleicht, hatte schon viel mitgemacht, genau wie die Stiefel an seinen Füßen – ein gutes Zeichen, dachte ich. Ich erkannte in ihm sofort den Boß, in Hoshino dagegen einen angeheuerten Gehilfen, den man wegen seiner Englischkenntnisse mitgenommen hatte.

»Captain-san«, sagte Otani und neigte in einer angedeuteten Verbeugung den Kopf. Ich verpatzte den Versuch, die Verbeugung zu erwidern, beschied mich mit einem Kopfnicken und schüttelte seine ausgestreckte Hand, dann versuchte ich die Förmlichkeiten zu beenden, indem ich bat, nicht »Captain« genannt zu werden.

Eiho Otanis Name kam mir entfernt bekannt vor, und ich brauchte eine Weile, bis ich ihn zuordnen konnte: Er war ein erfahrener Bergsteiger und Filmemacher und hatte viele der anspruchsvollsten Gipfel der Welt bewältigt, darunter 1981 den Westgrat des K2 im Himalaja, wo er in 8300 Meter Höhe ohne Sauerstoff, Schlafsack, Essen, Zelt oder Biwaksack in einem Schneeloch übernachten mußte. Im Februar 1984 verschwand während eines Sturms am Mount Denali in Alaska der berühmteste Abenteurer Japans, Naomi Uemura, nachdem er als erster Mensch den 6200 Meter hohen Gipfel im Winter allein bestiegen hatte. Otani hatte einen Film über Uemuras Klettertour gemacht und kampierte tiefer am Berg, als der Sturm zuschlug. Jim Wickwire, ein amerikanischer

Bergsteiger, der sich an der Suche nach Uemura beteiligte, beschrieb später Otani als »unermüdlich« während der ganzen, erfolglosen Anstrengung, den vermißten Bergsteiger noch zu finden.

Maeda Yasujiro war der Kameramann, und ganz wie jemand, der mit nautischen Umgangsformen vertraut ist, wartete er am Kai, bis er an Bord gebeten wurde. Er war ein stämmiger, kräftig wirkender Mann mit einem breiten, ehrlichen Gesicht. Er trug eine Brille mit Metallgestell, leichte Laufhosen aus Nylon, einen Kapuzenpullover aus winddichtem Material und eine ziemlich abgenutzte Reklame-Mütze. Er betrachtete das frisch in die Ankerleine gespleißte Auge und nickte zustimmend, ehe er mir die Hand hinstreckte; sein Händedruck war fest, aber ohne die bewußte Demonstration von Kraft, mit der einen viele Amerikaner beim Begrüßen quetschen.

Yamanushi Fumihiko, der schlanke Kameraassistent und Techniker mit dem glatten jungen Gesicht, kam als letzter an Bord; er trug eine neu wirkende Levi's und ein gebügeltes Baumwollhemd, schüttelte mir schüchtern die Hand, dann trat er hinter die anderen zurück, um keinen zu stören.

Alle vier hatten kräftig vom Wind gerötete Haut.

»Wo haben Sie diese gesunde Gesichtsfarbe her?« fragte ich in der Hoffnung, das Eis zu brechen.

Michio begann sofort zu strahlen. »Wir filmen in Denali National Park, bevor hierher kommen, und wir haben sehr gutes Wetter«, sagte er. »Und davor sie waren fast ein Jahr am Amazonas«, sagte Michio mit einer einladenden Handbewegung zum Filmteam hin. »Sie haben bei Yanomami-Indianern gelebt.«

Michio war zu Recht stolz, daß seine drei Begleiter einige Zeit bei den primitiven Yanomami des Amazonasbeckens verbracht hatten – ein wildes, kriegliebendes Volk, das sich die Köpfe mit rasierklingenscharfen Bambussplittern schert, diese dann rot anmalt und sich nur mit Blasrohren und Giftpfeilen auf den Weg macht, um gegen mit Gewehren und Flinten bewaffnete Goldsucher und Holzfäller zu kämpfen.

Ich war ebenfalls beeindruckt.

Einen Moment herrschte peinliche Stille, bevor ich schließlich einen Schritt zur Seite machte und mit einer Handbewegung einlud, das Boot zu besichtigen. Michio setzte sich sofort in Richtung Vordeck in Bewegung, stolperte jedoch über den Lukendeckel und konnte sich nur in letzter Sekunde an der Reling festhalten. Der kleine Finger seiner rechten Hand war steif, stand in leichtem Winkel ab und schien ihn beim Zugreifen zu behindern. Er stellte eine Reihe von Fragen über das Fassungsvermögen des Laderaums und sonstige Unterbringungsmöglichkeiten und übersetzte meine Antworten den anderen. Dann ging er in die Kombüse und stöberte dort mehrere Minuten herum.

»Kühlschrank?« fragte er schließlich.

Ich schüttelte den Kopf. »Ich habe zwei Eiskisten dabei. Wenn wir unterwegs sind, können wir von den Gletschern jede Menge Eis holen.«

»Gemüse okay im Laderaum?« Er spähte in eine Schublade. »Sie haben genügend Töpfe und Pfannen?«

Ich nickte beruhigend und wunderte mich, daß ihm das Essen und seine Zubereitung so wichtig waren. Nachdem er mich ausführlich wegen des Ölofens gelöchert und auch noch einen Blick hineingeworfen hatte, ging mir plötzlich auf, warum er sich für all das interessierte.

»Sie sind also nicht nur der Übersetzer, sondern auch der Koch?«

Maeda lachte bei dieser Frage herzlich; er verstand mehr Englisch als ich gedacht hatte. Der Kameramann schüttelte den Kopf und bemühte sich, in zögerlichem, gebrochenem Englisch zu erklären: »Hoshino-san ist … äh … Gegenstand.«

»Gegenstand?« fragte ich. *Wieso ein Gegenstand?*

Hoshino errötete und interessierte sich plötzlich brennend für einen kleinen einflammigen Gaskocher, der in der Kombüse so aufgehängt war, daß er stets in Waage blieb.

»Gegenstand von Film«, erklärte Otani. »*Sashinka-dobutsu.* Berühmter Naturfotograf.«

»Nein, nein.« Michio schüttelte den Kopf. »Thema des Films ist Al-as-ka.«

Ich hatte völlig danebengelegen. Michio war kein freiberuflicher Fotograf, den man angeheuert hatte, um zu übersetzen, zu kochen und die Hausarbeit zu erledigen: Er war das Herzstück des Films, an dem wir den nächsten Monat über arbeiten wollten, und ich war einfach zu begriffsstutzig gewesen, um das zu merken.

»Also: Wale, Lynn-san?« Michio wollte von seiner Person ablenken. »Können wir Buckelwale zum Fotografieren finden?«

DIE BUCKELWALE GEHÖREN zu den gefährdeten Arten und wären beinahe ausgestorben, ehe man sich 1986 auf eine internationale Ächtung des kommerziellen Walfangs verständigte. Mittlerweile pendelt die weltweite Population bei rund 10 000 Tieren, und sie könnte vielleicht – langsam – wieder zunehmen, wenn das Abschlachtverbot weiterhin greift. Annähernd 2000 Buckelwale sind im Nordpazifik zu Hause, und nur ein Viertel davon verbringt den Sommer in Alaska; eine überreich gedeckte Tafel von Heringen, Sand-Aalen und Krill lockt sie Jahr für Jahr aus ihren Winterquartieren bei Hawaii und Mexiko in die nördlichen Gewässer.

Keine Woche zuvor war ich vorsichtig um eine Gruppe von sechs Tieren herumgeschippert, die sich in den Gewässern des Seymour Canal mästeten, einer langen, schmalen Wasserstraße, die 50 Meilen südlich von Juneau tief in Admiralty Island einschneidet. Es war ein klarer, windstiller Tag, und die Salzwasserfontänen, die die Buckelwale mit ihrem Atem ausbliesen, waren meilenweit zu sehen. Ich ließ die *Swift* treiben und sah zu, wie ein Kalb einen Kopfstand versuchte: Seinen Schwanz hielt es über der Wasseroberfläche senkrecht in die Höhe, wobei es wild mit den Brustflossen schlug, bis die schwarze Masse des breiten Rückens seiner Mutter in einer Sturzflut von Gischt aus dem Meer auftauchte und beide langsam Richtung Süden schwammen.

»Ganz bestimmt.« Ich nickte. Ja, ich war mir sicher, aber ich gebe ungern Garantien. »Wir werden Wale finden.«

Ich entrollte auf dem Tisch in der Kajüte eine Karte, beschwerte den Rand mit einer leeren Kaffeetasse und zeigte auf ein Gebiet 80 Meilen südlich von Juneau. »Im Frederick Sound haben wir vermutlich die besten Aussichten. Für die Wale ist er ein wichtiges Nahrungsreservoir.«

Der Frederick Sound ist ein fast 400 Meter tiefes Salzwasserbecken von eineinhalbtausend Quadratkilometern, das zwischen die gewaltigen Massen von Admiralty Island im Norden, Kuiu und Kupreanof Island im Süden und dem Festland im Osten eingezwängt ist. Es ist von ganzen Ketten bewaldeter Berge umgeben, die sich wie grüne Wellen aufbäumen und entlang ihrer Kämme von glitzernden weißen Schneefeldern und Gletschern gekrönt sind.

Mit dem Finger auf der Karte erklärte ich, wie die Flut zwischen Kingsmill Point auf Kuiu Island und Point Gardner an der Südspitze von Admiralty in den Frederick Sound hineindrückt. Von da geht die Strömung nach Nordosten Richtung Festland, wo sie sich bei Cape Fanshaw teilt, um entweder 75 Meilen nach Norden bis Juneau oder 40 Meilen nach Südosten bis zur Mündung des Stikine River am äußersten Punkt des Frederick Sound weiterzufließen.

»Wo die Flut die Kämme und Täler des Meeresgrundes quert, kocht sie«, sagte ich und drehte meine Hände, um die Bewegung anzudeuten. »Das spült eine enorme Menge von Nährstoffen vom Grund nach oben.«

Ich erklärte kurz, wie diese gehaltvolle Suppe zusammen mit dem fast nicht endenden Tageslicht des Sommers eine hervorragende Biomasse von Plankton und Krill hervorbringt, wovon sich wiederum Millionen Tonnen von Heringen ernähren.

Ich hielt inne, nachdem ich beschrieben hatte, wie die Heringsschwärme silberglänzend den Konturen des Grundes folgen, und wartete, bis Michio übersetzt hatte; dann schilderte ich, wie diese Heringsmassen Millionen von Lachsen, Seevögeln, Schwertwalen, Adlern und Schweinswalen anlocken, indem ich mit den Händen in Richtung meiner Brust schaufelte. Yamanushis Augen wurden ganz groß, als ich erzählte, wie über 300 Buckelwale, von Monaten des Fastens in subtropischen Breiten ausgezehrt, sich auf die Heringe Südostalaskas stürzen, um die Fette und Proteine zu bekommen, die so entscheidend dafür sind, daß sie sich die Speckschicht zulegen, die sie über die regelmäßigen Hungerzeiten in ihrem Leben bringt.

»Die Wale tauchen unter einen Heringsschwarm und beginnen zu kreisen«, sagte ich und malte mit der Hand eine große, abwärtsführende Spirale in die Luft. »Und einer der Wale setzt aus dem Blasloch oben auf seinem Kopf einen stetigen Luftstrom frei.«

Meine Zuhörer waren um höfliche Aufmerksamkeit bemüht, als ich pantomimisch versuchte, Blasen aus meinem Kopf steigen zu lassen. Maeda spielte mit einem Löffel und zog Kreise, die die Walmethode des Einkesselns von Beute nachahmte. Otani blickte auf die Karte und fuhr mit dem Finger über das Gebiet, wo all dies angeblich passierte, dann nickte er mir zu.

»Die Luftblasen bilden so etwas wie ein Netz um die Fische herum, das sie an der Flucht hindert«, fuhr ich fort. »Und wenn Heringe sich bedroht fühlen, besteht ihre allererste Reaktion darin, sich hintereinander zu verstecken und zu hoffen, daß der Räuber den Nachbarn als ersten frißt. Da alle Fische versuchen, in die Mitte des Schwarms zu gelangen, verdichtet er sich zu einer kompakten Masse. Eine leichte Beute für die Wale.«

Michio übersetzte und bewegte die Hände in Form eines Balls.

»Dann schwimmen die Wale schnell mit weit aufgesperrtem Maul zur Oberfläche.« Ich legte die Handgelenke zusammen und spreizte die Finger, so weit es ging, um die wilde Jagd der aufgerissenen Mäuler zu imitieren.

»Vielleicht gelingen uns ein paar spektakuläre Szenen«, sagte ich und stellte mir den gemeinsamen Ausbruch von 500 Tonnen Wal aus der Wasseroberfläche vor. »Am allerwichtigsten jedoch ist«, ergänzte ich, »ihnen dabei nicht in die Quere zu kommen.«*

NOCH VOR FÜNF Uhr am nächsten Morgen schälte ich mich aus meinem Schlafsack, setzte mich mit einer Tasse Kaffee an den Tisch in der Kombüse und sah zu, wie der Himmel im Osten weiß wurde, dann blau, und schließlich sich das Versprechen eines Sonnenaufgangs erfüllte. Um halb sieben hatte ich das Frühstücksgeschirr gespült und war unten im Maschinenraum, wo ich den Keilriemen der Wasserpumpe spannte und nach dem Ölstand sah. Um sieben bekam ich meine erste Japanisch-Stunde, als ich ein Scharren am Rumpf hörte, hinausblickte und Michio neben einem enormen Berg Gepäck am Kai stehen sah.

»*Ohayo,* Lynn-san!« Der Gruß, wie er ihn aussprach, klang so ähnlich wie »Ohio!«, und das konnte nur ein enthusiastisches »Guten Morgen!« bedeuten. Hinter ihm sah ich die anderen noch mehr Taschen aus einem Lieferwagen laden, der auf dem Parkplatz stand.

Die Ausrüstung stapelte sich immer höher. Eine Bier-Kühlbox – wasser- und luftdicht, unempfindlich gegenüber Extremtemperaturen – gab einen perfekten Schutzbehälter für Filme und Videozubehör ab. Die Videokamera – ein massiver Apparat für Beta-Bänder, der Studioqualität lieferte und ungefähr genausoviel kostete wie mein Boot – trug Maeda wie ein Baby vorsichtig zur Koje, in die er sie mit Kissen abgepolstert bettete. Yamanushi wuchtete mit Mühe einen Generator an Bord, der Strom für das Aufladen der Kamera-Akkus liefern sollte. Auf das Kajütendach wurde ein Zwei-Mann-Kajak geschnallt, ein Außenborder und ein unsinkbares Beiboot fanden an Deck Platz. Jeder vom Team

* Solche Unfälle sind sehr selten, aber 1998 wurde ein Segelboot, das bei Sitka vor Anker lag, leckgeschlagen und sank. Das Boot war zu diesem Zeitpunkt unbemannt, doch bei den Bergungsversuchen entdeckte man im Rumpf Fischbein aus dem Maul eines Buckelwals.

verstaute einen Seesack mit Kleidung und Regenzeug im Laderaum, hinzu kam ein Dutzend großer Kisten mit Lebensmittelvorräten. Michios persönliche Sachen bestanden aus einem lockeren Haufen Kleidung, einem Schlafsack, Notizbüchern, einem Walkman mit Musikkassetten und allerlei Krimskrams, der sich nach dem Zufallsprinzip in einem Rucksack stapelte. Seine Kleinbildausrüstung jedoch kam akkurat sortiert und in gepolsterten Taschen an Bord.*

Am Kai der Tankanlage wischte sich ein Mann im grauen Overall mürrisch die Hände an einem öligen Lumpen ab und pumpte 750 Liter Treibstoff in die Tanks der *Swift* – genug, um uns fünf und die gesamte Ausrüstung 400 Meilen weit zu bringen. Für Wasser zum Trinken und Waschen mußte ein einziger, knapp 100 Liter fassender Tank reichen, aber Südostalaska ist vom weltweit größten Regenwald der gemäßigten Zonen überwuchert, und angesichts der zahllosen Quellen, Bäche und Flüsse war es nicht gerade wahrscheinlich, daß wir Wassermangel leiden würden.

Maeda kam an Deck und half mir, die *Swift* vom Kai loszumachen, er holte die Leinen ein und schoß sie fachgerecht auf. Als er die Buchten mit einem Webeleinstek auf einer

* Professionelle Fotografen haben eine erstaunlich mannigfache Ausrüstung: Weitwinkel, um grandiose Szenerien einzufangen, Teleobjektive, um entfernte Motive heranzuholen, zwei oder mehr Kameragehäuse, an die die Objektive montiert werden, Hunderte von Filmen, ein schweres, verwindungssteifes Stativ mit einem feinmechanischen Kopf, um die Kamera bei langen Belichtungen absolut ruhig zu halten, und eine Vielzahl von Filtern, Batterien, Deckeln, Riemen, Werkzeugen und Reinigungsgerätschaften, um all das am Funktionieren zu halten.

Michios Sortiment von fotografischen Utensilien war noch umfangreicher als das der meisten anderen. Wenn er in freier Natur fotografierte, bevorzugte er das beliebte, ziemlich handliche Kleinbildformat, doch er führte auch noch eine vollständige Mittelformatausrüstung mit. Dieses liefert Bilder, die um ein Mehrfaches größer sind als ein 35-mm-Foto und so wesentlich feinere Details wiedergeben können. Der Fotograf kann also stark vergrößern, ohne Schärfe und Kontrast einzubüßen, was für Außenaufnahmen und vor allem Landschaften ideal ist, doch die Kameras sind klobig, umständlich zu handhaben, und die Arbeit damit ist zeitaufwendig.

Klampe fixierte, ließen die knappen, sicheren Handbewegungen das Geschick des Seglers im Umgang mit Leinen erkennen (nur Landratten sprechen von »Seilen«), und es beruhigte mich, daß ich nicht der einzige Seebär an Bord war. Auf dem Meer gibt es eine eigene Kultur, bei der das Wissen um die spezifische Physik einer Welt aus Wind, Wasser und Gezeiten wichtiger sein kann als Worte. Sollten einmal in schlechtem Wetter, bei rauher See, mechanischem Versagen, einem Brand oder anderen Kalamitäten, die die See bereit hält, alle nautischen Höllenungeheuer losbrechen, würde es viel besser sein, einen erfahrenen Seemann – selbst wenn er nur Japanisch sprach – an Bord zu haben als eine unerfahrene Landratte, die perfektes Englisch beherrschte.

Von Juneau bis zum Frederick Sound waren Wetter und Seegang uns wohlgesonnen, die *Swift* glitt über einen Ozean aus Glas dahin. 60 Meilen weiter südlich zog an Backbord der weiße Five-Finger-Leuchtturm vorüber, und wir kamen in den Frederick Sound.

Ich nahm Gas weg, bis das Boot nur noch ganz wenig Fahrt machte, kuppelte aus und ging mit einem Fernglas an Deck. Yamanushi folgte mir, lehnte sich mit dem Rücken an das Steuerhaus und schattete seine Augen ab.

»*Kujira?* Wal?« fragte er, wobei er das »w« mit viel Luft hauchte.

»Da.« Ich zeigte nach Süden, wo knapp über dem Horizont eine zarte Fontäne auszumachen war und dann schnell verschwand. Ich hob das Fernglas an die Augen und sah etwas schwarz aufblitzen, als der Buckelwal kopfüber abtauchte.

»Ich denke«, sagte ich lächelnd, »das läßt sich hier gut an.«

3 Eruption

Michio zog die Schultern hoch. »Naturfotografie! Das ist immer viel Warterei.« Seit unserer Abfahrt von Juneau waren zwei volle Tage vergangen, und die See hatte nur wenige kurze Blicke auf einzelne Wale freigegeben. Dieser Mangel an Aktivität beunruhigte mich allmählich. Maeda sagte etwas zu Otani, der lächelte mich an und schüttelte mit dem Kopf. *Keine Sorge.*

Die Kombüse war mit den Abfällen der Essenszubereitung übersät, und aus dem Ofen drang der verlockende Duft eines Schweinebratens. Um uns herum begann die See das blaßgoldene Abendlicht zu reflektieren. Eine Kette grün-weißer Berge glitt hinter den Kajütenfenstern vorbei, während die *Swift* mit der Strömung langsam einen Kreis zog. Yamanushi nahm einen Stapel Teller aus dem Schrank, stellte jeden exakt neben seinen Nachbarn, dann bereitete er das Besteck auf seinen Einsatz vor, indem er Papiertücher zu perfekt gleichschenkligen Dreiecken faltete und Messer und Gabel in makelloser Ausrichtung auf diesen improvisierten Servietten plazierte.

Michio stand am Ofen und stocherte mit einem Löffel in der Kasserolle herum. »Einmal ich mußte warten fast einen Monat auf Nordlicht.«

Ich öffnete eine Bierflasche, gab sie Maeda und knackte eine weitere für Otani. Michio trank keinen Alkohol.

»Du warst in Fairbanks?«

»Nein, nein.« Michio wedelte bei der Antwort mit dem Löffel und verteilte Soßentröpfchen in der Kombüse. »Tokositna-Gletscher.«

Die Steifheit seiner Finger, erklärte er, war die Folge von Erfrierungen, die er sich zugezogen hatte, als er allein diesen Monat bei Temperaturen von bis zu 35 Grad unter Null in einem Zelt hoch oben auf einem Eisbruch an der Flanke des Mount Denali kampierte – all das nur um der Möglichkeit willen, das Nordlicht über dem 6000-Meter-Berg in der einen Nacht, da es sich sehen ließ, fotografieren zu können.

»War es nicht sehr einsam da oben so lange Zeit?« fragte ich eher im Scherz.

»Oh, sicher«, antwortete er leichthin. »Der Wind …« Er schüttelte die ausgestreckten Hände, um das Flattern eines Zelts im Sturm zu imitieren. »Manchmal fühlte ich mich wirklich sehr allein.«

»Hat es sich gelohnt? All die Kälte für bloß eine Nacht Nordlicht?«

»Oh, sicher«, antwortete Michio ohne Zögern und rieb seine frostgeplagten Finger am Bein. »Es war eine *wunderschöne* Erfahrung.«

»Nun«, sagte ich, »ich denke, dann können wir auch mit den Walen Geduld haben. Früher oder später werden sie auftauchen.«

Die anderen nickten und lächelten zustimmend, als wir uns um den kleinen Kombüsentisch quetschten und uns über den Schweinebraten hermachten. Während des Essens schauten wir ständig aus den Fenstern – im rotgoldenen Abendlicht des Sonnenuntergangs auftauchende Wale sind der Traum eines jeden Fotografen. Gelegentlich war am Horizont ein Fischerboot oder eine Privatyacht zu sehen, glitt mit gleichmäßigem, würdevollem Tempo vorüber und verschwand wieder; doch die meiste Zeit hielten wir allein oder in Begleitung einiger versprengter Möwen am wolkenlosen, dunkler werdenden Himmel Wache.

Plötzlich versperrte ein Kreuzfahrtschiff von der Größe einer Kleinstadt und mit zahllosen Scheinwerfern den Blick; es änderte den Kurs, um uns dicht am Heck zu passieren. In voller Fahrt spaltete der Dampfer mit der schwarzen Klippe seines Bugs die See und schickte einen finsteren, sich auftürmenden Wellenberg in Richtung der treibenden *Swift* mit ihrem gefährlich vollgeladenen Kombüsentisch.

Michio, Yamanushi und Otani beugten sich zum Fenster

und bewunderten mit vielen »Ohs« und »Ahs« das schöne Schiff mit seinen Lichterketten, die Partyatmosphäre heraufbeschworen, während Maeda und ich uns auf das Essen stürzten (»Festhalten! *Tsukete!*«) und Braten, Teller und Flaschen umklammerten, als die Welle die *Swift* traf und wie wild von der einen Seite auf die andere und zurück warf. Eine Abwaschschüssel klapperte aufs Deck, Michios Gewürzsammlung kippte und verteilte sich im Ausguß, ein ungesichertes, auf einem Bord liegendes Buch krachte zu Boden. Doch das Abendessen war gerettet.*

»Wir suchen uns besser einen Ankerplatz«, sagte ich und schaltete die Positionslichter ein. »Ich bin sicher, daß wir morgen Wale finden.«

MEHRERE TAGE LANG kreuzten wir im Frederick Sound und hofften, die dichtgedrängten Fontänen zu entdecken, die in der Regel das erste Anzeichen sind, daß Buckelwale gemeinsam auf Jagd sind. Ich suchte mit dem Fernglas den schimmernden Horizont ab, bis mir die Augen im Kopf zu tanzen begannen und ich nur noch verschwommen sah. Es wurde

* Später erfuhr ich, daß Maedas Fähigkeiten im Retten von Geschirr nicht Instinkt, sondern leidvoller Erfahrung entstammten: Er berichtete (mit Hilfe von Michios Übersetzung), daß er an Bord eines Segelschiffs an einer Hochseeregatta teilgenommen hatte und sie in einen fürchterlichen Sturm geraten waren. Michios Englisch war zu diesem Zeitpunkt noch nicht gut genug, um alle Details umfassend zu übersetzen, doch angesichts von Maedas Beschreibung des Sturms und dem Zeitraum, in dem das passiert sein soll, habe ich mich immer gefragt, ob es sich dabei nicht um das Fastnet-Race in der Irischen See von 1979 gehandelt hatte, als eine falsche Wettervorhersage eine Gruppe von Regattateilnehmern (viele davon Profis) aufs Meer hinaus in einen der schlimmsten Orkanstürme trieb, die die Küste je erlebt hatte. Es kam zur Katastrophe. Boote kenterten, schlugen leck, verloren den Mast, liefen voll und sanken. 19 Menschen starben bei dieser schlimmsten Yacht-Tragödie des 20. Jahrhunderts. Sollte meine Vermutung stimmen, legte die Tatsache, daß Maeda Yasujiro leibhaftig an Bord der *Wilderness Swift* saß, beredtes Zeugnis ab von seinen Fähigkeiten, seinem Mut und – vor allem – jeder Menge Glück.

schwierig, sich zu konzentrieren und sich nicht, um der Langeweile und der Frustration zu entgehen, Tagträumen mit wundersamen Bildern hinzugeben, die uns auf falsche Fährten quer über einen enttäuschend leeren Ozean locken wollten.

Stundenlang trieben wir dahin, hörten die scharfen Rufe von Bonaparte-Möwen, Marmelalken und Taubenteisten und hielten Ausschau nach Anzeichen für Wale. Mit einem Auge behielt ich das Echolot im Blick, während ich lange, eintönige Abschnitte des Meeresgrunds entlangsteuerte und auf die dichtgedrängten Signale wartete, die einen großen Heringsschwarm anzeigen konnten. Während der Fahrt reinigten und sortierten meine Passagiere ihre Ausrüstung, und als nichts mehr zu tun blieb, begannen sie sich zum Zeitvertreib Witze und Anekdoten zu erzählen. Alle lachten gern. Wenn Otani lächelte, grinste er so breit, daß seine Augen hinter den Wangen verschwanden; und Yamanushis schüchternes Kichern explodierte oft zu einem bellenden Gelächter. Michio wuchs ständig über sich hinaus, da er versuchte, mich in das Gespräch mit einzubinden und so gut wie möglich die Subtilitäten des Humors einer ganz anderen Kultur zu übersetzen. Ich war dankbar, daß er daran dachte, mich nicht auszugrenzen, dann erfuhr ich, daß er nur zu gut wußte, wie es war, unter anderen Menschen isoliert zu sein. Zum ersten Mal war er nach Alaska gekommen, als er erst wenige Brocken Englisch sprach.

1972, mit 19 Jahren, berichtete Michio, sah er eine Luftaufnahme von Shishmaref, einem kleinen Dorf, das sich in der Weite der arktischen Ebene Alaskas verliert, und auf der Stelle verliebte er sich in die Vorstellung solch eines ungeheuren, offenen Raumes und des Lebens, das die Menschen dort führen. Ohne zu zögern schrieb er einen Brief, adressiert »An den Bürgermeister von Shishmaref, Alaska, USA«, in dem er fragte, ob er für einen Monat kommen und bei einer Familie im Dorf wohnen könne, um die Lebensweise der Eskimos kennenzulernen. Der Bürgermeister, Clifford Weyiouanna, antwortete und lud ihn zu sich selbst nach Hause ein.

»Wirklich nette Menschen«, sagte Michio breit grinsend. »Wunderbare Menschen. Ich wollte einen Monat bleiben, blieb aber drei.«

Nach seiner Rückkehr nach Japan und einem Diplom in Wirtschaftswissenschaften ging Michio bei Japans führendem Naturfotografen, Kojo Tanaka, in die Lehre, um seine Aufnahmetechnik zu perfektionieren. 1978 kam er wieder nach Alaska und lebte in einer winzigen, baufälligen Holzhütte in Fairbanks, wo er die Universität besuchte, um Wildlife-Management zu studieren. In den Ferien klapperte Michio mit einem kaum noch fahrtüchtigen VW-Bus die wenigen einsamen Straßen Alaskas ab, erkundete das Land und suchte als erste Schritte in Richtung seiner neuen Karriere Naturmotive zum Fotografieren.

Maeda und Otani ließen mich in abgehackten Sätzen wissen, daß Michio nach Ansicht vieler der beste Naturfotograf der Welt war. Für sein Buch über Grizzlybären hatte er den angesehenen Anima Award erhalten, und seine Fotos und Artikel wurden in Dutzenden berühmter Zeitschriften veröffentlicht, unter anderem in *National Geographic* und *Audubon*; in seinem Heimatland wurde er verehrt, wie das keinem amerikanischen Fotografen (vielleicht mit Ausnahme von Ansel Adams oder Edward Curtis) je widerfahren war.

Er war hartnäckig, vielleicht fast besessen, wenn es um seine Fotos ging. Er war offenbar bereit alles zu ertragen – tagelang inmitten von Mückenschwärmen auszuharren oder im Freien in die Lungen zerreißender Kälte, um auf das richtige Wetter oder Licht für ein wunderbares Bild zu warten, genau wie er einen Monat allein auf dem Tokositna-Gletscher verbracht hatte, nur um das über dem Mount Denali tanzende Nordlicht fotografieren zu können –, und oft riskierte er dabei Leib und Leben.

Die Frostschäden an seinen Fingern verschlimmerte er 1988, als drei Grauwale in einem winzigen Spalt offenen Wassers im Eismeer vor Point Barrow, dem nördlichsten Punkt Alaskas, 650 Kilometer oberhalb des Polarkreises gefangen waren.

Die eingeschlossenen Wale zogen rasch die Aufmerksamkeit der Weltöffentlichkeit auf sich, und eine Flut von Reportern und Fernsehteams aus der ganzen Welt brach über Point Barrow herein, als man Versuche anstellte, die Tiere aus ihrer mißlichen Lage zu befreien. Michio war von Fairbanks, wo er damals lebte, in solcher Eile nach Norden geflogen, daß er vergessen hatte, der Witterung entsprechende Handschuhe einzupacken; als er in Point Barrow landete, waren sämtliche Helikopter und Schneemobile bereits vergeben. Statt aufzugeben und umzukehren, schulterte er einfach 75 Pfund Ausrüstung und marschierte drei Meilen über das zugefrorene nördliche Eismeer bis zu den Walen.

»Auf halbem Weg draußen begann ich an Eisbären zu denken.« Michio lächelte. »Wie viele gibt es in der Gegend von Barrow?* Zum ersten Mal sah ich einen Eisbär in Kanada, mit meinem Freund. Den ganzen Tag suchten wir nach Eisbären. Nichts.« Michio breitete die Hände aus um zu zeigen, wie einen das Glück verlassen kann.

»Doch in der Nacht schliefen wir in einem Wohnwagen, und der begann zu schaukeln«, erzählte er und wedelte mit den Händen hin und her. »Also mußten wir Taschenlampen nehmen und draußen nachsehen. Und da«, er zeigte auf seine Füße, »genau da, ein Eisbär, und wackelt an unserem Wohnwagen.«

»Was ist passiert?«

»Der Eisbär ging fort. Sehr schön.«

»Und wie war das in Barrow? Was hast du gemacht, als du da mitten auf dem Eis standst und dir Eisbären einfielen?«

»Ich hatte *shimpai shite* … wirklich Angst.«

»Zuviel Angst um weiterzugehen?«

* Im Dezember 1990 wurde der achtundzwanzigjährige Carl Stalker getötet, als er seine schwangere Frau vor einem Eisbären beschützen wollte, der das Paar auf einer Straße in Point Lay, einem kleinen Dorf südwestlich von Barrow, angegriffen hatte. Drei Jahre später drang ein Bär durch das Fenster in den Schlafraum einer Radarstation ein und richtete einen Arbeiter übel zu.

»Ja, zuviel Angst. Aber ich ging weiter.« Michio lächelte etwas gequält. »Ich war schon halb da.«

Ich bewunderte Michios Standhaftigkeit angesichts von Winterstürmen und Eisbären, aber unsere momentane Suche frustrierte mich gründlich. Tag für Tag spielten die Wale mit uns Hütchen und versteckten ihre 40-Tonnen-Körper mal hier, mal da zwischen den Inseln um uns herum, und während ich den endlosen Horizont absuchte und darüber erschrak, wie gewaltig und leer die See nun zu wirken begonnen hatte, hörte ich mit einem Ohr den unverständlichen Gedankenaustausch meiner Passagiere mit.

Was erzählten sie sich da? Ich überlegte. Vielleicht: Warum kann dieser Blödmann, der sich »Führer« nennt, nicht so etwas Riesiges wie eine Herde Wale finden?

Otani und die anderen wahrten ihre makellose asiatische Langmut und vertrieben sich die Zeit, als wären sie im Urlaub, während ich mir Sorgen machte. Sie hatten die Geduld des Profis, eine buddhistische Art des Wartenkönnens, die ich bei mir nicht fand, während die Zeit sich dehnte, zu einem elastischen, variablen Etwas wurde und aufhörte, eine sinnvolle Maßeinheit abzugeben.

Unser Treibstoffvorrat war jedoch definitiv begrenzt, und nach so vielen umsonst auf See verbrachten Tagen klangen die Tanks allmählich hohl. Ich zog eine Karte heraus, bestimmte unsere Position und schätzte die uns verbliebene Reichweite. Als wir Juneau verließen, enthielten unsere Tanks rund 680 Kilogramm Treibstoff, doch jetzt fühlte sich das Boot leicht an und reagierte rasch aufs Ruder. Der Rumpf ragte etliche Zentimeter höher aus dem Wasser, weil wir so viel Treibstoff verbrannt hatten. Wir hatten gerade noch genug, um Angoon zu erreichen, ein Tlingit-Dorf in 30 Meilen Entfernung.

Angoon ist der einzige ganzjährig besiedelte Ort auf dem über 5000 Quadratkilometer großen Admiralty Island. Das Dorf mit seinen 600 Einwohnern liegt an der Mündung des Kootznahoo Arm, einem weitverzweigten System von Fingern und Höhlen, das sich von der Chatham Strait landeinwärts bis zum Fuß einer Bergkette erstreckt, die über 100 Meilen das Rückgrat der Insel bildet. Mündlichen Traditionen zufolge bewohnen die Tlingit-Indianer diesen Ort schon seit der letzten Eiszeit – und diese Behauptung wird durch archäologische Funde gestützt, die darauf schließen lassen, daß die Stätte seit mehr als 10 000 Jahren fast ständig von einer Jäger-Sammler-Gesellschaft bewohnt wurde, was Angoon zu einem der ältesten kontinuierlich besiedelten Orte der neuen Welt macht. Die Identität eines alten Stammes ist oft von dem Ort, an dem er lebt, nicht zu trennen, und die ursprünglichen Bewohner von Admiralty Island nannten sich »Hutsnuwu«, hergeleitet von ihrem Namen für die Insel, der sich mit »Bärenfestung« übersetzen läßt.

Die Hutsnuwu beanspruchten für sich 150 Meilen der Chatham Strait nördlich und südlich des Dorfes einschließlich aller Buchten, Inselchen, Bäche und Flüsse sowie das Land zu beiden Seiten mit Ausnahme des im Süden gelegenen Kuyu-Territoriums am Westufer von Kuiu Island. Und zugleich beanspruchten sie das Recht auf alle Fische, Robben, Seelöwen und Otter in den Gewässern, alle Bäume, Beeren und eßbaren Pflanzen, die in den Wäldern oder an den Ufern wuchsen, sowie alle Tiere, seien sie gefiedert oder behaart, in den Bergen, den Tälern oder an den Ufern.

Am Tankkai rührte ein schlanker Tlingit-Mann in den Zwanzigern mit trotzigem Gesichtsausdruck, verspiegelter Sonnenbrille und einer Ballonmütze, die für Kettensägen warb, keinen Finger, um mir beim Festmachen zu helfen, als ich die *Swift* längsseits an die Pumpen manövrierte. Eine starke seitliche Strömung trieb das Boot schräg in Richtung Kai; ich sprang hinüber, legte eine Leine um einen Poller und ließ die Flut das Boot beidrehen.

»Kann ich Sprit bekommen?«

Er beantwortete meine Frage, indem er die verspiegelten Gläser mir zuwandte und mit einer Schulter zuckte.

Diese zur Schau gestellte Gleichgültigkeit irritierte mich, doch dann brachte mich eine körperlose Stimme auf Trab, die aus einem Lautsprecher an einem Pfosten über den Pumpen plärrte: »Die Pumpe ist an. Zahlen Sie im Büro, wenn Sie fertig sind.«

Die Schläuche lagen in einem ölverschmierten Haufen auf dem Pumpenfloß. Die steifen, glitschigen Dinger zu entwirren glich einem Ringkampf mit einer schmutzigen Anakonda, und der faule Lümmel ignorierte mich nach wie vor. Ich näherte mich ihm, um mit einem geheuchelten »Entschuldigung!« ein Schlauchknäuel direkt vor seinen Füßen aufzudröseln – und stand in einem sauren Nebel von Schnapsdünsten. Der Betrunkene verströmte Fuselgestank und stillschweigende Feindseligkeit wie eine Hitzewelle, als er das Kinn vorschob, eine einzelne kehlige Silbe hervorgrunzte und dann wieder irgend etwas rechts über meiner Schulter anstarrte.*

Seit der erste Händler aus Boston einem Otter-Jäger eine Kanuladung Felle für eine Flasche billigen Whiskeys abschwindelte, ist Schnaps in den Siedlungen Alaskas ein ernstes Problem gewesen. Es war gängige Praxis, ein ganzes Dorf mit Fusel abzufüllen, bis alle Bewohner vollständig besoffen waren, und dann mit knallhartem Feilschen zu beginnen, bis jedes verfügbare Fell an Bord des Schiffes war. Wenn die Dorfbewohner wieder erwachten, war ein ums andere Mal der Schoner weg, hatte die Reichtümer des Dorfes mit sich genommen und dafür nichts als den Nachgeschmack schlechten Schnapses, ein paar wertlose Kinkerlitzchen und Geschlechtskrankheiten zurückgelassen.

Doch nicht alle frühen Besucher sahen auf die Ureinwohner Alaskas herab oder nutzten ihre Naivität aus. 1789 schrieb Captain Nathaniel Portlock in seinem Bericht einer Reise um die Welt über die Tlingits: »Bei ihnen findet sich eine große Zahl von Kuriositäten [womit er vielleicht die handwerklich hervorragenden Schnitzereien und Behältnisse aus unter Dampf gebogenem Holz meinte], von denen viele

* Trunkenheit ist in Angoon sehr selten. Aufgrund eines Referendums der Gemeinde ist das Dorf »trocken«, der Besitz oder Genuß von Alkohol ist streng verboten.

beweisen, daß es sich um ein Volk von großer Erfindungsgabe und Kunstfertigkeit handelt.«

Schnaps aber war die große Attraktion für die Küstenbewohner, und als kreative, einfallsreiche Menschen, die sie nun einmal waren, entwickelten sie, sobald eiserne Kessel Verbreitung fanden, rasch ihre eigenen Destillationsverfahren; Grundzutaten wie Molasse oder brauner Zucker, Kartoffeln und Hefe standen als Handelswaren zur Verfügung. Gab es keine Kupfer– oder Zinnrohre für ihre selbstgebastelten Brenngeräte, zeigte sich die natürliche Schlauheit der Dorfbewohner manchmal darin, daß sie einen langen, hohlen Tangstrang vom Bull Kelp in Schnee packten und so zu einem Kondensator umfunktionierten.

»Hootchenoo« sprachen die ersten Weißen in Alaska, so gut sie eben konnten, den Namen Hutsnuwu aus – ein Dorf, das für seinen hausgebrannten Schnaps berühmt war. Der Name des Dorfs wurde weiter zu »Hootch« verstümmelt, und damit gelangte ein neuer Begriff für starken Fusel schlechter Qualität über Händler und Seeleute, die von der Inside Passage zurückkamen, in die amerikanische Umgangssprache.

Das Ergebnis dieser neu erworbenen Fertigkeit war, wie Captain Howard von der *USS Lincoln* in sein Logbuch schrieb, während er 1867 auf einer Tour entlang Südalaskas Flagge zeigte, ein klarer, starker Branntwein, der »die Eingeborenen wild machte und so bei den Festen, wo er konsumiert wurde, zu vielen Streitereien und Morden führte«.

Captain Howards Beschreibung hat nichts mehr mit dem modernen Dorf zu tun, wo ich fast ausnahmslos großzügige, gutherzige und freundliche Menschen fand, dennoch behielt ich den Zapfhahn im Auge, während ich den Steuerbord-Tank füllte, dann den Schlauch über das Deck zog, um dasselbe mit dem an Backbord zu tun. Nachdem ich 680 Liter Sprit gebunkert hatte, räumte ich den Schlauch wieder zusammen, schob mich an dem ausdünstenden Säufer vorbei und stieg eine lange Treppenflucht zwischen moosbewachsenen Bäumen zum Büro hoch. Die Luft roch streng nach

Fichtenharz, und der Schatten der Bäume tat gut nach den vielen Tagen, die wir über das in der Sonne glitzernde Wasser gestarrt hatten.

Während der Stationsbetreiber im Büro mit einem Taschenrechner herumfingerte und die Rechnung ausstellte, studierte ich das Siebdruck-Design seines roten T-Shirts. In einem heraldisch geschmückten Kreis, der die Breite seiner Brust überspannte, standen da die Jahreszahlen 1882–1982 und Worte, die an die Hundertjahrfeier dessen erinnerten, was in Angoon einfach als »die Bombardierung« bekannt ist. Angoon hatte einst einen Besuch der US-Navy erlebt, der bei seinen Bewohnern und deren Nachkommen einen mehr als hundert Jahre währenden bitteren Nachgeschmack hinterließ.

Ein Zahlmeister namens Frank H. Clark, der damals in Sitka auf dem Kriegsschiff *USS Adams* stationiert war, beschrieb in seinem Weihnachtsbrief an seine Familie den Vorfall und ließ keinen Zweifel an seinen persönlichen Gefühlen gegenüber dem jungen, arroganten Kommandeur des Schiffs, der die Tragödie auslöste. Clark bezeichnete Captain E. C. Merriman als »einen wahrhaft verd… Sch… und … einen infernalischen Lügner«; dann fuhr er mit einem Bericht fort, was sich ereignete, als sich sein ruhmsüchtiger junger Kapitän daranmachte, einen scheinbaren Aufstand der Einheimischen niederzuschlagen:

> Vor ein paar Tagen kam ein Mann aus Kenasloo [Killisnoo, ein Meeresarm südlich von Angoon] herunter und sagte, die Indianer dort hätten ihre Dampfbarkasse und einige Netze und Boote gestohlen und zwei Männer als Geiseln genommen, um eine Bezahlung von 200 Decken wegen der versehentlichen Explosion einer Granatharpune in einem Boot der Walfanggesellschaft zu erzwingen. Da muß ich ein bißchen ausholen und erzählen, daß die Indianer, wenn einer von ihnen zufällig oder absichtlich getötet wird, immer eine Entschädigung erwarten, und wenn sie die

nicht bekommen, töten sie jemanden, um den Toten zu rächen, doch das kann zwei Jahre später und 200 Meilen weg geschehen. Dieser Fall lag nun wie folgt: Die Nordwest-Handelsgesellschaft hat in Kenasloo einen Außenposten und auch eine Walfangstation und schickt Boote aus, um in der Nähe vorbeiziehende Wale zu fangen. Eines ihrer Boote jagte gerade hinter einem Wal her, als die Granatharpune, mit der sie auf den Wal feuern, explodierte und einen Indianer im Bug des Bootes tötete. Sofort steuerten sie eine Lagune an, wo das Dorf der Indianer liegt, und da die Indianer wahrscheinlich aus Erfahrung wissen, daß die Gesellschaft nicht sehr großzügig ist, nahmen sie deren Barkasse, Boote, Netze und so weiter sowie die zwei weißen Männer darin in Beschlag. Dann schickten sie Vanderbilt, dem Agenten, eine Nachricht, daß sie 200 Decken fordern (eine Decke kostet drei Dollar, alles wird in Decken gerechnet). Statt sich mit ihnen zu einigen, was ihm wahrscheinlich für 20 oder 30 Decken gelungen wäre, nahm er einen Schleppdampfer, den sie dort haben, und kam hierher [nach Sitka] und bat um Hilfe. Das war die erste Gelegenheit für unseren Skipper, Ruhm und Ehre einzufahren, und er wollte sie sich nicht entgehen lassen. Er nahm 40 Männer unter Lt. Bartlett und 20 Marinesoldaten unter Lt. Gilman, fuhr mit der *Corwin*, einem Zollkutter, der zu diesem Zeitpunkt gerade hier war, hinauf. Den hiesigen Zollinspektor nahm er mit und auch ein paar Marinesoldaten als Ordonnanz. Lt. Bartlett fuhr mit einem Dampfschlepper der Nordwest-Handelsgesellschaft. Neben seinen 60 Männern und Gewehren führte er eine Haubitze und ein Gatling-Maschinengewehr mit. All dieser Aufwand gegen ein paar Indianer, von denen die Hälfte unbewaffnet war.

Bei ihrer Ankunft in Hootchenoo [Hutsnuwu/Angoon], dem Indianerdorf mit den Geiseln und der Beute, wurden die beiden weißen Männer freigelassen und alle Besitztümer zurückerstattet. Dann ließ der Kapitän die Indianer wissen, daß sie ihm 400 Decken als Strafe für ihr ungesetzliches Verhalten bezahlen müßten, und er ließ ihnen bis zum folgenden Mittag Zeit, sie zusammenzubringen. Am nächsten Morgen hatten sie nur ein wenig über 100 beigebracht und bis Mittag nur 120, da beschoß er einige Häuser auf unserer Seite des Dorfs und brannte sie nieder; gleichzeitig schraubte er seine Forderung auf 800 Decken hoch, was 2400 Dollar entspricht. Dem konnten sie nicht Folge leisten, und da gab er Befehl, die Stadt zu bombardieren. Nachdem 30 oder 40 Granaten in den Ort geschossen worden waren, schickte er die Seeleute und Marinesoldaten hinein und ließ rund 40 Häuser niederbrennen, die für 3000 Dollar nicht ersetzt werden können, und ließ nur fünf stehen. Neben den Behausungen gab es eine große Zahl von Lagerhäusern mit geräuchertem Lachs und anderen Wintervorräten. Auch das verbrannte alles. Viele Indianer weilten gerade als Bergarbeiter in Harrisburg [Juneau], und in ihren Häusern war ihr gesamter Besitz, und all das wurde verbrannt. Natürlich retteten die Indianer, die da waren, so viel sie konnten vor den Flammen. Mr. Vanderbilt, der Vorurteile gegen die Indianer hegt, schätzt den Verlust des Stammes auf 30 000 oder 40 000 Dollar. Dies deckt natürlich nicht das Leiden der Frauen und Kinder ab, die im Winter weder Schutz noch Essen haben werden. Da das Klima sehr streng ist, wird es zweifellos viel Leid geben. Die meisten Offiziere, so auch ich, halten dies für einen brutalen, feigen und vollkommen unangemessenen Akt. Es hätte durchaus genügt, die Anführer zu verhaften und zu bestrafen, doch in diesem Fall litten viele unschuldige Menschen mehr als die Täter, und vor allem eine große Zahl von hilflosen Frauen und Kindern. Man schätzt, daß rund 800 Menschen in dem Dorf leben.

Wir sind schon alle gespannt, was die Zeitungen schreiben werden und was der Kapitän zu Protokoll geben wird. Anders ausgedrückt: eine wie große Lüge er auftischen wird, um sich zu rechtfertigen.

Sechs Kinder wurden bei dem Angriff getötet. Es gibt keine Aufzeichnungen, wie viele Hutsnuwu wegen Nahrungsmangels, ungenügenden Obdachs und fehlender medizinischer Versorgung im folgenden Winter starben.*

Jetzt forderte die Angoon Oil and Gas Company so viel von dem den Hutsnuwu für die Toten vor hundert Jahren geschuldeten Deckenpreis ein, wie sie konnte, indem sie am Tankkai eine nette Form von Piraterie praktizierte: Der Treibstoff kostete pro Gallone 40 Cent mehr, als ich in Juneau bezahlt hatte. Der Stationsbetreiber lächelte, als er mir die Rechnung aushändigte, gab mir noch einen Tip, wo die Quinnats gerade gut beißen würden – »Gestern habe ich einen so lang wie mein Bein gefangen!« – und wünschte mir einen guten Tag.

Zurück am Kai sah ich zu meinem Erstaunen, daß Michio sich mit dem mürrischen Trunkenbold angefreundet hatte und beide sich über ein an Deck liegendes Buch beugten, während Maeda und Otani zusahen. Das *Alaska Geographic* ist eine Vierteljahrespublikation, bei der jede Ausgabe eine andere Facette der Geographie, der Natur oder der diversen Kulturen Alaskas behandelt, und der Besoffene tippte beim Sprechen auf einen Beitrag mit dem Titel »Admiralty: Eine umstrittene Insel«.

»Das stimmt, habe ich selbst hundertmal gesehen.« Michios neuer Freund nickte weit ausholend und nachdrück-

* Eine Gerichtsverhandlung in den Jahren 1973–1974 sprach Angoon 90 000 Dollar zu – den Schätzwert des Dorfes in Dollar von 1880 gerechnet –, und die Navy legte das schriftliche Eingeständnis vor, daß es zu diesem Zwischenfall gekommen war, doch sie entschuldigte sich nicht. Die Gemeindeältesten von Angoon machten wegen einer Entschuldigung Druck auf die Clinton-Regierung, wurden aber zurückgewiesen und ignoriert.

lich mit dem Kopf. »*Hunderte* von Malen.« Die Seite unter seinem Finger zeigte ein Foto von einer steinernen Bärenskulptur.

Während wir den rätselhaften Richtungsangaben des Alkoholisierten folgten – uns beim Laden der Angoon Trading Company nach links wandten, dann für einige Augenblicke grob die Richtung Südost einschlugen, in der Nähe eines aus Holz geschnitzten Killerwals, der auf einem niedrigen Pfosten stand, nach rechts abdrehten und immer verwirrter wurden, so daß wir uns neue Instruktionen bei einer großmütterlichen Frau holen mußten, die in der offenen Tür eines kleinen, nicht angestrichenen Hauses stand –, versuchte Michio zu erklären, warum er die Statue fotografieren wollte.

»Der Bär ist ein … *shocho* … ein Symbol.« Er kniff die Augen fest zusammen und suchte nach dem richtigen Ausdruck. »Der Bär geht jeden Winter schlafen, dann im Frühling kommt er heraus.«

Michio schloß vor der Brust die Hände, dann drehte er sie wie eine sich öffnende Blüte nach außen. »Das ist wie das Leben. Samen … oder …«, seine Erklärung geriet ins Stocken. Das Bild ergriff mich – der Bär, der im Triumph die Tabula rasa des reinen, von keiner Spur befleckten Schnees betritt, nachdem er die wütenden Winterstürme überlebt hat; der Übergang von der Dunkelheit ins Licht; die Unvermeidlichkeit des Zyklus, der perfekt den Kreislauf des Lebens und der Wiedergeburt nachzeichnet –, und ich versuchte, die Leerstellen mit ein bißchen Logik zu füllen: »Du meinst die Wiederauferstehung? Leben und Tod, der Bär geht in den Winterschlaf, und dann taucht er wieder auf?«

»Ja«, sagte er und sah nicht ganz überzeugt aus. »Vielleicht.«

Immer öfter war mir im Verlauf unserer Reise aufgegangen, daß die Kommunikation zwischen Michio und mir genau so ablief. Eine Erkundung von umfassenden Ideen in kurzen Sätzen, die wie Katalysatoren zuvor vage Gedanken und Bilder zum Ausdruck bringen. Die wenigen Worte, die wir wechselten, erforderten eine präzise, explizite Wahl und erlaubten nur wenig von der ziellosen Plauderei, die oft einen bequemen Weg bietet, die Schwierigkeiten wahrer Kommunikation zu umgehen.

Die Statue war überwuchert, unter einem Gewirr von Unterholz und Prachtbrombeeren verschwunden. Nachdem wir eine Unmenge Gestrüpp beiseite geschoben und die Skulptur inspiziert hatten – eine mopsnasige, hüfthohe Figur eines Bären, der auf seinen Hinterbacken saß –, fand Michio, daß er hier kein Bild komponieren konnte. Auf unserem Rückweg zum Boot stand die Großmutter noch immer in der offenen Tür, entblößte mit einem warmen Lächeln ihre Zahnlücken und winkte uns mit ausgestrecktem Arm nach.

Die Swift lief gegen die hereinkommende Flut aus dem Hafen. Das gekräuselte Weiß unseres Kielwassers gurgelte hinter uns weg, als wir die tangbewachsene Fahrwassermarkierung am Danger Point passierten, dann nach links drehten, bis der Steuerstrich des Kompasses sich bei 160 Grad einpendelte, meinem Kurs nach Point Caution. Von da wollten wir nach Süden zum Point Gardner und wieder in den Frederick Sound hineinfahren.

Der Meeresspiegel war so glatt und ebenmäßig, daß er die weißen Bäuche von Kumuluswolken reflektierte, die langsam von Westen herantaumelten. Knacksend erwachte das Funkgerät zum Leben. Die Stimme der Küstenwache von Juneau empfahl, für den regelmäßig ausgestrahlten Wetterbericht, Nachrichten an Seeleute und andere Warnungen auf VHF-Kanal 21 – »Zwei-eins-Alpha« – zu wechseln.

Ich drehte am Knopf, bis auf dem Display des Funkgeräts »21« erglühte, dann griff ich nach Block und Bleistift, um die Vorhersage zu notieren.

Das Echolot zeigte unter der Oberfläche Schichten dessen, was die Fischer »Futter« nennen: Krill, Plankton und Heringe, zu einer einzigen Masse verklumpt, die vor allem für ihre Eigenschaft bekannt ist, hungrige Lachse anzulocken. Unterhalb des Futters war kein Grund; das Echolot reichte bis 1200

Fuß, dann gab es keine Messung mehr her, sondern sprang beliebig zwischen Zahlen von 1 bis 1000 hin und her. Die Karte widersprach den verrückten Meßwerten des Instruments: Sie zeigte einen Abhang im Meeresboden, der rasch von 40 Faden auf gut über 350 hinunterging – tief genug, daß kein Tageslicht mehr dort die Schwärme blinder, noch nicht entdeckter Lebensformen erreichte.

Ich schrieb die Details der Wettervorhersage nieder, während die Stimme im Funkgerät fortfuhr: Wind schwach aus wechselnden Richtungen, auf Nord drehend bis 15 Knoten, Wellen weniger als drei Fuß – für eine Seefahrt perfekt. Ich wollte gerade Stift und Block beiseite legen, als die nächsten Worte meine Hand innehalten ließen.

»Das Fischerboot *Gretel* ist überfällig und wird auf dem Weg von Sitka nach Petersburg vermißt.* Die *Gretel* ist weiß, 45 Fuß lang und soll drei Personen an Bord haben. Seeleute im fraglichen Gebiet werden gebeten, aufmerksam nach Anzeichen für Seenot Ausschau zu halten und alle Auffälligkeiten an Comstat Juneau zu berichten. Hier ist die United States Coast Guard Communications Station Juneau, Ende.«

Ich kritzelte »Gretel« auf den Block und unterstrich den Namen. »Überfällig« und »vermißt« sind auf See immer bedrohliche Worte, doch in vielerlei Hinsicht ließ das ruhige, klare Wetter die Nachricht nur um so alarmierender klingen. Wäre es rauh und stürmisch gewesen, hätte es gut sein können, daß das Boot einfach irgendwo in einem Funkloch auf einen Wetterumschwung wartete. Doch bei idealen Verhältnissen und jeder Menge Schiffen auf dem Wasser, die ein Boot in Seenot sofort entdecken würden, waren die in Frage kommenden Gründe für das plötzliche Verschwinden schrecklich: eine Explosion, ein Feuer, plötzliches Kentern durch schlecht gesicherte Ladung oder vielleicht eine nächtliche Kollision mit einem viel größeren Schiff.

* Meine Erinnerung ist hier vielleicht lückenhaft; ich bin nicht sicher, ob dies der Name des Bootes war.

Da wir von Angoon Richtung Süden die Icy Straits hinunterfuhren, folgte die *Swift* dem Kurs, den das vermißte Boot auf seinem Weg von Sitka nach Petersburg vermutlich ebenfalls eingeschlagen hatte. Mir sträubten sich die Nackenhaare, und mein Magen krampfte, als ich darüber nachdachte, daß ich in Wahrheit nicht nach einem weißen, 45 Fuß langen Fischerboot, sondern nach etwas anderem Ausschau halten mußte: Trümmern, Netzschwimmern, die zwischen Fiberglas- oder Holzsplittern drifteten, einer Ölspur, Stücken von orangefarbenem Neopren, die an der Oberfläche trieben und sich als Schwimmweste erwiesen, die auf Grund eines Unfalls irgendein unglücklicher Fischer nicht mehr hatte anlegen können.

Funksprüche wie dieser sind in Alaska nicht ungewöhnlich. Das schlimmste daran ist nicht, daß man sie immer wieder hört, sondern daß so oft ungeklärt bleibt, welche Tragödien dahinter stehen: Wenn, wie in diesem Fall, ich das Boot oder seine Besatzung nicht kenne, erfahre ich vielleicht nie, was dabei herauskam. Die Küstenwache funkt die Suchmeldung ein oder zwei Tage lang, dann schweigt sie. Gerüchte und Gespräche in den Häfen beschäftigen sich mit dem vermißten Boot noch ein paar Wochen lang, vielleicht gibt es auch eine kurze Meldung in der Zeitung, wenn das Wrack oder ein toter Körper entdeckt wird, doch oft ist es, als wäre das überfällige Boot einfach in eine andere Dimension gefahren und hätte nichts zurückgelassen außer Erinnerungen, den Tränen der Familienangehörigen und dem schwachen, modrigen Windhauch Kushtakas, der die Seelen holt.*

Während die *Swift* durch ruhiges Wasser nach Süden glitt, beobachtete ich das Ufer, das an Steuerbord vorbeizog, und

* In Juneau gibt es ein Denkmal, in dessen Wand die Namen nicht heimgekehrter Seeleute eingemeißelt sind. Jeden Frühling wird dort ein Gottesdienst gehalten, bei dem die Namen laut verlesen und die Opfer des vergangenen Jahres der Liste hinzugefügt werden. Dieses Jahr dauerte es sieben lange Minuten, um all die Namen an der Wand vorzulesen – und es warten bereits weitere Opfer darauf, dort verewigt zu werden.

die Wolkenfetzen am Himmel darüber, die im Aufwind von Berghängen dahintrieben, welche mit den zerfetzten Resten gefällter Wälder übersät waren. In den über 20 Jahren, seit ich das erste Mal durch die Inside Passage von Seattle nach Alaska gefahren bin, hat der Holzgroßhandel über 200 000 Hektar Land im Tongass-Nationalpark baumlos, vernarbt und verschrundet zurückgelassen. Noch einmal soviel Wald, oder noch mehr, wurde auf Land gerodet, das gemäß dem Alaska Native Claims Settlement Act von 1971 den Einheimischen übereignet worden war – einem Kongreßgesetz, das die traditionellen Werte der Urbevölkerung obsolet machte, indem es die Dörfer in Unternehmen »umwandelte« und die Bewohner zu »Anteilseignern« machte. 1990 waren schon viele Siedlungen in Südostalaska von Baumstumpfwüsten umgeben, und ihre Bevölkerung war radikal gespalten in die, die den Verlust der alten Lebensweise beklagten, und jene, die von einem System zu profitieren versuchten, in dem Begriffe wie »Überschußrechnung« und »Aktivpostenentwicklung« plötzlich mehr bedeuteten als das klare Wasser der Flüsse und eine gute Lachswanderung.*

Michio starrte durch ein Fernglas auf die vernarbten Berghänge, und ein Anflug von Besorgnis zog eine kleine, senkrechte Linie zwischen seine Augen. »Wie lange, bis der Wald zurückkommt?« Das war eine rhetorische Frage, und ich konnte sie nur mit einem Kopfschütteln beantworten.

50 Meilen hinter uns teilte eine Landmarke namens Point Couverden die See in die Icy Straits und den Lynn Canal. Als George Vancouver (dessen ursprünglicher, holländischer Name van Couverden lautete, wonach heute die Landmarke benannt ist) 1794 durch die Icy Straits segelte, gab es die Glacier Bay im heutigen Umfang noch nicht: Eine 50 Meter hohe Eiswand versperrte die Einfahrt in die Bucht und bedeckte die Ufer zu beiden Seiten, riesige Eisberge stürzten von dort in die Icy Straits, die daher ihren Namen haben. Die

* Das ist die stark vereinfachte Beschreibung einer sehr komplexen Situation – voll und ganz müßten sie am besten die Tlingit selbst erklären.

Tlingit von Hoonah bezeichnen die Glacier Bay noch immer als ihre Heimat und erzählen, ihre Vorfahren hätten einst »oben in der Bucht« gelebt, bis eine törichte Frau den Gletscher beleidigte und er von den Bergen herabwütete, alle Menschen aus ihren Jagdgründen vertrieb und sie über die Straits dorthin flüchten mußten, wo sie heute leben. Seither hat sich der Gletscher beruhigt und sich grummelnd und klagend über 65 Meilen weit in die Berge zurückgezogen, und das artenreiche Ökosystem des Landstrichs, der heute ein Nationalpark ist, war den regenerativen Kräften ausgesetzt, die dem Hin und Her einer Eiszeit folgen.

Wenn der Wald in der Lage ist, wollte ich Michio erklären, das Land nach den langwierigen Kataklysmen einer Eiszeit wieder mit seinem Überfluß zu beschenken, dann ist er bestimmt auch lebensfähig genug, das Wüten großindustrieller Holzgewinnung zu überstehen. Dann dachte ich darüber nach und hielt meine Zunge im Zaum. Eine Erholung würde lange, lange Zeit beanspruchen – vielleicht mehrere Generationen –, und in der Zwischenzeit würden die Holzeinschläge als häßliche, leblose Narben brachliegen.

Gegend Abend dümpelten wir in der Mündung der Pybus Bay herum. Ich starrte auf die Karte und versuchte meine Phantasie auf das Ziel unserer Suche zu konzentrieren. Ich stellte mir einen Schwarm silberner Fische vor, den die Flut vor sich her treibt und dann in den Wirbeln der Gegenstrudel zwischen Inseln und Kanälen zurückläßt, so daß das Meer sich mit seinen Aromen füllt. Vor meinem geistigen Auge sah ich Ranken des strengen, öligen Heringsdufts wie Qualm sich durch das Wasser winden und vorsichtig in eine Gruppe von Walen hineinstrecken, bis er ihre Zungen erreichte; und ich sah die Erregung der Wale, wie sie dem Duft bis zu seinem glitzernden Ursprung folgten, zu kreisen begannen und die See mit ihren Finnen und breiten Schwänzen aufschäumen ließen.

Ich ließ eine Hand über die zweidimensionale See der Karte gleiten, als könnte ich dadurch ertasten, wo Wale waren.

»Irgendwo hier müssen sie sein«, murmelte ich.

Yamanushi sah von einem Objektiv auf, das er reinigte, nickte zustimmend und blickte aus dem Fenster, als hätte eine Gruppe hungriger Wale gerade diesen Moment zum Auftauchen erwählt. Otani war des endlosen Ausschauhaltens müde und beschäftigte sich mit der Buchführung; er sortierte Quittungen und machte sich sorgfältig in einem Schnellhefter Notizen. Maeda und Michio lungerten an Deck herum und hatten ihre ganze Aufmerksamkeit auf die Sonne gerichtet, die sich langsam dem Horizont näherte.

Ein einsamer Seelöwe tauchte an Backbord knapp 50 Meter entfernt auf, schnaufte einmal, wälzte sich dann von dannen und hinterließ als einziges Anzeichen seiner Stippvisite einen hellen Ring aufgewirbelten Wassers. Im Funkgerät knacksten, aufgrund der Entfernung gestört, ein paar Gesprächsfetzen der Lachsfischerflotte, die 40 Meilen weiter bei Kingsmill Point die Strömung durchpflügte.

Die Stimme eines Fischers riß mich aus meinen Träumereien; er rief ein anderes Boot, das von außerhalb unserer Empfangsreichweite antwortete. Zuerst schenkte ich dem keine Beachtung: Viele Fischer arbeiten im Sommer allein, und der Äther ist voll von unablässigen, ziellosen Wortwechseln, während sie versuchen, die Langeweile und Einsamkeit zu vertreiben, die ihr Leben mit sich bringt.

Ich setzte meine Kartenbeschwörung fort und hörte nur mit halbem Ohr zu, als die Stimme sagte: »Arne ist nach Petersburg zurückgefahren.«*

Ein unverständliches Knacksen und Prasseln folgte, als die Gegenseite über den Horizont hinweg auf diese Mitteilung antwortete.

»Nein, er ist okay, hat sich nur furchtbar erschrocken, als die Wale seine Balken mitnahmen.«

Ich sprang auf und drehte die Lautstärke hoch.

* Gespräche zu belauschen gilt nicht als unhöflich. Im Gegenteil, die meisten Seeleute hören für den Fall, daß jemand in Not gerät oder ein Freund sich meldet, ständig den Funkverkehr mit.

Die gurgelnde Stimme erging sich in einer länglichen Beschreibung, wie ein »Haufen verdammter Wale« sich in der Ausrüstung verfing, die Arnes Boot am Heck hinter sich herschleppte.*

Anhand der Signalstärke konnte ich abschätzen, daß der zu hörende Fischer sich im Umkreis von 25 Meilen von unserer Position befinden mußte, und aus dem Rest der einseitigen Konversation erfuhr ich, daß eine Anzahl von Walen (»Muß'n Dutzend sein!«) sich am selben Heringsschwarm gütlich getan hatte, der auch den glücklosen Arne angelockt hatte.

Ich ging an Deck, schaute nach Westen und versuchte abzuschätzen, wieviel Tageslicht noch blieb, ehe die Sonne hinter den gezackten Rücken von Admiralty Island verschwinden würde; dann berechnete ich anhand der Karte die Entfernung zu unserem nächtlichen Hafen. Es war zu spät, um die Spur heute noch zu verfolgen, doch dank des Funkgesprächs wußte ich ziemlich genau, wo ich am nächsten Tag suchen mußte.

Eine langgezogene Formation von Sturmmöwen glitt vorüber; sie flogen tief über das Wasser und piepsten sich wechselseitig Mut zu, während ich die Ankerleine einholte. Kalter Tau hatte sich in den letzten Nachtstunden auf die *Swift* gelegt, und die frische Luft der frühen Morgendämmerung fühlte sich gut auf der Haut an. In der Kajüte pfiff der kochende Wasserkessel. Als ich die Ankerleine aufgeschossen und in ihrem Kasten verstaut hatte, füllte Michio Kaffee in eine Thermoskanne und stellte Schalen mit Zerealien für ein rasches Frühstück hin.

* Schleppangler ziehen Köder an langen, dünnen, rostfreien Stahldrähten hinter sich her, die an einem Arrangement von langen Holzbalken befestigt sind. Der Draht ist nicht stark genug, um einem Wal gefährlich zu werden, doch so stabil, daß ein Tier, das sich vorübergehend in den Drähten verfangen hat, einem unglücklichen Fischer einen oder mehrere Balken abreißen und ihn somit seiner teuren Ausrüstung berauben kann.

Sich die Augen reibend kam Otani an Deck, um nach dem Wetter zu sehen. Rosa Wolkenfinger streichelten den Osthimmel, und das von keinem Wind gekräuselte Wasser der Bucht war ein grün-schwarzer Spiegel, der die zerklüftete Skyline des Waldes als schwankende Obsidiansilhouette wiedergab. Otani summte eine einfache, diatonische Melodie, trat an die Reling, befreite sich von seiner Hose und begrüßte den Morgen mit einem über Bord gehenden Wasserstrahl. Im Innern der Kajüte sah ich Yamanushi, Maeda und Michio beim komplexen, wortlosen Ritual verschlafener Männer, die auf engstem Raum aufwachen, sich anziehen und Ausrüstung verstauen.

Ich nahm die Tasse Kaffee, die Michio mir hinhielt, als ich wieder hineinkam, schaute nach der Temperatur- und der Öldruckanzeige und schaltete das Radar ein. Am Eingang der Bucht hatte sich ein flacher Nebelstreif quer über das Wasser geschmiegt, doch die hohen Wolkenbänder und der freie Himmel über unseren Köpfen versprachen, daß die Sonne ihn bald auflösen würde, wenn sie höher stieg und die Luft erwärmte.

Ich breitete die Karte flach auf dem Tisch aus, damit die anderen einen Blick darauf werfen konnten. »Ich weiß, daß die Schleppangler zu dieser Jahreszeit entlang der Küste südlich von hier arbeiten«, sagte ich und befingerte die Karte. Otani beugte sich vor und schaute, wohin ich zeigte, nippte an seiner Tasse und nickte.

»Das Boot, das wir letzte Nacht hören konnten, kam ziemlich klar herein, also denke ich, daß es irgendwo hier war.« Ich zeigte auf Turn Island, wo die den Frederick Sound passierenden Boote und Schiffe sich entscheiden müssen, den Kurs nördlich nach Juneau zu ändern, östlich nach Petersburg oder zum Tlingit-Dorf Kake 15 Meilen nach Süden.

»Wir fahren zur Insel hinüber, dann drehen wir nach Westen und halten Ausschau, bis wir sie finden.«

Es gab keine Garantie, daß die Heringe oder die Wale noch dort waren, wo sie sich letzte Nacht aufgehalten hatten, aber einen besseren Plan hatte ich nicht.

GEGEN ELF UHR stellte ich die Maschine ab, justierte die Schärfe meines Fernglases und begann den Horizont abzusuchen. Michio hatte sich die Kopfhörer seines Walkmans in die Ohren gestopft und summte tonlos mit, während er in einem Topf auf dem Herd herumstocherte, in dem etwas simmerte.

Die See war flach wie ein Tablett und hier und da mit einer Ansammlung von Vögeln bepunktet. Das Wasser reflektierte das Blau des Himmels, und die strahlende Sonne zeichnete ein breites, gleißendes Band darüber.

Ein paar Wale zeigten sich vereinzelt am Horizont: einer im Westen, zwei oder drei ein paar Meilen nördlich und achtern noch einmal zwei, weit auseinander. Seit mehr als einer Stunde waren wir mitten in einer weit verstreuten Walgruppe, konnten jedoch keinerlei Anzeichen ausmachen, daß sie gemeinsam auf Jagd gingen. Hier und da schoß in der blauen Ferne plötzlich die fahle Fontäne eines blasenden Wals hoch, hing einen Moment lang in der Luft und löste sich langsam auf, während der Wal an der Oberfläche ruhte und hyperventilierte, um sich auf seinen nächsten Abstieg in die lichtlose, krillreiche Tiefe vorzubereiten.

Michio kam mit einer Schale heißer Suppe in jeder Hand aus der Kajüte, als ich gerade das Hydrophon zu Wasser ließ. »Es ist ein Schuß ins Blaue«, erwiderte ich auf seinen fragenden Blick hin und ergriff eine der Schalen. »Falls wir aber die Töne hören, die jagende Wale machen, wissen wir, daß wir eine gute Chance haben.«

Ich schloß die Augen, hielt die Suppenschale unter die Nase und sog den Duft gerösteten Sesams ein, der von der mit *nori* (getrocknetem Seetang) gewürzten Reissuppe aufstieg, während ich nach dem hellen, zischenden Rauschen lauschte, das einen Heringsschwarm anzeigen kann. Das Klicken und Poppen von Millionen kleiner Kiemen erzeugt eine ganz bestimmte Unterwasser-»Signatur«, die man manchmal meilenweit hören kann und die – wenn man Glück hat – eventuell von dem Baritongrummeln und dem schrillen Quietschen jagender Wale begleitet ist.

Das Hydrophon gurgelte und flüsterte mit den Myriaden Stimmen des Ozeans: ein schnarrendes Surren – die Stimme eines Schweinswals, der echolotend seinen Weg durch die Tiefe ertastete; das Zischen kräftiger Strömungen, die den Sand am Meeresgrund aufwirbelten; unzählige winzige Knack- und Knistergeräusche der Horden von Krabben, Garnelen, Muscheln und namenloser am Boden kriechender Kreaturen; das rapide Pulsieren einer Schiffsschraube in der Ferne; und zahllose seltsame, nicht einzuordnende Klänge, die das Mysterium der schwarzen Welt unter dem Kiel der *Swift* nur vertieften.

Michio hörte dem Quietschen und Gurgeln des Hydrophons mit geschlossenen Augen für eine Weile zu, schlürfte seine Suppe, dann wandte er mir mit einem sanften, hingebungsvollen Lächeln das Gesicht zu.

»*Totemo ki-re*«, sagte er. »Wie schön das ist.«

Das Hydrophon übertrug einen vereinzelten, tiefen Glucksser, der wie in einer Höhle widerhallte. Ein dünner, hoher Sington folgte, der an- und abschwoll und die Unterwasserwelt mit dem durchdrang, was ich als den »Jagdlaut« eines Wals erkannte. Ehe sie sich auf einen Heringsschwarm stürzen, stoßen Buckelwale oft einen hochfrequenten Schrei wie den aus, den wir gerade gehört hatten, und Biologen zufolge dient dieser Schrei dazu, die Fische zu lähmen, damit sie eine leichtere Beute sind. In meinen Ohren jedoch schwingt in diesem Schrei noch etwas mehr mit, vielleicht eine Art Erregung wie im ekstatischen Blutruf eines Hühnerhabichts oder im Heulen eines Wolfsrudels, das hinter einem Elch her ist – ein frenetischer Aufschrei, in dem sich genauso die enormen Emotionen eines Jägers in einem Ozean von Beute Bahn brechen, wie er den Akt des Jagens erleichtert.

Der Walgesang klang fern und schwach, ein bißchen als käme er von jenseits des Randes der Welt.

Otani suchte, die Augen mit den Händen vor der Sonne schützend, den Horizont ab und murmelte eher zu sich selbst: »*Kore wa nan desuka?*«

Dank des unumgänglichen ständigen Beisammenseins auf

einem kleinen Boot hatte ich ein paar Brocken einfachstes Japanisch aufgeschnappt, doch ich war nicht sicher, ob er wissen wollte, was das Geräusch machte oder wo es herkam, also beantwortete ich ihm beide Fragen zugleich:

»*Kujira*«, gab ich zurück und fuhr mit meiner Hand den Horizont ab: »Buckelwal. Er könnte überall dort draußen sein.«

Im Wasser breitet sich Schall schneller und weiter aus als in der Luft, er wird von thermischen und salinischen Grenzflächen reflektiert und gebeugt und pflanzt sich so über unglaubliche Entfernungen fort. Ein Hydrophon hat keine Richtcharakteristik und nimmt rundum alles gleich wahr. Der Gesang konnte von überall kommen.

Wieder hob der dünne, wabernde Gesang an, lockte uns mit einem einzigen, in der Ferne ausgestoßenen Trompetenton und hörte dann auf. Ich holte das Hydrophon ein, packte das nasse, schwarze Kabel in eine Tasche und verstaute es. Der Motor sprang auf die erste Schlüsseldrehung hin an, ich tuckerte in einem kleinen Kreis herum und überlegte, welche Richtung ich nehmen sollte. Wie ein Roulette-Rad drehte sich der Kompaß unter seiner Glasabdeckung und spielte all die möglichen Richtungen durch, in denen die Waljagd stattfinden konnte. Die Ebbe setzt ein, überlegte ich und stellte mir vor, wie das abfließende Wasser die Fische den wartenden Walen ins Maul spült: Fahr mit der Strömung!

Westlich von Turn Island floß das Wasser ab, als hätte man die Erde an einer Seite angehoben, und sorgte für eine stetige Strömung zur Chatham Strait, wo sie nach Süden abknickte und in Richtung des 70 Meilen entfernten Golfs weiterfloß. Weit hinten hielt der blaue Fleck von Cornwallis Point über der Saginaw und der Security Bay Wache, die einst die Grenzen des Territoriums bildeten, das die Kake und die Kuyu, beides Tlingit-Stämme, sich teilten.

Wie alle Tlingit waren die Kake und ihre Nachbarn von Kuiu Island begnadete Seefahrer; mit gigantischen, aus dem Stamm eines einzigen Riesenbaums geschlagenen Kriegskanus fuhren sie aufs Meer; über 20 Meter lang waren diese Boote, und sie konnten mehr als 100 Krieger fassen, die bis in

Entfernungen von 1000 Meilen Piratenüberfälle verübten. Die Kake- und Kuyu-Indianer galten als besonders wild, sogar bei anderen Tlingit-Stämmen, und die Weißen, die die Küsten des Nordpazifiks besiedelten und dort Handel trieben, bekamen schon 1857 Ärger mit ihnen, als eine Gruppe von Kake zum Puget Sound fuhren und den Kopf von Colonel Isaac Ebey forderten, weil sie ihre zwei im Jahr zuvor getöteten Stammesbrüder rächen wollten, als die US-Navy eine Haubitze und ein Maschinengewehr anlandete, um damit ein Gemetzel von epischen Ausmaßen zu veranstalten.

Die Auseinandersetzungen, die später als die Kake-Kriege bekannt wurden, währten über zehn Jahre lang, und der Zusammenprall der Kulturen eskalierte 1868, als Brevet Major General Jefferson C. Davis das Kommando über die US-Kräfte im jüngst erworbenen Distrikt Alaska übernahm und eine rigide neue Gesetzgebung durchdrückte, die dem traditionellen Stammesrecht der Tlingit keinen Raum ließ. F. K. Louthan, ein Händler, der über jahrelange Erfahrung mit den Tlingit und ihrem gnadenlosen, auf Vergeltung bedachten Recht verfügte, berichtete, was dann folgte.

> Am vergangenen Silvester gab es im Markthaus von Sitka Streit zwischen einem Chilkhat-Häuptling und einem Wachsoldaten, der zur Folge hatte, daß der Häuptling im Arrestlokal gefangengesetzt wurde und ein oder zwei Tage danach auf unerklärliche Weise drei Indianer durch Schüsse zu Tode kamen …
>
> Die drei getöteten Indianer waren ein Chilkhat, ein Kake und ein Sitka. Die Kake verlangten auf der Stelle die übliche Wiedergutmachung (Decken als Schadenersatz), waren damit jedoch nicht zufrieden und griffen zu ihrer extremen Vergeltung »ein Auge für ein Auge, ein Zahn für einen Zahn«; in der Nähe ihres Dorfes trafen sie auf zwei Weiße, die sie auf der Stelle ins Jenseits beförderten, [und] dadurch verloren sie ihr ganzes Dorf, das auf Befehl des kommandierenden Generals niedergebrannt wurde.

General Davis weigerte sich auch, eine Delegation der Chilkhat zu empfangen, die Schadenersatz für den Tod ihres Stammesbruders forderten. Louthan bezahlte die Entschädigung aus eigener Tasche, um weitere Schwierigkeiten und einen daraus resultierenden Abbruch der Handelsbeziehungen zu vermeiden. Drei Decken gab Louthan für den Frieden mit den Chilkhat.

Der Preis, den die Kake und ihre Nachbarn, die Kuyu, bezahlten, war viel höher. Captain L. A. Beardslee, der Marine-Oberbefehlshaber, der nach General Davis das Kommando in Sitka übernommen hatte, beschrieb die militärische Seite der Geschichte in einem Bericht an den Kongreß über die Zustände im Distrikt wie folgt:

> Im Januar 1869 ermordeten sie [die Kake] ohne Provokation zwei weiße Männer namens Ludwig Madger und William Walker, die nachts in einer kleinen Bucht [die seither Murder Cove heißt] nahe Point Gardner kampierten, dem südwestlichsten Punkt von Admiralty Island [einem von Kake frequentierten Gebiet], und nachdem sie diese Männer ermordet hatten, verstümmelten sie die Leichen. Für dieses Verbrechen wurden sie umgehend bestraft, denn am 14. und 15. Januar verbrannte und zerstörte Lieutenant-Commander Mead, Befehlshaber der *USS Saginaw*, eine Stadt und drei Dörfer (insgesamt 35 Häuser) sowie eine Anzahl ihrer Kanus in der Saginaw und der Security Bay auf Kou [Kuiu] Island [womit er die Dörfer der unschuldigen Kuyu zerstörte, nicht der schuldigen Kake].

Eine Stunde nachdem wir Turn Island verlassen hatten, gerade unterhalb der Steilküste, wo die von Captain Mead zerstörten Dörfer und Palisaden wieder zu Wald vermoderten, erblickten wir einen etwa einen Viertelhektar großen Kreis aus Luftblasen, der im nächsten Augenblick mit einem Vulkanausbruch von Walen explodierte. Ein Dutzend riesiger schwarzer Köpfe durchstieß gleichzeitig das Wasser, kraftvoll und dicht gedrängt wie eine Rugbymannschaft, und glitzernde Ströme silberner Heringe ergossen sich aus ihren offenstehenden Mäulern.

Die Wale schlangen, japsten, warfen sich herum und wälzten sich mit dicken Bäuchen auf dem Meer, während sie das Wasser durch die fibrösen Lagen von Fischbein-Barten preßten, die der Wal im zahnlosen Oberkiefer trägt, wo sie ihm als Sieb dienen und Krill und Fisch in seinem Maul zurückhalten. Die Wale kreisten, atmeten tief und tauchten dann einer nach dem anderen in enger Formation mit einer Drehung wieder hinein in das Wasser, in dem die Schuppen ihrer Opfer funkelten und glitzerten.

Das über dem Steuerstand montierte Echolot beschrieb elektronisch die Szenerie 50 Fuß unter dem Kiel: Ein großer Heringsschwarm zeigte sich als leuchtendes, amorphes Band von Lichterpunkten, und eine feste, hellere Linie zeichnete die Spur eines soliden Walkörpers nach, der direkt unter uns passierte und dann den Meßbereich des Echolots verließ.

Maeda wuchtete sich die Videokamera auf die Schulter und stützte sie vorn am Objektiv mit den Händen ab. Michio griff nach seinen Fotoapparaten. Möwen kreisten kreischend und pfeifend hoch oben, legten die Flügel an und tauchten kopfüber ins Wasser, um sich die Reste der bei der Attacke verstümmelten Heringe zu holen.

Ich drehte das Boot bei und kuppelte aus. Bei so vielen wild herumtobenden Walen wollte ich nicht das Risiko eingehen, daß einer in die rotierende Schraube geriet. Wale folgen bei der Jagd oft Mustern, bewegen sich methodisch und rhythmisch entlang imaginärer Linien, die von Strömungen, den Konturen des Meeresgrunds und anderen navigatorischen Faktoren vorgegeben werden, die nur sie selbst kennen. Es hätte keinen Sinn gemacht, ihnen zuvorkommen zu wollen oder in zu dichtem Abstand zu folgen und dabei zu riskieren, sie bei ihrem Treiben zu stören. Teleobjektive würden die Wale nah genug heranholen. Ich mußte nichts weiter tun, als sorgfältig die Muster ihres Jagdverhaltens im Auge zu behalten, das Boot richtig zu positionieren und die Herde kommen zu lassen.

Sie kooperierten wunderbar. In regelmäßigen Abständen ließ der durchdringende Ton des Jagdlauts den Rumpf der *Swift* vibrieren und kündigte eine weitere Eruption an. Blasen stiegen auf und zerplatzten an der Wasseroberfläche, wenn die Gruppe die dem Untergang geweihten Heringe einkreiste, und das Gemetzel ging stundenlang weiter.

Michio legte einen Film nach dem anderen ein, ständig surrte der Transport seiner Kamera, klickte der Verschluß, während er Bild um Bild das Freßdelirium einfing, die aufgewühlt kochende See und die ehrfurchtgebietende physische Präsenz der Wale.

Die Jagd fiel in einen gleichmäßig stampfenden Rhythmus. Nach der Gischtexplosion lümmelten sich große schwarze Körper an der Oberfläche, während die Beute verzehrt wurde; dem folgte das koordinierte Abtauchen der Wale – einer nach dem anderen und so dicht beisammen, daß sie eine einzige, gigantische, sich drehende Spirale bildeten; das Wasser kochte unter den kraftvollen Schlägen ihrer Schwanzflossen, noch lange nachdem der letzte Wal verschwunden war; dann kehrte wieder Stille ein, die nur von den Rufen der kreisenden Möwen unterbrochen wurde, die auf die ersten aufsteigenden Blasen warteten; dann der vereinzelte, durchdringende Ton des Gesangs, der das Nahen eines weiteren Ausbruchs signalisierte.

Nach einer Stunde frenetischen Fressens tauchten die Wale rund 30 Meter vom Boot entfernt ab, die See beruhigte sich, und die Attacken schienen aufgehört zu haben, da Minute um Minute ohne ein Anzeichen für die Rückkehr verging.

»*Doko wa kujira desuka?*« fragte Maeda leise, noch immer die Kamera auf der Schulter. »Wo sind die Wale?«

Die Antwort kam in Gestalt einer schimmernden Luftblase von Basketballgröße, die anderthalb Meter vor dem Bug mit dumpfem »Plopp!« zerplatzte, dann noch eine, eine weitere und noch mal eine, die einen Bogen bildeten, der grob die Gestalt des Schiffsrumpfs umschrieb. Die jagenden Wale hatten direkt unter der Kiellinie der treibenden *Swift* einen Haufen Heringe entdeckt, und wir befanden uns im *Inneren* des Luftblasennetzes. Der Rumpf begann unter dem schrillen, elektrisierenden Pfeifen des Jagdlauts zu erzittern, der Ton verwandelte sich von einem hörbaren in ein fühlbares Ereignis, dessen Vibrationen ich noch durch meine Stiefelsohlen hindurch spüren konnte.

»Festhalten!« schrie ich und stürzte ans Steuerrad.

Die Maschine heulte auf, als ich den Rückwärtsgang reinwarf und Vollgas gab, um das Boot aus der Schußlinie zu bekommen, ehe ein Dutzend Buckelwale in voller Fahrt uns rammen und ins Wasser schmeißen konnten, wo wir im Gemenge der Finnen und Flossen und 40-Tonnen-Körper zerschmettert werden würden.

Nur wenige Meter vor dem Bug durchbrachen die Wale die Oberfläche und überzogen das Deck mit einem Sprühnebel von Fischatem und Salz. Ich starrte *hinauf* zu der schwarzen Pyramide eines vertikalen Walschädels hoch über dem Boot und sah klar und deutlich die dunklen Barten und die steife rosa Planke der Zunge in seinem Maul, ehe die enormen Kiefer sich um einen Kubikmeter Salzwasser und Fisch schlossen.

Das Boot stampfte und taumelte in diesem Mahlstrom von einer Seite auf die andere. Eine schwarze Brustflosse, die mit Entenmuscheln von der Größe und Textur wilder Walnüsse übersät war, schrammte am Rumpf entlang und zerkratzte die Farbe mit einem raspelnden Quietschen, während ein Röhren aus 200-Liter-Lungen die Luft erbeben ließ. Der Atem der Wale überzog das Deck mit einem feinen, öligen Nebel, der zu warmen, glitschigen Tröpfchen kondensierte, die nach altem Hering und Krill stanken.

Ich zählte meine Passagiere – vier, keiner über Bord gegangen – und begann Hoffnung zu schöpfen, daß wir tatsächlich überlebt hatten. Michio kauerte mit dem Rücken zu mir, um seine Kameras vor der Gischt zu schützen. Yamanushi hielt Maeda fest und half ihm, die Videokamera zu sichern, während Otani breitbeinig wie festgewachsen an der Reling stand.

»Seid ihr alle okay?« fragte ich.

Michio streckte sich, warf den Kopf in den Nacken und brüllte: »Das war *großartig*!«

DIE WALE BLIESEN, die Heringe starben und die Sonne schien stundenlang auf all das, bis die Wale ihren immensen Appetit gestillt hatten, der Heringsschwarm aufgerieben war und wir Menschen erschöpft waren von unserer Rolle bei dieser Orgie. Kurz vor Sonnenuntergang wurde die Herde, über prallvolle Bäuche ächzend, langsamer, die Formation löste sich auf, und die Tiere ließen sich lethargisch in alle Himmelsrichtungen davontreiben. Eine Schicht von Heringsschuppen und Tran blieb auf der Wasseroberfläche zurück und glitzerte im roten Licht der tiefstehenden Sonne.

Das Deck war mit aufgerissenen Filmpackungen übersät. Maeda räumte die Videokamera weg, Yamanushi beschriftete eine stattliche Anzahl Bänder, Michio aber stand noch immer am Bug und starrte den davonziehenden Walen nach. Als eine breite Schwanzflosse in der Ferne mit dem Horizont verschmolz, holte er tief Luft, dann hob er langsam seine Kamera zum Abschiedsgruß. Als er dem Wal seinen Dank hinterherflüsterte – »*Arigato, kujira, arigato*« –, hätte ich ihm am liebsten die Hand auf die Schulter gelegt, um ihm zu zeigen, daß auch ich dankbar für alles war, was uns dieser Tag gebracht hatte; statt dessen beeilte ich mich, die *Swift* in Richtung einer Stelle zum Übernachten zu steuern.

Eine halbe Stunde später rasselte die Ankerkette über die Winde und verschwand im schwarzen Wasser. Der Wald um die Murder Cove herum stand als ausgefranste Silhouette vor dem letzten Kastanienbraun des Himmels, als ich auf Achterausfahrt schaltete und mit dem Vortrieb der Schraube den Anker langsam rückwärts über den Grund zog, bis sich die Flunken tief in den Schlamm eingegraben hatten und das Boot gegen nächtliches Abtreiben gesichert war.

Am Strand löste sich ein Schatten von der schwarzen Wand des Waldes und bewegte sich langsam in Richtung Gezeitenzone. Ich dachte an Madger und Walker, die Händler, die hier von rachsüchtigen Kake ermordet und verstümmelt worden waren, und betrachtete den wandernden Schatten genauer, indem ich ihn leicht seitlich anblickte, um mit meinem Nachtsehvermögen die Bewegungen von etwas Dunklem vor dunklem Hintergrund besser wahrzunehmen. Ein klagender Laut wehte über das obsidianfarbene Wasser heran. Der Schatten war kein Geist, der an der Stätte eines vor über hundert Jahren begangenen Mordes herumspukte, sondern ein Grizzly, der friedlich am Strand die Delikatessen einsammelte, die ihm die Ebbe bescherte.

Ein blaßgrüner Lichtstreifen zuckte über den Himmel, nahm Form und Gestalt eines Vorhangs an und begann sich zu bauschen und zu blähen. Das Polarlicht tanzte im Sonnenwind. Ein kleines Ankerlicht an der Mastspitze des Bootes beschrieb langsam einen sorgfältig gezirkelten Bogen über die Sternbilder hinweg, als die Strömung die *Swift* um ihren Anker drehte und das Wasser sich weiter zurückzog, um neue Kräfte für die nächste Flut zu sammeln.

Der folgende Morgen war frisch, Dunstschwaden stiegen vom Wasser auf und ein Streifen neuen, goldenen Lichts krönte die Bäume am Ufer. Michio hielt die Leine, als ich den Kajak zu Wasser ließ und dann das Boot stabilisierte, während er hineinkletterte und seine Rettungsweste festzurrte. Als ich ihm nachfolgte, entbot ein Rabe aus dem Wald heraus der Morgendämmerung sein »Kolk-kolk«.

»Da.« Ich zeigte mit dem Paddel auf die Sandbank am Ende der Bucht. »Wenn wir dort an Land gehen, können wir den Strand entlangwandern und vielleicht einen Hirsch auftreiben.«

Sitka-Schwarzwedelhirsche gibt es auf Admiralty Island zuhauf, und wie wir Menschen auch sind sie recht sinnenfroh und gehen gern im ersten Morgenlicht an den Strand, um sich die Kühle des nächtlichen Waldes in der Wärme der aufgehenden Sonne zu vertreiben. Bald wäre das Licht perfekt für ein paar Aufnahmen, wenn wir einen finden könnten.

Michio nickte, ruderte zweimal mit dem Paddel, um den Kajak auf die Stelle auszurichten, auf die ich zeigte, und blies mit seinem Atem einen Dampfschwaden in die kühle Luft: »Wird kälter jetzt.«

»Ja«, antwortete ich. »Unser Trip ist fast vorüber, Michio. Der Sommer auch.«

Er brummte zustimmend, dann tauchte er das Paddel ein. Der Kajak spaltete die Oberfläche der Bucht hinter uns zu einem sich öffnenden V, und das helle Gurgeln des Wassers vor dem Bug spielte die Musik dazu.

Ich nahm das Ruder nach backbord, als wir den steinigen Strand erreichten, so daß der Kajak seitlich anlandete. Mit seinem Paddel zog uns Michio ins flache Wasser und hielt das Boot dort fest, während ich ausstieg und einen Teppich von Muschelschalen mit meinen Stiefeln zermalmte.

Michio ergriff den Bug, ich hob das Heck. Unter dem Gewicht des Kajaks schwankend arbeiteten wir uns durch Schlammpfützen und über algenglatte Felsen bis zum Waldrand vor. Wir wollten hier nur eine Stunde bleiben, doch in einem Land mit einem Tidenhub von rund sechs Metern ist es *immer* ratsam, den Kajak an einem Baum festzubinden, falls sich die Rückkehr aus irgendeinem Grund verzögert. Auf Admiralty Island könnte das etwas so Gewöhnliches und Weitverbreitetes wie ein Braunbär sein, der auf einer Lichtung zwischen einem selbst und dem Kajak herumlungert, und mehr als ein Paddler mußte schon hilflos zusehen, wie die hereinkommende Flut ihm sein Boot stahl, während ihn ein Grizzly auf Abstand hielt.

Ich machte die Bugleine mit einem Webeleinstek an einem Erlenast fest und bedeutete Michio, die Paddel und die Rettungswesten im Boot zu verstauen.

»Das Licht ist gut«, sagte er und hängte sich eine Kamera um den Hals. Ich überprüfte noch einmal eine Dose Pfefferspray, die ich an den Hüftgurt meines Rucksacks geschnallt hatte. Das beißende Öl des Kapsikum-Pfeffers hält in der Regel einen Grizzly von zu aggressivem oder zu neugierigem Vorgehen ab, allerdings ist die Reichweite dieses Gegenmittels auf nervenaufreibende vier bis sechs Meter begrenzt. Doch die Bären von Admiralty Island sind deutlich weniger aggressiv als die des Landesinneren oder sogar der nahegelegenen Inseln Chichagof und Baranof, und die kleine Dose Pfefferspray schien ein vernünftiger Kompromiß zu sein, wenn wir angesichts der Kameras, Stative und Rucksäcke nicht auch noch ein schweres, unhandliches Gewehr mitschleppen wollten.

Wir wuchteten unser Gepäck auf den Rücken, zogen ein paarmal die Schultern hoch, um die Gurte zu richten, und marschierten den Strand entlang los. Ich betastete meine Brusttasche, um zu prüfen, ob ich das kleine, faltbare Fernglas dabeihatte, das dort immer steckt, und zog den Schirm meiner Mütze tiefer, um meine Augen vor der Sonne zu schützen, die gerade über die Baumwipfel blinzelte.

Michio stieg auf einen Treibholzstamm und balancierte auf ihm der Länge nach entlang, dann sprang er herunter und schwenkte die Hand quer über die Bucht und den Strand vor uns. »Auch das war alles unter Gletschern, Lynn?«

»Ja«, gab ich zurück. »Ich glaube, alles an diesem Ende der Insel war bedeckt, mit Ausnahme der Gipfel.« Ich wies auf das U-förmige Tal, das vom Ende der Bucht wegführte. »Das heißt, daß meistens auch die Wasserscheide von einem Gletscher geformt wurde«, fuhr ich fort, »aber ich denke, weiter nördlich, oben bei Angoon, war die Insel nicht unter Eis begraben.«

Michio hielt inne und zeigte auf eine Bärenspur, die an der Basis des Treibholzstammes in den Sand gedrückt war. »Nicht sehr alt«, sagte er. »Vielleicht seit der Flut?«

Ich stimmte zu. Die Ränder des Abdrucks waren scharf und gut definiert. Die Flut hätte die Sandkanten abgerundet, und da der Gezeitenwechsel viermal täglich stattfindet, konnte die Spur nicht älter als sechs Stunden sein. Vielleicht, sagte ich, stammte sie von dem Bären, den ich am Abend zuvor am Strand gehört hatte und der ganz früh am Morgen zurückgekehrt war.

Michio nickte, dann stützte er sich auf sein zusammengefaltetes Stativ und schwieg. Als er wieder zu reden anfing, tat er das in jenem gemäßigten, wohlüberlegten Ton dessen, der eine Weile über eine Frage nachgedacht und schließlich die passende Gelegenheit gefunden hat, sie zu stellen.

»Lynn, hast du schon einmal einen Gletscherbär gesehen?«

Ich wußte noch nicht einmal genau, was ein Gletscherbär war. Gerüchte von der Existenz Blauer Bären waren in unterschiedlicher Form in meiner Jugend aufgetaucht: Mal war es eine beiläufige Bemerkung in einer zerschlissenen alten Ausgabe einer Jagdzeitschrift; mal erzählte ein Freund meines Vaters eine Geschichte aus dritter oder vierter Hand; mal war es ein weißgraues Fell, staubig und altersbrüchig, an der Wand eines der muffigen Café-Saloons, die der Fourth Avenue in Anchorage in den sechziger und siebziger Jahren ihren schäbigen Charme verliehen, bis eine Flut von Ölgeldern der Stadt zu einer urbanen Schönheitsoperation verhalf und die Pfandhäuser und Klamottenläden in Zentren der darstellenden Künste und irrsinnig teure Konsumtempel verwandelte. In den Jahrzehnten seither habe ich eigentlich keinen Gedanken an Blaue Bären verschwendet. Ich wußte, daß es sie gab, doch tatsächlich einen in freier Natur zu entdecken schien so unwahrscheinlich wie einem Schneeleoparden oder Yeti zu begegnen.

»Na ja, das zählt nicht gerade zu den Dingen, von denen man erwarten kann, sie eines Tages unter die Augen zu bekommen, Michio.«

Daß Michio lachte, erst unterdrückt, dann frei heraus, mit zuckenden Schultern, überraschte mich. Aber ich mußte mitlachen.

»Was … was ist daran so lustig?« fragte ich.

Michio rückte seine Mütze gerade, lachte noch einmal, dann nahm er das Stativ wieder in den Arm und antwortete:

»Nun, vielleicht … vielleicht mußt du es wie der Bär machen: Du mußt *suchen*.«

Drei Tage später winkte ich dem Team hinterher. Michio und die übrigen flogen weiter, um in anderen Landesteilen zu filmen und zu fotografieren, und ich beeilte mich, Abschied zu nehmen. Der Monat war schnell – und unterhaltsam – vorübergegangen, und jetzt mußte ich eine lange Liste anstehender Verpflichtungen abarbeiten, Papierkram erledigen, Reparaturen vornehmen und Vorräte kaufen, ehe ich wieder auslaufen konnte. Das Filmen und Fotografieren hatte ich als neue Erfahrung genossen, doch jetzt war es Zeit, mich wieder den Kajakfahrern, den Bergsteigern und den Wissenschaftlern zuzuwenden, die darauf warteten, daß ich zurückrief.

Die Arbeit eines Tourführers ist durch kurze, lebhafte menschliche Beziehungen geprägt, die von der Macht der Schönheit und gemeinsam durchlebten Gefahren noch intensiviert werden, durch Freundschaften, die zu ihrer Zeit zu stark und intim wirken, um jemals nachzulassen. Doch das ist eine Illusion, und als ich diesen Beruf ergriffen hatte, lernte ich mit als erstes, daß ich die allermeisten dieser großartigen Freunde niemals wiedersehen würde. Rasch gewöhnte ich mir daher an, loszulassen, manchmal sogar so sehr, daß ich binnen Wochen Namen und Gesichter vergaß. Mir kam es ganz natürlich vor, gewohnheitsmäßig rasch alle Bande wieder zu lösen, und in der Rückschau erkenne ich, daß ich unbewußt die ideale Tätigkeit für jemanden wie mich gewählt hatte, der sich lieber in sich selbst verkriecht.

Michio ging den Kai entlang, hängte die Kamera über die Schulter und drehte sich noch einmal für ein letztes Winken um.

»Denk dran, Lynn-san, du mußt nach dem Gletscherbär *suchen*!«

Es war Ende August. Das Rot und Gelb des Herbstes begann die hohen Berge oberhalb von Juneau zu überziehen, und Horden von Odinshühnchen zogen in synchronisierten Schwärmen, die sich wie Bänder im Wind hoben und senkten, nach Süden. Das Wetter veränderte sich bereits. Bald würde der Winter vor der Tür stehen.

4 Refugien

Im September hob der Wind an und entkleidete die Pappeln. Der Herbst verausgabte sich mit einer Serie von südwestlichen Stürmen, die Schwaden beißenden Regens kreuz und quer über den Hafen trieben. Als der Oktober kam, verdoppelte ich als Vorbereitung auf den Winter die Anzahl der Leinen, mit denen die *Swift* vertäut war, dann sah ich zu, wie der November mit wüstem Schneetreiben vorüberging.

Es war Dezember geworden, die dunkelste Zeit des Winters, wenn die Sonne nie vor zehn Uhr morgens über dem Horizont im Süden glimmert und schon vor drei Uhr nachmittags wieder hinter den Bergen im Westen verschwindet und zwischendurch nur schwach und wenig überzeugend scheint. Ich hatte, um den Kajütenkoller zu vertreiben, den Vergaser eines Außenbordmotors zu einem mysteriösen Berg von Federn und winzigen Schrauben auf dem Kombüsentisch zerlegt, als das Telefon klingelte. Es hatte mehrerer Versuche bedurft, eine Taschenlampe im genau richtigen Winkel gegen ein Buch zu lehnen, um in den Schlund des Vergasers schielen zu können, und ich bekam Angst, daß ich beim Griff nach dem Hörer das Arrangement zum Einsturz bringen könnte. Doch im Winter schweigt mein Telefon an viel mehr Tagen, als es läutet, und die Frage, wer da anrief, war viel verlockender als jene, warum der verdammte Außenborder nicht im Leerlauf tuckern wollte.

Im Hörer kratzte heiser ein Medley von Knacksern und statischen Störungen, bis endlich Michios unverwechselbare, leicht atemlose Stimme zu vernehmen war. Wir sprachen zum ersten Mal, seit wir uns im August verabschiedet hatten, und obwohl ich mir bestimmt gewünscht hatte, wieder einmal mit Michio zu arbeiten, hatte ich das nicht erwartet. Ich war wirklich erfreut, von ihm zu hören, zugleich aber überrascht und ziemlich neugierig. Er hatte nie von einem weiteren Auftrag gesprochen, nie davon, mich erneut anzuheuern. Was wollte er? Ich erkundigte mich, wie die Fotos von unserem Trip geraten waren.

»Ziemlich gut«, sagte er begeistert. Dann kam eine lange Pause, und ich wartete darauf, daß er mich fragte, ob ich im nächsten Sommer Zeit für eine neue Reise hätte, als er mir eine Frage stellte, die mich von hinten durch die Brust erwischte:

»Lynn, wie hängen Wale und alter Baumbestand zusammen?«

Ich stutzte. Ich war daran gewöhnt, nach den Details einer Tour durch die Wildnis gefragt zu werden oder nach den Charterkosten, was ich ohne nachzudenken beantworten konnte, doch Michio stellte eine Frage (was, wie ich immer deutlicher merkte, eine Angewohnheit von ihm war), über die ich wirklich grübeln mußte. Ich blies die Wangen auf, um den mentalen Müll von Ventilnadeln und Venturidüsen zu vertreiben, und schaltete auf Biochemie um.

»Verstehst du etwas von Isotopen, Michio?«

»Ja?«

Ich erklärte so einfach wie möglich (denn nur so kapiere ich es selbst), daß bestimmte Elemente wie Phosphor und Stickstoff Isotope haben, die gewissermaßen als Signatur ihres maritimen Ursprungs dienen.

»Und diese maritimen Isotope unterscheiden sich deutlich von denen, die ihren Ursprung an Land haben. Dieser Unterschied ist stabil, in Tausenden von Jahren verändert er sich nicht.«

Ich kam jetzt ins Schwimmen und suchte mir tastend einen Weg durch eine Erklärung, die ich selbst nur unzureichend kapierte und vielleicht eher intuitiv begriff, als daß ich die beteiligten Wissenschaften tatsächlich verstand.

»All das Kleinzeug, das die Heringe im Meer fressen – Plankton und Krill und Kleinkrebse, solche Sachen –, enthält maritimen Stickstoff und maritimen Phosphor, und beim Fressen nehmen die Heringe die Isotope in ihren Körper auf. Dann fressen Lachse die Heringe, absorbieren selbst die Isotope und schwimmen die Flüsse hoch zum Laichen.«

Beim Sprechen stellte ich mir zig Millionen Lachse vor, die die reife Frucht ihrer Körper stromauf tragen, und ganze Horden von Bären, Adlern, Wölfen, Möwen, Nerzen, Raben, Mäusen, Hermelinen und Wühlmäusen, die zu den Flußufern eilen, um sich am Fleisch der Lachse gütlich zu tun. Man hat sogar schon Hirsche an toten Fischen knabbern gesehen, und ich habe einmal eine Gans beobachtet, die auf die Überreste eines Keta-Lachses einhackte, den ein Schwarzbär ins Gras geworfen und liegengelassen hatte.

»Wenn ein Bär sich damit vollgestopft hat, bis er keinen Bissen mehr herunterbekommt, dann geht er in den Wald kacken, und einige von diesen Isotopen bleiben im Unterholz zurück. Stickstoff und Phosphor sind für die Photosynthese entscheidend; wenn also ein Adler ein Stück Fisch zum Nest trägt, um seine Jungen damit zu füttern, und etwas davon verliert, wird das zu Dünger für den Wald.«

Michio brummte zustimmend, während ich ihm erklärte, wie die Kapillarwirkung dann den Stickstoff und den Phosphor als Nährstoffe den Baumwurzeln zuführt und sie Teil der Zellstruktur des Holzes werden. Rauschbeeren und Stinktierkohl nehmen aus dem Waldboden ebenfalls die Isotope auf und verfüttern sie an Hirsche, die wiederum die Elemente weiter vom Meer weg transportieren, ehe sie sie an einem neuen Ort deponieren.

»Die maritimen Isotope müssen Jahrhunderte oder Jahrtausende gebraucht haben, um diesen Weg durch das System immer weiter landeinwärts zurückzulegen, doch man hat sie in Bäumen gefunden, die meilenweit vom nächsten Lachsfluß entfernt standen.«

Ich machte eine Pause und vollzog mental die ständigen Lachswanderungen nach, bei denen winzig kleine Partikel ihrer Körper jahrhundertelang landeinwärts reisen und in diesem Sinn einen Fisch in ein Landtier verwandeln. »Die Isotope hat man sogar im Holz alter Totempfähle gefunden, Michio.«

Michio brachte mich rasch auf Meereshöhe zurück: »Und die Wale, Lynn? Wie wird der Wald Teil der Wale?«

Ich strauchelte einen Augenblick lang, stolperte mental über den Windbruch im Wald und irrte durch die Berge, bis ich eine Isotopenspur zurück an die Küste fand.

»Manchmal fällt ein Baum und verrottet, die Isotope werden Teil der Nährstoffe, die vom Wasser weggespült werden, und« – dabei wischte ich mir mental die Hände ab – »schließlich schwimmen die Isotope durch Bäche und Flüsse stromab wieder ins Meer hinaus, wo sie die folgende Generation von Plankton füttern helfen.« Von da an war es einfach: Heringe fressen das Plankton und Wale fressen die Heringe, und der Isotopenzyklus ist vollendet.

Die Telefonleitung summte, zum Schweigen gebracht durch den Komplex von Fischen, Säugetieren und Waldflora, der sich als langes, langsames Möbiusband durch die Jahrhunderte wälzte. War Michio in Japan oder hier in Alaska, in seinem Haus in Fairbanks? Ich wollte gerade fragen, warum er sich für die Wald-Wal-Verbindung interessierte, weil ich davon ausging, daß er an einem neuen Buch oder Artikel arbeitete, doch er kam mir zuvor und verwirrte mich mit einer weiteren, völlig aus dem Zusammenhang gerissenen Frage:

»Hast du schon einen Gletscherbären gesehen?«

»Nein, Michio, kein Gletscherbär bislang.«

»Such weiter!«

Eine winzige Feder blieb übrig, nachdem ich den Vergaser wieder zusammengebaut hatte. Ich war zerstreut gewesen, mein Geist hatte sich selbständig gemacht und war einem Gletscherbären entlang eines Lachsflusses durch den Wald gefolgt, während ich schraubte. Ich hielt die dünne Spirale in der Hand, versuchte mir vorzustellen, was ihre Funktion zwischen den Saugrohren, Nadeln, Düsen und Schwimmern sein könnte, und überlegte, wo sie hingehörte.

Und warum, fragte ich mich noch immer, hatte mich Michio mit diesen Fragen angerufen? Was wollte er eigentlich wirklich wissen?

Zwei Wochen später kam mit der Post ein Paket, eine flache Schachtel aus stabilem Karton, die ein gerade erschienenes Buch mit Michios Fotos enthielt. Kein Gruß, kein Brief, nur Seite um Seite voll wunderschöner Fotos ohne Legenden oder Erklärungen, kunstvoll von Seitenrand bis Seitenrand gedruckt. Mit zarten wie mit kräftigen Strichen und Tönen fingen diese Bilder mehr von der wilden Schönheit Alaskas ein, als ich auf anderen je gesehen hatte. Die Seiten umzublättern hieß, sich in der Stille der weiten arktischen Landschaften zu verlieren, die Brise zu spüren, die die steilen Berge herabkam, während eine Herde Dallschafe in der Nähe weidete, oder unter einem scharlachroten Sonnenaufgang über einem Tal voll gelber Weiden und grüner Erlen zu erwachen. Er hatte die Walfontäne im Gegenlicht und den raumgreifenden Gang eines Grizzlys so perfekt festgehalten, daß das Betrachten des Fotos so war wie selbst da zu sein und seinen Verschluß klicken zu hören.

Als der Frühling kam, schrubbte ich den Dreck des Winters vom Boot, beschickte Laderaum und Fächer mit Vorräten für die Saison und kaufte mir eine neue – gebrauchte – Kamera. Mitte Juli kehrte Michio nach Juneau zurück, um noch mal 14 Tage lang Wale zu fotografieren; in seiner Begleitung waren zwei weitere Profi-Fotografen.* Zunächst fiel es mir schwer, mein Einsiedlerleben aufzugeben und die

* Das Geschäft der Naturfotografie ist von wüstem Wettbewerb geprägt; alle hüten eifersüchtig Informationen über vielversprechende Motive und gute Führer, besondere Methoden und originelle Bildideen, doch bei Michio habe ich dieses Besitzstandsdenken nie beobachtet. (Einmal hörte ich, wie er einem weniger talentierten Fotografen ausführlich erklärte, daß ein kleiner Lichtreflex im Auge eines Tieres eine subtile, aber wirkungsvolle emotionale Beziehung zwischen dem Bild und dem Betrachter herstellen kann, obwohl früher am selben Tag eben dieser Fotograf sich geweigert hatte, Michio etwas so Simples zu verraten wie die Filmempfindlichkeit, die er bei einem seiner bekannteren Bilder verwendet hatte.) Bereitwillig teilte Michio alles, was er hatte, und infolgedessen gingen meine Geschäfte immer besser, als er meine Dienste einer stetig wachsenden Zahl von Freunden im Film- und Fotogeschäft empfahl.

enge Kajüte der *Swift* mit anderen zu teilen, doch zu meiner Überraschung genoß ich dann die Gesellschaft an Bord, und bald entwickelte ich freundschaftliche Beziehungen zu mehreren Fotografen, die ich durch ihn kennenlernte.

Jeder hatte Anekdoten über Michio zu erzählen: wie er mitten in der Arktis ohne Zelt, zusätzliche Kleidung oder ausreichende Vorräte einem Buschflugzeug entstieg; oder wie er einmal im Dunkeln in einen Wald ging, weil er hoffte, mit Blitz einen brunftverrückten Elch in der Hitze des Gefechts mit einem Rivalen fotografieren zu können – und Erfolg hatte; wie verschwollen seine Hände und sein Gesicht waren, als er aus einem Versteck in der Nähe eines Eulennests kroch, weil er vergessen hatte, ein Mückenschutzmittel mitzunehmen, aber auch den Vogel und seine Jungen nicht dadurch stören wollte, daß er sich von den Plagegeistern ins Freie scheuchen ließ.

Allgemein war man der Ansicht, daß Michios wiederholtes Überleben die Existenz von Schutzengeln beweise, und alle stimmten überein, daß keiner deren Obhut mehr verdiene. Ich hörte Geschichten, wie er seinen Mantel in Sitka einem Obdachlosen schenkte, sich mit Tränen in den Augen einen sentimentalen Film ansah und sofort Freundschaft mit allen schloß, die er traf. Seine Rücksichtnahme und Wärme anderen gegenüber war, sagte man, nahezu vorbildhaft, gleich, ob es sich bei dieser Person um einen Exgouverneur, einen Museumsdirektor von Weltrang oder eine alte Eskimofrau handelte, die am Ufer eines schlammigen Flusses einen Lachs ausnahm.

Kim Heacox ist ein schlanker, bebrillter Fotograf mit sehr viel Humor, der mehr als zehn Jahre lang in den Nationalparks von Alaska als Ranger arbeitete. Als ich ihn vor ein paar Tagen anrief und bat, mir seine erste Begegnung mit Michio zu beschreiben – die 1979 stattfand, als er im Glacier Bay National Park stationiert war und Michio ein frischgebackener Fotograf, der kaum Englisch sprach und sich vor allen verbeugte –, konnte ich seiner Stimme die Belustigung anhören.

»Richard Steele lernte ihn zuerst kennen«, sagte Kim.

Richard war ein rauhbeiniger, breitschultriger Ranger mit einem Herzen von der Größe eines Kürbisses. »Er traf ihn, als Michio unten am Strand von Bartlett Cove kampierte, in der Nähe der Parkverwaltung.«

Geduldig Michios gebrochenes Englisch enträtselnd, erfuhr Richard, daß Michio mit dem Kajak so lange die Bucht »hochgefahren« war, daß ihm das Essen ausgegangen war und er Hunger hatte. *Viel* Hunger.

»Also setzte Richard Michio vor einen riesigen Teller mit einem Berg von Essen.« Kim lachte. »Und er hat ihn sich einfach *reingezogen*. Wirklich in Rekordzeit verschlungen.«

Richard, ein gastfreundlicher Kerl, holte prompt einen zweiten vollgehäuften Teller und stellte ihn dem verdreckten Fotografen hin.

»Michio, ganz der höfliche Japaner, hielt es für unschicklich, das Essen zurückzuweisen oder auch nur etwas auf dem Teller zu lassen, also verputzte er auch die zweite Portion. Steele hatte natürlich von japanischen Sitten keine Ahnung. Er hat sich einfach nur gewundert, was für einen riesigen Appetit dieser kleine Bursche hat, also hat er ihm den Teller *noch mal* vollgepackt«, berichtete Kim lachend. »Das hätte den armen Kerl fast ins Krankenhaus gebracht. Er war einfach zu höflich, um abzulehnen, und so aß er immer weiter!«

Jenes ganze Jahr über klingelte zu unerwarteter Stunde immer mal wieder mein Telefon, und Michio wollte wissen, wie alt das Eis der Gletscher ist oder ob Adler jedes Jahr dasselbe Nest benutzen. Manchmal rief er nur an, um mir von irgend etwas Bemerkenswertem zu berichten, das er gesehen hatte – einem besonders heftigen Polarlicht-Ausbruch oder einem für die Jahreszeit ungewöhnlich frühen Schneefall.

Und hin und wieder fragte er mich erneut (ob halb im Scherz oder halb im Ernst, war schwer auszumachen): »Hast du schon einen Gletscherbären gesehen?«

Natürlich war mir klargeworden, daß der Gletscherbär – oder wenigstens die *Idee* des Gletscherbären – Michio faszinierte, und sein Interesse begann allmählich meine eigene Neugier zu schüren. Daß er so sanft, aber hartnäckig die

Mauern, die ich um mich errichtet hatte, durchlöcherte, weckte in mir den unausgegorenen Impuls, ihm bei seiner Suche zu helfen, und ich fing an, Leute zu befragen, die meiner Ansicht nach etwas über die Blauen Bären wissen konnten, doch das brachte mir nichts weiter ein als Gerüchte und verwässerte Berichte aus dritter oder vierter Hand.

Doch eines Nachmittags in der Triangle Bar – einem verräucherten Chili-Würstchen-und-Bier-Laden, der sich wie ein Fels in der Brandung im Zentrum von Juneau breitmacht und inmitten des Touristenstroms, der alljährlich die Stadt überflutet, eine Insel der Ruhe bildet – fragte ich eine neue Bekannte, die an einem Lachsschutz-Projekt irgendwo im Südosten mitarbeitete, ob sie bei ihren Fahrten je einen Gletscherbären gesehen hätte.

»Nein«, sagte sie und nippte an ihrem Bier. »Im Sommer bin ich meistens draußen auf Chichagof oder Baranof Island. Da gibt's nur Grizzlys.« Beth hatte ausgeprägte Wangenknochen, und das blendende Weiß ihrer Zähne wurde durch die Bräune eines im Freien verbrachten Sommers noch akzentuiert. »Aber ich habe gehört, daß Yakutat am ehesten einen Versuch wert ist, wenn es um Gletscherbären geht«, sagte sie nebenbei und leckte sich mit einem Zungenschnalzer den Schaum von der Oberlippe.

Drei Plätze weiter drehte sich ein Kerl mit rundem Schädel und ausgebleichten roten Hosenträgern um und fixierte mich. An den Trägern hingen Kniebundhosen, wie sie gern von Holzfällern getragen werden und die mehrere Handbreit über dem Knöchel enden, damit sie nicht in den Matsch hängen, und oben überspannten die Träger ein Paar Schultern, wie sie auch einem Bullen als Widerrist hätten dienen können. Der Stoppelpelz auf seinem Schädel reichte nicht ganz bis zu der Reihe tiefer Falten in seinem Nacken. Der Mann war glattrasiert – mit Ausnahme eines kleinen Dreiecks von Barthaaren an seiner Unterlippe, die zuckte, während er an einem ziemlich unerfreulichen Gedanken herumkaute. Er starrte mich in einer Weise an, die mich beunruhigend an den letzten Grizzly erinnerte, dem ich von

Angesicht zu Angesicht in einem dichten Erlengehölz gegenübergestanden hatte.

»Aber nächstes Jahr arbeite ich vielleicht oben am Taku River.« Beth griff nach einer Serviette, um die Bierpfütze vom Tresen zu wischen, die ihr Glas hinterlassen hatte. Einen Spalt breit blitzte unter ihrem T-Shirt die glatte, braungebrannte Haut ihres Bauches auf. »Da gibt's mehr Schwarzbären. Auch Wölfe.«

Sie faltete die Serviette zusammen und tupfte sich einen Fleck von der Schulter. Ich sah zu dem Bullen hinüber und blickte geradewegs in ein Paar kleiner, stechender Augen, die sich nicht von den elastischen Rundungen meiner Begleiterin irritieren ließen, als sie den Rücken durchdrückte, um irgendeinen unsichtbaren Makel in der Nähe ihres Schlüsselbeins zu bearbeiten.

Scheiße. So etwas hatte ich schon zu oft mitgemacht, damals in meinen Zwanzigern, als sich alles um Fische und Fäuste drehte und ein langer, starrer Blick in einer der schäbigen Bars von Seward oder Kodiak bedeutete, daß man gleich Schwierigkeiten bekam. Ich sollte vielleicht besser gehen, ehe ich dieses Bier ausgetrunken hatte.

»Hast du?« fragte Beth. Ich hatte die Frage verpaßt. In der Zwickmühle zwischen Beths einschmeichelndem Moschusduft und dem Flucht oder Kampf vorbereitenden Adrenalinstoß, der in meinen Adern blubberte, wirbelten meine Gedanken im Kreis und hatten alles weggeschleudert, was mit unserem Gespräch zu tun hatte. »Was habe ich?«

Sie blickte mich einen Moment lang von der Seite an, dann warf sie ihrem eigenen Abbild im Spiegel hinter der Bar ein entschlossenes Lächeln zu. Sie war daran gewöhnt, diese Wirkung auf Männer zu haben. »Einen Gletscherbären gesehen.«

Der Holzfäller fixierte mich noch fester. Ich schüttelte den Kopf und kauerte mich tiefer über mein Glas, während ich mir eine Antwort zusammenklaubte: »Yakutat. Klar, das wäre am besten, denke ich.«

Draußen bremste ein Touristenbus auf Schrittempo ab, und eine Frau mit einer scheußlichen Frisur und einem billigen Plastik-Regenmantel richtete eine Videokamera auf die großen Fenster der Bar. Einen endlosen Augenblick lang stellte ich mir vor, wie sie ihren Freunden zu Hause in Indiana oder Florida, oder wo immer sie herkam, auf Video zeigt, wie ein stämmiger Holzfäller mich draußen vor der Bar den Rinnstein hoch und runter prügelt – die Bilder verwackeln, während die Kamera heranzoomt, um die Handlung mitzuverfolgen, und eine sich überschlagende Stimme kreischt: »Er tritt ihn in den *Hintern*!«

Das reichte. Ich richtete mich auf und schob mein Bier weg. »Laß uns gehen, okay?«

»Wart's ab.« Beth schwenkte ihr halbvolles Glas. »Ich will das noch austrinken.«

Der Grizzly bewegte sich auf seinem Hocker, drehte sich parallel zur Bar und sah mich frontal an. An alte blaue Flecke erinnernde Tätowierungen verschwammen und verblaßten in der Haut seiner Unterarme. Ich spürte, daß es Ärger gab. Er saß zwischen mir und der Tür.

»Verdammt«, murmelte ich. Beth wich beleidigt zurück. Ich versuchte zu lächeln, doch innerlich bibberte ich, und der Blick, den sie mir zuwarf, war praktisch zu hören: *Was für ein Blödmann.*

Ich stand auf. »Schau, Beth«, stammelte ich, »tut mir leid, ich muß wirklich gehen.« Als ich an dem Holzfäller vorbeikam, versuchte ich seitlich auszuweichen, doch er streckte eine Hand von der Größe eines fetten Truthahns aus, um mich aufzuhalten. Ich erstarrte.

»Tschuldigung.« Seine Stimme klang überraschend sanft.

Die Höflichkeit ließ mich abrupt innehalten. Ich versuchte einen neutralen Gesichtsausdruck, aber meine Stimme piepste ein oder zwei Oktaven höher als gewöhnlich: »Ja?«

»Ich hab gehört, was Sie redeten, und frage mich ...« Seine Zunge verschob einen Klumpen in seinem Mund. »Haben Sie einen von den Bären gesehen?«

»Bären?« Ich machte einen Schritt Richtung Tür. Kleine Tabakflecken bräunten seinen Mundwinkel.

»Von den Gletscherbären? Einen Blauen Bär?«

Trophäenjäger. Will ein blaues Bärenfell für seine Wand. »Nee«, sagte ich gedehnt und versuchte es mit einem kumpelhaften, aber Abstand haltenden Ton. »Nie einen gesehen.«

Er schaute aus dem Fenster, als ich mich wegdrehte. Auf der anderen Straßenseite ging ein Säufer ein paar sich blind und taub stellende Touristen an, doch die Augen des Holzfällers schienen etwas in tausend Meilen Entfernung zu fixieren.

»Ja, *das* ist ein schönes Tier«, sagte er schließlich.

Ich hatte falschgelegen, vollkommen falsch. Sein Blick war nicht feindselig gewesen, seine Pose nicht bedrohlich. Er war einfach meiner Unterhaltung mit Beth gefolgt – die bereits mit einem Fischer ein Lächeln austauschte, der sich anschickte, meinen Platz einzunehmen. Und ich wußte genauso sicher, wie mir klar war, daß ich seine Absicht falsch eingeschätzt hatte, daß er da draußen vor dem Fenster einen Gletscherbären sah und daß diese Vision die Wiederholung von etwas war, das er wirklich gesehen hatte.

»Sie haben einen gesehen?« Ich war übereifrig und trat ihm zu nahe. »*Wo* haben Sie ihn gesehen?« Er blendete die Wiese oder den Strand, oder was immer er in seinem Kopf gesehen hatte, aus und blinzelte mich mißtrauisch an.

»Hab ich nicht gesagt.«

»Aber Sie haben, oder nicht? Sie haben gesagt, er war schön.«

Er wandte sich weg und stützte die Unterarme auf den Tresen, dann nahm er einen Schluck aus einer Bierdose. »Gar nichts hab ich gesagt, ob ich einen gesehen hab oder nicht. Hab nur gesagt, daß es ein schönes Tier ist.«

Ich zog mich ein bißchen zurück und versuchte, die Spannung herauszunehmen. »Sie arbeiten in den Wäldern hier in der Gegend?« Ich machte einen auf Kumpel und fragte, von welchem Holzfällerlager er sei.

Er sah mich von oben bis unten an, betrachtete meine Patagonia-Jacke und die Hundert-Dollar-Laufschuhe, dann rümpfte er die Nase ob der blödsinnigen Frage. Als schwer schuftender Typ von Schrot und Korn hatte er meine herablassende Art sofort durchschaut. Ihm war klar, daß ich mich für den Fall anbiederte, daß er mir nicht sagen wollte, wo er den Bären gesehen hatte. Ich beschloß, die Karten offenzulegen.

»Passen Sie auf, ich will bloß einen sehen. Oder vielmehr mein Freund. Ich bin Tourführer. Und ich habe einen Freund, der ist Fotograf. Und auch der würde sehr gern einen sehen.« Ungeschickt eierte ich herum und versuchte, alles in wenige kurze Sätze zu packen. »Wissen Sie, ein paar Fotos machen.«

Er hörte zu, aber er hörte hinter einer geschlossenen Tür zu. Er trank sein Bier aus und drückte die Dose mit dem Daumen ein, dann hielt er die Hand hoch, um mich zu unterbrechen.

»Wissen Sie, vielleicht sind Sie okay, und vielleicht ist Ihr Freund okay. Aber ich erzähle es Ihnen, und Sie erzählen es anderen, und dann erzählen die es anderen. Und als nächstes, wissen Sie, ist der Bär tot.«

»Nein«, sagte er schließlich, schüttelte den Kopf und bürstete mit der Hand seinen Stoppelkopf. »Das behalt ich lieber für mich selbst.«

Vermasselt. Den Kerl ganz falsch angegangen, dachte ich, als ich ein paar Augenblicke später draußen am Straßenrand stand. Wäre ich Michio gewesen, wäre der Bursche jetzt schon dabei, mir eine Karte zu zeichnen – wie der Betrunkene in Angoon.

Durchs Fenster konnte ich Beth über etwas, das der Fischer sagte, lachen sehen. Der Holzfäller hatte sich tiefer ins Innere der Bar zurückgezogen.

Meine Fähigkeiten, mit anderen Menschen umzugehen, haben sich seither nicht viel verbessert; ich bin noch immer ungeschickt, wenn es darum geht, solche Kontakte zu knüpfen. Aber ich hatte diesen in die Ferne schweifenden Blick in den Augen des Holzfällers gesehen, das Leuchten, als er von dem Blauen Bären sprach, und zusammen mit Michios subtiler, aber hartnäckiger Faszination reichte das. Ich war geliefert.

Und wenn ich einen Blauen Bären finden will, sagte ich zu mir selbst, dann sollte ich lieber anfangen, ernsthaft zu suchen.

Ich dachte, ich würde eine Menge über Bären wissen. Sie faszinieren mich seit 1970, als ich 16 Jahre alt war und der erste Grizzly, den ich je zu Gesicht bekam, über einem Grat auftauchte, der keine 30 Meter weit weg war. Dumm wie ich war, hatte ich mein Zelt neben einem vielbegangenen Wildwechsel aufgebaut, und der Bär kam in geschmeidigem, raschem Lauf direkt auf mich zu, schaute mich aus wenigen Metern Entfernung verächtlich an, ignorierte mich dann geflissentlich und verschwand einfach hinter einer Kurve des Wildwechsels. Das plötzliche Auftauchen und Verschwinden des großzügig mit Muskeln bepackten Tieres jagte mir einen Adrenalinstoß in die Adern, der mich mit einer gewissen Ehrfurcht brandmarkte, die mir bis zum heutigen Tag geblieben ist.

Im Lauf der folgenden Jahre verschlang ich Bärengeschichten und Anekdoten aus Zeitschriften und Büchern. Einige waren respektheischende Traktate von Biologen wie Frank Dufresne und Ernest Thompson Seton, andere bloß übertriebene, reißerische Horrorgeschichten, in denen Bären nur als unersättliche Feinde dargestellt wurden, die jeden Menschen verschlangen, der dumm genug war, mit irgend etwas Geringerem als mit einem .375er Hochleistungsgewehr von Holland & Holland in den Wald zu gehen.

Bald konnte ich Unmengen von Statistiken und Zahlen zitieren: Das Durchschnittsgewicht eines Küsten-Grizzlys liegt bei 200 Kilogramm, einige wenige Riesen erreichen aber auch 350 Kilo (Schwarzbären wiegen ein Viertel bis ein Drittel davon); ein Bärenleben kann bis zu 15 Jahre währen, im Durchschnitt ist es aber erheblich kürzer; sie vermehren sich langsam, die Weibchen erreichen selten vor einem Alter von sechs bis acht Jahren die Geschlechtsreife, und danach bekommen sie nur alle drei bis fünf Jahre Nachwuchs, wobei die Jungen bis zu ihrem dritten Lebensjahr bei der Mutter bleiben.

Ich sammelte Volksweisheiten genauso wie Brocken von Jägerlatein – ein rennender Bär erreicht ein Spitzentempo von 55 km/h, soviel wie ein galoppierendes Pferd; Weibchen mit Jungen sind am allergefährlichsten –, die sich später als übertrieben oder sogar unwahr herausstellten. (Für den Geschwindigkeitsvergleich eignet sich eine Katze wesentlich besser; sie kann sich viel schneller bewegen, und das mit perfekter Balance in einer Vielzahl von Richtungen; und meiner persönlichen Erfahrung nach sind Weibchen mit Jungen im allgemeinen deutlich *weniger* aggressiv als andere Bären, da ihre Hauptsorge immer der Sicherheit und dem Überleben des Nachwuchses gilt, was sie am besten dadurch sicherstellen, daß sie ihn außer Gefahr bringen – also fliehen – statt anzugreifen, was sie nur unter außergewöhnlichen Umständen tun. *Was* sie als gefährlich einschätzen, scheint jedoch eine andere Frage zu sein: Weibchen, die ihre Jungen schützen, können Menschen durchaus verletzen. In einem kleinen Dorf in der Nähe von Juneau wurden bei unterschiedlichen Gelegenheiten gleich zwei Menschen – ein Oberschüler, der keine zwei Kilometer von seiner Schule unterwegs war, und ein Forstinspektor, der im Wald arbeitete – allein 1998 angefallen. Und mein Freund Nick Jans versichert, daß 70 Prozent aller Grizzly-Attacken auf das Konto von Weibchen mit Jungen gehen.)

Doch all die Zahlen und Fakten zeichnen genausowenig ein akkurates Porträt einer Spezies wie die Personendaten meines Führerscheins den Menschen dahinter charakterisieren. Größe, Gewicht, Haarfarbe: Dies sagt nichts über die Persönlichkeit, die Macken, Unsicherheiten oder Sehnsüchte. Erst durch Beobachtung der subtilen Unterschiede zwischen einzelnen Bären aus ganz verschiedenen Habitaten (etwa Bären, die inmitten reicher Nahrungsquellen in den saftigen Regenwäldern an der Küste leben, wo die Populationsdichte zehn- bis fünfzehnmal so groß ist wie in den kargen arktischen Ebenen, so daß sie viel weniger aggressiv sind als ihre kleineren Inland-Vettern, die jeden Sommer Hunderte von Meilen zurücklegen müssen, um sich den Winterspeck anzufressen) habe ich mir ein eigenes Bild von einer Spezies machen können, bei der jedes Individuum perfekt seiner eigenen Zeit, Umwelt und Örtlichkeit angepaßt zu sein scheint.

Wenn ich an die geschmeidige Kraft denke, mit der jener erste Bär vom Grat herab auf mich zukam, ist leicht einzusehen, warum die Tlingit den Bären mehr verehrten als alle anderen Tiere und ihm mit demselben Respekt begegneten, mit dem sie ihre Stammesältesten grüßten. »Großvater«, pflegten sie zu sagen, wenn ein Bär ihren Weg kreuzte, »wir gehen hier nur unseren Geschäften nach. Wir wollen dich nicht belästigen.« Das können Sie mir ruhig glauben.

Ein Jäger mußte Bären gegenüber seinen Respekt erweisen, indem er Reinigungsrituale wie ein viertägiges Fasten, das Baden in kaltem Wasser und das Einschmieren der Haut mit rotem Ocker durchführte, ehe er sich auf die Suche nach seiner Beute machen durfte. War die Jagd erfolgreich, wurde zu Ehren des Bären ein spezielles Lied gesungen, und auf seinen Kopf wurden weiche Adlerfedern gelegt.

Die Tlingit verehrten Bären nicht allein wegen ihrer unglaublichen Kraft, sondern auch, weil man sich erzählte, daß in früheren Zeiten Menschen und Bären eng miteinander verbunden waren und manchmal untereinander heirateten. Die Bären teilten mit den Menschen ihr Wissen um natürliche Heilmittel und brachten ihnen bei, wie man das verrottete Holz einer Fichte an einem rauhen Stein zerreibt, den Puder mit ein wenig Wasser oder Öl vermischt und das Gemenge bei verschiedenen Gebrechen als Packung auflegt.

Auch bestimmte Körperteile des Bären galten als heilkräftig – nichts half besser als Bärengalle bei Stich- und Schnittverletzungen, die man sich im Kampf zugezogen hatte, und ein Schamane, der in seinem *shutch** den Geist eines Bären besaß, mußte sich nicht vor Feuer fürchten und konnte barfuß über hell glühende Kohlen gehen.

All das lernte ich zusätzlich zu dem, was ich bereits über den Bärenalltag wußte, weil ich über 20 Jahre lang mit ihnen als Nachbarn gelebt hatte. Erst als ich erfuhr, was ein Biologe, der die DNA der Bären Alaskas untersuchte, herausgefunden

* Ein um den Hals getragenes Zweigbündel, auf das Blut von einer Bärenzunge geträufelt worden war.

hatte, ging mir auf, wie wenig ich – oder, was das angeht, sonst jemand – in Wirklichkeit über sie wußte.

Admiralty, Baranof und Chichagof werden von der Landesverwaltung oft als »ABC Islands« zusammengefaßt. Sie zählen zu den größten Inseln Nordamerikas und haben weltweit die höchste Dichte von Braunbären.* Die drei Inseln liegen westlich von Juneau nebeneinander und sind durch schmale Meeresstraßen getrennt. Admiralty, die längste von ihnen, ist zwischen den anderen beiden und dem Festland eingekeilt. Nördlich von den dreien liegt die Glacier Bay.

Vor 20 000 Jahren kühlte sich das Weltklima drastisch ab, und das Eis, das unter anderem die Glacier Bay formte, breitete sich weit nach Süden aus; ganz Nordamerika lag unter einem gefrorenen Panzer, der den Kontinent vom Puget Sound bis Long Island überspannte. Bei ihrem Vordringen wurden die Gletscher gelegentlich von den gebirgigen Auffaltungen der Coast Range von ihrem Kurs abgebracht, so daß in unregelmäßigen Abständen entlang der Küsten Alaskas und British Columbias Taschen eisfrei blieben, die in der Biologie Refugialgebiete heißen. Geologische Untersuchungen und archäologische Ausgrabungen haben gezeigt, daß große Teile der ABC Islands vom Eispanzer verschont blieben (genau wie einige der kleineren Inseln im Süden) und daß diese Rückzugsgebiete dem heute ausgestorbenen Kurzschnauzbären und seinem Verwandten, dem Riesenhöhlenbären, Zuflucht boten.

Nach einigen tiefgefrosteten Jahrtausenden begann der Kontinent sich wieder zu erwärmen, und die Eiszeit trat in ihre Rückzugsphase ein, schälte ihre Eispackung vom Festland ab und hinterließ eine leblose Wüste, die allmählich von Tieren zurückerobert wurde, die von Süden nachrückten.

* Taxonomische Haarspaltereien zu Anfang des 20. Jahrhunderts führten dazu, daß man bis zu 87 unterschiedliche Arten und Unterarten von Grizzlys und arktischen Braunbären allein in Nordamerika differenzierte. Heute ordnen die meisten Wissenschaftler jedoch *alle* Braunbären und Grizzlys einer einzigen Spezies zu: *Ursus arctos*.

Gleichzeitig schmolzen die Gletscher ab, die aus der Inselwelt vor der Küste einen Flickenteppich gemacht hatten, und die Bewohner der verstreuten Refugialgebiete konnten sich zwischen den Inseln wieder frei bewegen.

Nachdem die Eiszeiten vorüber waren, trennten die ABC Islands und das Festland nur Wasserwege, die schmal genug waren, daß ein Grizzly sie leicht durchschwimmen konnte, doch ein Vergleich des genetischen Materials der Insel-Bären mit dem der Grizzlys auf dem Festland zeigt einen bemerkenswerten Unterschied zwischen den beiden Populationen: Nach dem DNA-Bauplan hat ein ABC-Bär mehr mit einem Eisbären gemein, der hoch im Norden in der Arktis lebt, als mit einem seiner Vettern auf dem Festland nur wenige Meilen entfernt.

Als Laie frage ich mich, wie das passieren konnte. Wanderte, nachdem das Eis sich zurückgezogen hatte, irgendein Urahn des Küsten-Braunbären aus seinem Refugium die frisch freigelegte Küste entlang nach Norden, wo er sich zu einem Eisbären entwickelte? Stammt der Grizzly auf dem Festland von einer anderen Spezies ab, die aus den heutigen Wüstenebenen des mittleren Westens oder aus Mexiko einwanderte? Wie kommt es, daß beide derselben Spezies angehören? Welches Werkzeug der allopatrischen Speziation, der simultanen Koevolution oder eines sonstigen wissenschaftlichen Zungenbrechers war daran beteiligt? Wie so oft in den Naturwissenschaften – und in der Biologie – diente die Entdeckung der divergierenden genetischen Geschichte der Grizzlys eher dazu, zu zeigen, wie wenig wir eigentlich über die Arten wissen, als unser Wissen über sie zu verbreitern.

Den Blauen Bären gibt es, wie die ABC-Bären, nur entlang eines Küstenstrichs, der einst mit Refugialgebieten getüpfelt war, und da drängt sich mir die Frage auf, ob in seine Gene nicht ein gleichermaßen bemerkenswertes Rätsel eingewoben ist. Unglücklicherweise werden die Forschungsmittel gegenwärtig drastisch gekürzt, und so werden wir mit ungesicherten Spekulationen allein gelassen.

Ich bin kein Wissenschaftler. Ich erlaube mir, mich von Vorstellungen und Ahnungen beeinflussen zu lassen, von Dingen, die ich nicht sehen oder nicht mit harten Daten untermauern kann. Hätte mich jemand gefragt, hätte ich nicht erklären können, warum die Existenz des Gletscherbären etwas Grundsätzlicheres zu implizieren schien als schlichte Genetik oder warum das Tier immer wichtiger für mich wurde. Vielleicht war es nichts weiter als der Wunsch, einem Freund zu einer seltenen Fotogelegenheit zu verhelfen, um mich damit bei ihm zu bedanken, daß er sich seinen Weg durch die Mauer bohrte, hinter der ich mich jahrelang versteckt hatte. So oder so, sagte ich zu mir, ich war entschlossen, einen Blauen Bären zu finden. Und wenn mir das gelang, wollte ich, daß Michio ihn fotografiert.

Als der Winter kam, vergrub ich mich in der Bibliothek und durchfilzte alte, zerbröselnde Ausgaben der Zeitschrift *The Alaska Sportsman* nach gelegentlichen dürftigen Hinweisen auf einen Blauen Bären, den ein Jäger erwischt hatte. Ich las Stapel von Büchern über Bären in Alaska, dann rief ich die Naturschutzbehörden der Regierung an und bat um Kopien relevanter Berichte. Ich sprach mit Biologen, hielt mit Jägern Schwätzchen, ging Umweltschützern auf die Nerven, telefonierte mit Rangern und belästigte andere Tourführer. Ich breitete eine Karte der Gletscherküste auf dem Kombüsentisch aus und zeichnete ein, was ich von der Geschichte des Bären wußte, markierte Gerüchte mit kleinen Bleistiftkringeln, belegte Begegnungen mit einem fünfzackigen Stern.

Der früheste Hinweis stammt aus dem Jahr 1877. Charles Erskine Scott Wood war Dichter, Schriftsteller, Maler und Jurist. Er diente auch in der Armee und kam im Rang eines Lieutenant nach Alaska, nachdem er General Howard beim Kampf gegen die Nez Perçé als Adjutant gedient hatte. Zu Recht wird Lieutenant Wood als der Entdecker der Glacier Bay genannt, denn er war mit mehreren Jahren Vorsprung der erste Weiße, der diesen Teil des Landes erforschte, doch er war nicht auf Ruhm aus und meldete keine Ansprüche an.

Wood interessierte sich mehr für das Bergsteigen und studierte die Lebensweise der Tlingit, von denen er eine Anzahl als Führer anheuerte, um ihm bei seinen Entdeckungsreisen zu helfen. Nachdem eine Expedition zur Besteigung des Mount Saint Elias gescheitert war*, schloß sich Wood einer Gruppe Hoonah-Tlingit an, die in den Bergen, die er Fairweather Alps nannte, Ziegen jagen wollten. Dort schrieb er:

> Wir fanden einen Bären, den es, soweit ich weiß, nur in diesem Lande gibt. Er ist von schöner, bläulicher Unterfarbe, wobei die Spitzen seiner langen Haare silberweiß sind. Die Händler nennen ihn »Saint-Elias-Bär« [und] die Pelze sind sehr selten.

Es dauerte fast 20 Jahre, bis ein weiteres Mal von einem Blauen Bären berichtet wurde. George Thornton Emmons, ebenfalls ein Militär, war von der Marine als Lieutenant nach Alaska abgestellt worden, und er teilte Woods Leidenschaft für die Tlingit und ihre Kultur. Im Gegensatz zu Wood hatte Emmons jedoch während seiner gesamten militärischen Karriere mit gesundheitlichen Problemen und seiner kritischen Haltung gegenüber Autoritäten zu kämpfen. Nach einer Reihe unproduktiver Jahre kam die Marine zum Schluß, daß man Emmons am besten aus dem Dienst entlassen und ihm eine Sonderaufgabe als Sammler und ethnologischen Beobachter im Auftrag des American Museum of Natural History zuweisen sollte.

Emmons erwies sich als besessener Sammler, der Schiffsladung um Schiffsladung mit Kunstwerken und Artefakten der Tlingit, Tsimshian und Haida zusammenklaubte. Unablässig jagte er hinter geschnitzten Lebensbaumhüten, Chilkat-Decken, Alltagsgegenständen und sogar ganzen Kriegskanus her. Während seiner Reisen notierte er weitschweifig alles, was er über die Methoden des Jagens und Fischens bei den

* Die Tlingit-Führer brachten Wood bis nach Cape Spencer, dann weigerten sie sich, weiterzugehen, wiesen auf den nahegelegenen Mount Fairweather und bestanden mit der ihnen eigenen Logik darauf, daß »ein Berg so gut wie ein anderer [ist]. Da ist ein sehr großer Berg. Steig auf diesen …«

Eingeborenen Alaskas und über die Verwendung der diversen Teile der Tiere in Erfahrung brachte.

In seinem *Game Diary* von 1896 schrieb Emmons über die Existenz von Bären in der Gegend, die anscheinend eine neue Subspezies darstellten; die Tlingit nannten das Tier *klate-utardy tseek* oder »schneegleicher Schwarzbär«, und sie glaubten, es sei das Ergebnis einer Verbindung vom gewöhnlichen Schwarzbären und einer Schneeziege. Emmons war von der silbrigen Schönheit des Gletscherbären derart ergriffen, daß er ihn nach sich selbst benannte, und jahrzehntelang wurde der Gletscherbär als *Ursus americanus emmonsii* katalogisiert.

Danach verlor sich die Spur rasch. Der Brief eines Prospektors, geschrieben 1898, berichtet, wie er sich an der äußeren Küste dadurch vor dem Hungertod rettete, daß er einen »Schneebären« erschoß, doch dann hinterließ der Blaue Bär über 60 Jahre lang kein weiteres Zeichen seiner Existenz. Zwei erwachsene Exemplare und ein Junges sollen für eine Ausstellung im Denver Museum of Natural History »gesammelt« worden sein, doch offenbar wußte niemand, wann oder wo oder von wem.

1972 begann ein Blauer Bär regelmäßig in der Nähe eines Häuserkomplexes bei der Station der Küstenwache in Yakutat aufzutauchen. Jim Jensen sen., ein Techniker der Station, und seine Frau Roxanne sorgten sich um das Wohlergehen des Bären, denn er zeigte wenig Angst vor Menschen, und bald würde die herbstliche Jagdsaison beginnen. Jim und Roxanne tätigten mehrere Telefonanrufe, die eine gigantische Maschinerie in Gang setzten, um den seltenen Bären zu retten, und bis er schließlich gefangengesetzt und in eine neu erbaute Höhle im Zoo von San Diego verfrachtet wurde, hatte die »Operation Blauer Bär« zwischenzeitlich die Marine, die US-Küstenwache, die Flugwacht, die Bundesluftfahrtverwaltung, die Wild- und Fischaufsichtsbehörde von Alaska und zahllose Bewohner von Yakutat dienstverpflichtet.

Beth hatte recht gehabt, als sie mir in der Triangle Bar erzählte, Yakutat sei das Zentrum der Welt des Gletscherbären. Auf meiner Karte war Yakutat von Gerücht-Kringeln eingekreist, und es war die einzige Stelle, die ein Muster von fünfzackigen Sternen zierte.

Dieses Bild war jedoch nur von begrenzter Aussagekraft, denn der einzige je offiziell unternommene Versuch, die Population von Gletscherbären im gesamten Küstenbereich zu zählen, beschränkte sich Mitte der siebziger Jahre auf Yakutat. Die Biologen Bob Wood und Dave Johnson vom Department of Fish and Game flogen tagelang mit einem kleinen Flugzeug über das Gebiet, kreuzten langsam in niedriger Höhe und machten für alle Bären, die sie unten erblickten, Strichlein. Als ich den Wildbiologen Bruce Denniford nach dieser Erfassung fragte, erzählte er mir, Wood und Johnson hätten »hundert Bären oder so, irgend etwas in der Größenordnung, gesehen, und nur einer von ihnen war ein Gletscherbär«. Doch er betonte, die Aktion sei nicht sehr wissenschaftlich durchgeführt worden. Schuld daran war die Färbung von Gletscherbären: »Ein Schwarzbär hebt sich wirklich gut ab, doch der Gletscherbär ist in seiner Umwelt so gut getarnt, daß es fast unmöglich ist, einen zu erkennen.«

Einige der Schwarzbären, die Wood und Johnson bei ihren Flügen zählten, wurden vielleicht mehrmals berücksichtigt, weil ein und derselbe an aufeinanderfolgenden Tagen an unterschiedlichen Orten auftauchte, und genauso könnte ein Gletscherbär leicht übersehen worden sein. Nichtsdestotrotz waren die Daten der zwei Biologen alles, was es gab, und aufgrund einer Hochrechnung wurde die Population von Gletscherbären in ihrem gesamten Verbreitungsgebiet von 500 Meilen auf weniger als 100 geschätzt. Und Bruce, der in der Gegend von Yakutat jahrelang arbeitete, konstatierte klipp und klar, daß er nie einen Gletscherbären in freier Natur zu Gesicht bekommen hatte, obwohl er oft die wesentlich häufigeren Schwarz- und Grizzlybären entdeckte, wenn er auf der Suche nach Schneeziegen durch die Gegend flog.

Da haben wir's, dachte ich mir. Selbst professionelle Wildbiologen schaffen es kaum, einen Gletscherbären in der Gegend zu sichten, von der man annimmt, daß dort die meisten zu Hause sind.

Dennoch bot Yakutat definitiv die besten Aussichten, einen Blauen Bären zu finden. Doch die Kosten für eine Expedition dorthin würden sich in unerreichbaren Höhen bewegen, und die Erfolgsaussichten waren entsetzlich gering. Ich faltete die besternte und bekringelte Karte zusammen, steckte sie unter die Matratze der oberen Koje und machte mich an die Arbeit, alles für das Frühjahr vorzubereiten.

DAS HANS-IM-GLÜCK-PRINZIP schlägt wahllos in der Welt zu, richtet das Unwahrscheinliche aus, organisiert das Unmögliche und läßt Luftschlösser wahr werden. Es war März, als ich das nächste Mal von Michio hörte, der Boden war nackt und taute. Die Tage wurden rasch länger, doch die Hänge oberhalb der Stadt waren noch in dicke, schwere Schneedecken gehüllt. Abermals nahm Michio an Dreharbeiten für einen Film über Alaska teil, berichtete er, dieses Mal für NHK, den staatlichen japanischen Fernsehsender. Das Thema des Films ließ sich etwas sperrig mit »Eis macht Alaska reich« übersetzen, und Shin-ichi Murata, der Produzent, wollte dem Lauf des Frühlings nach Norden quer durch das Land folgen.

»Kannst du im April in Yakutat sein?« wollte Michio wissen. »Wir gehen zum Russell Fjord, um den Gletscher zu filmen, und möchten, daß du kommst.«

Ich wußte, welchen Gletscher er meinte. Der Hubbard Glacier ist einer der größten sich ins Meer ergießenden Gletscher der Welt und mit Sicherheit der aktivste. Er mündet, von den Eisfeldern um den 4600 Meter hohen Mount Hubbard kommend, dort in die Yakutat Bay, wo sich dieser Meeresarm verengt, sich scharf nach Süden wendet und zum Russell Fjord wird.

Der Hubbard Glacier sorgte 1986 für eine geologische Sensation, indem er ein solches Tempo vorlegte, daß er sein Eis binnen weniger Tage um mehr als eine Meile vorschob, damit den Russell Fjord wie mit einem Damm blockierte und einen riesigen See entstehen ließ. Vier Monate lang stieg das Wasser hinter dem Eisdamm stetig, überflutete und ersäufte den kärglichen Wald, der sich an die Steilhänge des Fjordes klammerte, und baute einen enormen Druck auf. Als das Wasser endlich den Eisdamm durchbrach, war die gewaltige Flutmenge, die sich in die Yakutat Bay ergoß, vermutlich die größte von Nordamerika seit tausend Jahren. 20 Meilen weit war das Tosen zu hören, und ein Fotograf auf einem Bergkamm in der Nähe berichtete, der Boden unter seinen Füßen habe so stark gebebt, daß es aufgrund der Vibrationen fast unmöglich war, ein scharfes Bild zu bekommen.

Ich lächelte. »Das ist das Land des Gletscherbären, Michio.« Und ich berichtete, was ich in Erfahrung gebracht hatte.

5 Russell Fjord

Flug 61 der Alaska Airlines hob von Juneau ab und stieg 15 Minuten lang Richtung Westen, dann drehte die Maschine über der Glacier Bay langsam nach Norden ab. Aus 27 000 Fuß Höhe wirkte das Wasser des Golfs wie blaue Seide, die Eisfelder der Fairweather Range erinnerten an gefrorene Binnenseen. 40 Minuten später ging es nach Yakutat hinunter, und als die Landeklappen summend und quietschend in Position fuhren, starrte ich Richtung Nordosten den 5500 Meter hohen Mount Saint Elias an. Als ich wieder wegblickte, brannten mir seine blendend weißen Schultern noch immer in den Augen. Es war klar, daß der Flug die Küste entlang schon ein Flirt mit dem Frühling sein konnte, doch im Landesinneren hatte der Winter weiterhin die Welt fest im Griff.

Ich war vorbereitet. Im Frachtraum des Jets lagen in meinem Rucksack ein schwerer, mit Gänsedaunen gefütterter Parka, drei Garnituren lange Unterwäsche aus Polypropylen, Veloursjacke und -hose, zwei wollene Sweatshirts, eine Mütze aus Nylonvelours mit Ohrenklappen, die bis unter mein Kinn reichten, eine wasserdichte Allwetter-Paddeljacke mit Kapuze, Regenhose und mehrere Paar dicker Socken. In einem weiteren Sack lagen meine schweren Stiefel, ein Kletterseil, Eispickel und ein Sortiment von Schnee-Ankern und Eisschrauben.

Meine Notfallausrüstung – der »Jetzt-wird's-ernst-Beutel«, wie ich ihn nenne – bestand aus einem wasserdichten Neopren-Sack, wie ihn Kajakfahrer benutzen, um Ausrüstung und Kleidung trocken zu halten. Er enthielt ein tragbares, batteriebetriebenes Marine-Funkgerät, wasserfeste Streichhölzer, drei Plastik-Filmdosen, gefüllt mit Vaseline und Watte, eine Lötlampe, eine Taschenlampe, Bouillonwürfel, ein halbes

Dutzend Schokoladenriegel, eine Pistole zum Abfeuern von Leuchtkugeln und Rauchsignalen sowie eine Rolle umflochtenen Stahldraht, um Fallen für kleine Tiere zu bauen. Daneben gab es auch noch ein Sortiment von Angelleinen und Ködern, doch ich war noch nie ein besonders guter Angler und bekäme wohl ernsthafte Probleme, wenn mein Überleben oder das meiner Klienten je von meiner Fähigkeit abhängen sollte, eine Forelle zu überlisten.*

Der Jetzt-wird's-ernst-Beutel war in eine große, wärmereflektierende Metallfolie gewickelt und steckte in einem wasserdichten Kanister – einem Munitionsbehälter aus Armeebeständen. Obenauf lag noch eine Erste-Hilfe-Ausrüstung, und der Deckel des Kanisters war mit Federn und Klammern so fest verschlossen, daß er einen unsinkbaren, hermetisch abgeschotteten Container abgab. Tags zuvor hatte ich bereits ein aufblasbares Zodiac-Skiff von 16 Fuß und einen 15-PS-Außenborder nach Yakutat verfrachten lassen, denn unser Ziel war nur mit einer Kombination von Wasserflugzeug und Boot zu erreichen. Wenn aus irgendwelchen Gründen das Skiff umschlagen sollte, wollte ich sicher sein, daß der Jetzt-wird's-ernst-Beutel und sein Inhalt sicher ans Ufer getrieben würden.

In der Tasche mit den Bodenbrettern des Skiffs steckte ein Mustang-Suit: ein zweiteiliger, grell orangefarbener Overall, der isolieren und einen Mann von bis zu 90 Kilo Körpergewicht im Wasser tragen kann. So ein Schwimmanzug verbessert die Aussichten, im eisigen Wasser eines Gletscherfjords zu überleben, das einen Menschen binnen 20 Minuten umbringt, weil sein Herz vor Kälte stehenbleibt. Mit dem Schwimmanzug würde ich bis zu einer Stunde, vielleicht mehr, aushalten können.**

* Mit Vaseline getränkte Baumwolle gibt einen guten Feueranzünder ab, vor allem bei Nässe.

** Ich hatte nur einen Mustang-Suit mit – keine in Reserve für die anderen –, und den wollte ich auch anziehen. Und zwar nicht, weil ich mein eigenes Wohlergehen für wichtiger als das der anderen hielt, sondern weil

In derselben Tasche befanden sich ein Beutel mit Werkzeug und ein Paar Reserveskulls, falls der Außenborder streiken und uns weit weg vom Camp stranden lassen sollte. Eine topographische Karte der Gegend hatte ich beidseitig mit Kunststoffolie laminiert und zusammen mit einem Kompaß, einer Gezeitentabelle und einem Edelstahl-Flachmann mit Brandy in den Rucksack gepackt. Als letztes hatte ich, ehe ich zum Flughafen aufbrach, das 7-mm-Magnum-Remington-Gewehr, das ich manchmal ins Land der Bären mitnehme, gereinigt und geölt und mit einer Handvoll Patronen in ein steifes, wetterfestes Plastiketui gepackt.

Mein Handgepäck bestand aus einem Aluminiumkoffer in Aktentaschengröße und einem Plastikbeutel mit einem Dutzend Filmen. Der mit Schaumstoff ausgepolsterte Koffer enthielt eine vollständige Kamera-Ausrüstung – Gehäuse und eine Reihe Wechselobjektive – desselben Fabrikats, das auch Michio bevorzugte. Die Ausrüstung war geborgt und viele Jahre älter als alles, was mein japanischer Freund benutzte, aber dennoch erheblich moderner als das Uraltmodell

der Kampf erst halb gewonnen ist, wenn man lebendig aus dem Wasser heraus ans Ufer kommt. Darauf folgt die lange, entbehrungsreiche Herausforderung, an einem extrem abgelegenen und kalten Ort ohne Schutz, trockene Kleidung und Nahrung zu überleben. Im April kann es am Russell Fjord sehr lange dauern, bis Hilfe kommt, wenn man in Schwierigkeiten steckt. Ein Stück weit verfüge ich über das Wissen, die Fertigkeiten und die Erfahrung, die unter solch widrigen Bedingungen ein Überleben ermöglichen, doch ich konnte mich nicht darauf verlassen, daß sonst jemand dazu in der Lage wäre.

Es klingt reichlich dramatisch und selbstgerecht, doch im Notfall würde mein eigenes Überleben erheblich die Aussichten verbessern, daß dies auch den anderen gelang. Nach ein paar Jahren als Führer war mir klargeworden, daß dies die eigentliche Aufgabe desjenigen ist, der Klienten in die Wildnis bringt: vorausschauen, umsichtig das gesamte Spektrum möglicher Bedingungen und Ereignisse durchdenken, auf das Unerwartete vorbereitet sein, einkalkulieren, daß sämtliche Naturgewalten zugleich losbrechen können, und die Art von konservativen Entscheidungen treffen, die sicherstellt, daß alle nach Hause kommen. Menschen zu großartigen Fotomotiven oder Naturerlebnissen zu verhelfen war sekundär. Kein Foto und keine Filmeinstellung ist ein Menschenleben wert.

mit den Schraubobjektiven, mit dem ich nach unserem ersten gemeinsamen Trip zu arbeiten begonnen hatte.

In Erwartung einer weiteren Fotolektion durch Michio (und vielleicht einer Möglichkeit, einen Gletscherbären zu fotografieren) war ich sofort auf das Angebot eines Freundes eingegangen, mir die Ausrüstung zu borgen, und hatte einen langen Abend damit verbracht, die Objektive zu säubern und die Gebrauchsanleitung zu studieren. Als ich mich mit viel Geduld an die heikle Aufgabe machte, eine winzige Belichtungsmesser-Batterie unter einem federnden Deckel hinter dem Rückschwingspiegel im Inneren der Kamera auszutauschen, stellte ich mir vor, wie sehr es Michio amüsieren würde, mich ihn durch die Wahl der Kamera imitieren zu sehen.

Michio und die anderen trafen erst später ein, sie kamen aus Anchorage mit Zwischenstop in Cordova herüber. Michio war für die Lebensmittel zuständig – er gab noch immer den Koch – und auch für die Schlafsäcke und die Campingausrüstung der anderen. Für uns beide brachte er noch ein Zelt mit, das sintflutartige Wolkenbrüche und Stürme von 160 Stundenkilometern überstehen konnte. Yakutat ist für sein widriges, stürmisches Wetter berüchtigt, und wir konnten nicht darauf zählen, daß die vor uns liegenden Tage schön oder auch nur ruhig würden.

Am Flughafen mietete ich mich in einer Lodge ein, die Sportfischer beherbergt, welche in jedem Frühjahr nach Yakutat kommen, um in den umliegenden Flüssen zu angeln, die als Stahlkopfforellen-Reviere von Weltrang bekannt sind. Die ersten Wellen dieser zwischen Salz- und Süßwasser wechselnden Regenbogenforellen würden bald eintreffen – und mit ihnen Horden von Anglern –, doch im Moment war die Lodge noch fast unbewohnt, und ich hatte freie Auswahl unter den Zimmern, die sich alle durch ungestrichene Holzfußböden, drei hölzerne Stockbetten und den strengen Geruch von kaltem Zigarettenrauch und alten Socken auszeichneten. Ich legte das Gewehr, den Gepäcksack und die Kamera-Ausrüstung auf das eine Bett, reservierte ein weiteres, indem ich die Decke zurückzog, und ging hinaus, um rechtzeitig vor Michios Ankunft einen Mietwagen zu besorgen.

Das einzig verfügbare Fahrzeug war ein scheppernder, staubbedeckter Van. Im Leerlauf tuckerte der Motor in einem eindeutig improvisierten Rhythmus, die Kupplung fühlte sich an, als würde ich auf einen wassergefüllten Ballon treten, und bei jeder Tür brauchte es mehrere kräftige Versuche, bis sie zu blieb, doch das Fahrzeug war für unsere Berge von Expeditionsausrüstung geräumig genug. Ohnehin machte ich mir wegen der Fahrtüchtigkeit des Vehikels keine Sorgen: In Yakutat sind Straßen Mangelware. Man kann fast nirgendwo hinfahren, und die wenigen Einheimischen sind so freundlich, daß im Fall einer Panne der nächste, der vorbeikäme, wahrscheinlich anhalten und seine Hilfe anbieten würde.

Es war nicht schwierig, Michio, Shin-ichi Murata und Kiyomi Shutto unter den wenigen Passagieren auszumachen, die an jenem Nachmittag dem Jet entstiegen. Michio lächelte, wippte auf den Zehen und sah sich sofort um, als er die Sperre passierte; sein Markenzeichen, eine gestrickte Grönland-Mütze, saß schief auf seinem Kopf.

Michio legte mir die Hand auf die Schulter, als er mich erst Shin-ichi, dem Produzenten, und dann Kiyomi vorstellte, der sich ständig nach dem Flugzeug umdrehte, um die Gepäckarbeiter im Auge zu behalten, die es entluden. Kein Kameramann auf Reisen, das war mir schon aufgefallen, ist entspannt, solange er nicht sein bestes Stück wieder in den eigenen Händen hält. Der Verlust oder die Beschädigung von irgendwelchen anderen Ausrüstungsgegenständen – Koffern, Stativen, Batterieladegeräten, sogar Schlafsäcken oder Lebensmittelvorräten – kann in der Regel durch Improvisation oder auf andere Weise wettgemacht werden, doch wenn irgend etwas die Kamera unbrauchbar macht, wird sein Leben bedeutungslos. Sein Gesicht platzte zu einem breiten Grinsen auf, als endlich der Kamerakoffer in seinen Blick geriet.

Zwei Fahrten waren nötig, um die ganze Ausrüstung zu der Lodge zu bringen, wo Michio und ich den Haufen von Kisten und Koffern zu sortieren begannen und dabei Neuigkeiten darüber austauschten, wo wir gewesen waren und was wir gesehen hatten, seit wir uns das letzte Mal im Herbst gesehen hatten. Er war sowohl zu Hause in Japan gewesen als auch im Norden in der Arktis, wo Tausende von wandernden Karibus in Sichtweite seines Camps vorbeizogen; ich war mit einem kleinen Boot von Jamaika durch den schweißtreibenden Panamakanal nach Costa Rica gesegelt und froh, wieder in Alaska zu sein. Nach einer halben Stunde Klatsch und Tratsch wollte ich uns wieder in die Gegenwart zurückbringen.

»Freust du dich, Michio? Glaubst du, wir werden einen Gletscherbären sehen?«

Er lächelte und zuckte mit den Schultern. »Ich bringe dir ein neues Wort bei.«

Ich faltete ein Tuch und stopfte es in eine Kiste mit Geschirr. »Wie heißt es?«

»*Tabun*«, sagte er. »Japanisch für ›vielleicht‹.«

Drüben im kleinen Büro des Gulf-Air-Flugdienstes ließ der Eigentümer und Chefpilot einen Finger über einer aeronautischen Karte des Russell Fjord kreisen. »Dieses Jahr ist noch niemand da drin gewesen, und der Schnee hält sich wirklich hartnäckig. An den meisten Stellen liegt er noch meterhoch.«

Mike Ivers hatte die kräftigen, raumgreifenden Bewegungen eines Mannes, der an körperliche Arbeit gewöhnt ist, und ein gerüttelt Maß an Selbstvertrauen, das das Gefühl vermittelte, er sei es gewohnt, wichtige Entscheidungen zu fällen. Weit und breit galt er als einer der besten Buschpiloten im Südosten von Alaska, und ein enzyklopädisches Wissen über die gefährlichen Küstenabschnitte hatte sich in Tausenden von Flugstunden seinem Gehirn eingraviert.

Er zog einen Kugelschreiber aus seinem Holzfällerhemd und deutete mit der Spitze auf einen kleinen Punkt auf der Karte. Der Russell Fjord erstreckt sich vom Hubbard Glacier rund 35 Meilen nach Süden und ist auf der gesamten Strecke im Schnitt zwei Meilen breit. Zwölf Meilen vom Gletscher entfernt mündet an seinem Ostufer ein weiterer Fjord, der Nunatak, und Ivers' Kugelschreiber blieb an dieser Stelle stehen. »Hier an der Mündung des Baches gibt es einen Strand, hängt vom Wasserstand ab, aber wahrscheinlich ist das der beste Punkt, um euch hinzubringen.«

Ich sah mir die Wandkarte genauer an, versuchte mir anhand der Höhenlinien unter dem Kugelschreiber ein Bild von der Landschaft zu machen und markierte dann die Stelle auf meiner eigenen Karte. Michio beugte sich gleichfalls vor, dann übersetzte er für Shin-ichi und Kiyomi. Wo Mike hindeutete, waren die dichtgedrängten Höhenlinien etwas weiter voneinander entfernt, und der mäandernde blaue Strich eines Bachlaufs ließ auf eine einigermaßen ebene Fläche schließen, die gerade groß genug war, um ein paar Zelte aufzubauen. Überall sonst um den Fjord herum verschmolzen die Höhenlinien beinahe miteinander, so daß sie steile, von Gletschern gemeißelte Klippen versprachen.

»So wie der Fjord ausgerichtet ist«, fuhr er fort, »bekommt diese Stelle die meiste Sonne.« Das bedeutete, daß zu dieser Jahreszeit der Schnee dort genügend abgeschmolzen sein würde, damit ein kleines Flugzeug landen könnte. Es bedeutete aber auch, daß wir in einem schwerbeladenen Skiff zwei Meilen offenes Wasser überqueren müßten, um von da weitere zwölf Meilen nach Norden zu fahren, um an den Gletscher zu kommen, und dann jeden Abend dasselbe in umgekehrter Richtung, um wieder zum Camp zu gelangen.

Und wir müßten die Berge und das Wetter scharf im Auge behalten. Wenn die dichte, kalte Luft über einem Eisfeld bergab zu fließen beginnt, kommt es zu sogenannten Fallwinden. Treffen die herabströmenden Luftmassen auf ein engwandiges Tal oder einen Fjord, wirkt dieser wie eine natürliche Düse, die sie zusammendrückt und beschleunigt, bis sie in einem lokal begrenzten Sturm von Orkanstärke explodieren. Entlang der Küste sind in solchen Mikro-Orkanen schon Windgeschwindigkeiten von 290 km/h gemessen worden, und die einzige Vorwarnung bieten vielleicht ein paar Schneefahnen, die von den Gipfeln in höhere Atmosphärenschichten wehen.

Michio übersetzte, als Shin-ichi Mike nach dem Eis und dem Gletscher befragte: Würde er aktiv sein und kalben? Würde es auf den Eisbergen Robben geben, die sich mit ihnen treiben ließen? Wäre Mike bereit, Michio und Kiyomi für ein paar Luftaufnahmen hoch zum Ursprung des Gletschers zu fliegen?

Mike nickte. »Sollte kein Problem sein, solange das Wetter gut ist.«

Der Start war für sieben Uhr am nächsten Morgen geplant. Wir würden mehrmals hin- und herfliegen müssen, um unseren Berg von Ausrüstung in den Fjord zu bekommen, und bis wir das Lager aufschlagen könnten, würde die Sonne bereits seit Stunden am Himmel stehen. Ich hätte es vorgezogen, noch früher loszufliegen, aber Mike mußte am nächsten Tag mit einem Schneekufen-Flugzeug eine Gruppe Bergsteiger absetzen und wollte das früh hinter sich bringen, ehe es zu warm und der Schnee zu weich würde, so daß eine Landung gefährlich wäre.*

Das Filmteam gab dem Piloten die Hand, als wir gingen, doch ich war von meiner mentalen Checkliste zu abgelenkt (Hatten wir genügend Benzin für den Außenborder? Waren die Akkus für das Funkgerät aufgeladen? Wann war morgen Ebbe?), und ich mußte wieder aus dem Van herausspringen und zu Mike zurücklaufen, um ihm die Frage zu stellen, die mir am meisten auf der Seele brannte: Hatte er je einen Gletscherbären gesehen? Hatten wir eine Chance, während des Fluges einen zu entdecken?

Ivers zuckte mit den Schultern. »Ja, ich denke, da gibt es welche. Schwer zu sagen, aber ich glaube, ich habe vor zwei Jahren oben am Nunatak Arm einen gesehen.«

* Der Job eines Buschpiloten ist in erschreckendem Maß riskant und gefährlich. Einer von fünf Piloten, die mehr als 20 Jahre lang fliegen, findet dabei den Tod. Von umsichtigen Erwägungen wie etwa der Wirkung des Sonnenscheins auf den Schnee hängt es ab, wie lange sogar die besten wie Mike Ivers leben. Tragischerweise kam Mike kurz nach der NHK-Expedition zum Russell Fjord um, als sein Flugzeug bei schlechtem Wetter in eine Bergflanke krachte.

Ich hätte ihn gern mehr gelöchert, aber das Leben eines Buschpiloten verläuft immer Vollgas voraus, und Mike eilte bereits zu seinem Flugzeug. Als ich zum Van und dem wartenden Filmteam zurückging, kreiste der Name »Nunatak« in meinem Kopf: Genau da wollen wir hin, sagte ich zu mir. Wir wollen genau an der Einmündung des Nunatak in den Russell Fjord kampieren.

Am nächsten Morgen holperte das überladene Flugzeug die Startbahn entlang, kämpfte bockend gegen die Schwerkraft an, bis es endlich freikam und in den Himmel stieg. Ivers schob den Steuerknüppel von seiner Brust weg, fummelte am Gas, dann setzte er sich eine Sonnenbrille auf die Nase. Ich war in einen Sitz gezwängt, der wohl für einen Erstkläßler gedacht war, und balancierte einen Gepäcksack und die Kamera-Ausrüstung auf dem Schoß. Hinter meinem Kopf drohte eine massive Wand von Gepäckstücken sich loszureißen und mich unter einer Ausrüstungslawine zu begraben.

Ich flog als erster mit dem größten Teil des Gepäcks. Michio, Shin-ichi und Kiyomi würden mir nachfolgen. Bei Expeditionsflügen ist es übliche Praxis, beim ersten Transport so viel Ausrüstung wie möglich ans Ziel zu bringen. Entlang der Gletscherküste kann das Wetter von einem Augenblick zum nächsten umschlagen, und sollte plötzlich ein Sturm von den Bergen herabtoben oder dichter Nebel von See heranrollen, könnte es Tage dauern, ehe Mike mit den anderen nachkäme. Einen einzigen Mann mit genügend Schlafsäcken, Zelten, Essen und Ausrüstung für vier abzusetzen war erheblich vernünftiger, als vier Mann mit unzureichender Ausrüstung überleben lassen zu wollen.

Doch heute war der Himmel wolkenlos und von dunklem Blau, die strahlend weiße Wand der Saint Elias Mountains schwang sich vor mir in die Höhe. Als der Boden zurückwich, beugte ich mich zur Seite, um aus dem Fenster zu sehen, und entdeckte in einem Weidengehölz am Ende der Startbahn den braunen Schatten eines riesigen Elchs. Auf einem See weiter im Süden funkelte ein heller Sonnenreflex. Die Spielzeughäuser von Yakutat kamen ins Blickfeld, dann wichen sie einem graugrünen Teppich von Moor und Wald. Mit stetigem, gleichmäßigem Tempo kamen die Berge auf uns zu, und das dicke Polster alten Baumbestands stieg unter uns höher, bis es der glatten, weißen Fläche eines schneegefüllten Bergtals wich.

Der Höhenmesser kletterte eifrig, als die Cessna sich anstrengte, eine Granitwand vor uns zu überfliegen. Eine Angstspirale bohrte sich mir in den Bauch und begann sich beim Anblick der heranrasenden Felsen zusammenzuziehen. Ich lenkte mich ab, indem ich zur Seite – und nach oben – schaute, wo sich eine Schneeziege an die Spitze eines windumtosten Felsens über einer grenzenlosen Leere klammerte und unserem Vorbeiflug keinerlei Beachtung schenkte.

Eine Sekunde lang raste ein Berg wie Kraut und Rüben unter und neben uns hindurch, der Schatten des Flugzeugs flatterte über scharfkantige Felsabbrüche – und in der nächsten Sekunde war da nichts mehr, nachdem wir den Abbruch einer Steilflanke überflogen hatten und der Berg, in die Tiefe fallend, uns in unendlicher Weite schwebend mit nichts als dem Wind allein gelassen hatte.

Voraus spreizten sich die Klauen des Hubbard Glacier über den Horizont, und der Russell Fjord war ein Spiegel zu seinen Füßen. Mike zog das Flugzeug scharf herum, so daß es weit nach links kippte, dann zeigte er auf eine Schlangenlinie von Flecken quer über dem schneebedeckten Hang unter dem Flügel. Durch das Dröhnen des Motors rief er mir etwas zu – *Bär!* – und machte mit zwei Fingern eine Gehbewegung. Die Flecken im Schnee waren die Spur eines Bären, der vor kurzem aus seiner Hochgebirgshöhle gekrochen war.

Ich reckte den Hals, um den Verlauf der Spur zu verfolgen, und drehte mich weiter im Sitz herum, um sie im Blick zu behalten, als Mike das Flugzeug wieder aufrichtete. Die Abdrücke führten im Zickzack über einen Grat, umrundeten ein Tal, dann verschwanden sie direkt in Richtung Russell Fjord aus meinem Blickfeld.

Mike stellte das Flugzeug steil auf eine Flügelspitze und zog eine enge Kurve über der Mündung eines Wasserlaufs. Er nahm das Gas weg und drosselte das Tempo bis fast zum Strömungsabriß, während er eine abschüssige, fächerförmige Fläche alluvialen Schotters inspizierte, die ein paar Meter weit ins Wasser des Fjords hinausragte. Links und rechts von dicken Schneefeldern flankiert, sah das nackte Kiesstück nicht größer als ein Handtuch aus. Ich fragte mich, wo er landen wollte.

Mike blinzelte hinter seiner Sonnenbrille, rückte sie mit dem Daumen gerade und grunzte etwas, das ich durch das Motorengeräusch hindurch nicht verstand.

»Was ist das?« rief ich und nickte in Richtung des kleinen Kiesflecks. Waren das die Überreste des Landeplatzes? Hatten das Wintereis oder eine Lawine das Terrain verändert?

Ivers zuckte mit den Schultern, stellte das Flugzeug wieder gerade und schrie, damit ich ihn verstand: »Wünschte, die Ebbe wäre schon weiter! Hab gern ein bißchen mehr Platz zum Landen!«

Wir kehren also um, dachte ich, als das Flugzeug wegflog, dann hielt ich die Luft an, als die Welt unter meinem Sitz wegzukippen schien und der Horizont zu kreiseln begann.

Ivers richtete das Flugzeug auf die Achse seiner »Landebahn« aus, schob den Knüppel nach vorn und kippte die Nase Richtung Boden. »Mit einem Rad im Wasser.« Er grinste. »Das hilft uns beim Abbremsen.«

Ehe ich herausfand, ob er vielleicht nur Spaß machte, gab es einen harten, torkelnden Ruck, dann noch einen, und das schwerbeladene Flugzeug setzte auf dem Boden auf. Kies und Schotter ratterten unter den Reifen, und Mike bekam nun alle Hände voll zu tun. Wie wild bremste er, drosselte das Gas und kämpfte die ganze Zeit, um das Flugzeug unter Kontrolle zu halten, das schlingernd auf eine Schneewehe direkt vor uns zuraste. Im letzten Augenblick jagte er den Motor hoch, drehte das Flugzeug herum und brachte uns in Gegenrichtung zu unserer Landung zum Stehen. Der Propeller stuckerte, stotterte und hielt schließlich an, als Mike die Zündung ausschaltete.

Ivers ließ den Sicherheitsgurt aufschnappen, zwängte sich aus dem Flugzeug und ging daran, die Ausrüstung auszuladen. Ein kleines, schwer beladenes Flugzeug auf einem bisher noch nicht angeflogenen Streifen herunterzubringen war für ihn einfach normal, doch ich hielt noch immer den Atem an und brauchte einen Moment, bis ich den Klammergriff meiner Finger um den Sitz gelöst hatte.

Binnen weniger Minuten stapelte sich ein kleines Gebirge von Paketen, Kisten, Säcken und Taschen am Ufer. Ein Muskel zwickte in meinem Rücken, als wir den unhandlichen Außenbordmotor und das zusammengefaltete 16-Fuß-Skiff aus dem Laderaum wuchteten, und ich hoffte, daß ich an Aspirin gedacht hatte.

Ivers warf noch einen Schlafsack auf den Gepäckstapel und blickte sich im Flugzeug um: »Das war alles, glaub ich.«

Ich schaute nach meinem Gewehr, prüfte rasch, ob Essen, Zelt, Kocher und andere lebensnotwendige Dinge da waren, dann sah ich zu den Bergen hoch. »Sieht so aus, als würde das Wetter sich halten, bis du mit den anderen zurück bist.«

Über das Wetter redet man in Alaska nicht aus Verlegenheit. Der Pilot schürzte die Lippen, prüfte den wolkenlosen Himmel über uns und nickte: »Die Vorhersage ist gut.« Dann fügte er, als würde er sich sorgen, daß die Wettergötter seinen Optimismus für Hybris halten könnten, hinzu: »Ich fliege lieber so schnell wie möglich zurück.«

Mike zwängte sich in den Sitz, verabschiedete sich mit hochgestrecktem Daumen und warf die Tür zu. Bellend erwachte der Motor zum Leben, bebend drängte das Flugzeug nach vorn, als er gegen die Bremsen Kraft aufbaute, und schließlich schoß es, als er es freigab, mit einem Satz davon. Ich duckte mich seitlich weg und schützte mit den Händen mein Gesicht vor der Wirbelschleppe des Propellers.

Das Heulen des Motors verebbte zu einem Winseln, als das Flugzeug höher stieg, nach Westen abdrehte und zwischen den Berggraten verschwand. An seine Stelle trat die unendliche, summende Stille eines weiten, unbevölkerten Raumes. Kein Lüftchen rührte sich zwischen den Wänden des Fjords, und das Wasser war von demselben intensiven Blau wie der Himmel. Rings um mich herum ragten schneebedeckte Berge, die in so perfekt weißem Licht glitzerten, daß die Augen brannten, wie sie es manchmal tun, wenn man eine wunderschöne Frau anblickt. Vom Wind zu Formen wie die brechender Wellen skulptierte Gesimse hingen von den höchsten Graten freitragend herab. Ab und an raunte das Murmeln einer fernen Lawine durch die Luft, wenn die Wärme, die meinem Gesicht und meinen Händen so gut tat, den festen Griff des Eises erweichte und ein Schneebrett ins Tal hinunterdonnern ließ.

Angesichts dessen, was Ivers über die Möglichkeit gesagt hatte, daß es in der Gegend Gletscherbären gab, kramte ich das Fernglas hervor, setzte mich mit gekreuzten Beinen auf den Boden und begann den Fjord abzusuchen. Ebbe und Flut hatten einen schmalen, schneefreien Uferstreifen rings um den Wassersaum blank radiert, doch darüber war alles noch tief verschneit. Hier und da waren die Berghänge mit mäandernden Spuren durchzogen, die von Bären herrühren konnten, die sich durch den Schnee gearbeitet hatten, doch sie waren zu weit entfernt, um das genau sagen zu können.

Als nach einer Stunde des Suchens mit dem Fernglas meine Augen nur noch unscharf und verschwommen sahen, hatte ich bis dahin nur einen zotteligen, vom Winter bis auf die Knochen abgemagerten Elch mit eingefallenen Flanken entdeckt – und ein paar Raben, die mich übel beschimpften. Ich gab auf, steckte das Fernglas ins Etui und begann, die Ausrüstung zu einem fürs Zelten geeigneten Platz zu schleppen, als das Brummen des zurückkehrenden Flugzeugs die Stille zerriß.

Michio und Shin-ichi stiegen lächelnd aus dem Flugzeug. Auch Kiyomi wirkte erfreut, als er mit fest umklammerter Kamera herauskroch. Ruhiges, klares Wetter ist für Luftaufnahmen ideal, und Ivers hatte sie dicht über den Hubbard Glacier hinweg geflogen, um ihn ganz aus der Nähe zu präsentieren, dann war er hoch emporgestiegen und tief in die Berge dahinter eingedrungen.

»Er hat uns ein tolles Theater gezeigt«, grinste Michio.

Ich mußte herzlich über die danebengegangene Metapher lachen. »Ich glaube, du meinst ›eine tolle Show geboten‹, Michio«, sagte ich und zeigte auf die Kamera vor seiner Brust. »Hast du ein paar gute Fotos gemacht?«

Mit der ihm eigenen Bescheidenheit wiegelte er ab: »Ich hoffe.«

»Schau mal, was ich habe«, sagte ich und kramte meine geliehene Kamera-Ausrüstung unter dem Gepäckberg hervor. Ich klappte den Aluminiumdeckel hoch, ließ Michio den Inhalt inspizieren und erwartete einen erfreuten Gesichtsausdruck von ihm.

Statt dessen blickte er nur kurz auf die Kamera und sah mich dann irritiert an.

»Dasselbe Fabrikat wie *deine* Kameras«, erklärte ich ziemlich dümmlich. »Bei dieser Tour müßten auch mir ein paar gute Fotos gelingen.«

Michio schüttelte heftig den Kopf und zeigte auf den Apparat: »Die Kamera wird keine guten Bilder machen.«

Ich war wie vor den Kopf geschlagen. Auf der ganzen Welt war dieser Hersteller für die Qualität seiner Kameras berühmt, die Objektive genossen den Ruf unübertrefflicher Schärfe. Hatte ich mir das einzige faule Ei geliehen, das diese Firma je produziert hatte?

Als könne er meine Gedanken lesen, hielt Michio nun eine imaginäre Kamera hoch und erklärte: »Eine Kamera ist bloß …«, er suchte nach dem Wort, »… bloß eine *Schachtel*.«

Ich brauchte einen Moment, bis ich begriff. Die Kamera war nur ein Werkzeug, wie ein Meißel. Es lag an dem Fotografen, damit etwas Lohnendes herauszuarbeiten. Er wollte sagen, daß kein noch so aufwendiges Zubehör, keine noch so teuren Linsensysteme aus mir einen besseren Fotografen machen würden. Es würde immer neue Kameratypen mit noch längeren Brennweiten und mit noch schnellerem Filmtransport geben, aber wenn ich nicht lernte, mit einer simplen Kamera ohne jeden Firlefanz gute Bilder zu machen, bliebe alles andere nur Gerümpel, das mir erlaubte, schneller und aus größerer Entfernung genauso schlechte Fotos zu schießen.

Schnell standen unter Mitwirkung aller Hände die gelben und grauen Kuppeln der Zelte. Michio und Kiyomi entrollten Schlafsäcke, bauten den Herd auf und sortierten die Küchenausrüstung, während Shin-ichi und ich das Skiff zusammenbauten. Wir mußten alle vier anpacken, um es ins Wasser zu bringen; ich geriet zu tief hinein und füllte mir die Gummistiefel mit Eiswasser ab.

Die Lebensmittelvorräte vor stöbernden Bären zu schützen, erwies sich als unmöglich.* Die vereinzelten Bäume, die einst an den Ufern des Fjords wuchsen, waren von der Flut ertränkt worden, die sich hinter dem Hubbard Glacier aufbaute, als er sich wenige Jahre zuvor in diesen Arm des Fjords vorschob und ihn absperrte. Die Stümpfe standen zwar noch, hatten aber alle Rinde verloren, waren silbern geworden und zu glatt, um hochzuklettern, und die wenigen Äste, über die man ein Seil hätte werfen können, waren zu brüchig, um einen Ausrüstungssack zu tragen. Wir mußten einfach alles ein paar hundert Meter vom Camp entfernt verstecken und hoffen, daß ein streunender Bär, der tatsächlich unser Essen fand, während wir auf dem Gletscher unterwegs waren, uns genügend übrig lassen würde, um über die Runden zu kommen, bis das Flugzeug wiederkam.

Als nächstes kramte ich die Karte und einen Kompaß hervor, orientierte mich an der Landschaft und begann eine Route zum Gletscher auszuarbeiten. Zwölf Meilen waren es von unserem Camp bis zum Abbruch, und ich wollte uns so wenig Fallwinden (oder *williwaws*, wie sie viele Einheimische nennen) wie möglich aussetzen. Eine kleine Landzunge ein

* Normalerweise packe ich alles, was eßbar ist oder sonstige Gerüche verströmt – einschließlich Zahnpasta, parfümierter Seife, Handcremes, sogar Bier – in einen wasserfesten Seesack und hänge ihn hoch oben in einen Baum, indem ich entweder hinaufklettere oder ihn an einer über einen Ast geworfenen Leine hochziehe. Schwarzbären und junge Grizzlys sind zwar gute Kletterer, doch sie scheinen selten nach oben zu gucken. Mir hat noch nie ein Bär Essen geklaut.

bis zwei Meilen südlich vom Gletscherabbruch würde eine gute Stelle sein, um das Skiff in bequemer Entfernung vom Gletscher anzulanden. Würden wir dichter heranfahren, könnten wir riskieren, daß das Skiff beschädigt oder zerstört würde, falls der Gletscher in voller Breite abbrechen sollte.

Alle sich ins Meer ergießenden Gletscher lassen mehr oder weniger ständig große Eisblöcke oder -säulen ins Wasser fallen, und dieses »Kalben« führt zu Flutwellen vom Abbruch weg. Mal hier, mal da poltert ein Stück herunter, während der bergab schiebende Gletscher sich mit aller Gewalt seinen widrigen Weg zum Meer bahnt. Daß die gesamte Front auf einmal abbricht, ist zwar selten, doch es kommt dazu, wenn der Druck von oben das Ende der Gletscherzunge so destabilisiert, daß sie sich in einem Stück löst. Wenn von einem so dicken Gletscher wie dem Hubbard auch nur ein relativ kleiner Teil kollabiert, stürzen Millionen Tonnen Eis ins Wasser und lösen eine Serie von katastrophalen Wellen aus, die tief in den Fjord hinein pulsieren.* Das Skiff eine Meile oder mehr vom Abbruch entfernt zu verstauen – und es weit über die Hochwassermarke hinaus zu tragen – würde unsere Aussichten verbessern, zum Camp zurückkehren zu können, sollte so etwas passieren.

Mit vier Personen, Kameras, Werkzeug, Zubehör, Proviant, Spritvorrat und Sicherheitsausrüstung an Bord würde das Boot überladen sein und nur langsam vorankommen. Zum Gletscher und zurück zu pendeln würde zu einer langen, unbequemen Fahrt, wenn es zu regnen, schneien oder stürmen begänne, doch zugleich gäbe es Michio und mir Gelegen-

* Bislang habe ich nur einmal in meinem Leben den Abbruch einer ganzen Gletscherfront erlebt, doch die daraus resultierende Flutwelle reichte, um mir Gottesfurcht einzubleuen; sie röhrte, stürzte und schäumte voller zerschmetterter Eisbrocken direkt auf die *Wilderness Swift* zu. Ich überlebte nur, weil ich in voller Fahrt auf einen eisfreien Streifen in hundert Meter Entfernung zuhielt und dort den Bug des Bootes in dem Moment gegen die Welle drehte, da sie unter meinem Kiel hindurchrauschte. Und in diesem Fall war das Eis nur auf einer halben Meile heruntergekracht; der Abbruch des Hubbard Glacier ist *fünf* Meilen breit.

heit, fast zwei Dutzend Meilen Fjordküste täglich nach Gletscherbären absuchen zu können.

Ich faltete die Karte längs zusammen, strich sie mit der Handfläche glatt und schaute mich nach meinem Freund um. Seit unserem letzten Trip hatte er sich eine Pfeife mit gelbem Mundstück zugelegt, und nun stromerte er hundert Meter weiter den Strand entlang und kämpfte mit einem Beutel, einem Taschenmesser und ein paar Streichhölzern in einem komplizierten Ritual darum, das Ding zum Qualmen zu bringen. Als ich mich ihm näherte, gab er auf, klopfte den Pfeifenkopf an einem Stein aus und steckte das Ding in seine Tasche.

»Du bist zu jung zum Pfeiferauchen, Michio«, lästerte ich. Vor einer Weile hatte er sich darüber beklagt, daß er älter würde, und gemeint, sein Rucksack schiene jedes Mal schwerer zu sein, obwohl doch der technologische Fortschritt angeblich dazu führte, daß die Dinge immer leichter würden.

Verlegen lächelnd legte er die Hand auf die Tasche mit der Pfeife. »Sie ist sehr nützlich in der Arktis. Hilft, die Mücken zu vertreiben.« Ich wußte, daß er mehrere Jahre lang an einem Buch über Karibus in der Arktis gearbeitet hatte, wo man schätzt, daß das Gewicht und das Volumen der Stechinsekten möglicherweise das aller anderen tierischen Lebensformen zusammen übersteigen. Wenn die Mückensaison ihren Höhepunkt erreicht, verlieren Elche und Karibus täglich bis zu einem Viertel ihres Blutes, und manchmal drehen sie durch und rennen sich in ihrem verzweifelten Versuch, den Plagegeistern zu entkommen, zu Tode. Das Bild meines Freundes schoß mir durch den Kopf, wie er durch die Tundra hüpft und dabei hektisch die Pfeife pafft, um die Schwärme der Blutsauger auf Distanz zu halten; doch das war mir *zu* albern und unrealistisch, und so schüttelte ich mich nur, um eine nichtexistente Mücke zu vertreiben. »Wir haben Glück.«

Michio nickte. So früh im Jahr würde uns hier diese Plage erspart bleiben.

»Viel Glück«, stimmte er zu. »Glück auf viele Weise.«

Er schob die Hände in die Gesäßtaschen und blickte zu den Bergen. Eine in der Bachmündung paddelnde Schellente ließ plötzlich einen sanften Ruf ertönen und tauchte mit einer so perfekt fließenden Bewegung kopfüber ins Wasser, daß die Oberfläche sich kaum kräuselte.

Leise, als würde er ein Geheimnis verraten, sagte Michio: »Dieser Ort ist *spektakulär.*«

Ich wartete auf das Wiederauftauchen der Ente, ehe ich antwortete.

Dann begann ich langsam, und ohne daß ich es eigentlich vorgehabt hatte, ihm von einem Traum zu erzählen, den ich einmal hatte, nämlich an einem so schönen und abgelegenen Ort wie diesem mir ein Haus zu bauen.

6 Johnstone Bay

Alaska bot als letzter Staat der USA Menschen, die sich hier niederlassen wollten, noch öffentliches, unerschlossenes Land an. Bis weit ins 20. Jahrhundert hinein bekamen Siedler nach dem Federal Homestead Act (der heute nicht mehr in Kraft ist) rund 65 Hektar Land, wenn sie sich bereit erklärten, daß sie es rodeten, pflügten und bebauten, um sich einen Rechtsanspruch darauf zu erwerben: angesichts des widrigen Wetters und der schlechten Böden in Alaska eine entmutigende, manchmal aussichtslose Aufgabe. Daher ersetzte der Staat Alaska dieses kaum zu erfüllende Bundesgesetz durch eine Reihe von Programmen, die Menschen einen Rechtsanspruch auf kleinere Grundstücke einräumten, wenn sie sie absteckten, vermaßen und als Gegenleistung bestimmte, gesetzlich vorgeschriebene »Verbesserungen« vornahmen. Das im Staatsbesitz befindliche Land war oft abgelegen, unzugänglich und wenig einladend, und unter »Verbesserungen« verstand man im allgemeinen, eine Hütte darauf zu bauen oder den Boden abzutragen und durch eine Goldwaschanlage zu spülen.

Legt man eine Karte von Alaska über eine im gleichen Maßstab gezeichnete Karte der restlichen Vereinigten Staaten, reicht das Land von der einen Küste des Kontinents zur anderen. Der südlichste Teil des Staats streift fast die Strände Floridas; die äußeren Inseln der Aleuten-Kette kommen links bei Los Angeles zu liegen. Die arktische Senke zu beiden Seiten von Point Barrow deckt alles von North Dakota bis Wisconsin ab, während Anchorage und die Kenai-Halbinsel irgendwo in Oklahoma oder Arkansas landen. Der Länge wie der Breite nach bot dieser ungeheure Ausschnitt des Globus Parzellen, die darauf warteten, in Besitz genommen zu werden.

Als ich zum ersten Mal das Büro für Staatsland in Anchorage betrat, war ich 18 Jahre alt. Die Menge, die sich vor den Schaltern drängte und die Beamten befragte, bestand größtenteils aus bärtigen, mit Schwielen und Narben bedeckten Männern in Flanellhemden, die sich vermutlich, wie auch ich, als Pioniere sahen. Landvermesser, die Wucherpreise verlangten, verteilten Visitenkarten und redeten auf die Leute ein. Ein paar zerlumpte Gestalten, die anscheinend nach Alaska geflüchtet waren wegen dieser Aussicht auf ein Stück freies Land, die ihre letzte Hoffnung darstellte, ihren Platz in der Welt zu finden, grübelten über Stapeln von Formularen.

Ein mürrischer Beamter gab die Informationen nur bröckchenweise und widerwillig preis, indem er nur auf direkte Fragen einging, die sich mit einem abrupten Ja oder Nein beantworten ließen. Seit Monaten sorgten Schwindler, die auf einen schnellen Dollar aus waren und mittels verschiedener Gaunertricks das dem Staat gehörende Land zur eigenen Bereicherung unter sich aufteilten, für einen öffentlichen Skandal; hartnäckig hielten sich Gerüchte, daß der Staat plante, dieses Programm einzustellen.

Ich fürchtete, kein Stück mehr vom Kuchen abzubekommen, und blieb wochenlang in der Stadt, um mich durch Schubladen voller Meßblätter und Berge von Mikrofilm-Akten zu wühlen. Meine einfache Technik, das begehrenswerteste Stück Land zu identifizieren, bestand darin, jene Parzelle ausfindig zu machen, die am weitesten von jeder menschlichen Siedlung entfernt lag; ich hatte die Vorstellung, daß ich um so zufriedener sein würde, je weiter von den Menschen weg ich landete.

Was ich suchte, fand ich am Golf von Alaska, dort, wo auf der Karte die Küste östlich der Kenai-Halbinsel und westlich vom Prince Williams Sound eine breite Einbuchtung aufweist. Die Johnstone Bay bot keinen Schutz vor den Stürmen, die die See im Golf zu Wellenbergen von zwölf Metern türmen. Die Bucht – ein eher hochtrabender Begriff für eine leichte Delle in der Küstenlinie – lag zwischen derart steilen Berghängen, daß die Höhenlinien einer topographischen

Karte so dicht an dicht verliefen, daß sie nicht mehr auseinanderzuhalten waren. Die nördliche Grenze des Tales bildete ein Gletscher, dessen gefährlich tief zerklüfteter Eisbruch sich in einen See ergoß.

Niemand hatte es für wert gehalten, irgendeinen Teil dieses unwirtlichen Ortes in Besitz zu nehmen. Das nächste menschliche Habitat (das Heim eines Ehepaars mit einem Kleinkind) lag 20 Meilen entfernt, bis zur nächsten Straße und zum nächsten Telefon waren es fast 40 Meilen: Entfernungen, die über dermaßen zerklüftetes und eisbepacktes Land überhaupt nicht und auf dem Wasserweg wegen der dort lauernden Gefahren nur selten zu bewältigen waren.

Ich bezahlte zwei Dollar für einen Plan der Johnstone Bay, heftete ihn an die Wand meines Zimmers und war zuversichtlich, eine Karte von Nirwana vor mir zu haben.

Drei Tage, bevor ich 19 wurde (das Alter, mit dem ich frühestens in das Siedlungsprogramm aufgenommen wurde), bezahlte ich dem zigarrenpaffenden Piloten eines Wasserflugzeugs eine exorbitante Summe dafür, daß er zwischen den Eisbergen auf dem Gletschersee am Nordende des Tales landete. Er schlich und schlängelte sich mit dem Flugzeug zwischen den treibenden Eisbrocken hindurch bis zum Strand, wo er mich mit einem kleinen Zelt, einem Karton voller Büchsen- und Trockennahrung und so viel Naivität zurückließ, daß man einen Seesack damit füllen konnte.

Mein Begleiter war Niles G. und kürzlich aus Kalifornien hergekommen, weil ihn die Aussicht lockte, einen eigenen Flecken Land in Besitz nehmen zu können. Sich die Kosten für den Charterflug zu teilen machte Sinn, und obwohl ich entschlossen war, Eremit zu werden, war es notgedrungen eine anheimelnde Vorstellung, daß ich nicht das einzige menschliche Wesen im Umkreis von 250 Quadratkilometern war.

Wir hatten drei Tage Zeit, bis uns der Pilot wieder abholen wollte. Den ganzen ersten Tag und auch den nächsten lief ich die Flußufer ab, den Strand und die ins Tal herunterkommenden Bäche, prüfte, ob sich die Baumstämme für den Bau einer Blockhütte eigneten, und schätzte die Entfernungen zur nächsten Quelle, und die ganze Zeit schien die Sonne von einem stahlblauen Himmel, und Niles machte dasselbe. Weit vor der Küste konnte ich die Salzwasserfontänen von Walen wie Ausrufezeichen über dem Horizont stehen sehen. Möwen und Seeschwalben hoch am Himmel bildeten mit ihren Klagerufen den Kontrapunkt zum rhythmischen Rauschen der Brandung. Ein halbes Dutzend Seeotter am Strand erschrak und stürzte sich ins Meer, als ich mich näherte – bis auf einen, größer und mutiger als alle anderen. Der zischte, wälzte sich im nassen Sand zu mir herum und starrte mich unerschrocken an.

Am Morgen meines Geburtstags fällte ich einen kleinen Baum, entrindete ihn, hieb ihn quadratisch zurecht und zerhackte ihn zu vier behelfsmäßigen Pfosten. Mittels eines Seils und eines Kompasses steckte ich ein Rechteck von 400 Fuß in Nord-Süd- und 500 Fuß in Ost-West-Richtung ab. Mit der flachen Seite der Axt schlug ich an den Eckpunkten die zugespitzten Pfosten ein. Meinen Namen und das Datum schrieb ich auf ein Stück Papier, wickelte es in Plastik und steckte es in eine Dose, die ich an den ersten Pfosten nagelte.

Wenn ich ins staatliche Büro zurückginge und dort die Lokalisierung der Pfosten in der Sprache der Meridiane und Winkel festhalten ließe, würde ich mir das Recht erwerben, einen beglaubigten Gutachter bezahlen zu dürfen, damit er die Parzelle vermäße und sie als die meine auswiese. Wo ein klarer Wasserlauf sich an einer Wiese voll mit Götterblumen und Sitka-Akelei entlangschlängelte, nicht weit von einem breiten, brandungsgepeitschten Strand entfernt, würden knapp zwei Hektar ebenes Land mit dicken Fichtenstämmen und grünbemoosten Senken mir gehören.

Ich wurde nur einmal in meinem Leben 19, und ich spürte eine Zuversicht so fest wie der Stiel meiner Axt, als ich die Pfosten in den Boden trieb. Ein besseres Leben als das Eremitendasein, das die Johnstone Bay bot, konnte ich mir nicht vorstellen. Aus ausgewählten Baumstämmen würde ich mir eine warme, stabile Blockhütte bauen und in den Bergen rings um das Tal Hirsche, Bären und Ziegen jagen. Ich würde mir einen Kartoffelacker anlegen und lernen, die Spuren von Fichtenmardern, Ottern und Wieseln am Strand zu lesen.

Die buschige Braue einer Wetterfront hob sich über den Horizont im Südwesten, als ich zum Zelt zurückging. Regentropfen begannen zu fallen, als ich das Zelt zusammenpackte und die Steine verstreute, die Niles und ich zu einem Ring um das Feuer zusammengelegt hatten. Ein Adler auf einem Eisberg in der Mitte des Sees ignorierte mich, als ich die Ausrüstung ans Ufer trug und auf die Rückkehr des Wasserflugzeugs zu warten begann.

Die Regentropfen wurden immer zahlreicher, bis ein stetiger Guß die Aussicht auf die Berge und den Gletscher versperrte. Das Flugzeug kam nicht, und der Wind schüttelte dicke Tropfen von den Zweigen der Hemlocktanne, unter der ich Schutz gesucht hatte. Nur das Rauschen des Windes in den Bäumen und das gelegentliche Grummeln der herumtreibenden Eisbrocken drang an meine Ohren, während ich auf das Geräusch eines Flugzeugmotors wartete.

Als es Nacht wurde, war das Flugzeug immer noch nicht da, und das Zelt beutelte und schlug im Sturm, als wir es im Dunkeln wieder aufbauten. Ich schlief nur sporadisch, da ich ständig versuchte, mich nicht in die Wasserpfützen zu legen, die sich auf dem Boden des billigen Zeltes sammelten.

Während des ganzen folgenden Tages und der ganzen folgenden Nacht fiel ununterbrochen schwerer Regen. Der Sturm schob die See zu schweren schwarzen Brechern zusammen, die mit dem Gewicht von Bergen auf den Strand schlugen.

Wir aßen unsere letzten Vorräte – kaltes Schweinefleisch und Bohnen direkt aus der Dose –, dann ging ich mit dem Gewehr unter meinem Mantel im Regen umher und stellte mir Hirsche vor, die am tropfnassen Waldrand auftauchten. Ich erschrak, als ein Otter aus dem Unterholz vor mir brach und Alarm tschirpend im Gras entlang eines Bachlaufs verschwand. Ihm folgte eine Stille, die mich wie mit einem Nebel in Einsamkeit hüllte. Ich fühlte mich von der Außenwelt abgeschnitten, in der Wildnis allein gelassen, und es gefiel mir.

Der Sturm legte sich während der Nacht. Bei Tagesanbruch war das Wetter klar, die Brandung hatte sich zu einem Murmeln beruhigt. Schwärme von dunkeläugigen Junkos schwirrten durch die Kronen der jungen Fichten, als ich das Zelt und den Schlafsack zum Trocknen ausbreitete. Robben schwammen vom Meer her den Fluß hinauf und legten sich in der Mitte des Sees zum Sonnenbaden auf die Eisschollen. Hungrig besah ich sie – für mich waren sie Fleisch.

Ohne Vorwarnung bog das Flugzeug um die Landspitze westlich vom Strand. Eben war es bis auf das Stoßen und Scharren der Eisschollen auf dem See noch still gewesen, und im nächsten Moment verkündete das durchdringende Dröhnen eines Motors die Rückkehr der Cessna. Tief strich das Flugzeug in einer steilen Kurve über die Bucht und dann in Baumwipfelhöhe den Fluß hinauf, bis es der Pilot hochzog, abermals einen Kreis flog und dann tief hinunterging, um den See aus nächster Nähe zu inspizieren.

Der Sturm der letzten Tage und Nächte hatte die Eisschollen vom Ufer weggetrieben und einen freien Landeweg geschaffen. In Panik sprangen die Robben ins Wasser, als der Motor noch einmal aufheulte und das Flugzeug sich schwimmend auf unseren Zeltplatz zubewegte.

Nachdem wir unser Gepäck eingeladen hatten und an Bord geklettert waren, ließ das Flugzeug die Erde unter seinen Flügeln wegsinken, und wir stiegen hoch ins letzte Rot des Sonnenuntergangs. Der Pilot gab mir einen Schokoriegel, warf Niles auf dem Rücksitz einen zweiten zu und zog dann das Flugzeug steil Richtung Nordwesten nach oben. Unter uns tauchte das letzte Tageslicht die schrundigen Bergkämme und die Eisfelder dazwischen in Rosa.

Ich preßte die Stirn gegen das Fenster und blickte der kleiner werdenden Bucht hinterher. Der stechende Geruch des Lagerfeuers hing noch in meinen Kleidern, und in mir brannte das Verlangen, umzukehren. Mich dürstete nach der Befriedigung, Stamm um Stamm zu meinem eigenen Blockhaus aufzuschichten, eine Räucherkammer mit frischen, roten Lachsseiten zu füllen und mir die Gartenerde von den Händen zu spülen.

Zum ersten Mal in meinem Leben war ich glücklich.

»Hört sich nach einem wunderschönen Ort an, Lynn.« Michio holte mich sanft aus meinen Erinnerungen zurück in den Russell Fjord. Die Sonne war nach Westen gewandert, während ich drauflosgeredet hatte, und warf jetzt Schatten auf die Wände des Fjords. Shin-ichi und Kiyomi hatten aus Treibholz ein abendliches Lagerfeuer aufgeschichtet, und eine blasse Rauchfahne durchzog die Luft mit ihren Aromen.

Ein Kochtopf klapperte. Shin-ichi hob eine Hand in unsere Richtung, und Michio nickte. Mir wurde klar, daß ich mindestens eine Stunde lang ununterbrochen erzählt hatte.

Ich hob ein armdickes Stück Treibholz auf, zerbrach es über dem Knie, dann griff ich mir ein weiteres. Michio eiferte mir nach, zog einen toten Ast aus dem Holz, und wir arbeiteten, bis wir jeder einen Arm voll Brennholz hatten.

»Und dein Blockhaus, Lynn? Hast du es gebaut?«

Ich zuckte mit den Schultern. »Ja, ich habe es gebaut, aber es war Zeitverschwendung.« Das entsprach zwar nicht ganz der Wahrheit, aber ich wandte mich ab und machte ein paar Schritte Richtung Lager, um anzudeuten, daß dieses Thema verbotenes Territorium war, und sagte: »Wir sehen besser in der Gezeitentabelle nach und machen Pläne für morgen.« (Zu jenem Zeitpunkt war ich, denke ich, einfach noch nicht bereit, darüber zu sprechen; jetzt wäre ich froh, wenn ich es getan hätte.)

Michio schloß zu mir auf und blinzelte mich an, um zu zeigen, wie ihn mein abrupter Themenwechsel verwirrte; ich beschäftigte mich mit dem Holz in meinem Arm, balancierte und schichtete es um, um die unausgesprochene Frage in seinen Augen zu vermeiden. Er war zu höflich, um mein plötzliches, ausweichendes Schweigen zu unterbrechen, und ging stumm neben mir, bis wir wieder im Lager waren.

Als das Abendessen gegessen und das Geschirr wieder weggepackt war, hatten wir schon alles Brennholz den Flammen geopfert. Während die ersten, funkelnden Sterne sich über den Bergkämmen zeigten, sicherte ich das Skiff für die Nacht, überprüfte noch zweimal das Versteck mit den Lebensmittelvorräten und warf eine Persenning über die restliche Ausrüstung.

Im Innern unseres Zeltes wickelte Michio sich in einen schweren Daunenparka, zog seinen Schlafsack bis zur Taille hoch und schloß die Augen. Ich zog ein paar trockene Socken an, bevor ich in den Schlafsack schlüpfte, streifte mir eine Wollmütze bis über die Ohren, dann gab ich mich der Stille der Nacht hin.

Michio räkelte sich, rollte sich auf den Rücken, dann flüsterte er meinen Namen: »Lynn?«

Er machte eine Pause, dann sagte er leise: »Die Kamera, die du geborgt hast? Die ist gut. Ich hatte einmal genau dieselbe.«

Ich grunzte als Antwort.

7 Malaspina und die Bucht der Enttäuschung

Als wir am nächsten Tag aufstanden, war der Fjord noch in blaue Schatten gehüllt. Über unseren Köpfen versprach ein freier Himmel einen Tag, so schön wie man sich ihn im Frühling nur denken kann, doch unten am Boden war noch immer Winter, und unser Atem dampfte, als wir uns rasch ankleideten.

Michio zog eine purpurrote Jacke an, blies in die Hände, um sie zu wärmen, und kniete sich vor den Kocher, um Frühstück zu machen. Kiyomi und Shin-ichi errichteten aus Stöckchen ein kleines Feuer; ich belud das Skiff mit unserer Ausrüstung. Wir aßen im Stehen um das Feuer herum und nippten an unseren Kaffeebechern, bis eine strahlende Sonnensichel über die Berge lugte und wir lange, dünne Schatten warfen.

Nach mehrmaligem, entschlossenem Reißen sprang der Außenborder an, brabbelte vor sich hin, als ich das schwerbeladene Skiff vom Ufer weg bugsierte, dann bequemte er sich zu einem stetigen Brummen. Unsere Kielwelle zerschmetterte das ruhige Wasser hinter uns zu blauen Scherben und zauberte Spitzenborten aus weißen Schaumkrönchen darauf.

Der Produzent und der Kameramann saßen am anderen Ende des Skiffs; quadratisch wie Gewichtheber wirkten sie in ihren Rettungswesten, die wir alle auf mein Geheiß angelegt hatten. Michio zog den Reißverschluß seiner Jacke bis zum Kinn, schob den Unterkiefer vor und zeigte, einen längst vergessenen Entdeckungsreisenden nachahmend, entschlossen geradeaus: »*Ngan ngan iko!* Auf geht's, los!«

Ich mußte lächeln, als ich überlegte, wie es diesem sanften Mann mit den freundlichen Augen wohl unter den frühen Europäern und Russen ergangen wäre, die erstmals die Küste hier kartierten.

Die russischen *promyschlenniki*, die im 18. Jahrhundert nach Osten ausschwärmten, um Pelze zu holen, waren brutale, gierige Wilde, die die Ureinwohner Alaskas mit Völkermord bekannt machten. Sie waren einzig und allein an den Seeotter-Pelzen interessiert, die sich im Handel mit China gegen unermeßliche Reichtümer eintauschen ließen. Eine der Expeditionen des Zaren zwang 300 Männer von den Aleuten, über tausend Meilen in *bidarkas* (kleinen, kajakähnlichen Zwei-Mann-Booten) über den Golf bis nach Südostalaska zu paddeln, wo die Otterpopulation wesentlich größer war. Als alle dieser versklavten Jäger starben, weil sie giftige Miesmuscheln gegessen hatten*, luden die Russen die *bidarkas* einfach auf ihre Schiffe, segelten zu den Aleuten zurück und kidnappten andere Männer.

Verglichen mit den Russen waren die Engländer, die unter George Dixon im Jahr 1787 in die Yakutat Bay segelten, geradezu die Speerspitze der Aufklärung. Sie verteilten Geschenke und bemühten sich um Handelsbeziehungen und taten nichts Ruchloseres, als die Landschaft wie mit Graffiti mit englischen Ortsnamen zuzupflastern.

Vier Jahre nach Dixon kam Alesandro Malaspina, der zwei spanische Korvetten befehligte, die eigens für wissenschaftliche Forschungsreisen geplant und gebaut worden waren. Die *Descubierta* und die *Atrevida* verfügten über gerade genug Feuerkraft, um sich selbst zu verteidigen, und ihre Offiziere waren junge, handverlesene Freiwillige der Marineakademie von Cadiz, die sich für verschiedene wissenschaftliche Sachgebiete interessierten. Die gewöhnlichen Matrosen, ebenfalls Freiwillige, hatte man aus den nördlichen Provinzen Spaniens zusammengezogen, weil man glaubte, ihnen würde die Kälte weniger ausmachen.

Malaspina selbst war der Kommandeur einer Gruppe von Kartographen, die tief in die Yakutat Bay vordrangen, weil sie

* Muschelarten, die sich von den für die »Rote Tide« verantwortlichen Dinoflagellaten ernähren, können tödliche Konzentrationen eines Neurotoxins enthalten, das den Atemtrakt lähmt und zum Ersticken führt.

die sagenumwobene Straße von Ainan suchten.* Mit Vorräten für 15 Tage ausgerüstet, stakten und stocherten sich Malaspinas Männer in zwei kleinen Beibooten zwischen Unmassen schwimmender Eisberge hindurch, bis sie bei einer Insel, die sie nach einem Naturkundler in ihren Reihen, Tadeo Haenke, benannten, frustriert aufgaben. Eine undurchdringliche, mehrere hundert Fuß hohe Eiswand schimmerte jenseits der Insel durch den Dunst. Malaspina brach die Erkundungsfahrt ab und taufte die eisverstopfte Bucht »Desengaño«, was soviel wie »Enttäuschung, Ernüchterung« bedeutet. Englische Kartographen gaben später Malaspinas Gefühl der Verbitterung getreulich mit »Disenchantment Bay« wieder.

Anfang Juni 1791, als Malaspina seine Suche nach einer einfachen Durchfahrt zum Atlantik abbrach, endete der Hubbard Glacier noch viel weiter südlich als heute; der Russell Fjord war ein isoliertes, vom Meer abgeschnittenes Gewässer wie im Jahr 1986, ein paar Jahre bevor ich mit Michio und den anderen dorthin aufbrach. Es gibt keine Aufzeichnungen, wie oft der Gletscher die Einfahrt in den Russell Fjord im Verlauf der Jahrhunderte dazwischen verschloß und wieder freigab.

An der Mündung des Nunatak in den Russell Fjord war das Wasser noch spiegelglatt, nur hie und da kräuselte eine leichte Brise die Oberfläche und setzte ihr ein paar blaue Tupfer auf. Ich reckte den Hals und suchte die Berggrate nach vielsagenden Schneefahnen ab, kam jedoch zu dem Schluß, daß das ruhige Wetter halten würde, und steuerte die andere Seite an.

Eine Meile vom Ufer entfernt stotterte der Außenborder, schüttelte sich in einen stockenden Leerlauf und drohte ganz abzusterben – um dann genauso plötzlich wieder rund zu laufen. Ich drehte am Gas, jagte die Maschine hoch, prüfte

* Andere benannten den mysteriösen Seeweg nach Lorenzo Ferrer Maldonado, nach Admiral Bartolome Fonte oder nach Juan de Fuca, sonstigen Europäern ist sie als Nordwestpassage bekannt.

den Filter, sah nach, ob das Tankventil offen war, fummelte an der Schwimmerkammer herum und fand keinen anderen Grund für das vorübergehende Versagen als die beliebig zuschlagenden, infernalischen Dämonen, die von Zeit zu Zeit von *allen* Außenbordmotoren Besitz zu ergreifen scheinen.

Ein paar Meilen einigermaßen ruhigen Wassers mit einem Skiff zu überqueren ist normalerweise nichts, was an den Nerven zerrt; aufblasbare Skiffs aber lassen sich auch unter günstigen Umständen nicht sonderlich gut rudern. Wenn der Außenborder den Dienst quittieren und Wind aufkommen würde, hätte ich alle Hände voll zu tun, das schwerbeladene Skiff *überhaupt* unter Kontrolle zu halten. Wenn wir uns dann nicht zum Ufer durchkämpfen könnten, würden wir entweder 20 Meilen nach Süden ans schneebedeckte Ende des Fjords oder zehn Meilen nach Norden in die Eisberge und Wasserstrudel am Fuß des Gletschers getrieben. Keine rosigen Aussichten.

Ich klopfte auf das Holz eines Skulls und drehte das Gas auf. Den Rest des Weges konzentrierte ich mich darauf, mir die Silhouetten der Bergkämme einzuprägen. Falls Nebel aufkäme, würde es eine große Hilfe sein, um wieder ins Lager zurückzufinden, wenn ich die schwachen Umrisse eines Gipfels oder einer sonstigen Auffälligkeit der Landschaft wiedererkennen könnte.

Der Außenborder brummte zufrieden, bis wir Cape Enchantment erreichten, spotzte dann einen Augenblick lang, danach lief er wieder rund. Ich drehte nach Nordwesten und war erleichtert, dicht am Ufer entlang zu fahren. Ich kramte meine Kamera heraus, weil ich mir vorstellte, wie das Fell eines blaugrauen Bären vor weißem Hintergrund in der Sonne glänzen würde, und nickte Michio zu, dasselbe zu tun.

Eine Stunde später hatten wir sie noch immer unbenutzt im Schoß. Am Marble Point gingen wir an Land und streckten die Beine. Ich bog den Rücken durch, um einen Krampf zu lösen, und zeigte Michio einen weißen Marmorfinger, der aus einem schneefreien Flecken hervorragte. Ralph Stockman Tarr, der 1906 als Mitglied einer US-amerikanischen

Geologenexpedition das Gebiet kartierte, hatte diese Stelle nach dem auffälligen, kilometerlangen Marmorband benannt, das sich entlang der Küste hinzieht.

Wir zogen das Skiff an Land und trugen es dann bis über die Hochwassermarke hinauf. Die Sonne begann kräftiger zu scheinen, kleine Schmelzwasserbäche tröpfelten und sprudelten zwischen den Steinen am Strand; beim Arbeiten öffneten wir die Jacken und zogen die Handschuhe aus. Ich schlang die Bugleine um einen Felsbrocken von der Größe eines Motorblocks, ließ genug Leine, damit das Skiff auf einer Welle reiten konnte, und machte es fest.

Sonne und Flut hatten gemeinsam die Winterpackung von Schnee entlang des Strands zu einer vertikalen, anderthalb Meter hohen Wand abgearbeitet, die in Bändern und Schichten, ähnlich dem stratifizierten Sandsteinboden eines urzeitlichen Meeres, von den Stürmen des vergangenen Winters erzählte. Entlang eines schmalen Streifens zwischen dem Schnee und der Hochwasserlinie trieb die Sonne die Spitzen frischen Grases an die Oberfläche.

Ein hoher, schmaler Wolkenstrang trieb langsam von Süden heran, doch beim Gehen wurde uns wärmer, und wir zogen die Jacken aus. In meinem Rucksack schlug der unhandliche Aluminiumkoffer hin und her, und der von vielen schweren Lasten her vertraute Rückenschmerz begann sich wieder einzustellen.

Auf einer kleinen Anhöhe blieb ich stehen und hielt auch die anderen mit ausgestreckter Hand an. Knapp 50 Meter vor uns lagen die verdreckten, durcheinandergeworfenen Schneebrocken eines Lawinenabgangs. Ein Fleck dunklen, wie umgepflügt wirkenden Bodens etwa 500 Meter über uns zeigte, von wo sie gekommen war, und ich konnte zu beiden Seiten des Abgangs ein Gewirr blaßblauer Bruchlinien erkennen, wo die Schneepackung sich losgerissen hatte.

Während des Sommers floß in dieser Rinne wahrscheinlich ein klarer Bach, den Regenfälle oben an den Steilhängen des Berges nährten; heute entsprach sie eher der Trommel eines Revolvers, gespannt und geladen mit einem Haufen nassen, schweren Schnees, und die Sonne hatte den Finger am Abzug.

In meinem Rucksack hatte ich Lawinenleinen, 30 Meter lang und knallrot. Beim Queren eines möglicherweise gefährlichen Bereichs mußten normalerweise sich alle ein Ende einer Leine um die Taille binden und dann einer nach dem anderen, die Leine hinter sich herziehend, rasch hinüberlaufen. Geht eine Lawine ab, gelangt der Theorie nach ein Teil der roten Leine an die Oberfläche und bietet den anderen einen Anhaltspunkt, wo sie nach dem Opfer suchen müssen.* In diesem Fall jedoch wäre es sinnlos gewesen, die Leinen zu benutzen. Wir bewegten uns in Ufernähe, und jeder, den eine Lawine erwischte, würde auf der Stelle in den Fjord hinausgeschmettert. Die unbekannte Schneemasse über unseren Köpfen war eine Falle Kushtakas, die einen Menschen im Handumdrehen verschwinden lassen könnte.

Wir konnten nichts anderes tun, als einer nach dem anderen so schnell wie möglich hinüberzukommen.

»Schnall den Rucksack ab, Michio.« Ich bedeutete Kiyomi und Shin-ichi, dasselbe zu tun. »Schmeiß ihn weg, wenn du rennen mußt.«

Ich hastete als erster über das holprige Gelände der verfestigten Masse und versuchte, so gut ich konnte, mit einem Auge bergauf zu blicken und mit dem anderen vor meine Füße, wobei ich mit gespitzten Ohren auf nahende Donnergeräusche achtete. Die anderen beeilten sich nicht so sehr und schienen zu bezweifeln, daß solch eine Hast not tat. Schließlich war es doch ein so wunderschöner Tag. Die Luft war angenehm warm, kein Lüftchen ging, und die Landschaft um uns war überwältigend – doch ich dachte an einen Tag vor 20 Jahren, genauso schön wie dieser, als ein Gefährte und ich ohne Zwischenfall eine ähnliche Mure überquert hatten und plötzlich ohne Vorwarnung oben am Hang eine hüfthohe Wand von zerschmetterten Baumstümpfen, Eisbrocken

* Seit unserem Ausflug zum Russell Fjord haben im allgemeinen kleine, am Körper zu tragende Funksender die Lawinenleinen ersetzt.

und Findlingen losbrach und unmittelbar hinter uns ins Meer stürzte. Ich winkte den anderen zu, sie sollten nicht trödeln, und als Michio auf einer glatten Eisplatte ins Taumeln geriet, mußte ich den Impuls unterdrücken, ihm ein »Beeil dich!« zuzurufen.

Jenseits des Abgangs war unser Weg, abgesehen von ein paar Schneewehen, wieder frei. Eisberge von der Größe eines Autos lagen, von der Flut hochgespült, am Ufer, und wo der Pfad das gestrandete Eis säumte, schoben neue Grastriebe Stecknadelspitzen von Grün durch das braungraue Stroh des vergangenen Jahres. Während Michio ein paar Aufnahmen machte, suchte ich den Boden nach Bärenspuren ab.

Michio blickte von der Kamera auf und fragte mich mit den Augen nach meinem Befund. »Nichts«, sagte ich, ein bißchen enttäuscht. »Ich glaube, hier ist keiner.«

Es überraschte mich nicht, das zarte junge Gras noch heil und ganz zu sehen. Die vereinzelten frischen Vegetationsflecken hätten kaum für eine Feldmaus gereicht. Und drum herum gab es nichts als Schnee. Jeder umherziehende, hungrige Bär würde sicherlich zur Küste weiterwandern, wo der mäßigende Einfluß des Meeres schon ein verhältnismäßig reichliches Pflanzenwachstum bot.

Der Gletscher murmelte und grummelte, als wir näher kamen. Er knallte und dröhnte in einer gemächlichen Kakophonie von Gewehrschüssen, Kesselpauken und Donnergrollen. Die Wellen spülten Bänder von zerkrümelten Eisbrocken zischend und klickernd an uns vorbei. Wir erklommen einen kahlen Granitfelsen, setzten die Rucksäcke ab und knieten uns hin. Instinktiv nahmen wir angesichts von 260 Quadratkilometern Eis, die die Flanke eines 4500 Meter hohen Berges herunterrutschen, um sich dann ins Meer zu stürzen, eine demutsvolle Haltung ein.

Die wild zerrissene Wand des Gletschers nahm den gesamten Horizont ein. Wir sahen einen Turm Eis von der Größe eines Wohnhauses kippen, dann zerbrechen und schließlich in die Bucht stürzen, wo er in einem Geysir von Gischt explodierte. Aus dem Chaos brach eine Wasserfront und rollte,

Eisberge und Brucheis durcheinanderwirbelnd, quer durch die Engstelle, bis sie sich mit voller Wucht auf das Ufer warf und noch bis an den Fuß unseres Hochsitzes hinaufspülte.

Ich prüfte das Terrain oberhalb von unserer Position und schätzte ab, wie lange es dauern würde, bis eine von einem großen Abbruch erzeugte Welle uns erreichen würde. Von unserem Buckel aus verlief die beste Route höher den Berg hinauf über einen Felsgrat, der sich wie eine rostige Messerklinge schräg zu einem Grat hochzog. Der Fels war trocken und fest und würde einen bequemen Fluchtweg bieten, *wenn* uns genug Zeit bliebe.

Ich wartete, bis der Gletscher einen weiteren Eisblock kalbte und nahm mit Hilfe meiner Armbanduhr die Zeit, die die Welle bis zu unserem Ufer brauchte. »Etwas mehr als eine Minute«, sagte ich zu Michio und hielt ihm meine Uhr hin. »Das müßte reichen. Und wenn wir Angst haben, rennen wir schneller.«

Wir befanden uns an der Ostseite von Gilbert Point, einem breiten Felsrücken, der den Russell Fjord von der Yakutat Bay trennt. Von unserer Position am Abhang des Hügels konnten wir nach Norden am Hubbard Glacier entlang bis zu Malaspinas Disenchantment Bay blicken. Die Insel, die die spanischen Forscher nach dem Naturkundler Tadeo Haenke benannt hatten, lag zu weit westlich, um von hier aus noch sichtbar zu sein, doch es war möglich, daß ein Seemann von der *Atrevida* einst bis hierher gekommen war.

Während der Feierlichkeiten, mit denen das neue Territorium für den König von Spanien in Besitz genommen werden sollte, war ein Kanonier namens Manuel Fernandez weggegangen, und man hätte ihn beinahe als verloren aufgegeben. Malaspina jedoch war ein verantwortungsbewußter Kommandeur und befahl, nach dem vermißten Kanonier zu suchen. Die Bergungsmannschaft ruderte und kämpfte sich tief in das Eis jenseits von Haenke Island vor, bis sie endlich am Ufer eine Gestalt auf sich zutaumeln sah.

Als man Fernandez fand, war er völlig erschöpft. Er erzählte, er sei so tief in das vom Eis bedeckte Terrain vorgedrungen, daß er wieder an offenes Wasser gekommen sei, welches »sich zwischen Bergen hinzog wie eine Schlange und schließlich dem Blick entschwand«. Er hätte das getan, behauptete er, um ohne jeden Zweifel zu beweisen, daß es sich bei der von Eis versperrten Bucht nicht um die Straße handelte, nach der sie suchten*, und seine Beschreibung des großen Gewässers jenseits des Gletschers läßt darauf schließen, daß er bis zum Russell Fjord vorgedrungen war; vielleicht hatte er irgendwo hier nahe der Stelle, wo wir jetzt saßen, kehrtgemacht.

Kiyomi und Michio bauten ihre schweren Stative auf, die sie fest im Boden verankerten. Michio wählte ein Teleobjektiv, montierte es an der Kamera und setzte sich. Ich machte es ihm nach, nahm ebenfalls eine lange Brennweite und begann mal links, mal rechts zu fotografieren, bis ich einen ganzen Film durchgezogen hatte. Dann fiel mir auf, daß Michio nichts tat; er saß einfach an seinen Rucksack gelehnt da und sah zu, wie der Gletscher Güterwaggon um Güterwaggon Eis und Schutt in die Bucht kippte.

»Stimmt etwas nicht, Michio?« fragte ich.

Er schüttelte den Kopf und zeigte nach vorn. »Ich warte auf die da«, sagte er und deutete auf eine 60 Meter hohe Säule aus Eis.

Überall in diesem Riesengletscher wurden Säulen gebrochenen Eises unerbittlich in Richtung Meer geschoben, drängten wie die Lemminge vorwärts zum Abbruch, bis sie an der Reihe waren, langsam zu kippen und in einer Explosion zu kollabieren. Michio hatte sich eine Säule ausgesucht, die größer war als alle anderen, aber auch absolut gerade und felsenfest stand; sie zeigte keinerlei Anzeichen, daß sie sich bald der Schwerkraft ergeben würde.

Dennoch, erklärte er, hätte er diese gewählt, weil die Anordnung der Berge dahinter erkennen ließ, »wie *groß* alles ist«.

* Für seinen Wagemut wurde er befördert: Das Krähennest des Hauptmasts war danach sein Arbeitsplatz.

Ich meinte, sie mache mir noch nicht den Eindruck, bald zu fallen, aber er antwortete nur: »Ich warte.«

Er hatte sich ein Foto vorgestellt, das etwas über die Dimensionen dieses Landes aussagte, und dann kam es ihm nicht darauf an, ob es zehn Minuten, eine Stunde oder einen ganzen Tag dauerte; mit nichts Geringerem würde er sich zufriedengeben, ganz bestimmt nicht mit einem Haufen beliebiger, aus der Hüfte geschossener Aufnahmen, wie ich sie gerade gemacht hatte. Ab und an schaute er nach ein paar dünnen Wolken, die vor die Sonne zogen und wieder verschwanden. Immer wenn das Licht wechselte, stellte er an der Kamera die Belichtungswerte neu ein; so war er stets auf den unvermeidlich kommenden Augenblick vorbereitet, wenn die Säule endlich losbrechen würde.

Als das Kalben für eine Weile nachließ, suchte ich mit meinem Fernglas das freie Wasser ab. Die Flut war in vollem Gang, und es sah so aus, als würden sämtliche Kontinente rings um den Pazifik versuchen, sein Wasser durch die Engstelle zwischen Gilbert Point und dem Hubbard Glacier hindurchzuquetschen. Die Strömung brodelte, bildete große Wirbel aus und schob das Treibeis zu gewundenen Reihen zusammen. Sich verwerfend und zusammenkrachend zwängte sich das Eis an Gilbert Point vorbei und machte dabei ein Geräusch wie ein riesiges Raubtier, das sich durch einen lockeren Stapel Knochen durchnagt.

Michio stupste mich an und zeigte über meine Füße hinweg. Zwei kleine gelbe Vögel hüpften am Ufer entlang und sprangen zwischen den Wellen immer wieder vor, um im Sand zu picken. Wie winzige Toreros zur Seite ausweichend, entgingen die Vögel elegant einem Eisblock von der Größe eines Kühlschranks, den eine Welle heranspülte, dann flatterten sie hin, um sich von seiner Unterseite irgend etwas zu fressen zu holen, und zogen sich mit einem hohen, triumphierenden »Piep!« zurück.

Dann wies mich Michio mit dem Kinn auf eine Robbe hin, die durch den Mahlstrom des Flutwassers schwamm. Mit großer Kraftanstrengung wand und schob sich das gut gepolsterte Tier auf eine flache Eisscholle, dann lag es da erhobenen Hauptes mit großen Augen und erfreute sich seiner Karussellfahrt. Es verblüffte mich, daß das Tier sich in dieser chaotischen Umgebung so wohl fühlte und daß es, wie die Vögel, fast spielerisch mit den Eisattacken umging.

Michio hielt wieder Wache und starrte die Säule an. Shinichi und Kiyomi wechselten an der Videokamera das Objektiv, um einen Schwenk über den Gletscher aufzunehmen. Ich verlor mich in Gedanken an Robben und Vögel und bewunderte sie dafür, wie leicht sie mit den Turbulenzen ihres Lebens fertig wurden.

Du machst dir zuviel Sorgen, sagte ich zu mir. Ständig machst du dich auf eine Lawine oder einen Sturm oder eine Flutwelle gefaßt, die euch davonspülen könnte.

Ich sah Michio eine Weile zu und wunderte mich, mit welcher Hingabe und Konzentration er trotz der Muren, Felsstürze und Lawinen um uns herum seiner Arbeit nachging. Es gab keinen Zweifel, daß alles in dieser weiten Winterlandschaft zu fallen oder auf seinen Fall zu warten schien, als wäre die Schwerkraft hier potenter als in gemäßigteren Breiten, ohne jedoch die geringste Wirkung auf diese sture Entschlossenheit zu haben, das beste Foto zu machen.

Aus meinen Grübeleien riß mich ein lautes, scharfes Knacksen, dem ein Kanonendonner folgte, der zu einem Röhren anschwoll. Michios Turm begann sich langsam nach vorn zu lehnen, hielt dann einen Augenblick lang in einem unmöglichen Winkel inne, während er sich blauen und weißen Schutt von den Schultern schüttelte.

Neben mir hörte ich das »Tschi-tschi-tschi« des Transportmotors, als Michio den Film durch die Kamera jagte; hastig nahm ich die Szenerie selbst in den Sucher und spannte und löste aus, so schnell ich konnte, während die sich in Stücke auflösende Eiswand kollabierte. Die stürzende Säule entließ einen Berg Findlinge ins Wasser, dann schlug sie selbst auf und jagte eine Eruption weißer Gischt hoch hinauf an die Gletscherwand. Ein sonores Donnern drang vom Eisfeld herüber, schwoll zu etwas Handgreiflichem und Ruhelosem an, rollte über das Wasser und verzog sich dann, eine Serie abklingender Echos auf seinem Weg hinterlassend, in die Berge zurück.

DIE LANGE RÜCKFAHRT mit dem Skiff verlief glatt und ohne Zwischenfälle, der Außenborder brummte zufrieden, und alle waren guter Dinge. Bei der Abfahrt hatten Schatten den Fuß der Berge verhüllt, sich dann in die Hochtäler vorgearbeitet und dort wie Seen dunklen Wassers gesammelt. Als wir das Lager erreichten, steuerte ich nach den Silhouetten der Berggipfel, und unsere Zelte wirkten in der Dämmerung wie graue Findlinge.

Nachdem er das Abendessen auf den Kocher gestellt hatte, kramte Michio in seinem Rucksack, zog einen Ordner voll loser Papiere heraus und begann den Inhalt beim Licht einer Lampe durchzublättern. Quittungen, Briefe und – verrückterweise – eine Handvoll billiger Weihnachtskarten ergossen sich auf den Boden.

»Hast du so etwas schon gesehen, Lynn?« fragte Michio und reichte mir eine herausgerissene Seite aus einer Zeitschrift.

Ich entfaltete das Blatt und hielt es in Richtung Lampe. Es war eine Anzeige für ein Reiseunternehmen oder etwas Ähnliches (ich erinnere mich nicht mehr daran). Michios Interesse galt nicht dem Unternehmen oder seinen Angeboten, sondern dem Foto, das für die Anzeige verwendet worden war. Im Vordergrund prangte ein großes Feld Wildblumen, in der Mitte ein See mit blauen Eisbergen, hinter dem See eine Bergkette, leicht unscharf, von der sich eine Gletscherzunge bis zum See hinunterzog. Es war eine langweilige Komposition – es fiel mir nicht schwer, mir einen Art Director vorzustellen, der für die Werbekampagne eines Kreuzfahrtunternehmens »den *Geist* Alaskas eingefangen« sehen wollte –, doch genausogut konnte ich mir vorstellen, was ein Fotograf wie Michio aus diesen eindringlichen Farben und Bildelementen machen konnte.

Michios Mütze verrutschte, als er sich hinunterbeugte, um den Papierhaufen zu seinen Füßen einzusammeln. Er stopfte die Weihnachtskarten in den Ordner zurück, überflog einen Brief und überantwortete ihn dem Feuer, dann rückte er seine Mütze wieder gerade.

»Weißt du, wo das ist?«

»Harlequin Lake könnte das sein, denke ich.« Ich winkte mit der Hand undeutlich in eine bestimmte Richtung: »Da drüben. An der Küste südlich von Yakutat.«

Luftlinie lag der See wahrscheinlich keine 40 Meilen weit weg. Es wäre möglich gewesen, von Yakutat auf Forstwegen dorthin zu fahren, doch es war bestimmt kein Ort, den Michio wirklich aufsuchen wollte; die Gegend um den See selbst war zwar zweifellos schön, doch die Holzfällerei im industriellen Stil knabberte seit Jahren das Umland von Yakutat an. Nicht allzuweit entfernt von dem jungfräulichen Alaska, das das Foto versprach, waren riesige Waldgebiete zu matschigen Baumstumpffeldern reduziert worden.

»So ein Foto will ich machen«, sagte Michio. »Die Blumen, das Eis. Das alles ... *erlegt* mich.«

»*Erregt*, Michio«, korrigierte ich ihn. Gnädig ertrug er meine Besserwisserei. »Wenn du sagst, daß die Blumen dich ›erlegen‹, heißt das soviel wie, sie bringen dich um.«

»Nun ja«, Michios Augen funkelten, als er ein Grinsen zu unterdrücken versuchte, »es sind auch *wilde* Blumen! Sehr *gefährlich*!«

Dann brach er in ein Lachen aus, das den ganzen Körper erbeben ließ, und ich fiel mit ein und hatte das Gefühl, daß sein befreiendes Lachen und seine kindliche Freude über das Wortspiel mir die letzte Last des Tages von den Schultern nahmen. Noch immer glucksend faltete ich das Blatt zusammen und erklärte das mit dem Holzschlag.

»Es gibt noch mehr solcher Stellen«, sagte ich und begann mit den Fingern Gletscherseen aufzuzählen. »Da wäre der Alsek weiter im Süden und ein See bei Cape Fairweather. Bering Lake oben am Copper River.« Schnell hatte ich eine Handvoll Finger verbraucht; Michio hörte aufmerksam zu, dann erinnerte er mich an einen weiteren: »Wie ist das mit dem See bei deiner Blockhütte?«

Ich ließ die Seen in meinen Fingern fahren, schob mit dem Fuß ein glühendes Scheit tiefer ins Feuer und wich aus: »Da muß man hinfliegen.« Ich wollte, daß es unvernünftig klang, obwohl auf jeden See, den ich eben aufgezählt hatte, dasselbe zutraf. »Das wäre ziemlich teuer für bloß ein Foto.«

Michio blickte zur Seite; er spürte, daß er auf eine emotionale Verwerfung gestoßen war.

»Und abgesehen davon erinnere ich mich eigentlich nicht mehr, wie es da aussieht. Das ist zu lange her.«

»Aha«, sagte er und bot mir einen Ausweg, »vielleicht können wir eines Tages die anderen Seen besuchen.« Das Lampenlicht modellierte seine Züge zu einem Relief, und sein Gesicht war voller Besorgnis. In seinen Augen lag Mitgefühl – wofür, wußte er nicht, aber er verströmte es dennoch freigebig –, und ich spürte, wie die Knoten in meinen Schultern sich wieder verhärteten. Ich war seit fast 20 Jahren nicht mehr in der Johnstone Bay gewesen.

Und ich wollte auch nicht allzubald dahin zurückkehren.

ALLE FOLGENDEN TAGE verliefen ziemlich genauso wie der erste. Jeden Morgen verkündete eine Flut erstaunlich hellen Lichts den Sonnenaufgang, ließ die Berge sich brillant im Wasser spiegeln und spendete unseren Gesichtern und Händen Wärme. Das Glück und das Wetter blieben uns hold, und die langen Hin- und Herfahrten mit dem Skiff verliefen problemlos. Am Gletscher war das Licht ausnahmslos perfekt – entweder kristallklar und kontrastreich oder dank eines hohen, dünnen Wolkenschleiers ein bißchen weicher, so daß die Blautöne im Eis gut herauskamen –, und Michio arbeitete unentwegt, maß die Belichtung, legte den Ausschnitt fest und verbrauchte Film um Film. Als er bemerkte, daß ich meine schon alle verschossen hatte, warf er mir ein halbes Dutzend Filmdosen aus seinem schier unerschöpflichen Vorrat zu, winkte ab, als ich mich bedankte, und zeigte mir, wie man die belichteten Exemplare schützt, indem man sie zweifach in wiederverschließbare Plastikbeutel packt.

Einmal mußten wir ein frisches Schneebrett überqueren, das die Lawinenbahn heruntergekommen war, während wir den Gletscher filmten, aber wir bekamen nichts ab, und nach ein paar Tagen kam es uns völlig normal vor, unter dem Damoklesschwert der heiklen Schneemassen zu leben.

Einmal, als der Gletscher weniger stark kalbte, stützte ich mein Fernglas auf dem Rucksack ab und verfolgte den winzigen Fleck einer weit entfernten Kreatur, die langsam den Hang eines Berges im Hintergrund querte. Die Landschaft war so weit und riesig, sie bot keinen Anhaltspunkt und keinen Vergleichsmaßstab, so daß es schwierig war, die Größe des Tieres zu schätzen.

Es war zu dunkel, um eine Schneeziege zu sein, und es durchpflügte den Schnee auf eine irgendwie kompakte Art, die in nichts an die langbeinige, staksige Gangart eines Elchs erinnerte; wenn es hingegen ein Wolf oder Luchs wäre, überlegte ich, müßte es dank der relativ großen Pfoten und dem geringeren Körpergewicht solcher Tiere auf der vom Wind verkrusteten Oberfläche des Schnees laufen und wesentlich schneller vorankommen können.

Vielleicht ist es ein Gletscherbär.

Ich atmete tief ein und hielt die Luft an. Das Fernglas hielt ich nur ganz leicht zwischen den Fingerspitzen, damit mein Herzschlag es nicht erzittern ließ. Der kleine Fleck rackerte sich in Mäandern erst bergauf, dann hinunter, und seine Spuren zeichneten sich als unregelmäßige Linie auf dem papierweißen Schneehintergrund ab.

»Könnte ein Vielfraß sein«, grunzte ich und verdrängte mein Verlangen, einen silbernen Bären zu Gesicht zu bekommen. Die sturköpfige Hartnäckigkeit des Tieres in der Ferne paßte zu dem, was ich über das mürrischste Mitglied des Raubmarder-Clans wußte, aber die Wahrscheinlichkeit, das eine oder das andere Tier zu Gesicht zu bekommen, war gleichermaßen gering: Nach einem Vierteljahrhundert in Alaska konnte ich die Zahl der gesichteten Vielfraße an den Fingern einer Hand abzählen (und hatte noch immer einen für einen Gletscherbären übrig). Ohnehin schwand meine Hoffnung, als das Tier eine Pause machte, anscheinend die Narretei seines Tuns bedachte, dann umkehrte und mit stetigem Tempo in die Richtung ging, aus der es gekommen war, bis es hinter einem Berggrat verschwand.

Tag um Tag suchten Michio und ich weiterhin die Ufer und Schneefelder ab, ob da nicht etwas silbern oder blau aufblitzte, doch als der letzte Reservekanister Benzin in den Außenborder gekippt war und bis auf einen alle Säcke mit Lebensmitteln geleert und zusammengefaltet worden waren, erschien es uns langsam äußerst unwahrscheinlich, einen Gletscherbären zu sichten. Als das Flugzeug an einem windstillen Mittag herabschwebte, um uns in die Zivilisation zurückzubringen, mußten wir uns eingestehen, daß die letzte Gelegenheit vorbei war.

Am Flughafen von Yakutat reichte ich Shin-ichi und Kiyomi die Hand, dann versuchte ich zum Abschied eine Verbeugung. Michio und das Filmteam wollten nach Norden fliegen, nach Anchorage, von wo es nur noch ein paar Luftsprünge bis in die Arktis waren; mich trieb es Richtung Süden, zurück nach Juneau, wo ich einige Vorbereitungen für die kommende Chartersaison treffen mußte.

Seit ich Michio von Johnstone Bay erzählt hatte, litt ich unter Gefühlsanwandlungen, die irgendwie nicht so ganz normal waren, und nun traf mich die Orientierungslosigkeit, die sich einstellt, wenn man abrupt aus einer grenzenlosen Landschaft voller Wind und klarem Licht in die Welt des Krachs und der Wände versetzt wird. Das gute Dutzend Menschen, das sich am Flugterminal herumtrieb, erschien mir schon als unerträgliche Menge, und der Gestank von Zigaretten und Bohnerwachs brachte mich beinahe dazu, schreiend zur nächsten Tür zu rennen.

Als ein knacksender Lautsprecher seinen Flug aufrief und zum Einsteigen aufforderte, hängte Michio sich eine kleine Tasche über die Schulter und streckte die Hand aus: »Nächstes Mal, Lynn-san.«

Sein Händedruck war sanft, und er konnte einem für einen langen Augenblick so die Hand festhalten und dabei in die Augen sehen, daß man das Gefühl bekam, er lauschte – wirklich *lauschte* – einer unausgesprochenen Antwort.

Ich nickte. »Nächstes Mal, Michio.«

Alle anderen hätten wahrscheinlich das Allerwelts-*sayonara* vernommen, das soviel wie »auf Wiedersehen« bedeutet, doch für mich war klar, daß er meinte: beim nächsten Mal finden wir den Blauen Bären.

8 Tsunami

Vorsichtig machte ich um ein auf dem Kai ausgebreitetes Wandnetz einen Bogen und erwiderte die Grüße der Fischer, die es reparierten, nur flüchtig. Ich wollte nicht unhöflich sein, aber in der Plastiktüte in meiner Hand warteten dringende Geschäfte, und ich war in Eile, zu meinem Boot zurückzukommen.

Nachdem er meine Unterschrift auf dem Abrechnungsbeleg der Kreditkarte geprüft und mir die Tüte mit den Filmen gegeben hatte, hatte der Angestellte im Fotolabor gesagt: »Sie sollten lieber mal nach Ihrer Kamera sehen lassen. Sie haben da irgendein Problem.«

Ich räumte ein Reservekopfkissen und einen Seesack mit Klamotten beiseite und durchwühlte einen Berg Ausrüstung, der sich in der oberen Koje der *Wilderness Swift* angesammelt hatte, bis ich den kleinen, tragbaren Lichttisch fand, den ich dort aufbewahre. Die farbkorrigierte Röhre flackerte auf, als ich mit der einen Hand den Schalter betätigte und mit der anderen den Deckel von der ersten Schachtel voll Dias nahm. Ich schüttelte eine billige Lupe aus ihrem Lederimitat-Etui, verteilte eine Handvoll Dias auf dem Milchglas des Lichttisches und stöhnte auf, als ich das Vergrößerungsglas ans Auge nahm.

Das erste Dia sah aus, als hätte irgend etwas die untere Hälfte des Ausschnitts abgedeckt, als ich den Verschluß betätigte. Beim zweiten und dritten Dia war es genauso. Jedes zeigte zur Hälfte nur ein dunkles, unscharfes, unerklärliches Etwas. Ich ergriff wahllos zwei weitere Schachteln, nahm aus jeder ein paar Dias und legte sie auf den Tisch. Dasselbe machte ich noch mit einer vierten, fünften und sechsten Schachtel. Dann ging ich mit zitternden Fingern alle durch. Sämtliche Aufnahmen, die ich im Russell Fjord gemacht hatte, waren ruiniert, ich hatte nichts als einen Haufen wertloser Bilder von Eis-

und sonstigen Bergen, die eine schwarze Nebelbank von unbelichtetem Film halbierte.

Eine rasche Überprüfung der geliehenen Kamera brachte das Problem an den Tag. Ein Foto entsteht dadurch, daß das Licht durch das Objektiv auf die dahinterliegende Filmebene gelangt, wenn man auslöst. Die meisten altmodischen Kameras und viele moderne Kompakttypen haben über oder neben dem Objektiv einen separaten Sucher, durch den man das Motiv anvisiert. Da Aufnahme- und Sucherachse etwas voneinander versetzt sind, führt dies gelegentlich dazu, daß das Foto einen Ausschnitt zeigt, der sich leicht von dem unterscheidet, den der Fotograf im Sucher sah. Bei modernen, einäugigen Spiegelreflexkameras wird das vermieden, weil sich zwischen Objektiv und Filmebene ein schräg gestellter Spiegel befindet, der den tatsächlichen Bildausschnitt über ein Prisma in den Sucher reflektiert. Der Spiegel ist so synchronisiert, daß er hochklappt, wenn der Auslöser betätigt wird, und nach der Filmbelichtung wieder in die Ausgangslage zurückkehrt, so daß die Kamera fürs nächste Foto bereit ist.

Als ich die Batterie der Kamera, die sich im Innern hinter dem Spiegel befindet, ausgetauscht hatte, vergaß ich, den kleinen, von einer Feder gehaltenen Deckel des Batteriefachs zu sichern. Immer wenn der Spiegel hochklappen sollte, versperrte ihm dieser Deckel den Weg, so daß die Hälfte des Filmausschnitts kein Licht abbekam.

Ich ließ mich gegen das Schott fallen. Ich spürte, wie das Gefühl, auf dünnem Eis dem Untergang geweiht zu sein, in mir hochkroch, das mich seit Jahren in solchen scheußlichen Momenten beschleicht und verzweifelt und verbittert zurückläßt. In der Regel gelingt es mir, dieses Gefühl in Schach zu halten, indem ich mich beschäftige, mich in die Arbeit stürze, lese oder durch die Wälder wandere, doch an jenem Tag saß ich noch sehr lange Zeit mit den Abfallprodukten meiner Fotografenkünste auf dem Tisch vor mir da.

Aus Gründen, die mir nicht klar sind, dachte ich dauernd an Michio und mein sehnliches Verlangen, ihn zu beeindrucken – vielleicht als Dank für seine stets freundlichen unbeirrten Versuche, mir zu helfen, das Wesen der Fotografie zu begreifen. Ich dachte auch daran, wie ich ihm atemlos die Schönheit der Johnstone Bay geschildert hatte und dann seinen Fragen ausgewichen war, als er mehr darüber wissen wollte.

Und ich dachte daran, daß ich ihm – wie auf den ruinierten, teilbelichteten Dias – nur die Hälfte der Geschichte erzählt hatte.

Ich werde sie Kelly nennen. Sie hatte einen Kopf voll widerspenstiger, kupferroter Haare, die sie zähmte, indem sie sie im Nacken zu einem unerklärlicherweise stabilen Knoten verdrehte – einem geheimnisvoll gewundenen und durchgesteckten Etwas, das allem widersprach, was ich über Schwerkraft wußte: Es blieb ohne Zuhilfenahme eines Bandes einfach an Ort und Stelle, gleich, ob sie mit der Axt Feuerholz hackte oder mit einem der fünf Hunde herumtobte, die sie bei ihrer Hütte hielt. Gelegentlich trug sie eine große pinkfarbene Brille mit ovalen Gläsern, und wenn sie über etwas nachdachte, schob sie die Unterlippe unter die Vorderzähne und sah zu Boden. Sie war hübsch, alles war genau am rechten Fleck, aber das ist bei anderen auch so. Das Ungewöhnliche an Kelly war, daß es ihr völlig egal war, wie sie aussah, und daß sie jeden, den sie kennenlernte, als guten Freund betrachtete.

Das kostete sie wahrscheinlich das Leben.

Dies zu schreiben fällt nicht leicht. Als ich es zum ersten Mal versuchte, schlief ich zwei Tage lang nicht, dann gab ich auf. Hier ist der erste Satz, den ich damals schrieb:

Manchmal wache ich auf und hoffe von ganzem Herzen, daß es eine fundamentalistische Hölle gibt, wo die Seelen der Bösen in den Flammen schmoren und brutzeln wie Frühstücksspeck, der eine Ewigkeit gebraten wird.

Für ihre Größe war sie stark; sie war schlank, aber nicht zierlich, und einen ganzen Kopf kleiner als ich mit meinen 1,88 Metern. Als wir uns zum ersten Mal begegneten, hatte sie gerade einen altmodischen runden Schleifstein in den

Armen. Um das Gewicht des dicken, schweren Steins auszubalancieren, mußte sie ihren Leib weit nach hinten beugen, und ihr Gang hatte etwas Watschelndes; ihr Gesicht glänzte vor Anstrengung.

Als sie den Schleifstein gegen den Kotflügel meines Pickups lehnte und lächelte, bemerkte ich einen leichten Überbiß. Sie lebte, sagte sie, in einer Hütte an einem Bach südlich von der Stadt.

»Eigentlich habe ich das Haus besetzt«, lachte sie und wurde ein bißchen rot dabei. Es war eine schäbige, winzige Bretterbude, die von Holzfällern aufgegeben worden war, welche in den fünfziger und sechziger Jahren im Wald bei einer anderthalb Meilen entfernten Flußmündung gearbeitet hatten. Formell war es verboten, die Hütte zu bewohnen, weil sie auf Regierungsland stand, doch sie meinte: »Es hat auch niemanden gestört, daß die Holzfäller da wohnten.«

In ihren Worten schwang, höflich ausgedrückt, ein wenig Trotz mit, und ich hatte das Gefühl, daß diese in ihrem Aussehen an Hippie-Zeiten erinnernde Frau von der Art war, die einem vorbeikommenden Waldarbeiter eine Tasse Tee und ein Lächeln schenkte und sich dann vor seiner Kettensäge aufbaute, um einen Baum zu retten.

In jenen Tagen hatte ich nur selten solche Anwandlungen, ich wußte nur, daß ich mich wohler fühlte, wenn ich im Wald oder am Meer war. Nutzholz und Fisch – das waren die Einkommensquellen für viele an Alaskas Küsten. Ich arbeitete in einer Lachskonservenfabrik, um Material und Ausrüstung für meinen nächsten Trip zur Johnstone Bay zusammenzukratzen, aber ich kannte eine Menge Menschen, die sich ihren Lebensunterhalt damit verdienten, daß sie Schlepper fuhren, Bäume fällten oder im Sägewerk am Förderband schufteten. Die Konservenfabrik war die Antithese meiner Träume, eine Halle voller gelb gekleideter Figuren, die sich in Lärm und Dampfschwaden gehüllt über monotone Tätigkeiten beugten, aber jenes blaue, an den Rand der Resurrection Bay gezwängte Metallgebäude war buchstäblich so nah an meinem Bauplatz, wie ich ihm nur kommen konnte, wenn ich gleichzeitig noch mordsmäßige fünf Dollar die Stunde verdienen wollte. Und wenn ich auch sonst nichts mit den Trimmern und Stahltrossenlegern der Nutzholzindustrie zu tun hatte, teilten wir doch das grandiose Schicksal schmerzender Rükken und dünner Brieftaschen.

Es waren die siebziger Jahre, die Frauenbewegung stand in voller Blüte, und ich hatte deren Ziele gründlich genug mißverstanden, um der Ansicht zu sein, ich sollte Kelly lieber keine Hilfe bei ihrer schweren Last anbieten – aber eine Woche später tauchte ich, ein wenig verschwitzt vom Auf und Ab des Weges, am Rand ihres Tales auf. Ich blieb stehen, um mich abzukühlen, streifte eine Hand voll Rauschbeeren von einem Busch, steckte die herben, säuerlichen Früchte in den Mund und leckte die violetten Flecken von den Fingern. Dabei inspizierte ich die Szenerie da unten.

Ihre Hütte stand am Fuß eines steilen Hügels. Ein Durcheinander von Sträuchern und hohen Gräsern versuchte vergeblich, am Hang die Wunden eines alten Kahlschlags zu überwuchern, doch unten im Tal standen grüne Bäume, war der Boden mit Moos bedeckt. Fichten und Hemlocktannen drängelten sich an den Ufern des Tonsina Creek, der klar und sprudelnd durch ein Bachbett voll sauberer Steine floß. Kurz vor der Mündung krümmte sich der Bach zu einem S, ehe er sich in die Bucht ergoß, und dort hatte die Ebbe ein Arrangement von Kies- und Sandbänken freigelegt, das ein Becken voll laichender Lachse einrahmte.

Ein vierschrötiger, an der Veranda festgebundener deutscher Schäferhund bleckte die Zähne und zerrte an der Leine, dann sprang er hoch und drehte sich im Kreis, als Kelly die Tür öffnete.

»Er ist taub.« Kelly lächelte und tätschelte dem Hund die Stirn. Ein kleinerer Schäferhund tauchte in der Tür hinter ihr auf, fletschte mich kurz an und stupste mit der Schnauze Kellys Hand, um gestreichelt zu werden.

»Der hier«, sagte sie, wobei sie den zweiten Hund streichelte und an den Ohren kraulte, »ist auf einem Auge blind. Er hat sich zu dicht an einen Baumstachler herangewagt.«

Sie sprach, als würde sie jemanden begrüßen, den sie seit Jahren kannte, und in kürzerer Zeit, als ein Kessel Wasser zum Kochen braucht, hatte sie klargestellt, daß es in ihrer Welt keinen Platz für Formalitäten oder das soziale Geplänkel oberflächlicher Bekanntschaften gab. An einem blanken Holztisch, der vor einem Fenster stand, das den Blick auf eine saftige Wiese freigab, lenkte sie die Unterhaltung geschickt von ein bißchen Nachbarschaftstratsch (die nächsten wohnten eine Meile weit weg, und sie glaubte, alle seien gleichermaßen gute und vertrauenswürdige Menschen) auf unsere eigenen Geschichten und Lebensumstände. Binnen einer und dann noch einer Tasse eines würzigen, aromatischen Tees hatte sich ihr Glaube an die Welt und an die Menschen unaufdringlich, aber fest um den Zynismus gelegt, der meiner Weltsicht zu eigen ist, und ihn herausgerissen.

Von dieser Last befreit, fühlten sich meine schweren Wanderstiefel irgendwie leichter und federnder an, als ich mich verabschiedete; und während ich über Berg und Tal wieder heimwärts ging, mußte ich an den besten Autoaufkleber denken, den ich je gesehen hatte: »Bitte, lieber Gott, hilf mir, der Mensch zu werden, für den meine Hunde mich halten« – und mir wurde klar, wie rasch die Gefühle, die Kellys Hunde hegten, zu den meinen geworden waren.

»Wenn du bei ihr zu Besuch gewesen bist«, sagte mir jemand später, »strahlt sie.« Bislang war ich nicht auf die Idee gekommen, daß es jemanden wirklich glücklich machen könnte, mich einfach nur zu sehen. Ich arbeitete jetzt nicht mehr in der Konservenfabrik, sondern auf einem Heilbutt-Fänger, und wann immer wir nach einer Fahrt zu den Fischgründen wieder den Hafen ansteuerten, suchte ich mir neue Vorwände, mich auf den langen Weg hinaus zu ihr zu machen.

Es wurde Winter, sie zog in eine Hütte näher an der Stadt, und als wir im Licht einer Stallaterne beisammen saßen, erkannte ich, wie leicht aus zwei Menschen eine Einheit werden kann, wenn einer von ihnen über ein großes Herz und die Gabe des Zuhörens verfügt. Wenn wir uns unterhielten, beschäftigte sie sich manchmal mit ihrer Lieblingshandarbeit, die darin bestand, Ohrringe und Halsketten aus allen möglichen Perlen und Fundstücken zu basteln. Als ich ihr die Stacheln eines Baumstachlers brachte, zeigte sie mir, wie man von den zarten, elfenbeinfarbenen Auswüchsen die Spitzen abknipst und zu schmalen, hohlen Halmen flachdrückt, die sich zu schönen Mustern verflechten ließen.

Als wir eines Abends eine Zeitlang in Gedanken verloren geschwiegen hatten, ging mir auf, daß ich bei jedem einzelnen Zusammensein mit ihr etwas mir Neues fühlte: Geborgenheit und Freundschaft von einer umfassenden, intimen Art, ohne daß es vieler Worte oder der sonstigen kleinen Anstrengungen bedurfte, mit denen Menschen sich oft wechselseitig an ihre Gegenwart erinnern. Einfach die Stille zu teilen, die das leise Klickern der Perlen an ihren Nadeln und das Zischen der Laterne noch unterstrichen, reichte. Zufriedenheit stieg auf, hüllte mich ein wie die Lehnen eines Lieblingssessels oder ein Schlafsack in kalter, frostiger Nacht. Ich sagte nichts. Ich entspannte mich einfach und nahm langsam einen Schluck Tee.

Es wurde wieder Frühling, dann Sommer, und an einem Tag mit mehr Hitze und Staub als in diesem Teil Alaskas üblich kletterten wir bis auf halbe Höhe den Berg hinter ihrer Hütte hoch, folgten einer Schlucht voll Schieferschutt bis zur Baumgrenze und dann weiter einem gewundenen Felssims über einen von Gestrüpp bedeckten Hang hinauf. Der jüngste aus ihrer Hundemeute eilte uns voraus, machte dann und wann eine Pause, um sich mit hängender Zunge umzuschauen, und wartete, bis wir ihn einholten, damit er ihr die Hand lecken konnte. Beim Aufstieg sprachen wir über hunderterlei Nichtigkeiten – das Wetter, den Geschmack von Rauschbeermarmelade –, und als wir wieder flacheres Gelände erreichten und das Gestrüpp freiem, steinigem Boden wich, suchten wir uns einen langen, niedrigen Findling und nahmen darauf

Platz. Während die Sonne in ihrem Haar ein kupferrotes Feuer entfachte, tranken wir abwechselnd aus der Wasserflasche, die sie aus ihrer Hüfttasche gezaubert hatte.

»Kannst du mal gießen?« bat sie mich und beugte sich hinunter, die Hände zu einem Wassernapf für ihren Hund geformt.

Ich goß, der fast ausgewachsene Welpe schlabberte das Wasser, und sie trocknete sich die Hände an ihrem Hosenbein ab, dann drehte sie sich halb um und setzte sich rittlings mit gespreizten Beinen auf den Findling und schützte die Augen mit einer Hand vor der Sonne. Unter uns zerschnitt das Kielwasser eines Fischerboots, das langsam nach Süden dampfte, den Golf der Länge nach. Ich setzte mich, in die entgegengesetzte Richtung blickend, gleichfalls rittlings auf den Findling, und so unterhielten wir uns eine Zeitlang über die Schultern, ehe wir innehielten, um dem Ruf eines Raben in der Ferne zu lauschen.

In der anschließenden Stille lehnte sie ihren Rücken an den meinen, und langsam und vorsichtig tat ich dasselbe, bis Druck und Gegendruck im Gleichgewicht waren und wir entspannt den Gipfel gegenseitigen Einvernehmens genossen. Eine Minute später hörte ich ihren Atem langsamer und gleichmäßig werden, und ihr Kopf sank herab, als sie eindöste.

Fünf oder zehn Minuten lang – ich habe wirklich keine Ahnung – saß ich so reglos wie möglich da und war nicht bereit, mich zu kratzen, wo es juckte, oder mein Gewicht zu verlagern, weil der Stein unter meinem Hintern immer härter wurde, denn ich hatte keine Lust, sie zu stören oder, schlimmer noch, das Gefühl zu vertreiben, das in meinem Innern keimte.

Die Anziehung, die eine andere Person auf uns ausübt, ist oft nicht darin begründet, weil sie so ist, wie sie ist, sondern weil sie uns dazu bringt, uns selbst anders, besser zu fühlen. Heute, über ein Vierteljahrhundert später, gibt es Augenblicke, da ich mich nicht mehr genau an Kellys Gesicht oder ihr sonstiges Aussehen erinnern kann, und fast vollständig habe ich vergessen, worum es bei unseren Gesprächen und gemeinsamen Erlebnissen genau ging, doch ich erinnere mich mit großer Deutlichkeit an das Grundvertrauen, das in diesem Verweilen Rücken an Rücken zum Ausdruck kam, und an das erhebende Gefühl, das es mir vermittelte, nämlich das, ein Mensch zu sein, auf den man sich verlassen und an den man sich anlehnen konnte, wenn man Hilfe brauchte – und wie das ausreichte, um mir deutlich zu machen, daß ich mich verliebt hatte.

Dank Konserven und Heilbutt nahmen meine Bargeldvorräte zu, aber nicht schnell genug, um in dem Tempo, das ich mir wünschte, Ausrüstung und Verpflegung für Johnstone Bay zusammenzubekommen. Als die Heilbutt-Saison vorbei war, kehrte ich nach Anchorage zurück, verdingte mich bei einer internationalen Fracht-Fluglinie, die ein Vermögen damit verdiente, Kriegsmaterial nach Vietnam zu schaffen, und tauschte mein bißchen persönliche Freiheit gegen eine regelmäßige Lohnabrechnung. Als die Vereinigten Staaten sich dann aus diesem schmutzigen Krieg zurückzuziehen begannen, besaß ich einen blau-weißen VW-Bus, der mit genügend Werkzeug und Material für den Hüttenbau und so viel Dosennahrung beladen war, daß es für mehrere Monate in der Wildnis reichen würde.

Wer immer einigermaßen Erfahrung mit kleinen Booten im Golf von Alaska hatte, muß den Kopf geschüttelt haben, als Niles G. und ich Berge von Ausrüstung und Vorräten den Kai herunterkarrten und an Bord des 30-Fuß-Segelboots wuchteten, das ich angemietet hatte, um uns zur Johnstone Bay zu bringen. Die *Flying Squirrel* war ein selbstgebauter Trimaran mit Sluptakelung, und ich mußte mich ducken, wenn ich in die Kajüte wollte. Im Innern konnte ich auch nicht aufrecht stehen, und bei jeder Bewegung mußte ich aufpassen, daß ich nichts umwarf. Jeder freie Fleck war mit unseren Vorräten vollgestopft, und auf dem Boden lag gefährlich viel Werkzeug herum.

»Das ist Irrsinn«, sagte Kelly, die mit in die Seiten gestemmten Armen am Kai stand und zusah, wie Niles und ich noch nicht verstaute Gerätschaften in ein kleines, aufblasbares Beiboot luden, das wir am Heck hinter uns herziehen wollten. Sie haßte es, uns aufbrechen zu sehen, und auch ich verspürte beim Gedanken an den Abschied einen Stich, doch gleichzeitig verspürten wir einen gewissen Freudentaumel, daß sich endlich etwas Entscheidendes tat.

Es war der 5. Juli, ein heißer Tag mit klarem, blauem Himmel. Vom Nationalfeiertag übriggebliebenes Feuerwerk krachte in der Ferne wie Gewehrsalven. Alan, der dunkelhaarige, bärtige Besitzer der *Squirrel* deutete mit einer Zigarette auf den kleinen, am Heck des Trimarans montierten Motor und meinte: »Der kriegt einiges zu tun.« Trimarane werden als heiße Öfen gebaut, leichtfüßige Renner, die wie ein Pfeil über das Wasser schießen. Mit dieser Ladung, meinte er, würde das Boot wie eine mit Wasser vollgesogene Planke schwimmen, und der Zweizylinder müßte sich wie ein Ackergaul abplagen, um uns auch nur in Bewegung zu bringen. Schweiß lief mir von der Stirn und tropfte auf meine Brillengläser, als ich eine weitere Ladung auf den Stapel wuchtete.

Als alles verstaut und sämtliche Knoten zweifach geprüft waren, trat Alan zurück, um die Wasserlinie zu inspizieren, dann kletterte er an Bord und warf den Außenborder an. »Wenn wir jetzt losfahren«, sagte er, »kriegen wir noch die Ebbe mit.« Fünfzehn Meilen waren es bis zu unserem Ankerplatz für die Nacht, und das Wasser zog sich gerade noch kräftig genug zurück, um uns auf unserem Weg ein bißchen anzuschieben.

Ich gab Kelly den Schlüssel meines Busses. Sie steckte ihn in die Tasche, schniefte und täuschte mit roten Augen ein enormes Interesse für irgend etwas am Horizont vor, dann umklammerte sie mich und vergrub ihren Kopf an meiner Schulter. Eine halbe Stunde später bog ein blau-weißer VW-Bus von der Straße ab und hielt an dem Ufer, an dem entlang die *Flying Squirrel* aus der Bucht herausfuhr. Die Scheinwerfer leuchteten einmal auf, eine Hand wurde aus dem Fenster gestreckt und winkte. Ich sah rotes Haar wehen und grüßte mit über dem Kopf verschränkten Händen zurück.

Hätte ich genauer hingeschaut oder vielleicht ein bißchen länger, wäre mir vielleicht der Schatten Kushtakas aufgefallen, der hinter ihr über die Straße huschte oder in einer der Kumuluswolken Gestalt annahm, die sich langsam über dem Horizont zusammenbrauten. Statt dessen sah ich einfach nur zu, wie der Bus wendete und wegfuhr; dann ging ich ans Heck, um das Ruder zu übernehmen.

ALAN WARF DIE Pinne herum und hielt sie in Position, bis der Kompaß den Kurs wies, der uns um Cape Resurrection herumbringen würde. Von Süden kam eine lange Dünung herein, die sich in träger Zeitlupe unten an den Klippen brach, und das Boot begann, in ihrem Rhythmus zu rollen. Ein riesiger Schwarm Seevögel flog von den Felsen hoch, als wir uns näherten, und stieg in kreischenden Wirbeln empor, die uns mit Federfetzen überschütteten. Es war ein ohrenbetäubender Lärm, wie eine Horde hysterischer Teenager beim Popkonzert vor dem Hintergrund des Donnerns, und ich zog mir die Mütze ins Gesicht, um mich vor wütenden, schwer bewaffneten Dreizehenmöwen zu schützen, die uns mit frischem Guano bombardieren wollten.

Als Nathaniel Portlock im Jahr 1787 die Fahne Großbritanniens an der Küste Alaskas hißte, taufte er die Bucht, die wir gerade verließen, Port Andrews. Fünf Jahre später beschädigte ein Sturm draußen auf dem Golf ein Schiff von Alexander Baranows Russisch-Amerikanischer Pelzhandelsgesellschaft so schwer, daß die Mannschaft um ihr Leben betete, und als dank göttlichen Eingreifens oder einer Laune des Windes das Schiff durch die schmale Öffnung in die schützende Bucht getrieben wurde, brachten die Russen ihren Dank für dieses Wunder, das am Ostersonntag geschah, dadurch zum Ausdruck, daß sie sie *Woskresenskaja Gawan* – »Auferstehungs-Hafen« – nannten, und die englische Übersetzung »Resurrection« blieb als Name, vielleicht auch, weil

Seefahrern, die das Wüten des Golfs kennengelernt haben, die Vorzüge einer wundersamen Errettung wichtiger sind als das Wissen, wer Andrews war.*

Zwischen Ende September und Anfang April wandert ein halbwegs dauerhaftes Wetterphänomen namens Aleuten-Tief in den Golf und setzt sich dort in Form einer intensiven Zyklogenese fest, die mehr Tiefdrucksysteme hervorbringt als irgendein anderer Ort des Globus: Während des Winters verzeichnet man im Golf durchschnittlich alle fünf Tage einen Sturm und Wellen, die sich über 30 Meter hoch auftürmen.**

Im Mai jedoch kehrt das Nordpazifik-Hoch aus seinem Winterquartier nahe Hawaii zurück, ersetzt das Aleuten-Tief und verleiht dem Golf mit einem ziemlich freundlichen Juni, Juli und August einen völlig anderen Charakter.

An diesem Tag war der Golf ruhig. Als die *Flying Squirrel* Cape Resurrection passiert hatte und die nächste Bucht weiter im Osten in Sicht kam, hielt ich nach dem Haus einer Familie Ausschau, die meiner Ansicht nach meine nächsten Nachbarn waren.

Die stabilen Hütten und Scheunen, die John und Ginger Davidson in der Driftwood Bay errichtet hatten, lagen auf halbem Weg zwischen Seward und Johnstone Bay. John war genau so ein Kerl, wie jeder Möchtegern-Siedler in Alaska werden wollte: Er stellte seine Werkzeuge selbst her, indem er über dem Feuer seiner eigenen Schmiede Eisenschrott in Form hämmerte und dann damit Baumstämme in Gebäude verwandelte. Er und Ginger züchteten ein paar Hühner und

* Baranows Matrosen bauten an den Ufern der Resurrection Bay eine Sägemühle und hämmerten ein 73 Fuß langes und 25 Fuß breites Ersatzschiff zusammen. Die *Phoenix* war grobschlächtig gebaut, miserabel beplankt und mit einer Mixtur von Walöl und Ocker abgedichtet, doch sie war das erste Schiff, das je an der Pazifikküste Nordamerikas gebaut wurde.

** Einer in der Zeitschrift *Smithsonian* zitierten Untersuchung zufolge soll die theoretische Maximalhöhe der Wellen im Golf von Alaska erschreckende 198 Fuß (etwa 60 Meter) betragen. Das ist natürlich völliger Blödsinn, und es ließe sich auch nie verifizieren: Kein Augenzeuge könnte je so etwas überleben.

hielten sich Ziegen, um Käse zu machen, doch den Großteil des Fleisches lieferte sein Gewehr: Seelöwen, Schneeziegen und Hirsche gaben am Tisch der Davidsons regelmäßig Gastspiele. Ganze Karrenladungen Seetang mulchte Ginger in die Erde eines riesigen Gartens, um für den Winter ausreichend Gemüse einlagern zu können, und sie kümmerte sich liebevoll um ihr einziges Kind, das in einem Alter, da andere kaum eine Kuh von einem Hund unterscheiden können, schon die korrekten Namen der Seevögel kannte.

Langsam rollte das Meer unter unserem Kiel hinweg, hob und senkte sich wie der Bauch von etwas Atmendem. Ich schattete die Augen ab, denn ich war mir nicht sicher, ob ein blasser Streifen, der über der Küste hing, Rauch vom Haus der Davidsons war oder Sprühnebel von brechenden Wellen.

(Zwei Jahre später verschwanden die Davidsons nach einem Nottransport in die Stadt. Sie mußten einen Arzt aufsuchen, weil ihr Sohn von der Scheune gefallen war und sich das Schlüsselbein gebrochen hatte. Das Wetter war scheußlich, als ich mich nach dem Arztbesuch am Kai mit ihnen unterhielt, und es waren noch zunehmende Winde angekündigt. Sie wollten rasch wieder los, sagten sie, weil sie eine Besucherin ganz allein in Driftwood Bay zurückgelassen hatten und zurück sein wollten, ehe sie das sich verschlechternde Wetter festhalten würde. Sie schafften es nicht bis nach Hause. Wir suchten, doch von der Familie Davidson oder ihrem Boot wurde nie eine Spur gefunden.)

Eine Sturmschwalbe huschte durch den Wind kurvend vorüber, und ein Dunkelsturmtaucher löste sich von unserem Bug. Mir taten die Augen weh, weil sich die grelle Sonne ständig in meinen Brillengläsern spiegelte; ich hätte die Brille abnehmen können, aber ohne sie würde ich die Welt nur verschwommen wahrnehmen. Also konnte ich nichts weiter tun, als noch mehr zu blinzeln und zu versuchen, nicht direkt in die Sonne oder ihre Spiegelung auf dem Wasser zu blicken.

Als die weiße Masse des Gletschers von Johnstone Bay in Sicht kam, drehte Alan den Bug in Richtung Ufer, bis die Brandung wie ein Stöhnen klang, und warf dann den Anker über Bord. »60 Fuß«, murmelte er mit einem Blick auf eine eingeknüpfte Markierung, dann gab er noch ein paar Faden zu, um dem Boot Spielraum zu geben. Ich atmete tief ein, sog den harzigen Geruch des Waldes jenseits des Ufersaums ein und lauschte dem Klackern der Kiesel in den Wellen.

Niles zog das Beiboot längsseits, machte es fest und begann es auszuladen. »Beim ersten Mal gehen wir besser leer rüber«, erklärte er. Er war in Kalifornien aufgewachsen und kannte als erfahrener Surfer die Gewalt von Wellen. »Sie können dich *auffressen*«, sagte er und blickte zum Strand hinüber, als eine Woge, größer als alle anderen, ans Ufer krachte. Er wies darauf hin, daß der steil abfallende Meeresgrund hier so eine Art Rammbock bildete, an dem sich die langen, harmlosen Wellen rasch zu einer Wasserwand auftürmten, die urplötzlich als Sturzsee zum Strand hinaufjagte und dann als kraftvolle Widersee mit starkem Sog in den Golf zurückrauschte.

Alan kramte zwei aufgerollte Leinen aus einem Kasten hervor. »Macht eine zwischen dem Skiff und dem Boot fest«, sagte er, wobei er sich hinunterbeugte und mit dem Finger auf dem Deck eine Skizze malte. »Und die andere befestigt ihr am Heck des Skiff, wenn ihr an Land seid.« Dann könnte er, erklärte er, mit Hilfe der ersten Leine das leere Skiff zurück zum Boot ziehen und beladen, woraufhin Niles und ich es wiederum mit der zweiten Leine durch die Brandung zum Strand ziehen könnten: eine wesentlich schnellere und leichtere Möglichkeit, unsere Ausrüstung an Land zu bringen, als mehrmals durch die Brandung hindurch zu rudern.

Niles ruderte uns an den Bereich heran, in dem die Wellen brachen, und drehte uns mit einem Gegenschlag herum. Wir trieben, fühlten uns in dem kleinen Boot verwundbar und beobachteten, wie die Wellen jeweils anstiegen und sich dann auf das Sandufer warfen. Die Wogen, die von Deck aus noch so unscheinbar ausgesehen hatten, wirkten von hier unten wie eine Serie von heranrollenden Bergen.

Niles kreuzte die Skulls in seinem Schoß, dann starrte er über das Wasser und schätzte die Zeit zwischen den einzelnen Wellen ab: Er wartete auf den richtigen Augenblick.

»Jetzt!« sagte er und drehte, mit einem Skull schlagend, schnell das Heck gegen die Wellenfront. Grimassen ziehend stemmte er sich mit krummem Rücken gegen die Skulls und zog sie, so hart er konnte, durch, um die nächste Welle zu erwischen.

Das Beiboot war kein Surfbrett und reagierte nur schwach auf die Skulls; wir beide wußten sofort, daß wir das Tempo der Wellen falsch eingeschätzt hatten. Ich sah über die Schulter zurück direkt in den konkav geöffneten Rachen einer Sturzsee, kurz bevor sie über meinem Kopf brach und uns verschlang.

Das Boot bäumte sich senkrecht auf, versenkte Niles und schleuderte mich in den Mahlstrom. Salz brannte in meiner Nase, und das umschlagende Boot hieb mir auf den Kopf. Ich wurde gegen den Meeresgrund geschleudert, im nächsten Augenblick wirbelte ich in tiefem Wasser herum. Vorübergehend fühlte ich mich schwerelos, und gleich darauf stürzte ich wieder, als die nächste Welle mich hochhob und an den Strand warf.

Plötzlich war ich auf allen vieren im flachen Wasser, Sand spülte über meine Finger. Niles ergriff mich am Arm, zog mich hoch und zerrte mich den Strand hinauf, aus der Gegenströmung, dann sprintete er zurück, um sich das Skiff zu schnappen.

Ich zitterte, ich fror und war wie gelähmt. Sand und Bruchstücke von Muschelschalen kratzten an meiner Kopfhaut, als ich mir mit den Fingern durch die Haare fuhr. Ich beugte mich vor und rieb mir die Augen. »Oh, mein Gott«, stöhnte ich auf. Ich war nicht nur naß und zerzaust, ich war blind!

Die Welle, die mir meine Brille raubte und mich in eine Welt gestaltloser Schatten geworfen hatte, hatte alles verändert, mir die kalte, nasse Lektion erteilt, daß es in der Wildnis *keine kleinen Versehen gibt*, nur Fehler, die plötzlich so viel an Masse und Gewicht zulegen können, daß sie alles über den Haufen werfen. Um mich vorzubereiten, hatte ich Aufsätze gelesen, wie man mit Unterkühlung und gebrochenen Knochen fertig wird, mir eine Erste-Hilfe-Ausrüstung und ein

Sortiment von Schienen und Bandagen zugelegt. Nachdem ich John Davidson hatte erzählen hören, wie er sich einmal eine klaffende, von einer Kettensäge herrührende Wunde im eigenen Oberschenkel nähte, klaute ich mir aus dem Schrank meiner Mutter eine Flasche Antibiotikum und erweiterte meine Notausrüstung um ein chirurgisches Nähset. Ich hatte nie darüber nachgedacht, wie verwundbar ich ohne Brille war – und die einzige, die ich in Reserve hatte, lag im VW-Bus.

Als wir wieder an Bord der *Flying Squirrel* waren, kamen Niles und ich zu dem Schluß, daß es unmöglich war, so weiterzumachen. Ich kauerte mich nutzlos und blind in eine Ecke, während Alan den Anker einholte. Den ganzen langen Rückweg zum Ankerplatz saß ich mit geschlossenen Augen da.

Niemand wußte etwas zu sagen, als an diesem Abend der Anker geworfen wurde; die Bucht war wie ein Spiegel, nicht die leiseste Brise kräuselte das Wasser, und während wir als spätes Abendessen lauwarmen Doseneintopf verputzten, konnten wir kaum glauben, daß diese ruhige See uns das Oberste zuunterst gekehrt und all unsere Pläne zerschlagen hatte.

Die Wellen waren gar nicht so groß, sagte ich zu mir, als ich den Schlafsack ausrollte und hineinkroch. Beim nächsten Mal, das versprach ich mir, würde ich besser vorbereitet sein.

Ich wußte da noch nicht, daß manchmal derart monströse und gewalttätige Wellen durch unser Leben rauschen, daß es unmöglich – absolut unmöglich – ist, darauf vorbereitet zu sein.

IRGEND ETWAS STIMMT NICHT. Das erste ungute Gefühl hatte ich im Bauch, als ich vor Kellys Hütte hielt und aus dem Bus kletterte. Das Bellen der Hunde klang zu alarmierend, und in ihrem Heulen war ein fiebriger, hungriger Ton, der eine ganze Oktave höher lag als das frenetische Gekläff, mit dem sie normalerweise Besucher begrüßten.

Ich klopfte an die Tür. »Kelly?«

Alles still in der Hütte. Alf, der taube Anführer der Meute, begann mit einem lauten Winseln, das in ein gequältes Heulen überging. Buff, der halbblinde Schäferhund, sprang am Ende seiner Leine auf der Stelle im Kreis und warf dabei scheppernd seine Wasserschüssel um. Schnell zählte ich die Hunde durch – *drei, vier, fünf* –, und mir drehte sich der Magen um, als ich sah, daß alle Freß- und Wassernäpfe leer waren.

Wieder klopfte ich und rief mit lauter Stimme, die sich genauso überschlug wie die der Hunde: »Kelly? Wo *bist* du?«

Ich zögerte. Dann öffnete ich die Tür und steckte den Kopf hinein. Es roch nach kalter Asche. Außer meinem eigenen Atmen hörte ich nichts.

Ein Freund, der vorbeigekommen war, hatte eine Nachricht auf dem Tisch zurückgelassen, eine drei Tage alte Einladung, Beeren sammeln zu gehen, mit dem Datum des Tages, an dem ich zur Johnstone Bay aufgebrochen war. Auf einem zweiten Zettel erkannte ich die kaum leserliche Handschrift eines Nachbarn, der am nächsten Tag vorbeigeschaut hatte, dann später noch einmal vorbeigekommen war und ein trauriges P. S. unten hinzugefügt hatte: »Wo bist du? Ich mache mir Sorgen!«

Wenn ich mich zu erinnern versuche, was als nächstes passierte, während der folgenden Stunden und Tage, läßt mich mein Gedächtnis im Stich. Die Erinnerungen sind verblaßt wie die Schatten von Fischen, die stromauf eilen. Ich weiß noch, daß Kellys Stiefel, wie Betrunkene schräg aneinander gelehnt, neben der Tür standen. Ich erinnere mich an das Streichholz, mit dem sie im Buch die Stelle markierte, wo sie gerade war, ehe sie es sorgfältig neben ihrem Bett auf den Boden legte, und wie dieser Anblick die ganze Hütte von ihrer Abwesenheit widerhallen ließ; ich weiß noch, wie kalt sich der Holzofen unter meiner Hand anfühlte und wie das Essen roch, das zu verderben begonnen hatte.

Ich erinnere mich auch noch an den Gesichtsausdruck des Polizisten, der meine Ängste mit der beiläufigen Bemerkung zerstreuen wollte, daß eine »wie sie« wahrscheinlich »irgendwo einen drauf macht« – und an seine Feindseligkeit, als ich ihn davon zu überzeugen versuchte, daß fünf hungernde, durstige Hunde diese gefühllose Unterstellung Lügen straften. (»Ist sie Ihre Frau?« Nein. »Ihre Freundin?« Ich schüttelte den Kopf darüber, daß er *mich* jetzt in die Mangel nahm. Er war skeptisch, es kam ihm verdächtig vor, daß ein Mann sich soviel Sorgen um eine Frau machte, die nicht *seine* Frau war.)

Natürlich bildeten Kellys Freunde Suchtrupps und durchkämmten die Wälder um die Hütte, durchkämmten Wiesen voll unpassend schöner Weidenröschenblüten und Erlengehölze voller Vogelgesang. Sie zerrissen sich die Kleider, als sie über Windbruch kletterten, und holten sich Hände voller Dornen, als sie von Bären markierten Wildwechseln durch dichtes Gestrüpp von Igelkraftwurz folgten; andere ruderten meilenweit den Strand entlang, weil sie dachten, sie habe sich vielleicht in dem riesigen Waldgebiet verirrt und sei bis ans Ende einer der zerklüfteten Landzungen geraten, die ins Meer hinausragen, und wartete dort auf Rettung.

Jede Klamm, jeder Überhang und jede Klippe, die zu Fuß von der Hütte aus zu erreichen waren, wurden wieder und wieder abgesucht. Die Bachbetten wurden abgestochert, die Stellen überprüft, wo sie am liebsten Beeren sammelte. Und die ganze Zeit heulten und winselten die Hunde, als wollten sie uns davon überzeugen: *Sie würde niemals irgendwo ohne uns hingehen.*

Die Nächte waren schlimm, aber die Morgen waren noch schlimmer. Wenn ich mich bis zwei oder drei Uhr nachts vor Sorgen verrückt gemacht hatte, suchte ich Schlaf in einem Becher Whiskey, und ein oder zwei Stunden später kämpfte ich schon wieder gegen das heraufdämmernde Bewußtsein an und versuchte weiterzuschlafen, obwohl mich immer drängender die Gewißheit bestürmte, daß an der Oberfläche etwas Schreckliches lauerte. Plötzlich saß ich senkrecht, kämpfte mir das Bettzeug vom Körper, dann rannte ich hinaus und suchte die mit Abfall übersäten Straßengräben ab: Was, wenn ein Auto sie erwischt hatte?

Alles war ich bereit zu glauben. Vielleicht hatte sie wirklich wegen eines Notfalls in der Familie rasch die Stadt verlassen müssen, oder sie war eine heimliche Alkoholikerin, die auf einer Sauftour war. Was, wenn es eine dunkle Seite ihres Charakters gäbe, die niemand kannte, und sie wirklich auf der Suche nach einem Abenteuer die Hunde im Stich gelassen hätte?

Natürlich waren solche Phantasien aus der Verzweiflung geboren, und ich wußte das. Daß ich Plakate drucken ließ, war das Eingeständnis, daß die Wahrheit viel schlimmer war.

Darauf stand eine Beschreibung – rote Haare, pinkfarbene Brille, grauer Pullover und Jeans –, und es wurde eine Belohnung versprochen. In fetten Buchstaben stand über einem Foto, das an ein Schul-Jahrbuch erinnerte: »Haben Sie Kelly gesehen?«, und ein ungeschriebener Subtext verkündete: *Einer von euch hat sie genommen.*

Und so blieb es. Kelly war weg. Sie war vollständig von der Erdoberfläche verschwunden, kurz nachdem sie mir nach meiner Abfahrt zur Johnstone Bay vom Ufer aus noch einmal zugewinkt und dann den Bus bei einem Freund abgestellt hatte. Tag für Tag, während die Plakate, die ich in allen Läden und Restaurants, die es erlaubten, in die Fenster gehängt hatte, vergilbten und verblaßten, schaute ich jedem, der mir begegnete, ins Gesicht und fragte stumm: *Bist du es gewesen?*

Menschen, die ich seit Jahren kannte, wurden mir verdächtig; freundliche Fremde, da war ich sicher, waren in ihrem Innern jemand anders. Der Mann, der müßig im Gang vom Lebensmittelladen das Angebot an Dosenerbsen studierte, war ein Monster, in der Lage, abends sein Kind zu Bett zu bringen und am nächsten Tag sich auf der Straße eine Frau zu schnappen. Auch Frauen kamen mir verdächtig vor, Neid hätte ein Motiv sein können oder eines der anderen verqueren Gefühle, die tief in den Ritzen eines Geistes versteckt lauern.

Das schreckliche daran war nicht, daß der, der für ihr Verschwinden die Verantwortung trug, so unmenschlich war, sondern daß er sich als Mensch wie wir alle anderen auch erweisen würde, nur ohne jegliche Moral hinter der papierdünnen Fassade der Anständigkeit. Absolut niemandem war zu trauen, mußte ich erfahren, denn sogar ich selbst war im Innern ein Krimineller.

RUND DREI PFUND wiegt ein Colt .357er-Magnum-Revolver. Das reichte, um das Zittern meiner Hand zu dämpfen, als ich die letzte von sechs 150-grain-Hohlspitzgeschoß-Patronen in die Trommel schob und mir das Schießeisen in die Hose steckte. Zehn Minuten später parkte ich vor einem heruntergekommenen Holzhaus am Stadtrand und lauschte dem Ticken des VW-Motors, als er abkühlte.

Das Haus gehörte einem stadtbekannten Spinner, einem großen Kerl mit scheelem Blick und einer Aura wie Stacheldraht, einem Menschen, dem man den Rücken zudreht, wenn er sich in einer Bar neben einen setzt, und dem man nicht in die Augen schaut, wenn man ihm auf der Straße begegnet. Er ging, soweit ich herausfinden konnte, keiner geregelten Arbeit nach und wanderte am liebsten stundenlang die Bahnstrecke nördlich der Stadt entlang.

Ein paar Wochen nach Kellys Verschwinden saß ich in einem Café, als er mich plötzlich über eine Tasse Kaffee hinweg mit einem Blick anstarrte, der voller – bei einem solchen dreckigen und seltsamen Menschen unerträglicher – Selbstgerechtigkeit war; eine Woche später erfuhr ich, daß er sich vor einer Frau entblößt hatte; ein anderes Mal hatte man ihn gesehen, wie er auf einem Parkplatz masturbierte. Ich dachte über diese Informationen nach, spann sie weiter aus, füllte die Lücken und fand die Antworten auf Fragen, die ich nicht kannte, bis ich sie schließlich mit diesem einen langen starren Blick im Café zu der haltlosen Überzeugung verknüpfte: *Er war derjenige.*

Ich beobachtete das Haus lange genug, um sicher sein zu können, daß es leer war, dann stieg ich aus und ging zur Hintertür. Meine Hand zitterte, als ich klopfte. Geh zur Polizei, sagte ich zu mir, dann argumentierte ich: Warum? Sie hatten sich nicht sonderlich um den Fall gekümmert und uns bei unserer Suche nicht unterstützt; erst nachdem genügend Druck gemacht worden war, wurden ein paar von Kellys Freunden oberflächlich befragt, aber auch diese Minimalversuche wurden bald wieder fallengelassen.

Ich klopfte noch einmal. Als niemand antwortete, drehte ich am Griff. Die Tür war verklemmt, zwischen den Pfosten aufgequollen, und machte einen fürchterlichen Lärm, als ich sie mit ausgestrecktem Arm aufstieß.

Ich hielt den Atem an und lauschte in die Stille, die im Haus herrschte. Ich stand in einer Küche, die nach Müll stank, zwischen einer Lage rissiger Linoleumfliesen blitzte der nackte Fußboden durch. Schmutziges Geschirr und leere Lebensmitteldosen stapelten sich auf einem fettverschmierten Herd links und in einer überquellenden Spüle rechts. Ich lockerte die Knarre im Hosenbund; ich hatte Angst, und dieser Klotz gab Selbstvertrauen.

Ich atmete hastig, war jederzeit auf dem Sprung, als ich rasch das Haus durchsuchte, um sicherzugehen, daß ich allein war. Ich weiß nicht mehr, was ich eigentlich suchte – ihren Pullover? Den kleinen Beutel aus Armeebeständen, den sie als Handtasche benutzte? Nach dem Zufallsprinzip schaute ich in Schränke, stieß Stapel schmutziger Wäsche um und sah unter einer dreckigen Matratze nach. Im Wandschrank im Schlafzimmer stand ein Gewehr (was nichts bedeutete; in mindestens jedem zweiten Wandschrank in Alaska steht ein Gewehr), und unter einem unordentlichen Haufen Zeitschriften neben der Waffe war eine Falltür.

Ich kämpfte mit mir, dann gab ich mir einen Ruck; mein Puls hämmerte wie wild, als ich mich hinunterbeugte und in den Raum darunter spähte, der gerade hoch genug zum Kriechen war. Ich zögerte, wünschte, daß ich eine Taschenlampe mitgenommen hätte, dann nahm ich den Revolver in die Hand, damit er mir nicht aus der Hose rutschte, stieg durch die Falltür und ging in die Hocke.

Ich hielt inne, bis meine Augen sich an die Finsternis gewöhnt hatten, dann kroch ich durch ein lockeres Gewirr von Wasserrohren und alten Kabeln, tastete in der Dunkelheit

Lynn Schooler, der Autor. (FOTO © JON POND)

Der Autor mit Michio Hoshino. (FOTO © LYNN SCHOOLER)

Michio Hoshino. (FOTO © NAOKO HOSHINO/MINDEN PICTURES)

Die Wilderness Swift. (FOTO © LEE SCHOOLER)

Ein Buckelwal durchbricht während der gemeinschaftlichen Jagd auf Fische die Wasseroberfläche.
(FOTO © LYNN SCHOOLER)

Die knapp hundert Meter hohe Abbruchkante eines Küstengletschers.
(FOTO © LYNN SCHOOLER)

Das »Kalben« eines solchen Gletschers: zerbrechende Eissäulen stürzen direkt ins Meer.
(FOTO © LYNN SCHOOLER)

Ein großer Grizzly Auge in Auge mit dem Autor. (FOTO © LYNN SCHOOLER)

Stinktierkohl als Unterholz im dichten Regenwald. (FOTO © LYNN SCHOOLER)

Der Berufsjäger Wladimir Owsjannikow und ein Offizier einer russischen Spezialeinheit betrachten den Bären, der Michio Hoshino tötete; mit dem Hubschrauber im Hintergrund spürten sie ihn auf und erlegten ihn mit mehreren Gewehrschüssen. (FOTO © CURTIS HIGHT/**flora**and**fauna**.com)

Ein springender Buckelwal am Abend des Tages, an dem ich von Michios Tod erfuhr.
(FOTO © LYNN SCHOOLER)

Aufnahme des Autors von einem Blauen Bären. (FOTO © LYNN SCHOOLER)

John Hydes Aufnahme von einem Blauen Bären. (FOTO © JOHN HYDE)

nach frisch umgegrabenem Boden und wartete auf den schrecklichen Gestank der Verwesung.

Doch da war nichts. Nur der Geruch von Schimmel und Staub.

Kies knirschte unter Schritten auf dem Weg. Als ein Diademhäher draußen vor dem Haus Alarm kreischte, erstarrte ich, bis ein zweiter rostiger, durchdringender Schrei mich wieder zu mir brachte. Mein Herz hämmerte, als wollte es mir die Brust sprengen, Adrenalin rauschte durch meine Adern. Voll Panik hastete ich zur Öffnung der Falltür, alle Gedanken an Kelly waren vertrieben und durch das angsteinflößende Wissen ersetzt, daß im Innern dieses Hauses *ich* der Kriminelle war, ein Einbrecher mit einer Knarre. Und ich hatte absolut keinen Anhaltspunkt, um zu rechtfertigen, was ich hier tat.

Völlig außer mir stieß ich mir den Kopf an einem Balken, als ich durch die Falltür kroch und aus dem Zimmer stürzte. Die Vordertür schlug hinter mir zu und ich hörte nicht auf zu rennen, bis ich im Bus saß; meine Hände zitterten so stark, daß es mir kaum gelang, den Schlüssel ins Zündschloß zu stecken.

Ich raste den Weg hinunter und verfehlte nur knapp den großen Hund, dessen Schritte ich gehört hatte. Als ich weiterfuhr, schlug ich mit der Faust auf das Armaturenbrett und schrie meinen Frust heraus.

Diese Flucht war der Auftakt zu einem ständigen Weglaufen, das fast 15 Jahre währte, einem Rückzug aus allen bewußten Beziehungen zu anderen Menschen, hinter dem nicht nur das persönliche Entsetzen über Kellys ungeklärtes Verschwinden stand, sondern auch die umfassendere Einsicht, daß solch schreckliche Dinge passieren konnten – und auch passierten. Egal, wie grausam und ungerecht die Welt auch manchmal vor ihrem Verschwinden gewirkt hatte, jetzt war unausweichlich klar, daß nichts so scheußlich oder so falsch sein konnte, daß es nicht doch passierte, und daß das Leben, und sei es auch noch so fürchterlich, noch immer etwas Schlimmeres bereithalten konnte und daß es deshalb keinerlei Zutrauen verdiente.

9 Der Schlachter, der Bäcker

Vor 200 Millionen Jahren existierte Alaska, wie wir es heute kennen, noch nicht. Das Land ist (wie später die meisten seiner Menschen) von anderswo hergekommen, getrieben von Kräften, die außerhalb jeder Kontrolle lagen.

Im Jahr 1972 fanden ein Doktorand namens Duane Packer und Professor David Stone von der University of Alaska heraus, daß die Ausrichtung der fossilen magnetischen Partikel in den Steinen Südalaskas darauf schließen läßt, daß sich das Land irgendwo zwischen dem Wendekreis des Steinbocks und dem Äquator gebildet hat, sich dann nach Norden bewegte und vor 50 Millionen Jahren, während des Eozäns, zu einem Teil Alaskas wurde.

Mitte der achtziger Jahre schlugen Wissenschaftler des U. S. Geological Survey dann eine Alternative zur Entstehungsgeschichte vor: daß eine Serie von unterseeischen Vulkanausbrüchen während des Karbons (vor 250 Millionen bis einer halben Milliarde Jahren) einen großen Landbrocken namens Wrangellia aufhäuften, der am Rand der pazifischen Platte saß und im Lauf der nächsten rund 100 Millionen Jahre nach Norden trieb.* Als Nordamerika sich vom Superkontinent Pangäa löste und dabei vor 150 Millionen Jahren der pazifi-

* Die pazifische Platte ist eines von rund 30 zusammenhängenden Stücken der irdischen Lithosphäre – der dünnen, steinernen Kruste, die die Oberfläche der Erde bildet, zu der das gesamte trockene Land wie aller Meeresboden gehört. Die Lithosphäre schwimmt auf einem Mantel, der Asthenosphäre, einer dicken plastischen Schicht von geschmolzenem Gestein, die stellenweise Temperaturen von 2000 Grad Celsius erreicht und ihrerseits den festen Erdkern umfaßt. Die pazifische Platte erstreckt sich über fast den gesamten Pazifik von Alaska bis zu den Philippinen und weiter nach Süden bis in den antarktischen Ozean hinein und dreht sich langsam gegen den Uhrzeigersinn mit einem Tempo von rund zehn Zentimetern pro Jahr.

schen Platte in den Weg legte, krachte Wrangellia irgendwo bei Washington oder im südlichen British Columbia mit ihm zusammen und schlitterte die Küste entlang nach Norden, wobei es wie ein Stuntfahrer beim Hollywood-Crash Stücke losriß. Dem wurde erst ein Ende gesetzt, als es in voller Fahrt in die sedimentäre Yukan-Tanana-Formation krachte und zu dem großen, aufgetürmten Steinhaufen zerknautschte, den wir heute Wrangell-Saint Elias Mountains nennen.

»Ergibt das einen Sinn?« fragte ich Michio, nachdem ich diese bruchstückhafte Interpretation der Schöpfungsgeschichte auf einem Stück Papier skizziert hatte. Es war September, das Wetter war scheußlich, und ein Herbststurm hielt uns schon seit drei Tagen im Hafen von Juneau fest. Seit kurzem ging das Gerücht, man habe in einem Fjord 50 Meilen südlich der Stadt einen Gletscherbären gesichtet, und das Warten frustrierte uns – jedoch nicht so sehr wie die Versuche, das Durcheinander von abtauchenden Platten, driftenden Formationen und zerbröselnden Vulkangürteln zu klären, aus dem sich das unverständliche Puzzle zur Entstehung Alaskas zusammensetzt.

Michio legte die Hand auf die Skizze und runzelte die Stirn angesichts der Zahlen: »Alaska ist also ... wie alt?«

Ich zögerte, eine definitive Antwort zu geben, dann ruderte ich zurück, indem ich erklärte, daß ein Paläobotaniker vom U. S. Geological Survey beim Malaspina Glacier versteinerte breitblättrige Pflanzen gefunden hatte, die 50 Millionen Jahre alt sind. Die von Jack Wolfe entdeckten Palmwedel gehören zu einer Art, die zum Wachstum nicht nur Wärme braucht (die in Alaska im Lauf seiner Geschichte durchaus mehrmals vorhanden gewesen sein dürfte), sondern auch im Jahreslauf stets ungefähr dieselbe Menge Tageslicht – anders ausgedrückt: die Fossilien konnten nur in Äquatornähe entstanden und dann erst nach Norden an ihren heutigen Fundort in Alaska verfrachtet worden sein.

Das paßte zu Packers und Stones Theorie, daß der Südteil Alaskas 50 Millionen Jahre früher hier eintraf als Michio und ich, aber nicht zu der Annahme ihrer Kollegen von Geological Survey, daß Wrangellia vor 100 bis 150 Millionen Jahren die Nordwestküste Amerikas entlanggeschurrt sei.

Die Wissenschaft (einschließlich der Geologie) ist eine Verwandte von Kushtaka und keineswegs statischer als das Land: Sie driftet, schwenkt mit dem Strom des Wissens und der Neuentdeckungen nach links oder rechts und bedient sich jedwelcher neuen Beweise am Wegesrand, um sich in den Mantel der gesicherten Erkenntnis zu hüllen – und das hat sie schon während ihrer gesamten Geschichte getan.

Plinius der Ältere wurde 23 n. Chr. geboren, und als er 56 Jahre später starb, hatte er mindestens 75 Bücher geschrieben, darunter die siebenunddreißigbändige *Naturalis historia*, die ihn für Jahrhunderte zur Speerspitze des wissenschaftlichen Denkens machte. Mit diesem Werk habe er versucht, sagte er, im Detail alles Wissen der gesamten Welt darzulegen, was ein bemerkenswert ehrgeiziges Ziel für jemanden war, der auch sehr viele Details vorlegte, die *nicht* von dieser Welt waren: Menschen ohne Kopf mit den Augen an den Schultern, andere mit Hundeköpfen, die sich mittels Bellen verständigten, Schlangen, die Vögel im Flug fingen, und andere, die so giftig waren, daß, wenn ein Reiter sie tötete, »die Vergiftung, die durch den Speer emporsteigt, nicht nur den Reiter tötet, sondern auch das Pferd«. Wahrscheinlich trifft das Gerücht nicht zu, daß Plinius sein umfassendes Werk mit dem Slogan *Satis veritatis superque* vermarktete, »Mehr als genug der Wahrheiten«!

Plinius' naturwissenschaftliche Kenntnisse brachten ihn letzten Endes um, als er 79 n. Chr. nach Pompeji fuhr, um der verängstigten Bevölkerung zu versichern, daß die Flammen und das Donnern des nahegelegenen Vesuvs kein Grund zur Beunruhigung seien; wie alle anderen starb er bei dem Vulkanausbruch. Nichtsdestotrotz haben seine grenzenlose Neugier, Energie und Phantasie dazu beigetragen, daß sich sein Einfluß bis weit in die Neuzeit erstreckte, bis seine Theorien durch die Arbeiten von Denkern wie dem schwedischen Naturforscher Linné ersetzt wurden, der im 18. Jahrhundert das aristotelische Gedankengebäude von *genus, species, propria* und *accidens* zum modernen System der Taxonomie umbaute – einem System zur Sortierung aller lebendigen Zutaten der Welt, das noch heute in Gebrauch ist.

Derselbe Linné war es aber auch, der in seinem *Systema naturae* (1758) schrieb, der *Homo Africanus niger* (der schwarze Afrikaner) sei »von Launenhaftigkeit beherrscht«, der *Homo Europaeus albescens* (der weißliche Europäer) hingegen »von Gesittetheit beherrscht« – eine Behauptung, die eine Rangordnung der Rassen implizierte und die rassistischen Strömungen im Europa des 18. Jahrhunderts zu einem wissenschaftlichen Paradigma verfestigte, mit dem unseligerweise die pseudowissenschaftlichen Possenreißer unserer Tage gelegentlich immer noch argumentieren.

Dank des Linnéschen Systems konnte George Thornton Emmons seinen Nachnamen dem Gletscherbären anhängen: Im wilden Entdeckungsrausch des 19. und beginnenden 20. Jahrhunderts klassifizierte er ihn als *Ursus americanus emmonsii* (vgl. Anmerkung Seite 105). Falls Emmons von dem schwer faßbaren Tier genauso fasziniert war wie ich, kann man ihm seine in der Benennung zum Ausdruck kommende Egomanie verzeihen – ebenso seine fälschliche Überzeugung, daß das silbergraue Tier eine eigene Spezies darstelle.

Michio sah zu, wie ich eine Karte hervorkramte und auf dem Tisch ausbreitete. »Hier ist der Endicott Arm«, sagte ich und zog mit dem Finger die Umrisse eines Fjords nach. »35 Meilen tief schneidet er ins Festland ein und quert dabei mehrere der Formationen, die hier ankamen und das Küstengebirge aufschichteten.«

»Und dort finden wir einen Gletscherbären?« Michios Optimismus klang gedämpft. Nahezu ein Dutzend Touren hatten wir schon zusammen unternommen, und während wir stets mit großem Erfolg Grizzlys, Wale und andere für Südostalaska typische Wildtiere fotografiert hatten, war uns noch nie das geringste Anzeichen eines Blauen Bären untergekommen.

Zum Flughafen zu fahren und Michio mit seinem unvermeidlichen Berg von Ausrüstung abzuholen, war im Verlauf der letzten sechs Jahre zum regelmäßigen Bestandteil meiner Saisonaktivitäten geworden, und jedes Mal freute ich mich mehr darauf. Im Lauf der Zeit bemerkte ich, daß die leichte Verbeugung, mit der wir uns bei unserer ersten Begegnung so ungelenk begrüßt hatten, immer flüssiger, tiefer und leichter geriet, da es mir stets Vergnügen bereitete, diesen Freund wiederzusehen. Ich bin nicht sicher, warum er mir so anders vorkam als die übrigen Klienten, die ich in die Wildnis führte; mir fehlen die Worte, um zu beschreiben, was mich zu ihm hinzog. Stets freundlich, über alle Maßen höflich, sanftmütig, großzügig, rücksichtsvoll? Von unerschütterlicher Ehrlichkeit, alles andere als egozentrisch? Er war mehr als die Summe seiner Eigenschaften. Celia Hunter, eine der führenden Umweltschützerinnen Alaskas, brachte es vielleicht am besten zum Ausdruck, als sie meinte: »Er hatte eine Sensibilität gegenüber dem ›anderen‹, die sich als ernsthaftes Interesse an allen Menschen äußerte, denen er begegnete, und instinktiv war ihm bewußt, welche Werte für diese anderen Menschen von Belang waren. Er war wirklich schüchtern, doch niemals ließ er zu, daß dieses mangelnde Selbstvertrauen ihn davon abhielt, den ersten Schritt zu machen, wenn [man ihm zum erstenmal begegnete].«

Wenn wir uns für längere Zeit nicht gesehen oder nicht miteinander gesprochen hatten (was häufig vorkam; Michio brach immer wieder zu bemerkenswerten Abenteuertouren auf, reiste mit Jane Goodall durch Afrika oder zog mit einer Gruppe nomadischer Rentierhüter durch Sibirien), fehlte er mir, und jetzt war ich froh, daß ich ihn mit dem Gerücht über einen Gletscherbären wieder hatte herlocken können.

Dieses Jahr schleppte er noch mehr Ausrüstung als sonst mit sich; darunter befand sich auch ein Faltkajak, ein aufblasbares Boot von zwölf Fuß, das wir einsetzen wollten, wenn das Eis im Fjord zu dick sein sollte, um mit der *Swift* hindurchzufahren, sowie ein Exemplar seines neuesten Buches.

Das Buch sei ein Geschenk, sagte er, es enthielt mehrere Fotos von unseren gemeinsamen Touren. Nachdem ich die Fotos und die Qualität des Drucks bewundert hatte, lamentierte ich, ich könnte es nicht lesen, weil der Text auf japanisch sei. Michio sah mich einen Moment lang verschmitzt an, dann zog er ein zweites, nicht ganz so elegant eingewickeltes Päckchen heraus und legte es vor mir auf den Tisch.

»Das ist das *eigentliche* Geschenk, Lynn.« Er rutschte auf seinem Stuhl herum und grinste erwartungsvoll.

Das Päckchen enthielt einen Satz Karten. Auf der Vorderseite eines jeden weißen Kartonrechtecks prangte, kunstvoll mit der Hand gemalt, ein Zeichen der japanischen *Hiragana*-Silbenschrift, auf der Rückseite stand die Aussprache des Zeichens in Englisch. Außerdem war ein Kinderbuch auf japanisch dabei und ein Stapel loser Blätter, auf denen Michio den einfachen Text ins Englische übersetzt hatte.

»Jetzt bist du wieder fünf Jahre alt.« Michio kicherte. »Und du mußt dir das Lesen beibringen.«

Ich räusperte mich ein- oder zweimal, dann murmelte ich: »Danke … *arigato*«, und sah aus dem Fenster, wo eine Möwe vorüberflog.

Um das Thema zu wechseln, räumte ich Bücher und Schrift-Karten beiseite, dann deutete ich auf der Landkarte mit dem Finger einen Kreis an. »Was ich gehört habe«, sagte ich und zeigte auf eine kleine Einbuchtung auf der Karte, »war, daß eine Naturschützerin auf einem Ausflugsboot im Endicott Arm einen Gletscherbären gesehen hat. Und so wie sie es beschrieben hat, glaube ich, daß das irgendwo hier gewesen sein muß.«

Wir beugten uns beide über die Karte und starrten den Punkt an, als könnten wir etwas heraufbeschwören. Die Leinen, mit denen die *Swift* vertäut war, knarrten, kämpften gegen den Wind, und ein schwerer Regenguß prasselte gegen die Fenster. Die Karte war veraltet und in mehrerlei Hinsicht ungenau; sie war bereits 1961 erstellt worden. Ein so dynamischer Landstrich wie diese Küste kann sich in nur drei Jahrzehnten signifikant verändern, und ich zeigte Michio, wie weit sich der Dawes Glacier in dieser Zeit ins Landesinnere zurückgezogen hatte.

»Die heutige Position ist fast fünf Kilometer von der entfernt, die die Karte zeigt«, sagte ich und maß den Abstand mit den Fingern.

»Fünf Kilometer?« Michio lehnte sich zurück und runzelte die Stirn. Nachdenklichkeit machte sich in seinem Gesicht breit, und langsam zog er mit seinem Finger eine Spur auf der beschlagenen Fensterscheibe: »Und das allein während unseres Lebens.«

»Das stimmt. Ein Eisblock von fünf Kilometer Länge, anderthalb Kilometer Breite und 300 Meter Dicke ist verschwunden, seit du und ich das Licht der Welt erblickt haben.«

Michio grunzte, dann betätschelte er mit beiden Händen sein Gesicht: »Lynn, hältst du mich für zu dick?«

Es war nicht nett von mir, zu lachen, aber ich wußte, worüber er besorgt war, und die Frage kam nicht so aus dem Zusammenhang gerissen, wie es schien. Wenn wir über das Verrinnen der Zeit sprachen, erinnerte ihn dies auch stets an das, was ihn zutiefst bedrückte: daß er nicht mehr der Jüngste war, nie geheiratet hatte und seine Aussichten, eine Familie zu gründen, rapide schwanden. »Ich will etwas *Richtiges* aus meinem Leben machen«, hatte er mir oftmals erzählt. »Nicht nur die ganze Zeit fotografieren.«

»Du bist ein Prachtkerl, Michio«, versicherte ich ihm. »Die Frauen würden sich um dich reißen, wenn du je zu Hause bliebst.«*

Ich räumte die Karte weg und schaltete den Wetterbericht ein. Ein weiteres Tiefdrucksystem nähere sich uns, verkündete die leiernde Stimme, aber es würde noch ein paar Tage dauern, bis es eintraf.

Der Sturm legte sich in den frühen Morgenstunden, ein leichter Nordwind trat an seine Stelle. Auf den Bergen lag frisch gefallener Schnee, und der Himmel war pastellblau.

* Viele Naturfotografen verbringen 200 oder mehr Tage pro Jahr auf Reisen – eine schlechte Voraussetzung für häuslichen Segen.

Als ich die *Swift* in den Kanal steuerte, zog ich den Reißverschluß meiner Jacke bis zum Kinn, um die Kälte draußen zu halten, dann blickte ich mich um und sah nach, ob wir Michios aufblasbares Skiff noch im Schlepptau hatten. Es war ein gutes Gefühl, wieder unterwegs zu sein, Michio in der Kombüse summen zu hören, Sprit und Essen für ein bis zwei Wochen an Bord zu haben und den hektischen Betrieb der Sommersaison hinter mir zu wissen.

Zwölf Meilen südlich von Juneau durchschnitt eine schwarze, faustgroße Finne das Wasser, und eine Herde Dall-Hafenschweinswale kündigte sich mit einem Fontänenstakkato an.

Michio hastete aufs Vordeck und lehnte sich über den Bug, als eines der schwarzweißen Tiere mit einem lauten *Schnauf!* längsseits kam und einen eleganten Bogen durchs Wasser beschrieb. »Soll ich eine Kamera holen?« fragte er. Natürlich war er immer darauf aus, ein Foto zu schießen, aber er zögerte hineinzugehen, weil er nichts verpassen wollte. Dicht vor dem Bug zischte die kleine Rückenflosse des Schweinswals durchs Wasser.

»Beeil dich lieber«, sagte ich und nickte in Richtung des pfeilschnellen Tiers. »Allzu lange bleiben sie vielleicht nicht.«

Ein Dall-Hafenschweinswal ist ein kompakter, muskulöser Meeressäuger, der einer Miniaturausgabe eines Schwertwals gleicht; er hat im Verhältnis zur Körpermasse das größte Herz aller Säugetiere, und diese kraftvolle Pumpe verleiht dem Tier eine überwältigende, begeisternde Energie, die die reine Lebensfreude zu verkörpern scheint.

Diese Gruppe stellte keine Ausnahme dar. Zuerst tauchte ein Bulle (nach der Größe und dem Mut in seinen Augen zu schließen) aus den Tiefen auf, dann ein kleineres Paar; sie tanzten um uns herum und ritten abwechselnd ein paar erregende Sekunden lang auf der Bugwelle, bis sie mit einem Schlag ihres muskelbepackten Schwanzes wieder wellenschlagend verschwanden.

Es wundert mich, daß diese Schweinswale in den Legenden der Einheimischen des pazifischen Nordwestens keine

Rolle spielen; Schwertwale, Bären, Raben, Ziegen, Robben, Adler, Seelöwen, Otter – sogar Haie und Seeschildkröten – bevölkern die Erzählungen der Tlingit und der Haida, doch die Mitglieder der *Phocaenidae*-Familie sind weitestgehend daraus verbannt, selbst als Nahrungsquelle für irgend jemanden außer Sklaven. In ihrer umfassenden Sammlung der Forschungsarbeiten von George Thornton Emmons über die Tlingit-Indianer merkt Frederica de Laguna an, daß das Fleisch der Schweinswale verschmäht wurde, weil es als die Ursache von Nasenbluten und üblen Körperausdünstungen galt.

Die Herde, die mit der *Swift* Fangen gespielt hatte, drehte plötzlich nach Osten ab, als hätte ich sie mit meinen Gedanken beleidigt, begann mit einer Serie von langsamen, seidenweichen Rollen, zwischen denen mit einer kurzen Verbeugung an der Oberfläche Luft geholt wurde, und nach einigem entspanntem, ziellosem Kreisen legten die Tiere einen Spurt hin und verschwanden so schnell, wie sie gekommen waren.

Michio ließ die Kamera sinken und lächelte den leeren Horizont an. »*Iruka* haben immer viel Spaß«, sagte er und ahmte mit der Hand die Bewegung des Abtauchens nach. Er blickte mich an, zeigte über die Schulter in Richtung der Schweinswale und meinte: »Das war eine nette Familie.«

Ich nickte unsicher. Der Stellenwert von Verwandtschaft ist bei Säugetieren ganz unterschiedlich: Bei manchen, wie den Karibus oder den Elchen, gibt es kaum langfristige Bindungen zwischen Individuen, während andere, wie die Schwertwale, fest in matriarchalischen Sippen organisiert sind. Von den kleineren Delphinen und den Schweinswalen wußte ich relativ wenig, nur daß zumindest eine der atlantischen Spezies Herden bildet, die als Freizeitaktivität den Sex mit wechselnden Partnern pflegen, während andere, wie die Fleckendelphine bei Hawaii, sich zu Freßverbänden zusammenschließen, die mehrere hundert Individuen umfassen können. Beides ließ keinen Schluß darauf zu, ob Dall-Hafenschweinswale nun Familienbande pflegen oder nicht.

Angesichts meiner Unsicherheit schüttelte Michio den Kopf. »Das war eine *Familie*, Lynn.« Die Fröhlichkeit der Gruppe war der einzige Beweis, den er brauchte. Wer so offensichtlich glücklich ist (und das strich er ganz groß heraus), *muß* Teil einer Familie sein.

Ich breitete eine Karte auf dem Tisch aus und strich sie mit den Händen glatt, dann bestimmte ich grob die Position der *Swift*. Viele meiner Karten begleiteten mich schon seit Jahren, und daß diese sich so weich und abgenutzt anfühlte, ließ mich so etwas wie Zuneigung für sie empfinden. Sie hatte Eselsohren und war eingerissen, die Randspalte war mit Erinnerungen bekritzelt: »Gilbert Bay, Weibchen mit vier Jungen, Juni 87; Pt. Coke, Hühnerhabicht-Nest, April 91.«

Unter einer Schicht von diversen Kaffeeflecken und anderen Klecksen war auf Karte Nr. 17300 (Stephens Passage bis Cross Sound) eine Warnung zu lesen, daß eine nahegelegene Zone »extremer magnetischer Störungen« die Zuverlässigkeit von Kompaßanzeigen beeinträchtigen kann. Auf anderen Karten im Regal neben dem Steuer warnten die Buchstaben PA oder PD neben einem Felsen unter Wasser oder einem gesunkenen Wrack die Seeleute, daß die Position der gefährlichen Untiefe nur *approximate* (annähernd) oder *doubtful* (zweifelhaft) bekannt ist. Nachdem Kelly verschwunden war und ich keinem anderen Menschen mehr ins Gesicht sehen konnte, ohne darin Falschheit und Verworfenheit zu sehen, war diese Bereitschaft, die eigene Fehlbarkeit einzugestehen, so eine Art Beweis für mich, daß Karten ehrlicher und verläßlicher waren als Menschen. Und nachdem ich gelernt hatte, den Wind mit dem Bauch eines Segels einzufangen und seine Stärke in Bewegung zu übersetzen, wurden sie für mich zu Eintrittskarten in eine Welt, in der das Unterwegssein die Lücke füllte, die der Verlust allen Vertrauens hinterlassen hatte, eine Welt, in der das Leben auf die einfachsten Grundzüge des Überlebens reduziert war. Warmes Essen, trockene Stiefel, ein Deck, durch das es nicht in meine Kajüte leckte – das waren die wichtigen Dinge; Beziehungen zu anderen Menschen zu unterhalten war unwichtig.

Ich war voller Zorn, denke ich, voll einer stummen, verzweifelten Trauer, die wie Teer an meinen Händen klebte und alles verschmierte, was ich berührte, und ich kehrte nicht wieder zur Johnstone Bay zurück. Ich ließ mich statt dessen treiben, wanderte ohne Zweck und Ziel von einem Boot zum nächsten, von einem Saloon zum nächsten und vom Tag in die Nacht, denn ich wartete darauf (ohne daß mir das klarwurde), daß ich für Kellys Verschwinden irgendeine Erklärung fand. Als nach zehn Jahren solcher Wanderschaft diese Erklärung kam, zog sie mir den Boden unter den Füßen weg wie die Falltür eines Galgens, und ich baumelte über einer Grube, die viel schlimmer war als alles, was ich mir je vorgestellt hatte – ein Ort des Schreckens, wo trotz all ihrer Warnungen vor Untiefen und Gefahren selbst Karten keines Vertrauens mehr wert waren.*

EINE SIEBZEHNJÄHRIGE PROSTITUIERTE, die unter dem Namen »Kitty Larsen« auf den Straßen von Anchorage arbeitete, wurde am 13. Juni 1983 entführt und im Keller eines Hauses, das einem Bäcker namens Robert Christian Hansen gehörte, an einen Balken gekettet. Hansen war Trophäenjäger, und die Glasaugen der Karibus und Schneeziegen an den Wänden seiner Mördergrube wurden Zeugen von dem, was Hansen später viele Male als sein »Sommerprojekt« umschrieb. Nachdem er seine jugendliche Gefangene vergewaltigt und mißbraucht hatte, legte Hansen ihr Handschellen an, zwang sie, sich auf den Boden seines Autos zu legen, warf eine Decke über sie und sagte: »Ich mag dich so sehr, daß ich dich zu

* Kellys wahren Namen habe ich verändert, und ich habe auch bestimmte Umstände bei dieser Wiedergabe der Geschichte weggelassen. Ich tat das aus Respekt für diejenigen, die das Entsetzen über ihr Verschwinden durchlitten haben und dies nicht in dieser Öffentlichkeit erneut durchleben wollten. Sollten jene Menschen dies jemals lesen: Ich möchte euch wissen lassen, daß ich euch niemals vergessen habe und daß ich euch die größte Hochachtung für die Stärke und den Mut entgegenbringe, mit denen ihr eure zerstörten Leben wieder aufgebaut habt.

meiner Hütte fliegen werde und dich eine Weile lang behalten will.«

Hansen war ein kleiner, häßlicher Mann. Seine Haut war von Aknenarben schwer verunstaltet, sein Haar schwarz und schmierig; er stotterte und spuckte, wenn er sprach; seine Augen schwammen hinter einer dicken Hornbrille; und er war zwar nie ein besonders heller Typ, aber immerhin verschlagen genug, die Fassade eines in Maßen erfolgreichen Geschäftsmanns mit Frau und zwei Kindern zu wahren.

Er lebte in einem typischen Vororthaus, besaß ein eigenes Flugzeug und unten in Seward ein kleines Boot. Der »begeisterte Naturliebhaber« sammelte einige Jagdtrophäen, die beeindruckend genug waren, um es in den *Pope and Young* zu schaffen, ein Buch, das Rekorde von mit Pfeil und Bogen erlegten Tieren verzeichnet. Doch was seine Fähigkeiten als Jäger und die meisten anderen Dinge angeht, handelte es sich bei ihm um einen Aufschneider, der sich mit den Fäusten an die eigene Brust trommelt. Und ein Bärenfell, das bei ihm im Keller auf dem Boden die Zähne fletschte, war überhaupt kein Resultat seines Wagemuts; vielmehr hatte er das Tier mit einem Haufen Fleischabfälle auf eine Lichtung geködert und es aus der sicheren Zuflucht eines Baumes heraus getötet. Als er Kitty die Handschellen abnahm, um sie in sein Flugzeug zu verfrachten, glaubte er großspurig, alles im Griff zu haben; schließlich, kalkulierte er, hatte er dies schon viele Male getan, und keine der anderen war ihm je entkommen.

Trotz ihrer Angst und der fürchterlichen Erfahrung, vergewaltigt zu werden, hatte Kitty sich die Geistesgegenwart bewahrt, ihre modischen Schuhe mit den Plateausohlen in die Hand zu nehmen. »Es war mir klar, daß ich in denen nicht rennen konnte«, sagte sie später. Und sie rannte, was sie konnte, schreiend rannte sie mitten auf eine Straße neben der Rollbahn, wo sie einen vorbeifahrenden Lastwagen zum Halten zwang und sich ins Führerhaus rettete.

Es wurde keine Anklage erhoben. Die Polizei ließ ihn laufen. Man machte keine Fotos von Hansens Keller, sicherte keine Beweismittel (zu denen eine Rolle Lautsprecherkabel gehörte, das mit dem identisch war, mit dem die Handgelenke einer Frau gefesselt waren, die man erfroren am Fuß eines Wasserfalls südlich der Stadt gefunden hatte, oder eine Decke genau wie die, die Kitty ihrer Aussage zufolge übergeworfen worden war). Trotz ihrer genauen Beschreibung von Hansen, seines Kellers, des Mobiliars und des Balkens verlangte die Polizei von Kitty, sich einem Test mit dem Lügendetektor zu unterziehen. Als sie sich weigerte, sagte man ihr, Hansen würde nicht verhaftet, weil sein Alibi mehr tauge als ihre Geschichte. Ein Angestellter der reichsten Versicherungsgesellschaft von Anchorage und ein weiterer Geschäftsmann, ein in der Gemeinde hoch angesehener Bauunternehmer und Werftbesitzer, sagten aus, sie seien zu der Zeit mit Hansen zusammengewesen, als das hysterische Mädchen gekidnappt und vergewaltigt worden sein wollte.

»Haben einen Flugzeugsitz repariert«, sagten sie. »Haben ein bißchen ferngesehen und ein paar Bier getrunken.« Den mit der Untersuchung betrauten Polizisten kam es offenbar nicht sehr merkwürdig vor, daß Männer, die für den Betrieb großer, vielschichtiger Unternehmen verantwortlich waren, bis fast fünf Uhr morgens mit einem Kumpel herumtrödelten.*

Im September des vorangegangenen Jahres hatte ein Jäger ein nur flach ausgehobenes Grab am Ufer eines Gletscherbachs gefunden, der von den Chugach Mountains zum Schwemmland im Cook Inlet hinunterfließt. Dicht mit Weiden, Birken und Erlen bewachsen, ist die Gegend ein vorzügliches, ufernahes Revier für Elche und ein gutes Rückzugsgebiet für Schneeschuhhasen. Als Teenager habe ich mehr als einmal die Schule geschwänzt, um dort im Dickicht zu jagen, und während einer erfolglosen, doch der Erinnerung werten Suche nach Dallschafen habe ich den Gipfel des nahegelegenen 1800 Meter hohen Pioneer Peak bestiegen und die

* Als Monate später nicht mehr wegen Entführung und Vergewaltigung, sondern wegen Mord ermittelt wurde, widerriefen John Sumrall und John Henning ihre Aussagen.

ständig in Bewegung befindlichen Sandbänke entlang des Flusses bewundert. Jetzt, 30 Jahre später, erinnere ich mich nicht mehr genau an die Gedanken, die mich an diesem Aussichtspunkt beschäftigten, sondern nur noch an ein bißchen Angst (in der Höhe fühle ich mich nicht sonderlich wohl) und einen Krampf in der Magengrube angesichts des Abstiegs, der es mit sich brachte, daß ich über eine Menge Schieferschutt, Überhänge und immer schmaler werdende Simse klettern mußte. Doch ich bin mir sicher, daß mir nie der Gedanke kam, daß die Sandbänke dort unten sich eines Tages als Massengrab erweisen könnten.

Ein paar Monate, nachdem die erste Leiche gefunden worden war, wurde eine weitere aus dem Sand herausgespült. Dann fand man eine dritte Tote, und die Polizei mußte schließlich zugeben, daß sich jemand einen Spaß daraus machte, die Frauen Alaskas umzubringen. Nachdem ein Untersuchungsbeamter der Polizei, der scharfsinniger und gewissenhafter war als alle anderen, die am Knik River aus dem Sand herausgespülten Leichen mit Kitty Larsens Geschichte in Zusammenhang brachte, war es nur noch eine Frage der Zeit, daß Hansens »Sommerprojekt« ein Ende gesetzt wurde.

Ich war gerade in Hawaii, als das Telegramm eintraf:

»Serienmörder Robert Hansen für Kellys Tod verantwortlich STOP Gesteht 17 STOP Mehr wahrscheinlich STOP«

In diesen knappen Worten waren über ein Dutzend Jahre des Schreckens zusammengefaßt. Als Untersuchungsbeamte Schicht um Schicht Hansens Untaten freilegten und durchsiebten, wuchs deren Zahl rasch zu einem Logarithmus der Grausamkeiten, der alle Vorstellungskraft überstieg. Eine Frau hatte er von einer Brücke in einen Fluß geworfen; in vier Fällen wurde er des Mordes angeklagt; er gab die Lage von einem Dutzend Gräbern preis; bekannte sich zu 17 Tötungen; und erzählte von wenigstens 30 Vergewaltigungen, die seine Zufallsopfer überlebten.

Letztendlich brachte man Hansens Umtriebigkeiten mit fast 40 Fällen von verschwundenen Personen in Zusammenhang, und die Untersuchungsbeamten waren sicher, daß sie noch viel mehr Leichen finden würden: Eine aeronautische Karte, die man bei der Durchsuchung seines Hauses fand, war mit 23 Kreuzen markiert, von denen 17 mit den Grabstellen jener Opfer übereinstimmten, zu deren Tötung er sich bereits bekannt hatte.*

»Überall in der Stadt hingen Plakate und so Zeug«, sagte er mit Bezug auf Seward, als man ihn wegen Kelly befragte. »Aber die … äh … hab ich nicht … das war nicht meine.«

Meine. Diese Besitzgier eines Wahnsinnigen machte mich krank, zeigte sie doch, wie grauenhaft pervers sein Hirn arbeitete: *Meine* – mein Spielzeug, mit dem ich machen kann, was ich will; *meine* – kann ich nehmen und wenn's mir paßt kaputtmachen; *meine* – kann ich wegschmeißen, wenn ich damit fertig bin. Die einzige gute Zahl, die aus der Liste seiner Perversionen hervorging, war die 461: die Zahl von Jahren plus lebenslang, die Richter Ralph Moody verkündete, als er den Bäcker, der schlachtete, wegen seiner Verbrechen aburteilte.** Der Richter verfügte zugleich, daß Hansen sich einer psychiatrischen Behandlung unterziehen müsse, und sei es nur zu dem Zweck, daß ihm »eines Tages klar wird, wie schlecht er ist«.

Es besteht kein Zweifel, daß Hansen, was Kelly betraf, gelogen hat, auch wenn ihr Leichnam nie gefunden wurde. Am Tag ihres Verschwindens war er in Seward, und seine schwachsinnige Buchführung überführt ihn als ihren Mörder. Auf der Pilotenkarte, auf der die Gräber seiner Opfer eingezeichnet sind, markiert ein kleines Bleistiftkreuz die kalten blauen Wasser der Resurrection Bay.

* Hansen gab nur das Foltern und Ermorden von Frauen zu, die sich als Prostituierte betätigt oder »oben ohne« getanzt hatten; alle anderen Fälle, einschließlich den Kellys, leugnete er.

** In Alaska gibt es keine Todesstrafe.

Es brauchte weitere fünf Jahre des ziellosen Salzwasserwanderns, bis Karten wieder einen gewissen Zauber ausüben konnten, doch schließlich überlagerten im Lauf der Jahre Erlebnisse wie die, die ich mit Michio hatte, die schrecklichen Erinnerungen, und die Karten gewannen ihre Verführungskraft zurück; und als wir nach Süden in Richtung Endicott Arm tuckerten, erzählte ich Michio die Geschichte der diversen Landmarken entlang des Weges: Grand Island, wo Vancouvers Erkundungsteam im August 1794 von einem Sturm festgehalten wurde; Stockade Point, wo die Hudson's Bay Company um 1800 ein Fort gebaut hatte; Limestone Inlet, Heimat eines Trappers, der in einem schlimmen Winter in den dreißiger Jahren in seiner Hütte erfror.

Eine halbe Stunde, nachdem die Schweinswale uns verlassen hatten, rollte der glitzernde Rücken eines Buckelwals an die Oberfläche; er blies ein- oder zweimal und verschwand wieder. Jenseits des Wales konnte ich einen ans Ufer geschmiegten Eisberg sehen, und dann noch einen und noch mehr. Der Mond war nahezu voll, und unter seinem Einfluß war die Flut hoch genug gestiegen, um Eisberge über die Untiefe am Tracy Arm hinwegzutreiben. Im strahlenden Herbstlicht glitzerte das Eis in allen möglichen Gelb- und Silbertönen; auf dem uns am nächsten liegenden Eisberg ruhten sich zahllose Möwen aus.

Michio zeigte zum Ufer und zog die Brauen zusammen. »Was ist das?« fragte er.

Ich wollte ihn schon frotzelnd fragen, ob er noch nie so etwas wie einen Eisberg gesehen habe, doch dann blickte ich noch einmal in die angezeigte Richtung: Ein Tier schnüffelte im Treibgut, das die Flut an den Strand geworfen hatte.

Michio holte ein Fernglas und hielt es an die Augen.

»*Ku-ma!*« flüsterte er. »Bär!«

Nach der Größe seines Kopfes und den schmalen Schultern zu urteilen, handelte es sich um ein Jungtier, und wie die meisten Bären erkundete es die Umgebung mit der Nase.

Ich nahm das Gas weg und kuppelte aus. Wir waren noch eine halbe Meile oder mehr vom Ufer entfernt, aber wenn ich die Strömung richtig schätzte und das Boot in die passende Position brachte, konnten wir dem gemächlich am Strand entlang schlendernden Bären den Weg abschneiden und Michio in die Lage versetzen, ein Bild mit blauem Eis, grünem Wald und einem schwarzen Bären zu komponieren – alles, was ein Fotograf mit Michios Fähigkeiten brauchte, um mit einer einzigen Aufnahme »eine ganze Geschichte erzählen« zu können.

Der Bär hatte andere Pläne.

Sobald ich das Skiff an der Leine herangeholt und die *Swift* treibend in Position gebracht hatte, patschte der Bär ein letztes Mal mit einer Pfote auf den Seetang, drehte uns dann das Gesäß zu und verschwand mit kleinen Schlenkern zwischen den Bäumen.

Michio lachte, als ich das Gesicht verzog, um meine Enttäuschung zu zeigen, dann hob er die Kamera und machte einen Schnappschuß vom leeren Strand. »Wunderschöner Eisberg! Was ein Glück, daß der Bär aus dem Weg gegangen ist!«

Die Uferlinie der Stephens Passage biegt bei Point Coke nach Osten und bildet die Holkham Bay, von der zwei lange, gewundene Fjorde nach Norden und Osten in Form eines knorrigen Y abzweigen. Der Tracy Arm erstreckt sich 21 Meilen landeinwärts und endet am Sawyer Glacier; der Endicott Arm, der an seinem Ostende vom Dawes Glacier blockiert wird, stößt 35 Meilen tief ins Land vor. Beide Fjorde erreichen Tiefen von über 300 Metern, doch in ihrer Mündung stapelt sich jeweils ein Haufen Schutt und Findlinge, die die vordringenden Gletscher während der letzten Eiszeit dort abgeladen haben. Diese Untiefen bildenden Gletschermoränen sind bei Flut unter Wasser, bei Ebbe liegen sie frei, und als wir Point Coke erreichten, strömte von über 60 Quadratmeilen das Wasser aus den Fjorden heraus und bildeten beim Überströmen der Barriere gigantische Strudel und Wirbel, die darum kämpften, die Kontrolle über das Boot meinen Händen zu entreißen.

Während die *Swift* weiter vorausstampfte und Michios Skiff

an der Schleppleine zog und zerrte, tauchten und schwammen Tausende von Bonaparte-Möwen und Marmelalken um uns herum und labten sich an einem dichten Schwarm von wirbellosen Meeresbewohnern, den die Flut an die Oberfläche spülte.

Marmelalken gehören zu den *Alcidae,* einer Familie kleiner Vögel mit massigen Körpern, die an Land wie Pinguine watscheln, aber außerordentlich gut schwimmen können. Im Gegensatz zu seinen Cousins, den Lunden, Lummen, einigen anderen Alken und Teisten, die in krächzenden Kolonien an Meeresklippen brüten, baut der Marmelalk versteckte, abgesonderte Nester und zieht die Jungen auf dickbemoosten Ästen tief im schattigen Blätter-Reich eines jungfräulichen Regenwalds groß.* Über 95 Prozent der Marmelalk-Habitate südlich des 48. Breitengrades sind durch Flächenrodungen zerstört, und infolgedessen leben nur noch weniger als 500 Brutpaare entlang der Küsten von Washington, Oregon und Nordkalifornien.

»Wahrscheinlich sind hier in diesem Moment zehnmal so viel um uns herum!« rief ich mit erhobener Stimme Michio zu, um das Kreischen der Vögel zu übertönen. »Im Winter habe ich hier Schwärme von Eisenten und Samtenten gesehen, die wahrscheinlich 20 000 Exemplare zählten.«**

Als die *Swift* die Barriere überwunden und das ruhige Wasser dahinter erreicht hatte, schaltete ich die Maschine ab und ließ sie treiben, bis sie fast stillstand. »Hör einfach zu«, antwortete ich auf Michios fragenden Blick; einen Augenblick lang wirkte er verwundert, dann ging ihm auf, was ich ihm zu demonstrieren versuchte.

Kein Windhauch ging, und das Wasser war so glatt wie Glas. Im Norden stiegen langsam gekräuselte Dampfschwa-

* Alles in allem wurden bislang weniger als ein halbes Dutzend Marmelalk-Nester entdeckt.

** Tragischerweise ist die Population von Eisenten im letzten Jahrzehnt um 85 Prozent zurückgegangen, und auch die Zahlen anderer Meeresenten- wie Seevogel-Arten sind drastisch gesunken.

den aus einer bewaldeten Schlucht am Fuß eines tief zerklüfteten Gletschers empor. Das Wasser spiegelte das Blau des Himmels wider und ein paar Wolkenfetzen klammerten sich reglos an die Gipfel. Ohne das Tuckern des Motors oder das Rauschen des Wassers unter dem Rumpf war die Welt zum Schweigen gebracht.

»So ruhig«, flüsterte Michio.

»Die Tlingit nannten diese Gegend Soun-doun«, sagte ich und zeigte auf das Ufer unter dem Gletscher: »Die Sit'kweidi hatten da drüben ein Dorf.« (»Sit'kweidi« bedeutet »Menschen von Sit'ku«, wie die Sippe diese Bucht nannte.)

Soun-doun, erklärte ich, bedeutet entweder »Ort ohne Stürme« oder »das Geräusch, das der Gletscher macht, wenn er ins Meer stürzt«. Zusammengenommen vermitteln die anscheinend disparaten Interpretationen ein intimes Gespür für einen Ort, das in seiner Einfachheit und Genauigkeit fast poetisch ist. Das Wasser der Bucht ist oft ganz ruhig, während es in der nahegelegenen Stephens Passage vor Brechern kocht, und einen Stammesältesten mit rauher Kehle tief im Hals *Soun-doun* aussprechen zu hören, ist, als würde der Gletscher seinen Namen murmeln.

Die Sprache der Tlingit ist voller subtiler Töne und Betonungen, die unsereiner kaum erkennt. Nachdem Prospektoren Ende des 19. Jahrhunderts Soun-doun zu »Sum Dum« verstümmelt hatten, verdammten Kartographen den Ort ohne Stürme zu einer Zukunft endloser, platter Witze, indem sie die falsche Aussprache sozusagen als »Gipfel der Blödheit« auf ihren Karten festhielten.

Eine Reihe von abendländischen Entdeckern eliminierte gründlich alle übrigen Tlingit-Namen; den Anfang machte George Vancouver, der 1794 Sit'ku verwarf und durch Holkham Bay ersetzte, um eine Kleinstadt in Norfolk, England, zu ehren. Ein Jahrhundert später benannte Lieutenant Commander H. B. Mansfield von der US-Navy den Endicott Arm nach dem Kriegsminister von Präsident Cleveland und den Tracy Arm nach dem Marineminister. Zwei Jahre danach feierten Leute vom U. S. Geological Survey Henry Lauren

Dawes (einen Rechtsanwalt und Politiker aus Massachusetts), indem sie seinen Namen dem Gletscher am Ostende des Endicott Arm gaben.*

Den Tlingit-Dorfbewohnern erging es nur wenig besser als ihrer Sprache; das letzte Mitglied des Sit'kweidi-Clans, das in Soun-doun lebte, war ein älterer Mann mit dem Spitznamen »Sumdum Charlie«, der dort allein sein Dasein fristete, bis er 1931 starb.

Michio saß auf dem Lukendeckel und schloß die Augen; ich machte es ihm nach und nahm einen tiefen Atemzug, um die Ruhe und Stille geistig aufzunehmen, dann hörte ich aufmerksam zu, als die Musik des Fjordes zu spielen begann.

Zuerst das leise Rauschen eines Wasserfalls in der Ferne; hinter uns piepte und kreischte eine Wolke von Seevögeln; hier und da begrüßte platschend und zischend ein Eisberg sein eigenes Spiegelbild; und ein Adler rief einem vorbeiziehenden Krähenschwarm etwas zu, der seinerseits wüst einen Raben zu beschimpfen begann. Der Rabe flüchtete in den Schatten einer kleinen Insel, wo er sinnierend eine Serie fließender, gurgelnder Laute von sich gab.

Ich habe keine Vorstellung, wie lange wir uns dieser friedvollen Symphonie hingaben, aber als ich wieder zu mir kam, lag ich ausgestreckt an Deck, und die Sonne war am Himmel schon ein gutes Stück weitergewandert. Michio lächelte: »*Totemo ki-re*« – »Sehr schön«.

* Bereits 1880 paddelte John Muir mit einem Kanu durch den Endicott und den Tracy Arm (den er Yosemite Bay taufte, weil die Landschaft ihn an jenes Tal erinnerte) und benannte den Gletscher nach Reverend S. Hall Young. In seiner Autobiographie beklagte sich der »durch den Schnee stapfende Pastor«: »Zehn Jahre lang trug dieser Gletscher meinen Namen; dann änderte ein ehrgeiziger Landvermesser, zweifellos um seines Förderers Willen, den Namen in Dawes – stahl *meinen* Gletscher! Stumm betrauerte ich den Verlust, und erst bei einem Besuch von Präsident Harding im Jahr 1923, als ein Vertreter des Department of Topography von diesem Unrecht erfuhr und seine Behörde davon informierte, bekam ich meinen Gletscher zurück.« (Man hat den Eindruck, daß die Trauer von Reverend Young nicht ganz ernst gemeint war, aber wie dem auch sei, er lag falsch: Auf den Karten des USGS steht noch immer Dawes Glacier.)

»Das ist einer meiner Lieblingsplätze«, stimmte ich zu. »Er ist immer so *voller Leben*.«

Michio schaute zum Ende des Fjords, wo eine Reihe pastellblauer und weißer Bänder mit dem Horizont verschmolz.

»Du warst schon oft hier?« wollte er wissen.

»Ich habe zu zählen aufgehört.« Ich zuckte die Achseln, dann begann ich mit den Fingern nachzurechnen. Zwischen Charterfahrten mit Fotografen und Filmteams fülle ich die Lücken meines Terminkalenders oft, indem ich Touristen auf Tagesausflügen zum Tracy Arm bringe oder Kajakfahrer und Naturenthusiasten zu mehrtägigen Exkursionen mitnehme. Egal, wie oft ich schon hierher gekommen bin oder wie lang ich hier verweilt habe, immer wieder fühle ich mich von der eindringlichen Schönheit der Gegend angezogen.

»Dann solltest du ein Buch machen«, sagte Michio. »Deine Fotos werden allmählich ziemlich gut.«

Ziemlich gut war in Michios englischem Vokabular ein Sammelbegriff für alles mögliche, der irgend etwas zwischen »gerade so eben akzeptabel, noch viele Verbesserungsmöglichkeiten« und »schon besser als einfach bloß ›gut‹« bedeuten konnte. Ich hatte gelernt, die feinen Nuancen seines Urteils anhand der Tonführung (steigend oder fallend) und der Betonung (auf dem ersten oder dem zweiten Wort) sowie anhand der Stellung seiner Augenbrauen herauszulesen.

Als ich ihn nach einer unserer früheren Touren bat, sich ein paar meiner Dias anzusehen, blinzelte er, dann legte er den Kopf zur Seite und sagte, sie seien »*ziemlich* gut« – eine subtile Kritik, in das diplomatische Äquivalent von »lausig ... aber versuch's weiter« gepackt. Jetzt, nach mehreren Jahren des intermittierenden Trainings unter seiner sanftmütigen, aber hartnäckigen Aufsicht, qualifizierten sich einige wenige meiner Fotos zu einer leichten Betonung *beider* Worte.

»Es ist ein kleines Gebiet«, sagte ich und widersprach Michios Idee. Die meisten Fotobücher über Alaska behandeln weite Teile des Staates. Und abgesehen davon schien es mir, nachdem ich oft Zeuge des gewaltigen Aufwands geworden war, den meine Klienten für ihre eigenen Bücher betrieben, zu gewagt, ein solches Unterfangen selbst anzugehen.

Michio schüttelte den Kopf. »Wenn ein Ort große Bedeutung für dich hat ...« Er suchte nach Worten, hatte *Be-deu-tung* in die einzelnen Silben zerlegt, dann hielt er einen Finger hoch, um das Folgende zu betonen: »Ist es ... wird es zu deiner *Verantwortlichkeit*, ein Buch zu machen.«

Ich nickte bloß und sagte, ich wolle darüber nachdenken. Michio gebrauchte Worte oft recht kreativ (wie etwa zu Beginn unserer Freundschaft, als er noch nicht ganz firm in Englisch war, als er einmal von der »Fruchtigkeit« des Waldes sprach und den Reichtum an eßbaren Pflanzen meinte), und so war ich mir im Moment nicht sicher, was er mit *Verantwortlichkeit* meinte.

Als könnte er meine Gedanken lesen, fuhr er fort: »Eine Menge Menschen kann niemals so etwas wie dies sehen«, sagte er und schwenkte mit der ausgestreckten Hand über Berge und Wasser. »Und vielleicht verändert sich etwas.«

»Was meinst du?«

Er kreuzte die Beine und preßte die Hände zwischen seine Oberschenkel. »Alles verändert sich ständig. Wälder werden gefällt, oder vielleicht wird ein großes Hotel gebaut, und zu viele Menschen kommen.« Er zog die Schultern weit hoch, um anzudeuten, wie unsicher die Zukunft war. »Vielleicht kommen sogar die Gletscher zurück!«

»Und wenn ich kein Buch mache?«

»Dann geht diese ganze ... *Geschichte* verloren«, sagte er und schüttelte bei dem Gedanken den Kopf. »Das ist wie mit *at-ow*.«

Ich blinzelte, um ihm zu zeigen, daß ich verwirrt war. Er zeigte auf die Stelle des aufgegebenen Tlingit-Dorfs: »*At-ow*, wie die Geschichten der Ureinwohner.«

Jetzt wußte ich, worauf er hinauswollte. Zu seinem letzten Geburtstag hatte ich ihm ein Buch mit Tlingit-Legenden geschenkt; im Vorwort wurde das als *at.oow* bekannte Eigentumsrecht der Einheimischen erklärt. Grob umrissen, fungiert *at.oow* als eine Art Urheberrecht, das den Besitz an bestimmten Liedern, Geschichten und Legenden dem Clan zugesteht, dessen Ahnen sie erdacht haben. Wörtlich übersetzt bedeutet *at.oow* »Ding, das man hat«, und das Konzept ist auch auf materielle Objekte wie Masken, Rasseln, Helme und Holzschnitzereien anwendbar, anhand derer Geschichten erzählt werden, sowie auf Ressourcen wie Lachsflüsse oder Beerengebüsche.

Ein bißchen unscharf wird dieser Rechtsbegriff für alle, die mit dem modernen, abendländischen Konzept des Privatbesitzes aufgewachsen sind, dort, wo *at.oow* nicht zwischen dem Recht des Besitzers (einschließlich dessen Verfügungsgewalt, anderen den Zugang zu Ressourcen zu verweigern oder nach Lust und Laune mit ihnen umzugehen) und den Pflichten der Treuhandschaft dafür differenzieren kann; denn es kann zwar ein Individuum *at.oow* für einen Ort oder eine Sache beanspruchen, doch diese Art von Eigentum wird so verstanden, daß es dem Nutzen des Clans dienen muß und nicht notwendigerweise der Person, die den Anspruch erhebt. Die Grundlagen dieser Kultur wie Nahrungsquellen und Lieder gelten zwar als Privateigentum, aber nicht als Aktivposten einer bestimmten Person.

Es ist ein kompliziertes Konzept, das Rechtsgelehrte in Verwirrung stürzen kann, und ich war mir nicht sicher, ob Michio den Ausdruck richtig gebrauchte, doch ich glaubte zu begreifen, was er meinte.

Wenn du einen Ort wegen der Dinge liebst, die er dir gibt (in diesem Fall den Frieden, den ich stets in Holkham Bay fand), hast du die Verantwortung, seine Schönheit mit anderen zu teilen und, indem du das tust, andere vielleicht dazu zu bringen, ihn ebenfalls zu lieben und etwas für seine Erhaltung zu tun.

Dies erklärte zugleich, warum Michio bereit gewesen war, über zehn Jahre lang an einem Buch über die Karibus der Arktis zu arbeiten, obwohl es kaum Aussichten gab, daß das Absatzhonorar eines solchen Buches je seinen Aufwand an Zeit und Geld wieder wettmachen könnte. Ehrfurcht hatte in Michios Stimme mitgeschwungen, als er den Anblick von Hunderttausenden Karibus schilderte, die über die Tundra ziehen – und Schmerz, als er darüber sprach, daß dieses prächtige Schauspiel für immer beendet werden könnte.*

»Wir fahren besser weiter«, sagte ich und sah auf meine Uhr. Die Gezeiten hatten gewechselt, eine Phalanx von Eisbergen trieb auf uns zu, und ich wollte an einem sicheren Ankerplatz sein, ehe es dunkel wurde.

* Unter den arktischen Küstenebenen gibt es Öl. Trotz der Proteste des Indianervolks der Gwi'chin, deren Lebensweise auf dem Reichtum ihrer Karibu-Herden basiert, werden möglicherweise Gebiete des Arctic National Wildlife Refuge, die für die Karibus, die dort ihre Jungen aufziehen, entscheidend sind, dafür geopfert, die Raffinerien Amerikas ganze neun Monate lang mit Öl zu versorgen. Als Abgesandte der Gwi'chin gegenüber Gale Norton, der Innenministerin der Regierung Bush, zugunsten ihrer Lebensweise plädierten, bestand ihre Antwort darin, den Repräsentanten einer 10 000 Jahre alten Kultur zu sagen, sie sollten »ihr Weltbild erweitern«.

10 Der Ort ohne Stürme

Ich rollte die Schultern, um die Verspannungen aus dem Nacken zu bekommen. Im Dunkeln durchs dichte Eis in die Sicherheit einer kleinen Bucht zu steuern, hatte lange gedauert, denn gerade als wir losfahren wollten, war Michio aufgefallen, daß die untergehende Sonne die Eisberge golden umrahmte, und so ließen wir uns Zeit und versuchten, das irisierende Licht einzufangen. Jetzt zeigte das Echolot, daß der Meeresboden immer näher kam, und ich folgte der Uferlinie zu einem geschützten Ankerplatz. Die verhärteten Muskeln zwischen meinen Schulterblättern begannen sich zu lockern.

Als ich an Deck ging, um den Anker zu werfen, spürte ich die kühle Luft des Herbstes, und das grüne Aroma des Waldes drang mir in die Nase. Michio war in der Kombüse beschäftigt, er stocherte am Ofen herum, in einer Kasserolle zischte etwas. Als ich wieder hineinkam, sah er von einem dampfenden Topf auf und fragte: »Erwischen wir morgen einen Gletscherbären, Lynn?«

Ich nickte, dann räumte ich einen Stapel Teller beiseite, um eine Karte auszubreiten. »Wir sind hier«, sagte ich und legte den Finger auf unsere Bucht, »und wir werden morgen auf der anderen Seite zu suchen beginnen.«

Michio trocknete sich die Hände an einem Geschirrtuch und beugte sich herüber, um besser sehen zu können. Der Fjord war drei Meilen breit, nur eine kurze Fahrt mit dem Skiff, aber wir hatten nicht viel mehr Anhaltspunkte als die dürftige Beschreibung einer Naturschützerin auf einem Ausflugsboot, die ein silberblaues Tier mit einem Fisch im Maul einen Bach hinauf hatte verschwinden sehen. Das war im August gewesen, also schon mehrere Wochen her, und Michio hob die Augenbrauen, als wollte er fragen: »Warum dort?«

»Zu beiden Seiten des Fjordes ziehen Lachse«, sagte ich, »aber die Ausflugsboote fahren meistens da lang.« Um Treibstoff zu sparen, überlegte ich, hatte das Ausflugsboot wohl die kürzeste Route zwischen den interessanten Sehenswürdigkeiten des Fjordes genommen, und das hieß entlang des Endicott-Nordufers.

Michios Lippen arbeiteten, während er über etwas nachdachte, dann fuhr er zögernd mit dem Finger über die Karte. »So spät im September?« fragte er mit zweifelndem Nachdruck. »Da laicht der Lachs immer noch?«

Er war zu Recht besorgt. Es war spät im Jahr, und der größte Teil der Buckellachse hatte in den Bächen schon abgelaicht und war gestorben.*

»Der Bär könnte noch da sein«, sagte ich und klopfte mit dem Bleistift optimistischer auf die Karte, als ich mich eigentlich fühlte. »Zumindest wissen wir jetzt, daß wir in seinem Revier sind.«**

Michio war zu höflich, um meine fadenscheinigen Überlegungen zu hinterfragen. Wenn den Bären keine leicht verfügbare Nahrungsquelle in dieser Gegend festhielt, konnte er schon Dutzende von Kilometern weitergewandert sein – falls er nicht ohnehin bloß das Phantasieprodukt einer übereifrigen Naturschützerin war. Trotzdem, sagte ich, seien die

* Im Nordpazifik gibt es fünf Arten von Lachsen: Buckel-, Blaurücken-, Kisutch-, Keta- und Quinnat-Lachs. Im allgemeinen (wenn auch mit erheblichen regionalen Unterschieden) kehren die Tiere in der folgenden Reihenfolge in die Gewässer, wo sie zur Welt kamen, zum Laichen zurück: Quinnat (Frühlingsanfang), Blaurückenlachs (Frühsommer), Buckel- und Keta-Lachs (Hochsommer) und Kisutch-Lachs (bis weit in den Herbst hinein). Natürlich gibt es Ausnahmen von dieser Regel, so etwa den Keta-Lachs, der im Chilkhat River noch bis Ende November laicht, und den Blaurückenlachs, der sogar noch im Dezember in bestimmte Flüsse und Seen auf der russischen Halbinsel Kamtschatka zurückkehrt.

** Unter »Revier« versteht man das Gebiet, in dem ein Bär regelmäßig umherzieht und das sich mit dem anderer Bären überlappen kann, wohingegen man mit »Territorium« das Gebiet bezeichnet, aus dem ein Tier oder eine Gruppe von Tieren Eindringlinge der eigenen Art vertreibt.

Wasserläufe der beste Ausgangspunkt. »Und wenn das nichts bringt«, meinte ich, »versuchen wir etwas anderes.«

Michio löffelte zwei gleich große Berge von Reis und gebratenem Gemüse auf zwei Teller und schob das Fenster neben dem Tisch auf. Wir aßen schweigend und hörten lieber dem leisen Flattern und Piepsen der Seevögel zu, die in ihren Träumen gestört wurden - von dem Rascheln einer Kreatur, die sich unter den Bäumen bewegte. Nachdem ein Eisberg vor der Bucht etwas im Bariton gemurmelt und sich zum Schlafen auf die Seite gewälzt hatte, kratzte Michio die Essensreste in eine Schüssel.

Ich spülte, er trocknete ab – eine vertraute Routine, die keines Kommentars bedurfte. Ich drehte den Ofen herunter und rollte meinen Schlafsack aus, während Michio ein Buch durchblätterte und dazu eine Tasse Tee schlürfte. Er las noch immer, als ich einschlief.

Um halb sieben am nächsten Morgen war der Himmel noch dunkel, aber schon von einem leicht grauen Streifen gesäumt. Ich setzte den Wasserkessel auf, rüttelte Michio wach, als der Kaffee fertig war, und sah still zu, wie die Morgendämmerung die Details der Umgebung enthüllte. Als das Frühstück auf dem Herd stand, hatte das Morgenlicht den dunklen Wald in einen grünen Flickenteppich verwandelt.

Ich warf einen »Jetzt-wird's-ernst-Beutel« ins Skiff, prüfte noch einmal die Akkus eines Handfunkgeräts und werkelte am Außenborder herum, während Michio Proviant für einen Imbiß zusammensuchte. Das Skiff war feucht; ein leichter Regen war in der Nacht durchgezogen, und meine Hände wurden in der Kälte steif.

Michio grunzte *»omoi«* – »schwer«, als er über die Seite der *Swift* unsere Rucksäcke herunterreichte. In letzter Minute stopfte ich noch einen Reserveschlafsack, eine wärmereflektierende Plane und ein Zweimannzelt in einen Seesack aus schwerem Vinyl und verstaute diesen neben dem Flickzeug und der Luftpumpe für das Skiff im Bug. Wir würden nur ein paar Meilen von der Wärme und der Sicherheit der *Swift* entfernt sein, doch schon mehr als einmal gingen unbeaufsichtigte Skiffs oder Kajaks an die Flut verloren oder wurden von einem streunenden Bären zerstört; und wenn so etwas passierte, würden wir tagelang von der Außenwelt abgeschnitten sein, bis ein zufällig vorbeikommendes Boot uns mitnehmen könnte.

Als wir den Ankerplatz verließen, machte Soun-doun seinem Namen alle Ehre, und das sich weitende V, welches das Skiff als Kielwelle hinter uns herzog, zerkrümelte das glasglatte Wasser zu grauen und grünen Splittern. Weiteres Eis hatte sich im Lauf der Nacht angesammelt, die Flut hatte es vom Dawes Glacier geholt, und leicht beklommen blickte ich über die Schulter zurück, während unsere Ankerbucht kleiner wurde und dann ganz verschwand. Die *Swift* war einigermaßen in Sicherheit, aber sie war mein Heim und mein Leben zugleich, die Mitte meiner Welt, und ich hatte schon Geschichten von Booten gehört, die im Endicott Arm vor Anker lagen und vom Treibeis leckgeschlagen wurden und sanken.

Die Richtung, die das Eis nimmt, läßt sich nie vorhersagen. Wenn es sich vom Gletscher löst, sammelt es sich zu dichten Batzen und wogenden Feldern, die mit dem Auf und Ab der Gezeiten im Fjord hin und her treiben, es bildet gewundene Bänder, die der Länge und der Breite nach den Fjord in Schlangen und Spiralen durchziehen. Es scheint zu verschwinden und wieder aufzutauchen, sich zu meilenweiten Kreisen zu verbinden, die dann wieder auseinanderbrechen und sich wie Löwenzahnsamen beim ersten Windhauch zerstreuen, nur um sich dann beim nächsten Gezeitenwechsel erneut zusammenzuballen. Morgens kann eine Wasserstraße von einer undurchdringlichen Eisbarriere blockiert sein, und schon gegen Mittag ist sie so frei wie in den Tropen. Nach 15 Jahren des Navigierens in eisbepackten Fjorden scheue ich immer noch davor zurück, die Bewegungen des Eises vorherbestimmen zu wollen.

Ich steuerte durch eine Reihe von findlingsgroßen Brocken

hindurch und achtete darauf, einem hoch aufragenden Berg von Gestalt und Größe einer Hütte nicht zu nahe zu kommen; die Stabilität von Treibeis ist stets ungewiß; größere Brocken können ohne Vorwarnung umschlagen oder auseinanderbrechen.

Michio zeigte auf einen intensiv blauen Eisberg und griff nach seiner Kamera. Das Eis glitzerte wie nasser Kobalt, und die sanfte Zunge der See hatte in die glatte Oberfläche ein Muster aus unzähligen Höhlungen und Wirbeln geleckt. Nachdem ich den Außenborder abgestellt hatte, erfüllte tröpfelndes Schmelzwasser die Stille mit einem silberhellen Klang.

Michio flüsterte: »*Hijo ni utsu kushii.*«

»Das ist so … köstlich«, murmelte er, als könnte er mit lauterer Stimme den Berg aus irgendeinem labilen Gleichgewicht bringen. »Warum ist er so *blau*?«

Die Frage war rein rhetorisch. Michio wußte so gut wie ich, daß die konvexen Oberflächen Tausender winziger Luftblasen, die eingeschlossen wurden, als Schnee langsam zu Eis transformiert wurde, das ganze Spektrum des Tageslichts reflektieren, weshalb die meisten Eisberge weiß aussehen, wohingegen das Eis, das sich in tieferen Schichten eines Gletschers bildet, so starkem Druck ausgesetzt sein kann, daß die Luft herausgedrückt wird und so reines, gasfreies Eis zurückbleibt, daß es nur die blauen Wellenlängen des Lichts reflektiert.*

Michio hob die Kamera, schoß ein paar Aufnahmen, dann bedeutete er mir winkend, das Skiff in eine andere Position zu manövrieren, damit er eine neue Perspektive hatte. Die reglose Masse verlieh dem Eisberg die Präsenz eines schlummernden, lebenden Etwas, eines schlafenden Tieres, das sich plötzlich räkeln und erheben konnte.

Vor langer, langer Zeit, vielleicht als Karl der Große lebte, war eine einzelne, winzige Schneeflocke in einem entfernten

* Auch bei bewölktem Himmel kann Eis blauer wirken, da die wärmeren Wellenlängen des Tageslichts dann herausgefiltert werden.

Bergtal zu Boden geschwebt, wie ein Samen in einen Schoß eingedrungen, und dann unter dem Gewicht von Milliarden ihrer Artgenossen begraben worden. Im Verlauf von ein oder zwei Jahrhunderten komprimierte das Gewicht von Tausenden von Winterstürmen den Schnee zu Eis, das an Masse und Dichte zunahm, bis die Schwerkraft es zu einer langen, unendlich langsamen Schlittenfahrt durch die Berge zwang, und es schließlich der wartenden See in die Arme fiel.

Deren Wasser leckte und knuddelte nun das Eis langsam zu Tode, absorbierte es Tropfen für Tropfen in das Kreislaufsystem des Planeten. Einige Wassermoleküle, die einst zu der Schneeflocke kristallisierten, würden vielleicht von einer Ozeanströmung nach Süden getragen, quer über den Pazifik und den Äquator hinweg, dann nach Osten um Kap Hoorn in den Atlantik und weiter bis in die Ostsee oder das Mittelmeer wandern; andere würden zu Wolken verdunsten, auf den Luftdruckwellen eines wütenden Wintersturms in die Berge hinaufsurfen und wieder als Schnee fallen, nur um abermals in Eis verwandelt zu werden und die lange Reise von vorn zu beginnen.

Jetzt versuchte Michios Kamera das flüchtige blaue Leben des Eisbergs festzuhalten, so schnell er die Objektive wechseln und die Belichtungszeit anpassen konnte. Ich paddelte ein wenig mit den Skulls, um das Skiff in der leichten Strömung auf der Stelle zu halten, und sah, wie sich die kleinen Fältchen in Michios Augenwinkel zu Furchen verdichteten. Ich wußte von früheren Gelegenheiten, daß er nun ganz in seiner Arbeit aufging, nur noch an das eine bestimmte Bild dachte, hinter dem er her war, und als er kurz und knapp lächelte, ehe er ein letztes Bild schoß, nahm ich das als sicheres Zeichen, daß er Erfolg gehabt hatte. Erst als wir wieder ein ganzes Stück von dem Eisberg entfernt waren, merkte ich, daß ich mich währenddessen so sehr den migrierenden Inkarnationen des Eises hingegeben hatte, daß ich überhaupt nicht daran gedacht hatte, selbst ein paar Aufnahmen zu machen.

AN DER ERSTEN Bachmündung gab es keine Lachse. Der strenge Verwesungsgeruch ihres Ablebens hing noch über dem Gras entlang der Ufer, und ein paar in fortgeschrittenem Verfall befindliche Karkassen hingen an den glänzenden Steinen des kleinen Wasserlaufs.

»Stinkt ziemlich«, sagte Michio und schniefte laut durch die Nase.

»Riecht gut, wenn du ein Bär bist.« Ich nickte und schob mit der Fußspitze einen verhakten Kiefer fort, den einzigen Rest vom Abendessen eines Raubtiers.

Den ganzen Sommer lang hatten sich Adler, Bären, Möwen, Wölfe, Otter und Nerze mit frischem Lachs gemästet, doch jetzt waren nur noch ein paar Abfälle davon übrig. Der Boden war mit Kiemendeckeln, dünn und durchscheinend wie Schmetterlingsflügel, und zerbrochenen Rückengräten übersät. Der Bach hatte Hautfetzen und Grätenstücke an seine Ufer gespült.

Michio trat am Waldrand ins Gras und deutete auf eine Anzahl verwesender Kadaver, die merkwürdig vollständig aussahen, bei denen nur am Kopf eine einzelne Bißwunde klaffte oder, wenn es sich um Weibchen handelte, der Bauch weggerissen war. Nachdem er den Sommer über bis zu 35 Kilo Lachsfleisch pro Tag konsumiert hatte, hatte ein proteingesättigter Bär angefangen, Fisch um Fisch aus dem Wasser zu angeln und nichts als die Eier und die Gehirne zu fressen.

Auf den ersten Blick erscheint es als entsetzliche Verschwendung, Dutzende oder Hunderte wohlgemästeter Lachse zu töten, nur um an ein Maulvoll orangefarbenen Kaviar oder einen walnußgroßen Bissen Gehirn zu kommen (solange man sich nicht die Zeit nimmt und die Unmengen von Möwen, Adlern, Diademhähern, Raben, Krähen und kleinen Säugetieren zählt, die davon leben, daß sie die Essensreste von Meister Petz verputzen), aber für einen Bären ist es vielleicht die einzige Möglichkeit, seinen unersättlichen Hunger nach Kohlehydraten und Fetten zu stillen, die er braucht, um den Winter zu überstehen. Und mit so viel gutem Fleisch um sich zu schmeißen und es verrotten zu lassen, ist in Wirklichkeit eine clevere Investition seitens des Bären, da die Nährstoffe aus den Fischkadavern im nächsten Frühjahr in Form proteinreichen Grases wiederauferstehen, just dann, wenn der Bär hungrig und abgemagert aus seinem langen Winterschlaf erwacht.

Wir fanden eine kleine Anhöhe, von der aus wir einen guten Blick den Bach hinauf und hinunter hatten, bauten unsere Stative auf und warteten. Das Gras war olivgrün bis braun, und der Wind hatte es zu schwungvollen Schmachtlocken gebürstet. Wir saßen ruhig da und lauschten dem Glucksen des Baches, der unter uns eine Krümmung beschrieb. Ein Nerz hüpfte am Wasserrand entlang, blieb ruckartig stehen und streckte seine Nase in unsere Witterung, dann schniefte er mit einer Verachtung, wie sie nur ein Wiesel aufbieten kann, ehe er seinen Weg fortsetzte. Ein paar Minuten später raschelte eine winzige Spitzmaus durchs Gras, lief zum Bach und warf sich ins Wasser, wo sie wie verrückt paddelte, um ans andere Ufer zu gelangen, ehe sie fortgespült würde.

Stundenlang sahen wir einer Parade von Waldakteuren zu, die von links oder rechts die Bühne betraten, um ein paar Textzeilen zu zwitschern, ein paar Augenblicke zu krächzen oder Possen zu reißen, und dann wieder abgingen. Rotrückenmeisen, Weißfußmäuse und ein Hermelin hatten jeweils kurze Auftritte, ein Baumstachler watschelte blinzelnd und mit vorstehenden Zähnen über die Bühne. Nach einer besonders langen Pause durchbrach ein Wirbel von Laubsängern, Piepern und Zaunkönigen die Stille, gefolgt vom Kreischen eines Hähers. All die kleinen Auf- und Abtritte nährten das Gefühl, wir könnten jeden Augenblick das Geräusch von etwas Großem vernehmen, das sich vorsichtig durchs Unterholz bewegte, oder schimmerndes blaues Fell aufblitzen sehen – doch am Ende des Tages hatten wir nicht das geringste Anzeichen irgendeines Bären ausfindig gemacht.

Der nächste Tag verlief genauso, mit Kaffee, Eiern und Kartoffeln zu Sonnenaufgang und später einem leichten Regenschauer. An den Bachläufen Nummer zwei und drei gab es jede Menge kleines Getier, und an Nummer vier war neben den Hufabdrücken eines Hirschs eine frische Wolfsspur in den Matsch gezeichnet. Bei Ebbe fuhren wir mit dem Skiff den Strand ab, weil wir hofften, zwischen den Felsen herumstöbernde Bären zu entdecken, doch wir sahen nur einen einsamen Reiher, der auf einem Bein und wie aus Holz geschnitzt am Rand eines Flutwasserbeckens stand, sowie zwei neugierige Robben, die uns nachspionierten, während wir weitertuckerten.

»Laß uns hier anlegen«, sagte ich und zeigte auf eine kleine Einbuchtung. »Ich will dir etwas zeigen.«

Die kleine Hütte war nahezu verfallen, das verzinkte Blechdach nur noch ein Flickenteppich von Rost und mattem Grau. Weidenröschen und kratzbürstige schwarze Johannisbeeren wucherten in den Löchern im Boden der kleinen Veranda, und die übriggebliebenen Dielen ächzten unter meinem Gewicht. Auf der Nordseite der Hütte, wo nie Sonne hinkam, faulte und vermoderte das Holz. Im Innern war der Fußboden derart mit Fichtennadeln und Mäusedreck übersät, daß es bei jedem Schritt knirschte.

Henry »Tiger« Olsen kam, des Schafehütens in den Bitterroots von Montana überdrüssig, 1918 nach Alaska. Seine Fahrt von Seattle nach Norden in einem leckenden Ruderboot zusammen mit zwei anderen Auswanderern beschrieb er so: »Ein Kerl ruderte, der andere Kerl schöpfte, und der dritte schrie um Hilfe« – und das 900 Meilen weit. Einer der anderen war Doc Foche, der in seiner Hütte am 25 Meilen entfernten Limestone Inlet während eines besonders harten Winters in den dreißiger Jahren erfror. Tiger fand Doc und beerdigte ihn.

»Wir waren Freunde«, sagte Tiger über den Mann, mit dem er jahrelang nach Gold gesucht hatte. »Aber hätten wir je einen ordentlichen Schlag Gold gefunden, hätten wir beide nach unseren Gewehren gegriffen, und dann hätten wir gesehen, wer das Gold kriegt.«

Tiger ließ sich 20 Meilen südlich von Juneau in Taku Harbor nieder, wo er den Sommer über als Nachtwächter in einer Lachskonservenfabrik arbeitete und in seiner Freizeit in den Hochlagen der Coast Range nach Gold suchte. Irgendwann in den zwanziger oder dreißiger Jahren hatte er alle Stämme für seine winzige Hütte am Endicott Arm sorgfältig quadratisch zurechtgehauen und eingekerbt und zu seinem Unterschlupf für die Fallenstellerei im Winter aufgestapelt. In Soun-doun muß er sich so ähnlich gefühlt haben wie ich, denn ein kurzer, von einem Schreiber aus Juneau für die örtliche Bibliothek verfaßter Artikel zitiert Tiger mit den Worten: »[Holkham Bay] ist der Ort, an dem ich hätte bleiben sollen … Es ist da so großartig.«

Er lebte zwar über 50 Jahre lang allein, doch Tiger war kein zurückgezogener Eremit. Er hatte Spaß an menschlicher Gesellschaft, vor allem an der von Kindern, und wer in der Nähe seiner Hütte vor Anker ging, wußte, daß er den Kaffeekessel aufsetzen mußte, denn Tiger würde bestimmt zu Besuch herübergerudert kommen.

Obwohl er in seiner Kindheit nur drei Monate lang eine Schule besucht hatte (»das war die gute alte Zeit der Republikaner«), las Tiger leidenschaftlich gern, und er war ein tiefsinniger Denker. Wie so viele, die lange Zeit alleine leben, haßte er nichtssagenden Tratsch und Klatsch und kam lieber direkt auf die philosophischen und metaphysischen Themen zu sprechen, die ihm im Kopf herumgingen.

Wo gehen wir hin, wenn wir diese Welt verlassen? Das ist die Frage, das ist sie. Die übersteigt den menschlichen Geist.

Tigers bester Versuch, seine Vorstellung von der Unendlichkeit zu erklären, bestand darin, sie in das zu übersetzen, was er in der materiellen Welt sah: »Wenn da ein Rauschbeerbusch ist … und die Regentropfen fallen darauf … und das Wasser von dem Regen tropft in den Taku Harbor, ist das sofort der Pazifische Ozean, ist es sofort an allen Stränden dieser Welt. Und so ist es mit der menschlichen Seele. Wenn sie in den ewigen Geist tropft, ist sie an allen Orten der Welt und an allen Orten der Ewigkeit.«

Tiger glaubte auch an Wiedergeburt, meinte aber, das gelte nicht für ihn. »Nein«, sagte er, »ich denke, ich bin der eine

Wolf, der diesmal nicht in die Falle geht. Ich werde nie den Fehler machen, hier noch einmal herzukommen.«

Michio hörte aufmerksam zu, während ich über Tiger plauderte, dann fragte er, wann er gestorben wäre.

»Ende der siebziger Jahre, glaube ich. Er war mindestens 80 Jahre alt.«

Er strich über einen Streifen verrottendes Segeltuch, das an eine Wand genagelt war; das Holz darunter war weich. »Ich glaube nicht, daß diese Hütte noch lange hält.«

»Nichts wird das«, gab ich zurück und meinte damit, daß der Regenwald sich alles wieder zurückholt. An der Wende vom 19. zum 20. Jahrhundert stand an der kleinen Bucht, wo die *Swift* jetzt ankerte, eine kleine Bergarbeitersiedlung mitsamt Laden, Post, Schule und einem Saloon, in der 137 Menschen lebten. Jetzt war nichts mehr davon übrig außer einer Reihe Pfahlstümpfe an der Mündung eines Bachs und ein paar von Moos überwachsenen Balken auf dem Waldboden. Himmel, wollte ich sagen, daheim in Juneau, wo es noch mehr regnet als in Holkham Bay, wächst sogar auf meinem Auto Moos – und das war erst 15 Jahre alt.

Michio baute sein Stativ vor der Hütte auf und wählte ein Objektiv. Stirnrunzelnd machte er sich mit einer Intensität an die Arbeit, die ich bei ihm selten beobachtet hatte. *Komponieren, scharfstellen, Verschluß spannen. Klick.* »Er hat nie geheiratet.« *Klick.* »Keine Kinder.« *Klick.*

Er redete, ohne gefragt worden zu sein, mit einer Stimme, in der irgend etwas zwischen Trauer und Verärgerung mitschwang, dann machte er eine Pause, starrte mit weit offenem Auge in den Sucher. Nach einer winzigen Justierung legte er den Finger auf den Auslöser, richtete sich auf und sah mich an. »Ja, das ist es, was er … *ist.*«

Er stellte das Stativ um, bohrte die Beine fest in den Boden. Nachdem er das Objektiv gewechselt hatte, legte er den Ausschnitt fest, dann trat er beiseite und machte mit nach oben gewandter Hand eine Geste, die mich einlud, hindurchzuschauen.

Das Resultat war ergreifend: Ein einziger rotgelb-brauner

Weidenröschen-Stengel, der durch ein Muster verwitterter Dielen in die Höhe ragte. Mit den federflaumigen weißen Samen an der Spitze sprach die alternde Blume Bände über das Werden und Vergehen und die Zeit, die alle Anstrengungen des Menschen zunichte macht. Von Hoffnung und Zuversicht kündeten die Samen, von welkender Schönheit die Blätter, und das Gefühl der Unausweichlichkeit manifestierte sich in einem kleinen Fleck Moos, der langsam einen rostigen Nagelkopf verschwinden ließ.

Michio fotografierte das Fenster, wobei er den abblätternden Holzrahmen und die Balken der Wand zu einer Komposition arrangierte, bei der man sich leicht vorstellen konnte, wie Tigers wettergegerbtes Gesicht durch die zersprungenen und fehlenden Scheiben blickte. Als ich mich hinunterbeugte und durch den Sucher blickte, staunte ich, daß die Hütte plötzlich nicht mehr ganz so leer wirkte, und kurz darauf staunte ich wieder, als Michio nah heranging, um die Spuren einzufangen, die die Zähne von Tigers Säge quer über das Ende eines Balkens gezogen hatten.

Er ging ein Stück zurück, montierte ein Weitwinkel an der Kamera und machte ein paar Aufnahmen, bei denen er die fleckigen grauen Wände und das rostige Blechdach der Hütte mit den herbstlichen Pastelltönen des Waldes verschmelzen ließ.

»Zeit heimzugehen«, sagte er und steckte den Film in die Tasche. Wir waren schon halb beim Skiff, als er kehrtmachte und zurückging. Vorsichtig balancierte er über die abgesackte Veranda, legte beide Hände an die verquollene Tür und drückte sie zu.

»Wir sollten hochgehen«, sagte ich mit einem Blick aus dem Fenster. Kalter grauer Nebel war während der Nacht aufgezogen und verhüllte die Berge und Bäume. »An den Bächen haben wir kein Glück.«

Michio blickte von der Kamera auf, die er gerade säuberte, und stimmte zu. Wir hatten an den Lachsgewässern mehrere

Tage lang Wache gehalten, ohne einen einzigen Bären gesehen zu haben. Einmal waren zwei Raben auf der anderen Seite des Baches krächzend von Baum zu Baum gehüpft, als folgten sie irgend etwas auf dem Boden, doch nachdem wir ein paar Minuten lang Ausschau gehalten und weder verräterisch schaukelnde Zweige noch ein Stück dunklen Pelz gesehen hatten, keimte in mir der Verdacht, daß die heiseren Rufe der stets zu Streichen aufgelegten Vögel nur absichtlicher blinder Alarm waren, um uns bemitleidenswerte, flugunfähige Zweibeiner auf dem Boden zu foppen. Das Wetter wurde immer trüber und unangenehmer, aber wenn wir einen Gletscherbären finden wollten, mußten wir weitersuchen.

»Sie sind jetzt hinter den Beeren her«, überlegte ich und stellte mir Heerscharen zuckerhungriger Bären vor, die langsam das Buschwerk unter den Bäumen durchwühlten. Es würde schwierig werden, in diesem chaotischen Dickicht, wo das einzige Anzeichen für einen Bären das Knacksen eines brechenden Zweiges sein könnte, ein Exemplar zu finden, und ich kam zu dem Schluß, daß wir besser 400 bis 500 Meter bergauf steigen sollten, bis wir in die alpine Zone kämen, wo wir dank unverstellter Sicht eine riesige freie Fläche überblicken könnten. Dort gab es Krähenbeeren, Zwergblaubeeren und andere niedrig wachsende, saftige Leckereien. Und von dort oben würden wir auch auf einen Gürtel üppiger subalpiner Wiesen herabblicken können, auf Teppiche voller Bärenklau, Nutka-Lupinen und verschiedener anderer Kräuter, die Bären für eine anständige Mahlzeit halten.

Unsere Rucksäcke waren schwerer als je zuvor. Zusätzlich zu meiner Kamera-Ausrüstung trug ich ein Zelt, trockene Kleidung, Lebensmittel, Geschirr und einen Kocher, eine Flasche Brennstoff dafür, zwei Taschenlampen, eine Stirnlampe und Reserve-Akkus. Die Tage wurden schon zu kurz, um es bei Licht in die Berge hinauf und wieder zurück zu schaffen; daher gingen wir davon aus, mindestens zwei Nächte nicht auf dem Boot zu verbringen. Für die Schlafsäcke war kein Platz mehr, also stopfte ich sie in einen wasserdichten Vinylsack, der als hinderlicher Höcker oben auf meinem Rucksack thronte. Ferner nahm ich noch zwei wasserdichte Matten, eine Plane mit Ösen, eine Tube Feueranzünder, das Handfunkgerät, eine komplette Regenausrüstung, Karte, Kompaß und Fernglas mit, einen Eispickel, drei Karabiner, ein paar Eisschrauben, zwei Schnee-Anker und ein Seil. Und schließlich schnallte ich außen an meinen Rucksack noch einen Erste-Hilfe-Beutel sowie an meinen Gürtel ein Messer und schulterte Stativ und Gewehr.

Michio stöhnte, als er sich in den Stand kämpfte. Das Gewicht zweier kompletter Kamera-Ausrüstungen (Kleinbild und Mittelformat) ließ die Riemen tief in seine Schultern einschneiden, und als er unter der Last schwankte, murmelte er etwas, das meiner Meinung nach das japanische Äquivalent von »verdammte Scheiße« war.

Ich drehte mich noch einmal nach dem Skiff um, als wir den Bachlauf hinaufgingen. Der einzige Farbfleck in der nebelgrauen Szenerie war ein hellgelber Sack, der in einem Baum hing. Ein Freund, der häufig in Grizzly-Gebieten kampiert hat, nennt so etwas eine »Bären-Piñata«.* Darin steckte ein Vorrat an Schokoladenriegeln und Dosenobst, der unseren Aufenthalt erträglicher gestalten würde, falls ein Bär das Skiff zerfetzte und wir unfreiwillig von der Außenwelt abgeschnitten sein würden.

Bei der ersten Biegung des Bachlaufs erhob sich mit nasalem Alarmgeschrei ein Dutzend Gänse von einer flachen Sandbank. Michio blieb stehen und imitierte das *lonk, lonk, lonk* ihres Rufes, als sie über uns hinwegflogen, dann folgte er mir über ein Stück Steilufer in den Wald. Kaum waren wir zwischen den Bäumen, hielt er wieder inne, betrachtete ein merkwürdig geformtes Bäumchen und warf mir einen fragenden Blick zu. Der Stamm endete ein Stück weit über dem

* Eine Piñata ist ein an der Decke hängender Topf oder Krug, mit Süßigkeiten, Obst und Geschenken gefüllt, der in Mexiko an Weihnachten von den Kindern mit Stöcken zerschlagen wird.

Boden, so, als würde der junge Baum mit seinen Wurzeln auf Zehenspitzen laufen; dahinter standen noch zwei Schößlinge von identischer Größe und Gestalt. Zusammen bildeten die freistehenden Wurzeln so etwas wie einen Tunnel, der unwiderstehlich gewesen wäre, hätte ich eine Bowling-Kugel dabeigehabt.

»Ein Ammenstamm«, erklärte ich und zeigte auf einen umgestürzten Baum, der ein Stück weiter vom Weg entfernt lag. »Siehst du, wie die Sämlinge oben auf ihm sprießen?«

Der Stamm, auf den ich deutete, lag flach auf dem Boden und war mit einer dicken Moosdecke gepolstert. Seine Oberfläche war mit daumennagelgroßen Schuppen von Fichtenzapfen übersät, und dazwischen wuchs eine Reihe kleiner Sämlinge empor. »Wenn die Sämlinge lang genug überleben, erreichen sie mit ihren Wurzeln irgendwann den Boden.« Ich hob eine Hand mit nach unten gespreizten Fingern und deutete mit der anderen darunter einen Kreis an. »Dann verrottet der Stamm, und eine Reihe Sämlinge steht sozusagen auf Stelzen da.«

Michios Gesicht begann zu strahlen, er hatte verstanden. »Aha«, sagte er und beugte die Arme, als wollte er einem Säugling die Brust geben, »in dem Sinn *Amme*!«

Damit hatte er recht. Über 90 Prozent des organischen Materials in einem Regenwald sind in lebenden Pflanzen oder verrottender Vegetation gebunden, der Boden selbst ist dürftig. Die Nährstoffe des vermodernden Stamms verschafften also den Sämlingen, die auf ihm wurzelten, einen Startvorteil gegenüber anderen, die es direkt auf dem Boden versuchten. Daß später die jungen Bäume quasi auf Stelzen standen, machte sie zwar gegenüber Stürmen verwundbarer, aber so streut das Schicksal nun einmal die Chancen des Überlebens.

Jede Pflanze muß sich, so gut sie kann, nach Licht und Nährstoffen strecken und zugleich eines ganzen Haufens von Feinden erwehren, die an ihr nagen, sie fressen, aussaugen, erwürgen oder ihr die Sonnenstrahlen stehlen wollen, und keine hundert Meter hinter dem Ammenstamm standen Pflanzen, die bis an die Zähne bewaffnet durchs Leben gehen. Die Igelkraftwurz ist das einzige Mitglied der *Araliaceae*-Familie, das in Alaska wächst, und jeder Teil der Pflanze, einschließlich der Stengel (die bis zu drei Meter hoch werden können) und der Unterseite der glänzenden grünen Blätter, strotzt vor scharfen, eineinhalb Zentimeter langen Stacheln, die abbrechen, in der Haut stecken bleiben und dort zu Vereiterungen führen, wenn man so sorglos ist oder das Pech hat, an ihnen entlangzustreifen. Stacheln sind ein guter Schutz für jede Pflanze, die derart nahrhaft ist; im Frühling dämpfe ich mir gern einen Topf voll ihrer festen Knospen, deren frisches Aroma an Seetang erinnert. Hätte die Igelkraftwurz nicht jene Stacheln, die ihr wachsen, kaum daß sich die Blätter entfaltet haben, wäre sie wahrscheinlich der Liebling aller, die im Wald etwas zu fressen suchen.

Wie die meisten Pflanzen weiß jedoch auch die Igelkraftwurz, wann sie kämpfen und wann sie verführen muß: An der Spitze eines jeden wehrhaften Stengels wächst eine Traube von leuchtend roten Beeren, die völlig frei von Stacheln ist. Die Beeren sind »unbewaffnet«, weil es die Bestimmung *aller* Beeren ist, gefressen zu werden, und rot sind sie, weil das die Farbe ist, die am stärksten anlockt; denn mehr als alles andere will die Igelkraftwurz, daß ihre Samen die Aufmerksamkeit eines Bären erregen, den Verdauungstrakt des Tieres passieren und zusammen mit einem eigenen Haufen Dünger an einem für die Ausbreitung der Art günstigen Platz deponiert werden. Für die Igelkraftwurz ist das ein gut bewässerter Boden an einem Wasserlauf oder in einer Überschwemmungszone wie beispielsweise der, die wir gerade querten. Daher tröstete ich mich bei meinen Versuchen, mich gleitend, windend und schiebend ohne gestochen zu werden durch das Dornengestrüpp zu zwängen, mit dem Gedanken, daß dies der handfeste Beweis dafür war, daß die Beeren erfolgreich genau die Bären angelockt hatten, nach denen wir jetzt suchten. An und für sich, sagte ich zu mir, war das Verhaken, Piksen und Stechen etwas, worüber wir uns freuen müßten, also sollte ich mit meiner *gottverdammten Flucherei aufhören!*

Schweiß tropfte mir in die Augen; mit dem Gewehrlauf schob ich einen stacheligen Stengel beiseite und zog die Schultern hoch, um das Gewicht des Gepäcks von meinem Rücken weg zu verlagern. »Wir sind bald durch«, sagte ich über die Schulter zu Michio.

»Gut!« war alles, was er entgegnete. Er benutzte sein Stativ als Schild und machte mit der freien Hand eine schlagende Bewegung. »Ich wünschte, ich hätte eine Machete.«

Glücklicherweise hatte ich recht, was die Ausdehnung des Dickichts betraf, und noch ehe ich Zeit hatte, mich zur Gänze meinem stachligen Elend hinzugeben, hatten wir uns zum Rand einer sumpfigen Wiese durchgekämpft, wo der Boden unter unseren Füßen quatschte. Doch bevor wir ins Freie traten, blieb ich stehen, um meinen Blick über den Waldrand schweifen zu lassen und zu lauschen. Es war zwar äußerst unwahrscheinlich, daß unser lautstarker, von Flüchen begleiteter Kampf mit dem Igelkraftwurz-Dickicht von irgendwelchen Wildtieren in der Nähe nicht bemerkt worden war, aber es hat noch nie geschadet, einen vorsichtigen Blick zu riskieren.

Die Wiese war klein, nicht größer als ein geräumiger Bauplatz. Wollgras rahmte einen Tümpel schwarzen Wassers in der Mitte ein. An schönen, trockenen Tagen sind die flaumigen, weißen Fruchtstände an den Spitzen der Halme seidig und wunderschön. Doch jetzt waren die Büschel vom Regen durchtränkt und gelblich.

Entlang des Wiesenrandes begannen die Blätter des Stinktierkohls sich unter ihrem eigenen Gewicht und der Last des Herbstes flachzulegen. Der Stinktierkohl ist ein sehr entfernter Verwandter des Wollgrases, seine dunklen, ans Pleistozän gemahnenden Blätter können bis zu eineinhalb Meter groß werden. Es ist eine äußerst vitale Pflanze; so sehr giert sie nach Leben, daß ihre stramm eingerollte Spatha das erste ist, was im Frühling aus dem Boden hervorbricht, und sie so rasch und ungestüm wächst, daß die Wärme, die durch ihren Zellstoffwechsel entsteht, den Schnee zum Schmelzen bringt. Die buttergelbe Spatha und der darin versteckte keulenförmige Blütenkolben sind im Frühling für Hirsche und Bären Leckerbissen, doch entgegen seinem knackigen, saftigen Anschein eignet sich der Stinktierkohl nicht für den menschlichen Verzehr: Die Pflanze enthält Kristalle von Kalziumoxalat, so daß an ihr zu knabbern dasselbe ist wie an Glassplittern zu lecken. Aus den Wurzeln kann man die Kristalle entfernen, indem man sie röstet; feingemahlen ergeben sie dann einen stärkehaltigen Mehlersatz. Doch generell ist der Stinktierkohl nichts, was man gern in den Mund nimmt.

Wir überquerten die Wiese diagonal und umrundeten den Tümpel in Richtung eines niedrigen Grats, der uns auf die Bergschulter bringen würde. In der ungeschützten Umgebung fiel der Regen heftiger, und ich zog den Kragen meiner Jacke hoch. Es kommt entscheidend auf das Tempo an, wenn man in Regenausrüstung wandert: Geht man zu schnell, schwitzt man, was heißt, daß man zu frieren beginnt, sobald man anhält; geht man zu langsam oder zu weit aufgeknöpft, wird man genauso naß. Die sackartigen Hosen behindern stark, wenn man über einen Baumstamm steigt; wegen der Kapuze hört man nur schlecht; wenn man mit hängendem Kopf wie ein Lastesel im Regen vor sich hin trottet, bedeutet dies, daß einem so gut wie alles entgeht, was ringsum passiert – und man vielleicht mit einem Bären zusammenstößt.

Dennoch fiel ich in einen solchen Trott, als wir über die Wiese marschierten, vom saugenden Geräusch meiner Stiefel im Matsch hypnotisiert. Ich dachte gerade über Schachtelhalm nach – eine merkwürdige, kärgliche, in Segmente unterteilte Pflanze, die an eine Drahtbürste erinnert, gut auf feuchtem Boden gedeiht und sich seit Millionen Jahren kaum verändert hat –, als ich bemerkte, daß wir geradewegs in eine Schar von Fleischfressern hineingelaufen waren.

»Sonnentau«, sagte ich zu Michio und zeigte ihm die kleinen Pflänzchen. Der Boden feuchter Wiesen ist stark sauer, daher, so heißt es, steht den Pflanzen nur wenig Stickstoff und Phosphor zur Verfügung; der Sonnentau gleicht diesen Mangel aus, indem er Insekten mit einer klebrigen Flüssigkeit fängt, die von einer Reihe leuchtend roter Drüsen entlang der Blattränder abgesondert wird. Die Blätter rollen sich dann um das unglückselige Kerbtier zusammen, und mit Hilfe von Verdauungsenzymen absorbiert der Sonnentau aus dem Insektenkörper Stickstoff und Phosphor.

Der Sonnentau scheint seine hochspezialisierte Strategie sogar noch weiter ausdifferenziert zu haben, denn in unterschiedlichen Umgebungen bringt er jeweils anders geformte Blätter hervor. Hier am Rand des Moorwasser-Tümpels waren die Blätter des Sonnentaus länglich-oval, während sie auf trockenerem Boden in der Regel rund sind. Darüber hinaus streckt Sonnentau in der Nähe von Wasser die Blätter in die Luft; die rundblättrige Variante hält sie flach auf dem Boden. Warum das so ist, kann ich nicht sagen, es sei denn, es hat etwas mit den unterschiedlichen Insektenarten zu tun, die die Pflanze jeweils »jagt«. Fängt die langblättrige Sumpf-Variante mehr Mücken und die Version auf trockenem Boden mehr Ameisen? Mit einem Lorbeerrosen-Zweig berührte ich vorsichtig den kleinen glitzernden Rachen eines Blattes und hoffte, das leichte Strampeln eines Insekts nachahmen zu können, doch zu meiner Enttäuschung reagierte das Blatt nicht. Laut nachdenkend fragte ich, ob ein Botaniker die verschiedenen Varianten des Sonnentaus wohl als unterschiedliche Pflanzenspezies einordnen würde.*

Die Frage, was eine Spezies definiert, ist nicht so einfach zu beantworten: Von den Bäumen am Wiesenrand hingen Girlanden von Bartflechten und Usnea-Arten herab – lange, olivgraue Flechten, die wie Gebetsfähnchen im Wind flatterten. Es gibt drei Formen von Flechten: Krustenflechten, die wie trockene, abblätternde Farbe aussehen, Blattflechten, die eher an Blätter erinnern, und Strauchflechten, zu denen ebenso jene mit aufrechten Stengelchen gehören wie auch

* Ich habe seither in Erfahrung gebracht, daß es in Alaska in der Tat zwei unterschiedliche Arten von *Drosera* gibt: den Langblättrigen Sonnentau und den Rundblättrigen Sonnentau. Wer sich einen Überblick verschaffen will, dem empfehle ich das ausgesprochen lesbare und informative Werk *The Nature of Southeast Alaska* von Rita O'Clair, Robert Armstrong und Richard Carstensen.

die Usnea-Arten und die Bartflechten, die von Bäumen herabhängen.

Von jeder Sorte gibt es zahlreiche Varianten, die als unterschiedliche Spezies katalogisiert sind, wirklich irre aber wird man im Kopf, wenn man bedenkt, was Flechten eigentlich *sind*: kooperative Lebensformen aus Algen und Pilzen, die als Organismen nicht miteinander verwandt sind, sondern an und für sich separate Spezies darstellen. (Der Pilz baut die Grundstruktur der Flechten auf, und die Algen sorgen mit ihrem Chlorophyll für die Ernährung.) Nimmt man noch eine dritte Spezies hinzu – die blaugrünen Bakterien, die Komponenten mehrerer Flechten sind –, dann wird diese mysteriöse Lebensform zu einer kleinen Gemeinschaft, auf die die Definition als Spezies nicht recht passen will.

Michios Reaktion war etwas eingleisig. »Wie eine Familie«, sagte er. »Alle für einen und einer für alle.« Die erbauliche Moralpredigt klang so gekünstelt, daß eindeutig noch etwas anderes dahintersteckte. Ich konnte ihn förmlich sehen, wie er traurig und allein in seinem Haus saß.

Keuchend und schnaufend stiegen wir über unebenes Gelände bergan. Wir folgten einem kaum sichtbaren Wildwechsel, der einem Rauschbeergebüsch auswich, steil einen kleinen Hang hinaufführte und dann Kurs durch eine niedrige Schlucht nahm. Ein gurgelnder Bach übertönte unsere Fußtritte mit seinem Gemurmel; aus dem Boden ausgewaschene Tannine hatten ihn braun wie Tee gefärbt.

Da die Biologen nicht wissen, ob sie Pilze ins Pflanzen- oder ins Tierreich verweisen sollen, haben sie ihnen eine eigene taxonomische Gruppe eingerichtet, in die alles gehört, was zur Verbreitung Sporen produziert, aus denen Hyphen wachsen – winzige Zellreihen, die sich zusammenklumpen, bis sie die vertrauten Formen von Champignons, Baumschwämmen oder Ziegenbart angenommen haben.*

* Nicht alle sporenbildenden Pflanzen sind Pilze. Auch verschiedene Grünpflanzen wie beispielsweise Farne vermehren sich mit Sporen statt mit Samen.

»Schau dir das an, Michio.« Ich hielt ein Stöckchen hoch, das mit kleinen Knötchen besetzt war. Der halbverrottete Zweig war leicht und zerbrechlich, und ich mußte sehr vorsichtig sein, um ihn nicht kaputtzumachen. Auf der Oberfläche wuchs ein vereinzelter Nestpilz samt der winzigen, eiförmigen Sporenbehälter. Ich hielt ihn Michio dicht vors Gesicht, damit er ihn genau betrachten konnte.

»Das ›Nest‹ ist ein Spritzbecher«, erklärte ich. »Wenn ein Regentropfen in die vertiefte Mitte fällt, entsteht an den schrägen Rändern ein hydraulischer Druck, der die Sporenbehälter in alle Richtungen schleudert.«

Michio schüttelte bewundernd den Kopf. Der winzig kleine Becher hätte leicht auf die Spitze eines Babyfingers gepaßt. »Wenn ich nur noch ein einziges Buch in meinem Leben machen könnte«, sagte er, »dann würde es von solchen Details handeln.«

Auch Pilze sind, richtig betrachtet, etwas Wunderbares.

Eine halbe Stunde später hielt ich an, um mir das Gewehr verkehrt herum über die Schulter zu hängen; es regnete immer stärker, und ich wollte kein Wasser im Lauf haben. Michio zog die Beine seines Stativs zu einem Wanderstock aus, und ich machte es ihm nach. Meine Knie schmerzten, das Herz hämmerte mir in der Brust. Sowohl Michio als auch ich keuchten vor Erschöpfung, soviel Kraft hatte es gekostet, unsere überladenen, 40 Jahre alten Körper über umgestürzte Bäume zu wuchten und durch dichtes Buschwerk zu zwängen. Es war still – Vögel singen nicht, wenn es stark regnet –, und wir fühlten uns ziemlich allein.

Das war natürlich überhaupt nicht der Fall. Jeder moosgedämpfte Fußtritt unseres Anstiegs erschütterte die Welt irgendeiner Kreatur. Während wir in der Hoffnung, einen silberblauen Bären zu finden, stracks nach oben kletterten, klammerte sich ein mikroskopisches Tier von weniger als einem Millimeter Größe namens Bärtierchen mit seinen scharfen Klauen an einen der Moosstränge unter unseren Füßen. Die meisten Tiere können Moos nicht fressen, weil es einen zu hohen Anteil Zellulose hat, doch das Bärtierchen ist mit scharfen Sonden gewappnet, mit denen es einzelne Pflanzenzellen anstechen und den Inhalt heraussaugen kann, so daß die unverdaulichen Zellwände zurückbleiben. Die Welt ist voller Lebensformen, die wir überhaupt nicht bemerken.

Mit dem Stiefel hieb ich einen Tritt in den Hang und klammerte mich an eine Wurzel auf Augenhöhe. So muß es für das Bärtierchen sein, dachte ich. Ein Leben lang durch nasses, verknotetes Moos klettern und krabbeln.

Die bizarrste Lebensform des Waldes ist jedoch nicht das Bärtierchen. Dieser Titel gebührt einem Ding namens Schleimpilz. Mangels einer besseren Definition wurden Schleimpilze unter Vorbehalt als Pilze katalogisiert, doch in Wahrheit scheinen sie in einer Dämmerzone an den Rändern des Tierreichs herumzugeistern. Den ersten Teil des Lebens verbringt der Schleimpilz in Form Tausender einzelner, amöbenähnlicher Zellen, die unabhängig voneinander im Wald herumkriechen. Aus Gründen, die man noch nicht recht kennt, sammeln sich die einzelnen Zellen gelegentlich, um sich zu einer einzigen großen Masse zu verbinden und einen Klecks Protoplasma zu bilden, der an Rührei erinnert. Dieses Ding schleimt dann langsam in der Gegend herum, kriecht am Boden entlang und über Bäume, bis es Millionen von mikroskopisch kleinen Sporen hervorbringt, die sich weit und breit in der Welt verteilen und zu individuellen Zellen werden, womit sich der seltsame Lebenszyklus dieser Kreatur schließt.

Dann gibt es noch eine Pilzform, die sogenannten Mykorrhizen, die man besser kennt. In einer Symbiose, die an die von Algen und Pilzen erinnert, die der Welt zu den Flechten verhelfen, zapfen die Mykorrhizen die Wurzeln von Bäumen und anderen Pflanzen an und versorgen sich so mit Nährstoffen wie Zucker und Aminosäuren. Die Beziehung ist jedoch nicht so parasitär, wie es auf den ersten Blick scheint. Denn zu der symbiotischen Beziehung gehört auch, daß gleichermaßen Phosphor, Kalium, Kalzium und Stickstoff durch die winzigen Hyphen des Pilzes, die den gesamten Boden um die Wirtspflanze herum durchziehen, den

Wurzeln des befallenen Baumes zugeführt werden. Viele Waldbäume könnten das Schößlingsstadium nicht überleben, würden sie nicht beizeiten von einer Mykorrhiza befallen, und erst vor rund einem Jahrzehnt fand man heraus, daß Bäume, die mit einem Mykorrhizen-»Internet« untereinander verbunden sind, sich gegenseitig mittels der alles durchziehenden Hyphen Wasser und Nährstoffe spenden können, wobei gesunde Bäume etwas von ihren eigenen Reserven denen zukommen lassen, die sie dringender nötig haben.

Ich zog den Ärmel zurück und schaute auf die Uhr. Schon zwei. Seit mehreren Stunden kletterten wir, und je höher wir in die Wolken stiegen, desto mehr wandelte sich der Regen zu einem Vorhang aus dichtem Nebel, der auf allen Oberflächen Wasser perlen ließ. Der Wind begann an den Bäumen zu rütteln.

Stöhnend hievte ich mich eine weitere Stufe hoch und versuchte mich dadurch abzulenken, daß ich mir das immense Netz von zarten, hohlen Hyphen und Haarwurzeln zu meinen Füßen vorstellte, wie es einen endlosen Strom von Nährstoffen durch den Wald schickt, sie durch pneumatische Schläuche saugt und pumpt, die an die Rohrpost einstiger Behörden erinnern. Zu den Nährstoffen, die durch dieses Netz geschleust werden, gehören auch die stabilen marinen Stickstoff-Isotope, die über Lachskarkassen in den Wald gelangen (vgl. Seite 91). Ich war schon so müde, daß der Gedanke nicht ohne Reiz war, meine eigene Karkasse auf das Moos zu betten und meine Stickstoffvorräte in den Strom von Nährstoffen einfließen zu lassen, der den Wald durchzieht. Auch Michio war am Ende; als wir eine kurze Pause machten, streckte er sich flach auf dem Boden aus und war, das Gesicht dem Regen zugewandt, sofort eingeschlafen.

EINE DUSCHE WECKTE mich. Stechend schlugen mir die Tropfen ins Gesicht. Ich wischte das Wasser aus den Augen und schielte nach den Baumwipfeln. Ich zitterte, war unter meinem Regenzeug schweißnaß, und vom Hals bis zu den

Knien tat mir alles weh. Ich sah, wie eine Windböe eine faule Hemlocktanne peitschte, bis sie Hula tanzte, und zwang mich aufzustehen.

»Wetterumschwung?« fragte Michio und rieb sich die Augen.

»Wird schlimmer«, antwortete ich überflüssigerweise. »Wenn das so bleibt, wird es oberhalb der Baumgrenze zu unangenehm, wir werden also unter Bäumen kampieren müssen.«

Keine 200 Meter später traten wir auf subalpine Wiesen hinaus. Hüfthohe Vegetation wand sich durch Erlensträucher und vom Wind verkrüppelte Bäume. Alles trug die gedämpften Farben des Herbstes, und als der Regen für einen Augenblick nachließ, blitzte der blaßblaue Gletscher durch die Schwaden. Eine kahle Felskuppe am Rand der alpinen Zone erschien uns als günstiger Aussichtspunkt zum Absuchen der Hänge, aber Michio wies darauf hin, daß, selbst wenn wir das Glück hätten, einen Gletscherbären zu entdecken, das Wetter zu düster war, um die Kameras herauszuholen.

Wir brauchten eine Stunde, um den Felsen zu erreichen. Wir gingen langsam und vorsichtig und hielten ständig nach Bären Ausschau. Hier und dort waren welkender Bärenklau und Eisenhut-Büschel offenkundig von einem Meister Petz niedergetreten worden, doch ich sah keine Spuren, bei denen ich mir sicher war, daß sie frisch waren.

Am Fuß des Felsens blieb ich wie angewurzelt stehen. Halb im Heidekraut zu meinen Füßen verborgen lag ein schlanker, elfenbeinfarbener Knochen mit einem kleinen schwarzen Huf daran. Ein Büschel weißer Haare um den Knöchel herum erlaubte es, ihn als Überrest einer Schneeziege zu identifizieren.

»Eine junge«, sagte ich, als ich den Knochen in der Hand wog. Glatt und zerbrechlich fühlte er sich an, wie eine zarte Muschel. Abgesehen von den weißen Haaren war er blitzblank geleckt.

»Hat sich ein bißchen weit in die Wiese hinausgewagt.« Leicht konnte ich mir vorstellen, wie ein Wolf zwischen den

Bäumen hervorbrach und es einen kurzen Kampf gab. Es war schade, dachte ich, daß es das Zicklein so nah an der rettenden Steilwand des Felsens erwischt hatte.

Michio hob fatalistisch die Schultern. »Natur«, sagte er. »Alles muß sterben. Deswegen lieben wir die Natur so sehr.« Es sei wie eine Verpflichtung, erklärte er, die »mich dazu drängt, das Beste aus meinem Leben zu machen. Wirklich zu *leben*.«

»Wie der Eisvogel?« fragte ich. »Weißt du noch, auf unserer ersten Tour zur Glacier Bay?«

Michio dachte einen Moment nach, dann grinste er, als ihm wieder einfiel, daß ich einen Stein nach der Krähenhorde werfen wollte, die einen verletzten Eisvogel piesackte, und daß dann ein junger Adler herunterstieß und sich den verwundeten Vogel schnappte, ehe ich einschreiten konnte.

»Wolf, Krähe, Adler, Bär«, sagte er und rezitierte die Worte wie ein Gedicht. »Alles lebt so gut es kann, bis auch seine Zeit zu sterben kommt.«

»*Ngan ngan iko!*« antwortete ich, ein paar meiner Japanisch-Brocken hervorkramend. Das war eine unzureichende Interpretation dessen, was er zu sagen versuchte, aber der Anblick eines Herbstblatts rührt an unser Herz, eben weil es am Sterben *ist* – und der Beinknochen war auf dieselbe Weise schön.

Michio fuhr sich mit der Hand über das Gesicht und blinzelte den Regen aus den Augen. Er war triefnaß und voll Schlamm, Zweige hingen in seinen Haaren. Er grinste, streckte eine Hand aus und zwinkerte dem Regen zu, als wollte er sagen: *Sieh uns an! Wir zittern, sind müde und verdreckt, tapsen im Regen auf einem Berg herum, um nach einem Tier zu suchen, das zu finden wir fast keine Hoffnung haben! Wir müssen wirklich verrückt sein!*

Als wollte auch sie sich über uns lustig machen, riß mir eine Windböe die Mütze vom Kopf und warf sie mir zu Füßen. Welche schützenden Arrangements von Gipfeln und Graten auch immer Holkham Bay zum »Ort ohne Stürme« machten, wir waren inzwischen darüber hinaus geklettert, und der Sturm, den der Wetterdienst vorhergesagt hatte, ehe wir Juneau verließen, zog auf.

11 Gen Süden nach Cape Fanshaw

Der Sturm, der in jener Nacht unser Zelt zerlegte, warf auch mehrere Bäume zu Boden. Als eine riesige Hemlocktanne keine hundert Meter weiter umstürzte und zersplitterte, klang es, als käme sie genau neben unserem Zelt herunter, und Michio schrie, als er sich zu einer Kugel zusammenkauerte – ob aus Angst, daß der fallende Baum uns zerschmettern könnte, oder um sich vor mir zu schützen, weil ich wie wild um mich trat und herumfuchtelte, um die nasse Nylonbahn aus meinem Gesicht zu bekommen, kann ich nicht sagen; irgendwie aber ging in dem Gewühl unser Zelt entzwei, und bei Tagesanbruch waren unsere Schlafsäcke triefnaß.

Wir stopften unsere durchweichte Ausrüstung in die Rucksäcke und zogen uns schleunigst vom Berg zurück, weil wir fürchteten, daß der Sturm Eis in die Bucht mit der *Swift* getrieben haben könnte. Es regnete noch immer heftig, als wir uns durch Barrikaden von zersplitterten Stämmen und hochgeworfener Erde kämpften, doch allmählich ließ der Wind nach. Als wir auf Meereshöhe aus dem Wald kamen, wurde Soun-doun seinem Namen wieder voll und ganz gerecht. Der Fjord war ruhig, sah aus wie grünes Glas, und es waren keine Eisberge in Sicht. Nichtsdestotrotz atmete ich erleichtert auf, als wir mit dem Skiff die Bucht erreichten und die *Swift* sicher vor Anker liegen sahen.

Gegen Abend schlug das Wetter um. Sonnenlicht drang durch Wolkenlücken und zeichnete die Silhouette des Fensters auf den Tisch, Michio summte vor sich hin, während er sich in trockenen Socken in der Kombüse zu schaffen machte.

»Sollen wir weiter Ausschau halten?« wollte ich wissen. Wir fühlten uns beide nach den Tagen ergebnislosen Suchens zwar nicht sonderlich niedergeschlagen, andererseits hatten wir aber auch nichts gesehen, das mich glauben machte, wir könnten Erfolg haben.

Michio antwortete mit einem unentschiedenen Grunzen, dann lehnte er sich gegen den Tisch und hielt die hohlen Hände in die Sonne.

»Ich habe nachgedacht«, sagte er und drehte eine Hand, als würde er die Rottöne des Sonnenuntergangs über den Tisch gießen. »Ich habe noch kein Foto von Walen in diesem Licht.«

Im Lauf der Jahre hatten Michio und ich viele Wale fotografiert, doch stets im gleißend hellen Licht des Sommers, und jetzt sorgte die rasch zum Horizont hinabsteigende Herbstsonne für weiches, diffuses Licht, das seinen Bildern eine neue Dimension geben konnte.

»Es ist nicht einfach«, sagte ich zu ihm, »so spät im Herbst noch Wale zu finden.« Alle vier bis fünf Tage kommen Orkane und Stürme vom Golf herangerast. Nimmt man weitere zwei oder vier Tage pro Woche hinzu, an denen der Wind mit 20 bis 30 Knoten weht, und berücksichtigt man, daß nur an einem von neun Tagen kein Regen fällt oder keine dunklen Wolken am Himmel hängen, dann wird klar, daß die Wahrscheinlichkeit, bei ruhigem, schönem Wetter Wale fotografieren zu können, sich der jener Zahlen annähert, auf die nur ein Narr im Spielkasino setzen würde.

Wir hatten das Glück gehabt, auf der Fahrt von Juneau nach Endicott einen kurzen Blick auf einen Buckelwal werfen zu können. »Aber abgesehen davon«, sagte ich, »weiß ich nicht, wo ich suchen soll.«

Buckelwale zerstreuen sich, wenn das Wetter schlechter wird, ziehen sich auf der Suche nach besseren Nahrungsquellen langsam aus ihren Sommerrevieren zurück und verlassen die Gewässer Alaskas schließlich sogar ganz. Einmal bin ich zwar einer Herde von rund hundert Tieren begegnet, die noch Anfang November an der Mündung einer Meerenge nach Futter suchten, doch während der meisten meiner Herbst- und Winterstreifzüge waren Wale hier so rar gewesen wie Schmetterlinge.

»Keine Wale im Frederick Sound?« fragte Michio. (Seit unserer ersten Tour hatten wir dort mehrmals Erfolg gehabt.)

»Vielleicht«, gab ich zurück. »Aber das kann ich nicht mit Sicherheit sagen.«

Ich erinnerte ihn daran, daß das Wetter im Frederick Sound keineswegs besser war, und daß wir ihm um so mehr ausgesetzt wären, je weiter wir nach Süden fahren würden. Ich nehme an, ich war von dem Sturm auf dem Berg immer noch ein wenig mitgenommen, aber ich sagte nichts davon, daß nach dieser Erfahrung mir der Hafen von Juneau angesichts der Alternative eines Spießrutenlaufs durch die Herbststürme im Frederick Sound als wahres Paradies erschien.

»Nein«, sagte ich. »Die Chancen stehen zu schlecht. Wir fahren besser nach Hause.«

ALS ICH MICH am nächsten Morgen aus der Koje rollte, wandelte ein acrylblauer Himmel meinen Sinn. Die klare Luft bedeutete, daß das Barometer stieg und reine, kalte Luft in Form von Nordwind aus Kanada einströmte.* Nach Juneau zu fahren würde bedeuten, 40 Meilen weit über Buckelwellen zu holpern, zum Frederick Sound aber war es eine glatte Schlittenpartie vor dem Wind.

»Es könnte klappen«, sagte ich zu Michio. Reite mit dem Nordwind zum Frederick Sound hinunter, solange die Sonne scheint, und hoffe auf ein, zwei schöne Tage. Das nächste Luftdrucksystem würde fast mit Sicherheit ein Tief sein, und dann konnten wir mit Südwind rechnen, der uns heimschieben würde.

Ich prüfte den Treibstoffvorrat, Michio inventarisierte die

* Tiefdrucksysteme rotieren auf der Nordhalbkugel gegen den Uhrzeigersinn, während Hochs sich in umgekehrter Richtung drehen. Folglich kündigt sich ein Hoch, das von Westen nach Osten über den Golf zieht, in der Regel durch Nordwind an, bei einem Tief kommt der Wind hingegen von Süden oder Südwesten. Natürlich gibt es Ausnahmen, aber im allgemeinen ist dies eine nützliche Faustregel.

Lebensmittel. Wir stellten fest, daß wir genug von beidem hatten. Mit vereinten Kräften zogen wir das Skiff an Bord und verstauten es an Deck, lichteten den Anker und fuhren los.

Außerhalb der Holkham Bay war die Stephens Passage mit weißen Schaumkronen betüpfelt. Grüne Wellenberge schoben sich in geordneter Marschfolge von Norden heran, türmten sich auf und brachen. In der Mitte der Wasserstraße sah ich einen Schlepper, der sich nach Norden vorkämpfte und Gischtfontänen hochwarf. Leicht frohlockend drehte ich die *Swift* vor den Wind; mit der Strömung läuft sie einfach wunderbar. Nachdem ich einen Kurs von 140 Grad gesetzt hatte, gab ich Gas, bis die *Swift* mit gleichem Tempo wie die Wellen fuhr.

Thistle Ledge tauchte an Backbord eine halbe Meile entfernt auf. Ich drehte ein klein wenig am Ruder, um nicht zu nahe zu kommen, dann nahm ich es wieder ein bißchen zurück, um mich von Hobart Bay fernzuhalten. Ich glaube, es war Aldo Leopold, der sagte, wenn man einmal begonnen habe, sich um die Umwelt zu sorgen, sei das, wie mit einer offenen Wunde zu leben. Der Anblick der massiven Kahlschläge an den Berghängen zu beiden Seiten von Hobart Bay gab mir in der Tat das Gefühl, als würde ich verbluten. Ich steuerte, davon Abstand haltend, einen Kurs nach Süden entlang der Küste von Admiralty Island nach Point Pybus unterhalb von Gambier Bay. Bei Pybus wollten wir den Kurs ein weiteres Mal ändern und uns südwestlich halten, wo wir, wenn wir Glück hatten, so überlegte ich, auf der Leeseite von Admiralty Island vielleicht ruhigeres Wasser finden würden.

Die *Swift* hob und senkte sich mit den Wellen und schleuderte glitzernde Gischtbögen empor. Eine Bonaparte-Möwe im Winterkleid stattete dem Bug einen Besuch ab, fand nichts Interessantes und hob wieder ab.

Eine Stunde später wurde der Wind schwächer, wir erreichten die Passage zwischen den Brother Islands und Pybus Bay – ein langgestreckter, schmaler Wasserlauf, an dem einst mehrere Fuchsfarmen lagen, wo die Tiere wegen ihres Fells in Käfigen aufgezogen wurden. Einer Legende der Ureinwohner zufolge ist an dieser Bucht ein Volk von unsichtbaren Zwergen zu Hause, die gern in Not geratenen Menschen helfen, aber im Jahr 1924 nützte das einem Fuchsdieb namens Billy Gray wenig: Ein Haufen Fuchsfarmer verfolgte ihn bis auf eine kleine Insel nahe der Mündung und tötete ihn, während er in seinem Zelt schlief.

Der Frederick Sound war ruhig, als wir vor Eliza Harbor ankerten und einen Imbiß nahmen. Michio belegte Doppeldecker-Sandwiches, und ich holte das Fernglas heraus. Wir saßen auf dem Vordeck, um beim Essen die Küste abzusuchen, die *Swift* schaukelte auf den Resten der von Norden gekommenen Wellen sanft hin und her. Das Meer war von blassem Grau. Rauch aus dem Schornstein eines Schiffs, das weit im Süden vorüberfuhr, zog als lange Schliere über den Horizont.

Als ich mein Sandwich vertilgt hatte, wischte ich mir den Mund mit einer Papierserviette ab, ging ins Steuerhaus und suchte auf dem Funkgerät die Wetterstation. Wir waren zu weit südlich, um noch Juneau empfangen zu können, aber ich dachte, an so einem klaren Tag wären wir vielleicht in der Reichweite von Petersburg, das nur 50 Meilen entfernt lag.

Es knackste im Äther, statisches Rauschen störte die Übertragung. Nach zehn Minuten vergeblicher Versuche zu enträtseln, was die elektronische Stimme hinter dem atmosphärischen Zischen und Brabbeln sagte, gab ich auf, ging an Deck und blickte gen Himmel.

»Sieht gut aus«, sagte ich. Hauchdünne weiße Wolkenfinger griffen von Südwest in den Himmel empor. Der Rest des Firmaments war pastellblau.

»Nettes Licht«, meinte Michio. »Jetzt brauchen wir nur noch Wale.«

Wir trieben eine weitere halbe Stunde dahin und suchten den Horizont nach Fontänen ab. Die Sonne fühlte sich gut auf meinem Gesicht an, und es war ganz friedlich, als wir so dasaßen und sich die Welt um uns drehen sahen.

»In zwei Stunden erreicht die Flut ihren Höhepunkt«, kommentierte ich. »Wenn dann das Wasser wieder abfließt, haben wir vielleicht Glück mit den Walen.« Das war eine blanke Vermutung, mehr von Hoffnung als von Realismus getragen, doch es gab eine kleine Chance, daß eine Umkehr der Strömungsrichtung sich auf das frei schwimmende Walfutter auswirken und so ein paar Walaktivitäten mit sich bringen würde – wenn überhaupt welche in der Nähe waren. Die 20 oder 30 Quadratmeilen Ozean, die wir von unserer Position überblickten, schienen so leer wie der Himmel.

Wir tuckerten ein, zwei Meilen im Leerlauf dahin, ehe ich die Maschine ganz abschaltete, dann hielten wir abwechselnd Wache und Nickerchen. Vor Chapin Bay tauchte ein paar Meter vor dem Bug ein Kleiner Tümmler auf und holte kurz Luft, ehe er wieder verschwand. Eine Handvoll Sturmschwalben flatterte tief über dem Wasser vorüber, und über unseren Köpfen schraubte ein einsamer Adler eine Spirale in die Luft.

Als ich das nächste Mal aus meinem Schlummer aufwachte, war der Himmel nicht mehr blau. Die weißen Wolkenfinger waren perlgrau geworden, und die *Swift* rollte heftiger; sie schaukelte ruckartig von der einen auf die andere Seite, so daß die Kaffeetassen auf ihren Haken klapperten.

Ich sah auf die Uhr: schon nach drei. Vor über einer Stunde war Gezeitenwechsel gewesen, und in einer weiteren Stunde würde die Ebbe ihren Spitzenwert erreichen. Das Rollen, dachte ich, mußte von der zunehmenden Strömung herrühren, die über dem Meeresgrund wogte und brodelte.*

* Das Ansteigen und Absinken des Wasserspiegels mit den Gezeiten kann man als Glockenkurve darstellen, wobei es zu den schnellsten Veränderungen in den mittleren Phasen kommt. Um die Geschwindigkeit zu berechnen, mit der der Wasserspiegel sich in einem gegebenen Zeitraum verändert, muß man die Differenz zwischen Hoch- und Niedrigwasser durch zwölf teilen. Im Verlauf der sechs Stunden der jeweiligen Tide steigt oder fällt das Wasser während der ersten Stunde um 1/12, um 2/12 während der zweiten, um 3/12 während der dritten und vierten, um 2/12 während der fünften und wiederum um 1/12 während der sechsten. Bei einem mäßigen Tidenhub von beispielsweise 5,40 Metern steigt oder sinkt der Wasserspiegel in der Mitte dieser sechs Stunden also um 1,35 Meter pro Stunde, und auch die Strömung ist in diesem Zeitraum am stärksten.

Ich prüfte das Echolot – wir hatten 100 Fuß Wasser unter dem Kiel –, dann schnappte ich ein herumliegendes Buch, das sich gerade Richtung Boden auf den Weg machen wollte. Der Wasserkessel rutschte über den Herd und knallte gegen die Sicherungsleiste. Ich sammelte alle losen Gegenstände in der Kombüse ein und hatte sie gerade in der Spüle verstaut, als das Boot in Gegenrichtung zu rollen begann.

»Laß uns losfahren!« brüllte ich Michio zu. »Wie der Himmel aussieht, gefällt mir nicht!« Eine Wolkenbank mit den Farben eines blauen Flecks näherte sich von Süden, ein Streifen Wasser darunter war schwarz vom Wind. Mein Magen verkrampfte sich, als mir klarwurde, daß das Schaukeln der *Swift* nicht von der Ebbe herrührte, sondern vom Pulsieren von etwas sehr Starkem und Unangenehmem, das auf uns zuwirbelte.

Ich breitete eine Karte auf dem Tisch aus und suchte mit dem Finger unsere Position. Wir waren nach Südwesten getrieben und getuckert, bis wir beinahe bei Yasha Island waren, nur ein paar Meilen von Point Gardner an der Südspitze von Admiralty Island entfernt. An der nahen Küste gab es jede Menge Häfen und Buchten, doch sie öffneten sich alle nach Süden und boten keinen Schutz. Die Security wie die Saginaw Bay am gegenüberliegenden Ufer des Frederick Sound waren ideal, um einen Südsturm abzuwettern, doch als ich in die Richtung blickte, hatte sie die auf uns zurasende Front schon verschlungen.

Ein Windstoß drang durchs offene Fenster und ließ die Ecke der Karte flattern. Die Spitze eines Wellenbergs zerbrach zu weißem Schaum – dann dahinter eine weitere und noch eine, und binnen ein oder zwei Minuten war das Meer in jeder Himmelsrichtung aufgewühlt.

Eine kräftige Böe schob die *Swift* breitseits zum Wellengang und ich veränderte die Ruderstellung, um den Bug in die Wogen hineinzudrehen. Michio sah mich beunruhigt an; ich bedeutete ihm, seine persönlichen Sachen wegzupacken und zu prüfen, ob die Kameras sicher verstaut waren.

»Das wird schon«, sagte ich. Mit einer Hand steuerte ich,

mit der anderen tippte ich auf die Karte: »Es sind nur neun Meilen über die Chatham Straits nach Warm Springs Bay.«

Warm Springs ist das, was Fischer einen »kugelsicheren« Hafen nennen, denn die Bucht ist auf allen Seiten von hohen Bergen geschützt. Die Einfahrt ist schmal, und am Ende der Bucht gibt es einen gut gewarteten Anlegeplatz. In der Warm Springs Bay stand einmal das Dorf Baranof, eine kleine Siedlung, die vorbeifahrende Fischer mit der Aussicht auf ein Bad in der nahegelegenen heißen Quelle anlockte. Wenn dann die Fischer die Schmerzen und Beschwerden, die ihr Beruf mit sich bringt, im warmen Wasser gelassen hatten, konnten sie sich im Laden von Sadie Fenton und Fred O'Neal mit Vorräten, ihrer Post und dem neuesten Klatsch von den Chatham Straits versorgen.

Als ich zum ersten Mal nach Baranof kam, war der Laden schon aufgegeben worden und zerfiel. Die einzigen Dauerbewohner, die es noch gab, waren Fred Bahovec und seine Frau Chlotilde. Sie war 78, er 100 Jahre alt, und er schrieb seine Memoiren, die den Titel *Die* ersten *hundert Jahre* tragen sollten. Fred war Fuchsfarmer gewesen, erzählte er, und, ja, er hatte auch ab und an Ärger mit Dieben. Doch es erscheint zweifelhaft, daß eine so gute Seele wie Fred bei der Sache mit Billy Gray seine Hand im Spiel gehabt haben kann; sollte das dennoch der Fall gewesen sein, so hat er es für sich behalten.

Michios Miene hellte sich bei der Erwähnung von Warm Springs Bay auf. Als wir den Ort 1991 erstmals gemeinsam besuchten, war Fred gestorben (sehr zu seiner Überraschung, nehme ich an) und Chlotilde trauerte noch, aber wir luden sie trotzdem zu einem Ausflug ein und fuhren mit der *Swift* die Chatham Straits hinunter, bis wir auf eine Herde Wale stießen, die bei ihr Begeisterungsstürme auslösten, als sie sich keine 50 Meter vom Boot entfernt auf ihren Rücken herumräkelten und mit ihren gigantischen Finnen in der Luft wedelten. Als wir später wieder am Kai anlegten, waren sie und Michio längst dicke Freunde. Ich erzählte ihm nicht, daß sie kürzlich mit Kehlkopfkrebs ins Krankenhaus von Sitka eingeliefert worden war. Das konnte warten, dachte ich, bis wir sicher festgemacht hatten.

»Wir werden vor dem Wind laufen«, sagte ich. »Wir müßten in einer Stunde da sein.«

Ich klang wohl selbstsicherer, als ich mich fühlte. Der Seegang war noch nicht so schlimm – Wellen von ein bis anderthalb Meter –, aber die Ebbe strömte jetzt mit voller Kraft, und das gegen den Wind. Das Wasser von 2000 Quadratmeilen Fläche schob sich nach Süden, von wo ihnen eine wütende Luftmasse von der Größe Tennessees, vermute ich, entgegenkam, und diese Kombination konnte die bereits schäumende See nur noch weiter aufpeitschen. Als mir einfiel, daß Sadie Fenton den Laden in Baranof verkauft hatte und weggezogen war, weil Fred O'Neal verschwunden war – vermutlich untergegangen und ertrunken –, nachdem er bei ganz ähnlichem Wetter in die Chatham Straits gefahren war, kam mir die *Swift* wie eine Nußschale vor.

Obwohl die Uhr noch nicht vier zeigte, war das Licht draußen von einer grauen, düsteren Schwere, und als Gischttropfen gegen das Fenster klatschten, schaltete ich die Scheibenwischer ein und knipste das Radar an.

Wir tuckerten langsam über die kurzen, unregelmäßigen Wellen, während ich überlegte, was zu tun sei. Von unserer gegenwärtigen Position aus würde ein direkter Kurs nach Warm Springs Bay uns durch flaches Wasser zwischen Yasha Island und Point Gardner führen, wo eine wüste Kabbelung drohte; die Alternative hieß, nach Südwesten in offenes Wasser zu fahren, bis wir an Yasha vorbei waren, und dann um 120 Grad zu drehen. Auf diesem Weg würde das Boot heftig stampfen, und wir bräuchten mindestens eine halbe Stunde länger, um Baranof zu erreichen; dann kämen wir erst kurz vor Dunkelheit an den sicheren Ankerplatz.

Ein weiterer Kübel Salzwasser spritzte gegen die Fenster; ich sicherte die Türen. Auf dem Radarschirm war die Küstenlinie wegen der Streuung durch brechende Wellen unscharf verwischt, und als eine Schliere grünen Nebels erschien, wußte ich, daß sie heftigen Regen bedeutete.

Ich drehte am Steuerrad, wendete die *Swift* auf der Stelle und setzte einen Kurs nach Point Gardner. Regengüsse, die so dick waren, daß sie das Radar reflektierten, bedeuteten auch, daß es früh dämmern würde, und hier im Dunkeln zu fahren ist riskant: Die großindustrielle Holzfällerei hat die Wasserwege Südalaskas mit Tausenden verlorener Stämme zugemüllt, und nachts gegen einen zu laufen kann fatal sein.

Ich gab Gas und trieb die *Swift* vorwärts, bis sie mit den Wellen lief. 1,50 Meter erreichten die meisten, etliche auch fast zwei Meter.* Mit Backstagswind die *Swift* eine Welle hochzureiten, die Front hinunterzusurfen und dann wieder den Kamm der nächsten zu erklimmen, machte beinahe Spaß. Michio klammerte sich am Tisch fest und starrte über die Schulter die Wellen an.

»Weiter oben wird's wahrscheinlich noch ein bißchen rauher«, sagte ich und starrte das Radar an. Da war etwas auf dem Schirm, das ich noch nie zuvor gesehen hatte: Der Bereich zwischen Point Gardner und Yasha Island wand sich wie eine grüne Schlange.

Mein Magen verknotete sich, als mir klarwurde, was es war: Das Wasser, das sich aus der Stephens Passage und dem Frederick Sound ergoß, begann über den Untiefen zu kochen und stürzte sich kopfüber in die Massen, die aus den Chatham Straits heranströmten. Was ich sah, waren jähe, steile Brecher, die so dicht gestaffelt waren, daß das Radar sie als eine einzige Welle wahrnahm.

»Halt dich fest«, sagte ich. Ich versuchte ruhig zu wirken, aber ich sprach viel zu laut. Ich überlegte, ob es vielleicht zum Umkehren zu spät war.

Es war zu spät. Wir konnten nichts tun als ausharren.

* Die Höhe von Wellen zu bestimmen ist schwierig, und die meisten Schätzungen können um die Hälfte oder ein Drittel reduziert werden. Für ein kleines Schiff ist jedoch nicht so sehr die Höhe der Wellen von Belang, sondern vielmehr ihre »Periode« oder ihr Folge. Sechs-Meter-Roller sind weniger gefährlich als Sechs-Fuß-Wellen, die steil und dicht aufeinander folgen.

12 Sturm

Die *Swift* riß vom ersten Wellenkamm los und stürzte ins Tal, und schon wurde sie von der nächsten Woge wieder hochgezerrt. Aus allen Richtungen heranstürmende Wellen klatschten mit voller Wucht gegeneinander und explodierten in spitzen Gipfeln. Grünes Wasser schäumte über die Reling.

Gischt und tiefhängende Wolkenfetzen überforderten die Scheibenwischer, und ich konnte nur noch durch Streifen spähen. Irgendwo vor uns tanzte und tauchte eine Faßtonne im tosenden Wasser, die das Ende des Riffs markierte, das sich von Yasha Island nach Norden erstreckt; wenn ich die verpaßte, konnte die *Swift* in eine Zone mit Felsen dicht unter der Wasseroberfläche gespült und in Stücke zerrissen werden.

Eine Schublade sprang aus den Führungen und krachte zu Boden. »Laß es!« bellte ich Michio zu, als er Anstalten machte, sie aufzuheben. So viel Wasser schwappte über das Deck, daß es unter der Tür durchsickerte und der Kajütenboden rutschig war. Ich wollte nicht, daß er stürzte und sich verletzte.

»Wir sind hier bald durch«, sagte ich. »Die Strömung wird uns auf der anderen Seite heraustreiben.«

Ich riskierte, eine Hand vom Ruder zu nehmen, um den Radarschirm zu justieren, und merkte dabei, daß ich die Zähne zusammenbiß. Das chaotische Wellentreiben und die wehende Gischt überforderten die Leistungsfähigkeit des Radars, so daß es schwierig war, Wasser von Land zu unterscheiden. Ich konnte nichts weiter tun, als grob einen Kurs anzupeilen, versuchen, ihn zu halten, und beten, daß wir uns in tieferes Wasser vorarbeiten könnten, ehe wir über das Riff geworfen würden.

Das Getöse war furchterregend. Wie Kiesel prasselte die

Gischt gegen die Fenster, während die Wellen wie Schmiedehämmer gegen den Rumpf donnerten. Unentwegt hieben die Schläge auf die taumelnde, stürzende *Swift* ein, es fühlte sich an, als würde sie eine Treppe hinunterpurzeln.

»Da!« schrie Michio und zeigte nach Backbord.

Kurz sah ich etwas Rotes, als die gesuchte Tonne einen Wellenkamm hochritt. Ein paar Minuten später ließ die Gischt für einen Moment nach, und der lange grüne Finger von Point Gardner tauchte auf dem Radarschirm auf. Wir waren weniger als zwei Meilen entfernt, hatten die Tonne achtern gelassen, und als ich das Echolot von 20 Faden auf 40 und dann auf 50 fallen sah, wußte ich, daß wir am Riff vorbeigetrieben worden waren.

»Wir sind fast raus«, sagte ich, um Michio zu beruhigen. »Es wird besser, sobald wir von der Küste freigekommen sind.«

Gründlicher hätte ich nicht danebenliegen können. Wir hatten fast eine halbe Stunde gebraucht, um uns durch die Kabbelung zu arbeiten, und in dieser Zeit hatte sich der Sturm verdoppelt. Die Wellen stapelten sich, stiegen aufeinander, und ihre Kämme brachen auf 30 Meter Länge.

»Himmel«, murmelte ich. Mein Herz raste. Mein Atem ging stoßweise. Die *Swift* ist ein leichtes, für flache Wasser gebautes Boot, und die Kajüte bietet dem Wind jede Menge Widerstand. Warm Springs Bay lag West zu Nord, bei 285 Grad auf dem Magnetkompaß, doch um dahin zu gelangen, ohne vorbeigeblasen zu werden, mußte ich schätzungsweise um mindestens 40 Grad gegensteuern, was hieß, quer zum Wind zu »krebsen« und breitseits durch die Wellen zu fahren.

»Das schaffen wir nicht«, erklärte ich Michio. Er sagte nichts, sondern starrte mich nur mit offenem Mund an.

»Wir müssen nach Norden, die Chatham Straits hoch«, sagte ich, »und versuchen, auf der Admiralty-Seite Unterschlupf zu finden.« Wieder krachte die *Swift* in ein Wellental.

Ich drehte vor den Wind und griff zum Gas. Ein Vorteil eines Benzinmotors gegenüber einem Diesel ist, daß er schneller auf das Gas reagiert, was das Fahren bei schwerem

Seegang erleichtert. Eine bessere Beschleunigung sorgt für Schub, wann immer man ihn braucht, und mit ein bißchen Erfahrung schaffen es die meisten Skipper mit kleinen Booten, ein Gefühl für das Timing zu entwickeln, so daß sie fast instinktiv im Rhythmus des wogenden Wassers fahren, indem sie einen Wellenrücken mit Vollgas hochfahren und mit wenig Gas die andere Seite hinuntersurfen. Es kommt darauf an, das Muster der Wellenfolge gut im Auge zu behalten, um sicher durch die Berge und Täler zu steuern.

Doch jetzt waren die Bedingungen weit schlechter, und als wollte sie den Ernst unserer Lage betonen, explodierte die nächste Welle, die den Kiel der *Swift* passierte, in einer Schaumlawine. Wir stürzten wie ein fallender Fahrstuhl hinunter, klatschten ins Wellental und drehten uns seitwärts den nächsten Berg hoch. Ich hieb den Gashebel nach vorn und drückte den Bug herum, ehe uns der nächste Brecher überrollen konnte. Wir wurden hochgerissen, heruntergeschmissen und herumgerollt; ein schwerer Seesack plumpste zu Boden.

»Hol alles runter«, schnauzte ich. »Leg alles auf den Boden.«

Es gefiel mir nicht, Befehle zu keifen, aber daß ich Michio die Ausrüstung und die schweren Kamerakoffer aus den Kojen und Borden auf den Boden umschichten ließ, zeigt, wie verzweifelt ich unsere Lage sah. 100 oder 200 Kilo zu verlagern hätte sich auf den Trimm der *Swift* insgesamt nicht sonderlich ausgewirkt, aber wenn uns ein großer Brecher breitseits erwischen und auf die Seite legen würde, konnte ein auch nur etwas tieferer Schwerpunkt zwischen Kentern und Wiederaufrichten entscheiden.

Etwas mehr als ein Jahr zuvor war ein ähnliches Boot wie die *Wilderness Swift* während der Eröffnung der Lachssaison bei Haines umgeschlagen. Der Skipper der *Tammy Kay* konnte ins Freie schwimmen und wurde gerettet, aber ein Matrose war im Rumpf des kieloben treibenden Bootes gefangen. Ein Rettungshubschrauber der Küstenwache war wegen schweren Eisregens gezwungen umzukehren; Taucher, die schwimmend zu dem Eingeschlossenen vordringen wollten, wurden von einem Gewirr aus Netzen und Leinen daran gehindert, und so mußten die Mannschaften von einem halben Dutzend Booten, die auf die Notrufe der *Tammy Kay* hin gekommen waren, den gedämpften Schlägen des Sechzehnjährigen, der sich zu befreien versuchte, tatenlos zuhören, bis er ertrank. In der Nacht, als die *Tammy Kay* durchkenterte, war sie inmitten einer Fischereiflotte, und der Wind blies nur mit 30 Knoten; jetzt war das Wetter viel schlimmer, und die *Wilderness Swift* war allein. Kein anderes Schiff war in Sicht.

Ich riskierte einen raschen Blick auf die Karte. Acht Meilen nördlich lag Wilson Cove, eine flache Einbuchtung der Küste, aber voller Felsen und zu offen, um sonderlich Schutz vor dem Sturm zu bieten.

Sieben Meilen weiter bot Whitewater Bay exzellente Voraussetzungen, doch ein Riff, das seit der russischen Landnahme seinen Bootszoll gefordert hatte, blockierte die Südseite der Einfahrt. Das zu umgehen hätte bedeutet, an der Bucht *vorbei*zufahren und kehrtzumachen – ein riskantes Manöver, das uns wiederum breitseits zu den Wellen bringen würde.

Ein weiterer Brecher rauschte unter dem Kiel durch und ließ uns in die Leere dahinter stürzen. Ich konnte nichts weiter tun als Gas zu geben, um im Wellental Fahrt zu gewinnen, dann wieder zu drosseln, damit wir nicht unkontrolliert den nächsten Berg herunterrutschten. Die Wellen waren so groß und steil geworden, daß ich Angst hatte, kopfüber eine Wellenfront hinunterzustürzen und den Bug unter Wasser zu bekommen. Wenn das passierte, konnte uns die nächste Welle Heck über Bug umschmeißen.

Jede vierte oder fünfte Welle war ein Monster, ein glitschiges graues Tier, das sich so hoch reckte, daß es den Wind abzublocken schien. Es war nur eine Frage der Zeit, da war ich sicher, bis eine genau über uns brechen und uns unter Wasser drücken würde.

»Sechzehn Meilen«, flüsterte ich. »Könnten genauso hundert sein.«

Ich wollte nicht darüber nachdenken. Wenn wir es vor der

Dunkelheit nicht mehr bis Whitewater schafften, waren es noch einmal vier Meilen bis zum nächsten Ankerplatz. Die Chaik Bay hat kein gefährliches Riff, aber ich schätzte, daß jede zusätzliche Meile, die wir im Dunkeln fahren mußten, unsere Chancen halbierte, daß wir es schafften.

»Wird es schlimmer?« fragte Michio. Er hatte sich in die Ecke am Kombüsentisch gezwängt und stützte sich mit einer Hand am Schott ab.

Zeig ihm nicht, wieviel Angst du hast. Ich schluckte und versuchte, mir die Lippen zu lecken.

»Keine Sorge, Michio. Die *Swift* ist ein gutes Boot.«

Er nickte ein bißchen zweifelnd und versteifte sich in seinem Winkel, als uns die nächste Welle erwischte.

Doch als ich ein paar Minuten später einen Blick hinüberwarf, war ihm das Kinn auf die Brust gesunken, und die Augen waren geschlossen. Sein Atem ging ruhig und gleichmäßig.

Himmel, dachte ich, *er ist eingeschlafen.*

Auf halbem Weg zwischen Wilson Cove und Whitewater Bay wechselte die Tide, und der Wind ließ etwas nach. Doch auch wenn dadurch der wütenden See ein bißchen der Schrecken genommen war: ich war noch immer viel zu aufgeregt und im Dunkeln zu desorientiert, um das Umfahren des Whitewater-Riffs zu riskieren. Eine weitere lange Stunde fuhren wir mit ein Viertel Kraft voraus, ehe ich in die Chaik Bay hineinsteuern konnte. Es war längst acht Uhr durch, als wir die *Swift* in ein acht Faden tiefes Loch hinter einer kleinen Insel bugsierten, wo das einzige Anzeichen des Sturms ein böiger Wind war, der in den Bäumen rauschte.

Ich war wie betäubt, zitterte vor Erschöpfung, und meine Schultern fühlten sich an, als hätte mich jemand mit einer Planke durchgeprügelt. Als ich den Anker warf und anschließend den auf dem Deck verstreuten Inhalt einer Kühlbox einsammelte, panierte Michio schon Koteletts und hatte einen Topf Reis auf dem Herd.

Ich kippte einen Kessel Wasser in eine Schüssel und schnappte mir Waschlappen und Seife. Klamm und klebrig hatte mich der Angstschweiß gemacht, und als ich an Deck ging und das Hemd auszog, fühlte sich die kühle Luft gut an. Weniger die Kälte als vielmehr das Absinken des Adrenalinspiegels ließ mich zittern, aber dann goß ich mir die Schüssel warmes Wasser über die Brust und gab ein zufriedenes Grunzen von mir.

Der Duft von Michios Kochkünsten vermischte sich mit dem salzigen Geruch von Seegras und Tang. Sprühregen glitzerte im Licht der Kajüte. Ich fühlte mich sicher, von Eindrücken überwältigt, und pfiff eine Melodie, während ich mich abtrocknete – wie gut es war, am Leben zu sein.

»Essen fertig!« Michio steckte den Kopf aus der Tür.

Ich schnappte mir ein Bier aus der Kühlbox, zog mein Hemd an und ging hinein. Michio hatte wie üblich das Wunder vollbracht, ganze Schüsseln mit Salat, Reis und gedämpften Bohnen sowie eine Platte voll knusprig gebratener, goldbrauner Schweinekoteletts auf den Tisch zu bringen.

Ich drehte die Kapsel von der Bierflasche, und der Inhalt schäumte über meine Hand. *Ich bin hier wohl nicht der einzige, der durchgeschüttelt ist*, dachte ich und griff nach einer Serviette.

»Hattest du keine Angst, Michio? Als es ruppig wurde?« Ich war noch immer erstaunt, daß er eingeschlafen war.

»Doch«, antwortete er unbekümmert und holte sich mit der Gabel ein Kotelett auf seinen Teller. »Aber du hast gesagt, alles wäre in Ordnung, also ging ich schlafen.«

Als ich Michio versicherte, er müsse sich keine Sorgen machen, weil »die *Swift* ... ein gutes Boot« sei, verheimlichte ich ihm die ganze Wahrheit, aber er nahm meine Worte für bare Münze. Er vertraute mir, so einfach war das, und während wir das Abendessen verdrückten, fragte ich mich, wie ein Mensch lernt, so ein Vertrauen zu entwickeln.

Zuvor hatte ich mich oft gewundert, welche Wirkung Michio auf andere Leute hat, daß irgend etwas an ihm bei anderen eine unerwartete Großzügigkeit und Güte hervorlocken konnte, doch jetzt begann ich zu begreifen, daß einfach dadurch, daß er an die Menschen *glaubte*, seine Zuversicht sich selbst bewahrheitete.

Man erntet, was man sät, dachte ich im stillen. Es ist eine weitverbreitete Grundannahme der Populärpsychologie, daß Menschen im allgemeinen auf die Erwartungshaltung anderer so reagieren, daß sie ihr entsprechen – behandele einen Mann wie einen Dieb, und er wird stehlen, stecke ihn in eine Zwangsjacke, und mit Sicherheit wird er verrückt –, doch das Gegenteil trifft genauso zu, und um das zu verstehen, mußte ich nur an den außerordentlichen Heldenmut von Feuerwehrmännern oder Soldaten denken, die es schaffen, unter lebensbedrohlichen Umständen zu agieren, weil (abgesehen von ihrer Ausbildung und ihrem Selbstwertgefühl) ihre Führer oder die Gesellschaft dies von ihnen erwarten.

Von dort war es nur ein kleiner Schritt, Michios Lebenseinstellung – daß die Welt und ihre Menschen im Grunde schön und gut sind und daß man sich darauf verlassen kann, daß sie ihr Bestes geben – mit meiner eigenen zu vergleichen, die eher der eines Menschen glich, der einen mächtigen Strom auf dünnem Eis überquert.

Ich sollte mehr wie er denken, überlegte ich und faßte den halbherzigen Entschluß, mir Michios unausgesprochenes Vertrauen anzueignen, daß alles, was wir brauchen, sich schon ergeben wird.

»Abgesehen davon«, sagte Michio und stopfte sich einen Löffel Reis in den Mund, »wenn ich nicht schlafen gegangen wäre, *hakike* – seekrank wäre ich geworden!«

13 Wanderer

Zwei Tage später hatten sich die Chatham Straits bis auf einen leichten Wellengang beruhigt. Stetiger Regen fiel, als wir an Village Point vorbei uns nach Norden wendeten – wie schon seit dem Augenblick, da wir in Chaik Bay vor Anker gingen. Der Horizont war eine nahtlose Grauschattierung.

Hinter uns verloren sich die Gipfel von Admiralty Island in düsteren Wolken. Die Legenden der Ureinwohner behaupten, daß die Menschen aus den Dörfern dieser Gegend auf den Bergen Schutz vor der Großen Flut gesucht hätten und gezwungen gewesen wären, Mauern zu errichten, um sich hungriger Bären zu erwehren.

»Bei so einem Wetter«, sagte ich zu Michio, »kann man leicht an die Sintflut glauben.«

»Auch leicht an Bären«, gab er zurück und blies die Wangen auf, um Erleichterung anzudeuten. Am zweiten Tag vor Anker in Chaik Bay war es uns zu langweilig geworden, nur auf einen Wetterumschwung zu warten: Wir gingen an Land, um einen nahegelegenen Bachlauf zu erkunden, und standen in einem Gehölz unversehens einem Grizzly von Angesicht zu Angesicht gegenüber. Der Bär tat nichts weiter, als uns anzustarren, so, als wollte er herausfinden, was wir waren; dann senkte er seine Nase zu Boden und schlurfte davon, aber ihm aus nur vier Meter Entfernung in die schwarzen Augen zu blicken, hatte genügt, um Michio und mich völlig fertigzumachen.

Eine Viertelstunde später saßen wir auf einem Stein neben dem Wasserlauf und verarbeiteten die Begegnung mit jenem übertriebenen, aus der Erleichterung herrührenden albernen Gekicher, das die Grenze zwischen Gelächter und Hysterie darstellt (und wir freuten uns über die Tatsache, daß selbst nach all den Jahren, die wir Bären aus der Nähe beobachtet und fotografiert hatten, das plötzliche Auftauchen eines Exemplars unter solchen Bedingungen genauso erschreckend und aufregend war wie beim ersten Mal), als nur einen Steinwurf entfernt ein Weibchen mit zwei halberwachsenen Jungbären aus dem Gebüsch brach. Direkt vor uns rannte das Trio quer über den Bach und verschwand in Panik im Wald auf der anderen Seite. Die Bärin war viel zu sehr damit beschäftigt, ihren Nachwuchs aus der Reichweite des ersten Bären zu bekommen, um sich sonderlich um uns kümmern zu können, und weder sie noch ihre Kleinen gönnten uns mehr als einen kurzen Blick aus großen, angsterfüllten Augen.*

Oben auf dem Table Mountain sind Steinhaufen, von denen man sagt, sie seien die Überreste der sintflutlichen Bärabwehrmauern der Ureinwohner, und auch das war – wie Michio sagte, nachdem er festgestellt hatte, daß wir gerade eine Woche lang vergeblich nach Bären gesucht hatten, nur um dann binnen fünf Minuten von gleich vieren fast überrannt zu werden – leicht zu glauben.

Es waren noch über 100 Meilen bis Juneau – zu weit für eine Tagesetappe, doch Funter Bay war nur 45 Meilen entfernt, und wir machten ganz gut Fahrt.

»Wenn das Wetter hält«, sagte ich zu Michio, »schaffen wir die halbe Strecke.«

Die ersten 30 Meilen gab es nichts weiter zu tun, als die Landmarken auf der Karte abzuhaken. Wir passierten Hood Bay und Killisnoo, wo bis 1930 eine Walfangstation in Be-

* Die Hälfte aller Jungbären stirbt in ihrem ersten Jahr, und die Hauptursache dafür sind männliche Bären. Biologen vermuten, daß diese Neigung zum Infantizid ein Trick der Natur ist, um die Wahrscheinlichkeit zu erhöhen, daß die Gene des größten, stärksten Bären weitergegeben werden, da ein Weibchen, das seinen Nachwuchs verliert, früher wieder empfängnisbereit ist als eines, das noch Junge hat, und sich zur Paarung eines der dominanteren Männchen des Reviers suchen wird – auf den ersten Blick ein etwas grobschlächtiges System, weil ein Bär nicht wissen kann, ob er seine eigenen Nachkommen umbringt oder die anderer, doch auf lange Sicht könnte es tatsächlich die »fittesten« Gene der Spezies befördern.

trieb gewesen war, dann das Dorf Angoon. Fünf Meilen nördlich davon kam Thayer Creek, benannt nach einem Angestellten des Forest Service, der von einem Braunbären getötet wurde, als er gerade ein Stück Wald zum Fällen vermessen hatte, und eine halbe Stunde später zeigte ich auf die Untiefe am Parker Creek, wo 1794 ein von George Vancouver zur Erkundung losgeschickter Trupp Matrosen von der *Discovery* und der *Chatham* eine schreckliche Nacht in fürchterlichem Regen verbringen mußte.

»Weitverbreitete Erfahrung«, sagte Michio kichernd. Keiner von uns beiden fühlte sich seit der Sturmnacht auf dem Berg so richtig trocken. Immerhin, sagte ich – wobei ich zur Betonung die Kaffeetasse hob –, war es erheblich bequemer, auf der *Wilderness Swift* mit zwölf Knoten dahinzurumpeln, als an den Riemen eines Langboots seinen Mann zu stehen.

Bei Icy Straits blinzelte unter tief herabhängenden Wolken der westliche Horizont hervor und tauchte das unruhige Wasser in schwach silbriges Licht. Direkt unter dem Riß in der Wolkendecke schienen die schwellenden Wellen von innen heraus wie Smaragde zu leuchten, und der Kontrast zwischen diesem schmalen Streifen Grün und dem dunkelgrauen Hintergrund fesselte meinen Blick wie die lebhaften Farben einer Blume, die um Beachtung buhlt.

Ein Tupfer leuchtend weißer Schaum blitzte auf einem Wellenkamm, aus dem ein glänzend schwarzer Berg hervorbrach, als eine lange Rückenfinne ihn aufschlitzte.

Michio rief: »*Shachi!*«, und ich brüllte im gleichen Augenblick: »Killerwal!«

Michio preßte das Gesicht an die Fensterscheibe, ich nahm das Gas weg. Aus dem Blasloch des Schwertwals stieg eine Fontäne feinen Sprühnebels empor.

»Noch einer.« Michio zeigte in Richtung Bug. In weniger als einer Minute hatten wir ein halbes Dutzend Schwertwale ausfindig gemacht, die quer zu unserem Kurs langsam von Osten nach Westen in Richtung der Icy Straits zogen. Die *Swift* stampfte und rollte ein wenig, als ich sie auf einen Kurs parallel zu den Tieren herumriß.

»Killerwal« ist eine nicht ganz korrekte Bezeichnung, nicht etwa, weil diese Tiere keine Killer wären – sie sind es, und zwar erstaunlich effiziente –, sondern weil sie eigentlich keine Wale sind. Sie sind die größten Mitglieder der Delphin-Familie, der *Delphinidae*, und trotz ihrer Ausmaße enger mit dem gewöhnlichen Großen Tümmler verwandt als mit irgendwelchen von den größeren Walen. Mit ihrer hohen Intelligenz, den eng geknüpften Familienbanden und ihrer Langlebigkeit sind sie Menschen ähnlicher als alle anderen Tiere, und abgesehen von Menschen sind sie die am weitesten auf der Welt verbreiteten Lebewesen. Killerwale oder Schwertwale – häufig auch: Orcas – sind in allen Salzwassern zwischen der Antarktis und der Arktis auf beiden Seiten des Globus zu Hause.

Kurz bevor Michio und ich unsere Rundreise um Admiralty Island begannen, saß ich eines Morgens über einer Tasse Kaffee im Channel Bowl Café und hörte einem Freund aus Cordova zu, der erklärte, wie Wissenschaftler im Prince William Sound kürzlich zu der Überzeugung gekommen waren, daß es von *Orcinus orca* – wie vom fleischfressenden Sonnentau – zwei Varianten gibt: Eine residente, die nur Fisch frißt, und eine transiente, die riesige Gebiete durchstreift und sich fast ausschließlich von warmblütigen Tieren wie Seelöwen, Robben und Walen ernährt.*

Die Ernährungsweise ist nicht das einzige, was die beiden Schwertwal-Varianten unterscheidet; es gibt auch physische Merkmale, an denen man sie eindeutig auseinanderhalten kann. Die Spitze der Rückenfinne des transienten Typs ist sichelförmig und scharf wie das Schwert eines Söldners, während sie bei den residenten Tieren eine sanftere, mehr gerundete Form hat. Eine subtile Abweichung beim Sattelfleck – einem Stück grauer Haut auf dem Rücken – ist

* Zumindest bei einer, gut dokumentierten Gelegenheit hat ein Rudel von der transienten Variante auch einen Elch getötet und aufgefressen, der die Icy Straits durchschwamm, und ich hörte einmal von einer Orca-Herde, die in einer Meerenge weiter im Süden einen Schwarzbären einkreiste und tötete.

schwieriger zu erkennen: Bei der transienten Form ist der Fleck ein wenig länger. Nach Lance Barrett-Lennard, einem Genetiker von der University of British Columbia, der ausführlich die DNA von Orcas untersucht hat, sind die physischen Differenzen das Ergebnis einer Aufspaltung in die beiden Varianten, die Hunderte oder vielleicht Tausende von Generationen zurückliegt: Beide Typen können sich dasselbe Territorium teilen, doch sie kreuzen sich nie. Sie bilden weder soziale Verbände noch vermischen sie sich sonst in irgendeiner Weise: Wenn sie einander begegnen, ist es, als seien sie füreinander unsichtbar. Keiner nimmt Notiz vom anderen – ähnlich wie eine Motorradgang, die von einem Haufen Farmer ignoriert wird und ihrerseits darauf mit schweigender Mißachtung reagiert.

Auffälliger noch als die körperlichen Merkmale sind die Unterschiede im Verhalten, die Biologen als Anzeichen getrennter »Kulturen« interpretieren. Die residenten Orcas scheinen ausgelassener zu sein, schlagen viel mit ihren Schwänzen herum, springen und planschen im Wasser; die transienten ziehen heimlich, still und leise ihrer Wege.

Michio und ich hatten in den zurückliegenden Jahren einige phantastische Begegnungen mit Schwertwal-Rudeln gehabt, die sich beinahe danach drängten, beobachtet zu werden, und sich in gleichbleibenden, vorhersehbaren Mustern bewegten, die es möglich machten, vorsichtig und höflich neben ihnen herzufahren und ein paar Fotos zu schießen. Mehr als ein neugieriger Orca hatte sich der *Swift* genähert, um ein Stück weit auf der Kielwelle mitzureiten oder um neben ihr, auf dem Schwanz balancierend und den Kopf hoch aus dem Wasser gereckt, einen gründlichen Blick ins Innere zu werfen.

Diese Herde war anders. Ihr Verhalten hatte etwas Unbestimmtes; wie sie unter Wasser die Richtung wechselten und sich in unterschiedlichen Tempi bewegten, war rätselhaft und schwer zu begreifen, als wollten sie mit Taschenspielertricks verhindern, daß wir errieten, wo sie als nächstes auftauchten.

Sie zogen in weitem Abstand zueinander, und für große

Zeiträume abgetaucht, in einer langen, wellenförmigen Linie in großem Bogen nach Westen Richtung Icy Straits, was mich zu der Überzeugung brachte, daß es eine Gruppe vom transienten Typ war und sie gemeinsam nach Schweinswalen oder Robben jagten. Durch die Regenschwaden und die vielen kleinen Windwellen waren ihre schwarzen Körper schwer auszumachen, und wenn sie auftauchten, waren sie zu weit weg, um ihre Finnen klar erkennen zu können.

»Wenn ich das Hydrophon runterlasse«, sagte ich zu Michio, »erhalten wir vielleicht Hinweise.« Residente Schwertwale kommunizieren mit einer Fülle von Klick-, Quietsch-, Grunz- und Knarr-Lauten, die an Vogelrufe erinnern, doch die transienten sind bei der Jagd vollkommen still. Aus Gründen, die ich nicht nennen kann, erzeugt die Heimlichtuerei bei mir manchmal ein atavistisches Gefühl des Bedrohtseins, das mir kalt den Rücken herunterläuft und mich daran erinnert, daß in der natürlichen Ordnung der Dinge Menschen trotz all ihrer Maschinen und Elektronik und abspreizbaren Daumen nichts weiter als Fleischsäcke sind – eine Angstreaktion, die natürlich stark übertrieben ist: Es gibt keinerlei Berichte, daß ein wilder Schwertwal je einen Menschen angegriffen hätte.

Die Spitze einer Rückenfinne durchschnitt eine Welle, erhob sich 15 Zentimeter über das Wasser und verschwand wieder. Im nächsten Augenblick tauchte hinter der ersten eine zweite Finne auf, stieg immer höher, bis sie knapp zwei Meter über dem Wasser stand, und entzog sich dann langsam wieder unseren Blicken. Bis vor ein paar Jahren glaubte ich, die Schwertwale mit den großen Rückenfinnen seien die »Bullen« einer Herde, die Herren des Harems, die durch schiere Größe ihre Gruppe dominierten. Heute weiß ich, daß einige der Tiere mit großen Finnen Weibchen sind, die schon lang genug leben, um die Ausmaße eines Männchens angenommen zu haben, und daß das größte männliche Tier einer Herde wahrscheinlich überhaupt nicht so etwas wie ein Zuchtbulle ist, sondern ein älterer Sohn, denn die Gesellschaft der Orcas (der residenten wie der transienten) ist streng matriarchalisch organisiert, wobei die dominanten Weibchen manchmal 70 oder 80 Jahre alt werden, während ihr männlicher Nachwuchs schon Glück hat, wenn er die 50 erreicht.

Es wäre ein bißchen weit hergeholt, zu behaupten, daß die männlichen Schwertwale »Muttersöhnchen« sind, die ihr Leben lang der Mama am Schürzenzipfel hängen, aber nach allem, was ich weiß, schwimmen die meisten von ihnen ihr Leben lang der Mutter hinterher – bis auf einige kurze Zeitabschnitte während der Sommermonate, wenn die weit verstreuten Herden sich zu großen Paarungsgruppen versammeln und die Männchen sich kurz für das Rendezvous mit den Weibchen anderer Herden absetzen.

Die Familienbande der Schwertwale sind so stark, daß jedes Rudel seinen eigenen »Dialekt« entwickelt hat: spezifische Varianten der Klick- und Pfeiflaute der Orca-Sprache, die verschieden genug sind, daß mitlauschende Wissenschaftler die Familie und den Clan eines Individuums identifizieren können, ohne das Tier selbst je gesehen zu haben.* John Ford, Chef der Meeressäuger-Forschung am Vancouver Aquarium in British Columbia, der vermutlich mehr über Schwertwale weiß als sonst jemand auf der Welt, glaubt, daß die Dialektunterschiede dazu dienen, Inzucht zu vermeiden, und die Männchen sich diejenigen Weibchen suchen, deren Akzent dem ihren am wenigsten ähnelt.

Erstaunlich – und schwerwiegend – ist, welche Wirkung ein paar zügellose Schwertwale auf ein ganzes Ökosystem haben können. Seit Mitte der neunziger Jahre ist die Seeotter-Population in weiten Teilen der Aleuten um über 90 Prozent zurückgegangen, und nach James Estes, einem Biologen des U. S. Geological Survey, der für Seeotter das ist, was John Ford für Orcas ist, könnte der dramatische Rückgang das Werk von nur drei oder vier Schwertwalen sein.

* Unter »Clan« versteht man eine Gruppe untereinander verwandter, residenter Rudel, die von einer einzigen Ahnenherde abstammen. Man weiß nicht, ob transiente Herden (die so schweigsam, weit verbreitet und daher schwierig zu untersuchen sind) in ähnlicher Weise organisiert sind.

Bis dahin hatte man kaum je gehört, daß *Orcinus orca* sich von Seeottern ernährt. Aber im selben Zeitraum ging die Population von Stellers Seelöwen im Beringmeer und auf den Aleuten ebenfalls um 90 Prozent zurück (was möglicherweise auf das Überfischen des Meeres durch die Fabrikschiff-Flotten zurückgeht, die alljährlich über Alaska hereinbrechen), und es braucht eine Menge magerer Seeotter, um genauso viele Kalorien zu liefern wie ein einziger, tausendpfündiger, dick mit Speck gepolsterter Seelöwe.* Als die Seelöwen (die Lieblingsbeute der Schwertwale) verschwanden, glaubt Estes, blieb den bei den Aleuten umherziehenden Schwertwalen nichts anderes übrig, als sich auf die Otterjagd zu verlegen.**

Ob man nun industriellen Fischfang, eine zu Verbrechern gewordene Orca-Bande oder noch nicht entdeckte Gründe dafür verantwortlich macht, es wurde über den Rückgang der Otter-Population hinaus noch viel mehr Schaden angerichtet: Seeotter fressen viele Seeigel, die ihrerseits viel Tang fressen, der wiederum ein wichtiges Habitat für Dutzende von Fischarten ist. Wenn die Seeotter-Population, sie nicht kleinhält, explodiert die Seeigel-Population, und gewaltige Uferstrecken werden des Tangs beraubt. Ohne Tang gibt es aber weniger Fische und damit auch weniger Beute für die Weißkopfseeadler auf den Aleuten. Zwischen Himmel und Erde hat die Unterbrechung einer Nahrungskette wohl viel mehr Folgen, als unsere Schulweisheit sich träumen läßt, und es fällt nicht schwer, sich vorzustellen, daß irgendwann das gesamte Ökosystem aus dem Tritt geraten kann.

* Obwohl sie ihr ganzes Leben in kalten Gewässern verbringen, haben Seeotter im Gegensatz zu Seelöwen oder Robben keine isolierende Fettschicht. Statt dessen hält sie ihr bemerkenswert dichtes, luxuriöses Fell warm: Bei Tieren wie Nerz oder Fuchs beträgt die Haardichte 3000 bis 8000 Haare pro Quadratzentimeter, bei Seeottern liegt sie bei 150 000 und mehr.

** Einer anderen Theorie zufolge ist der Rückgang der Otter-Population darauf zurückzuführen, daß der Kuro-Schio oder Japanische Strom, der Meereswasser von Asien im Uhrzeigersinn über den ganzen Nordpazifik verteilt, Schadstoffe in die Gewässer um die Aleuten transportierte.

Michio steckte die Kamera unter die Jacke, um sie vor dem Regen zu schützen.

»Zu weit weg«, sagte er und zuckte resigniert mit den Achseln. Das Licht war zu flach, und die Schwertwale tauchten zu unregelmäßig auf, um Film dafür zu verschwenden.

Ich drehte am Steuerrad und brachte uns zurück auf den Kurs nach Funter Bay. Die Sonne rutschte hinter einem Vorhang dunkler Wolken dem westlichen Horizont entgegen, und mit der zunehmenden Dämmerung verdüsterte sich auch meine Stimmung. Meine Selbstachtung, mein Ego – wie immer man es nennen will – stand in engem Zusammenhang mit meinem Selbstbild, der Führer zu sein, der immer in der Lage ist, einem Fotografen etwas Besonderes zu bieten. Und als ich nun darüber nachdachte, daß wir jetzt schon zehn Tage und 200 Meilen unterwegs waren, ohne daß, abgesehen von ein paar Aufnahmen von blauem Eis, irgend etwas diesen Aufwand gelohnt hätte, schlug mir das ziemlich auf den Magen. Michio schwieg, starrte aus dem Fenster über schaumgekrönte Wellen hinweg auf einen riesigen Kahlschlag an den Hängen von Chichagof Island, und ich fragte mich, ob seine Gedanken in dieselbe Richtung gingen wie meine.

Die Vorstellung, daß Transiente so etwas wie eine Anomalie sind, ging mir durch den Kopf, legte sich wie unausgegorene Ängste als graue Schatten, die auftauchten und verschwanden, auf meine Gedanken und beschwor Bilder von den menschlichen Raubtieren unter uns herauf – Robert Hansen und seinesgleichen, Monster wie Ted Bundy oder John Wayne Gacy, die sich hinter Masken der Zivilisiertheit verstecken und äußerlich von uns anderen nicht zu unterscheiden sind, aber nach warmem Fleisch hungern.

Wie die Tang-Bänke ist auch unser kulturelles Ökosystem fragil, und es braucht gar nicht so viele anomale Individuen, um es ins Chaos zu stürzen. Ein ausgefuchster Soziologe könnte vermutlich zwischen den Serienmördern und Psychopathen unserer Kultur, den von Unternehmen bezahlten, geldgierigen Politikern, die unserem Planeten das Fleisch von den Knochen reißen, und dem Zynismus von Schulkindern, die sich in den Klassenzimmern gegenseitig abknallen, einen Zusammenhang herstellen.

Die Schraube heulte auf, als die *Swift* über einen Wellenberg kippte. Und ich, fragte ich mich, was tat ich? Lebte auf einem Boot, durchwanderte wie ein transienter Schwertwal jedes Jahr Tausende von Meilen Wasser.

Sieben Meilen voraus kam und ging Funter Bay im Nebel, tauchte zwischen Regenschleiern auf und versteckte sich wieder dahinter. Eine halbe Stunde später, als ich mit der *Swift* dort anlegte und die Festmachleinen auf einer Klampe sicherte, ehe ich die Maschine ausschaltete, war die gedrückte Stimmung noch immer nicht von mir gewichen.

»Nimm die Kamera, Michio. Ich will dir etwas zeigen.«

Die *Swift* war das einzige Boot am Kai. Niemand sah uns, als ich Michio über ein mit grauen Schieferplatten gepflastertes Ufer führte und am Fuß eines Felsens mit ihm im Wald verschwand.

Das Unterholz war licht und eintönig: Unzählige faustgroße Schößlinge kämpften um das bißchen Tageslicht, das durch das fast undurchdringliche Dach gleichaltriger Fichten drang, die emporgeschossen waren, nachdem der ursprüngliche alte Baumbestand in den dreißiger Jahren gefällt worden war, um den Bedarf einer Lachskonservenfabrik und einer Goldmine in der Nähe zu decken. Nichts war zu hören außer dem Rascheln unseres Regenzeugs, dem Knacken dürrer Zweige und dem Regen, der durch die Bäume drang. Rostrotes Wasser gurgelte in einem flachen Bächlein zu unseren Füßen.

»Cholera-Wasser«, nannte es ein Freund, dem ich half, hier eine kleine Hütte zu bauen. »Wenn du das trinkst, mußt du sterben.« Das meinte er nur halb im Scherz, denn genau das geschah mit über 40 Indianern von den Aleuten, die in Funter Bay während des Zweiten Weltkriegs interniert waren.

Am 7. Juni 1942 hatten Spezialtruppen der kaiserlichen japanischen Armee Kiska Island eingenommen, eine der westlichsten Inseln der Aleuten-Kette. Am nächsten Tag besetzten andere japanische Einheiten das nahegelegene Attu. Zum ersten Mal seit 1812 okkupierten ausländische Truppen amerikanischen Boden, und in dem anschließenden Tumult evakuierten US-Truppen über 880 Aleuten-Bewohner aus ihrer baumlosen, windgepeitschten Heimat und verfrachteten sie in Internierungslager in der 1000 Meilen entfernten Funter Bay. Während deutsche Kriegsgefangene in ordentlich gebauten Baracken 20 Meilen westlich am Excursion Inlet Orchesteraufführungen organisierten und warme Wollmäntel trugen (dank des Roten Kreuzes), hockten amerikanische Staatsbürger von den Aleuten in den feuchten, undichten Ruinen der aufgelassenen Konservenfabrik, versuchten mit dürftigen Reisrationen zu überleben und starben an Depressionen und unzureichender medizinischer Versorgung. In den Akten des einzigen Arztes, den man zur Versorgung der dahinvegetierenden Aleuten-Bewohner abkommandiert hatte, taucht als Todesursache manchmal einfach nur »Schmerz« auf.

Michio interessierte sich schon immer sehr für die Kulturen von Ureinwohnern, eine unstillbare Neugier trieb ihn herauszufinden, in welchen Beziehungen die Ureinwohner zueinander und zur Natur standen, und das war mir durch den Kopf gegangen, als ich mich spontan entschloß, ihm den Friedhof zu zeigen. Ich dachte, der Stoizismus der Aleuten-Bewohner und die Tapferkeit, mit der sie unter solch widrigen Umständen füreinander da waren, würden ihn genauso ergreifen und anrühren wie mich.

Ich war mitten in einem weitschweifigen Vortrag über die Invasion und die Evakuierung, als sein Gesichtsausdruck mich schlagartig verstummen ließ. Himmel! Ich war entsetzt. Glaubte er, ich wollte den Japanern die Schuld dafür geben?

»Michio, ich habe nie ...« Ich verhaspelte mich, aber er hörte mir gar nicht zu.

Er bückte sich und rubbelte den Schmutz von einem Grabstein. »Das war ein Baby«, sagte er traurig und wischte eine Schicht trockener Fichtennadeln vom Grab. Alexey Kenneth Kochutin war drei Monate alt, als er starb.

Wie der von Alexey, waren auch die Namen auf den übrigen Grabsteinen rhythmisch, poetisch, voller Konsonanten aus der Zarenzeit und für mich Zungenbrecher: Emanoff, Gustigoff und Kochutin, Bourdukofsky, Tetoff und Prokopiof. Auf vielen Gräbern stand das mit drei Querbalken versehene Kreuz des russisch-orthodoxen Glaubens, andere zierte nur eine schlichte Steinplatte.

»Die hier«, Michio zeigte auf einen von Flechten überzogenen Grabstein, »war ungefähr im selben Alter wie meine Mutter, als sie mich geboren hat.«

Frauen, alte Leute und Kinder machten den Großteil der Toten aus. Im Sommer 1943 wurden trotz des Umstands, daß man sie angeblich evakuiert hatte, um sie vor den japanischen Invasoren zu schützen, die meisten der in Funter Bay internierten gesunden Männer auf die Pribilof Islands *zurückgebracht,* um dort unter der Aufsicht der Bundesregierung die alljährliche Robbenfell-Ernte einzubringen, so daß Frauen und Kinder auf sich allein gestellt waren.* Während sie weg waren, suchten Epidemien die Lager heim. Zeitweilig litt so gut wie jeder Aleuten-Bewohner in Funter Bay unter Ruhr, Grippe oder Masern, und einer Handvoll Kinder blieb es überlassen, die anderen zu füttern, zu waschen und zu pflegen.

Mehrere Gräber waren mit Muschelschalen verziert. Die Menschen von den Aleuten waren Kinder der Weite, des offenen Meeres, Meister der *bidarkas*, der pfeilschnellen Boote, die sie aus Bugholz und Häuten bauten, und ich konnte mir vorstellen, wie die Überlebenden die Muschelschalen zur Erinnerung an den grenzenlosen Himmel und das grenzenlose Meer ihrer heimatlichen Insel auf die Gräber legten. Es tat weh, daran zu denken, daß Frauen und Kinder unter dem tröpfelnden Blätterdach des Regenwalds starben und sich

* Da im Krieg die Pelzpreise in die Höhe geschossen waren, konnte die Bundesregierung mit den Robbenfellen phänomenale Gewinne einfahren. Die zwangsverpflichteten Jäger bekamen dennoch einen nur spärlichen Lohn. Als einige der jüngeren Männer ihren Unmut zum Ausdruck brachten, wurden sie als Meuterer abgestempelt, und dem Koch wurde befohlen, ihnen nichts zu essen zu geben.

nach einem letzten Blick in den Himmel sehnten. Der fast nackte Boden und die gedämpften, leblosen Farben des Friedhofs ließen mich überlegen, wie heimwehkrank ein Mensch sein muß, um daran zu sterben.*

Michio hing ähnlichen Gedanken nach. »Es muß schrecklich gewesen sein«, sagte er, »so weit von ihrem eigenen Essen entfernt.«

Das war eine scharfsinnige Bemerkung. Hier in Südostalaska, wo man den Evakuierten von den Aleuten nicht erlaubte zu jagen oder zu fischen, müssen sich die Gefangenen mit einem Hunger, der weit schlimmer war als nur ein leerer Magen, nach den frischen Möweneiern und dem Robbenfleisch verzehrt haben, die seit 10 000 Jahren ihr Volk ernährten.

Michio kniete neben einem Grabstein und las das Datum. »1943«, sagte er leise. »Das ist erst ein halbes Jahrhundert her.«

Die Lebensspanne eines Orcas, dachte ich. Mit ihrem außerordentlich scharfen Gehör kann die Matriarchin der Herde, die wir gerade in Icy Straits gesehen hatten, also gut die Schraube der *USS Delarof* mahlen gehört haben, als das Schiff mit den Evakuierten in die Funter Bay lief, oder das Rasseln der Ankerkette und die Schläge der Riemen, als die Mannschaft des Schiffes ihre menschliche Ladung an Land brachte.

»Mein Vater war Soldat.« Michio sprach mit gesenkter Stimme. »In China.«

»Michio, ich wollte nicht behaupten …« Wieder fing ich mit einer Entschuldigung an, aber er zwang sich zu einem leichten Lächeln, das nicht bis zu den Augen reichte, dann schüttelte er den Kopf, um anzudeuten, daß er sich nicht gekränkt fühlte.

* Im Mai 2000 wurde der Friedhof von Familienangehörigen und Freiwilligen unter Leitung von Erzbischof Paul Merculief instand gesetzt und restauriert; die Gräber wurden von Unrat gesäubert und fehlende oder verrottete Grabmale durch neue weiße Kreuze ersetzt, und man baute einen schlichten Torbogen als Eingang.

Ich versuchte mir den Vater eines so geradlinigen und großherzigen Menschen im Krieg vorzustellen, aber es gelang mir nicht, und es gelang mir auch nicht, mir Michio mit einem Gewehr vorzustellen. Aber der Krieg schert sich nicht darum, was unvorstellbar ist und was nicht. (Wer hätte es schließlich vor 1942 für denkbar gehalten, daß die amerikanische Regierung eigene Staatsbürger ihrer Heimat entreißen und an einer abgelegenen Küste Alaskas dem Sterben überlassen würde?) Nur die Zufälle der Zeit und der Umstände, der Unterschied einer einzigen Generation, machten es Michio und mir möglich, Freunde zu sein, statt uns über Gewehrläufe hinweg in die Augen zu blicken.

Es war schon fast dunkel, als wir zur *Swift* zurückkehrten. Als wir uns zum Essen hinsetzten, war das Wetter umgeschlagen, und ein halbkreisförmiger Mond zog über den Himmel. Michio schwieg. Er hatte keine Aufnahmen gemacht und mied beim Essen meinen Blick, indem er aus dem Fenster schaute. Ich machte mir Sorgen, daß ich ihn, obwohl er das abstritt, doch irgendwie beleidigt hätte, indem ich ihn zu den Hinterlassenschaften einer Tragödie geführt hatte, die irgendwie mit dem Krieg zwischen den Amerikanern und den Japanern zusammenhing.

Ich versuchte das Schweigen mit einer Bitte zu durchbrechen: »Michio, bring mir noch ein japanisches Wort bei.«

Er kaute einen Moment weiter, dann tupfte er sich den Mund mit einer Serviette ab und griff nach einem Stift. Ihn sorgfältig führend, strichelte er ein paar *Hiragana*-Zeichen auf ein Stück Papier, das er mir dann hinhielt.

»*Tomodachi*«, sagte er und deutete auf die Zeichen. »Freund.« Dann fügte er schnell noch ein paar Zeichen hinzu und lächelte, um die Bedeutung des Adjektivs zu unterstreichen. »*Yoi-tomodachi*«, sagte er. »Ein guter Freund.«

Zu Hause ist nicht immer eine Tür am Ende eines Gehwegs, manchmal ist es ein größerer Ort, der die Form des Himmels hat, des Wassers, das wir trinken, und des Essens, das zu den Mineralien unserer Knochen wird. Manchmal ist es die Summe unserer Erfahrungen und Erinnerungen, und manchmal ist zu Hause dort, wo wir zufällig gerade sind – wenn wir mit dem richtigen Gefährten zusammen sind.

14 Wundervögel und Wechselbalg-Bären

Es ist Juni, während ich diese Zeilen schreibe, und in der Bucht, wo ich vor Anker liege, flattern und tauchen Schwärme von Seevögeln über einer Unmenge kleiner, sich schlängelnder Fischchen. In Wellen schwimmen die Fische auf und ab und überziehen die Wasseroberfläche mit Eruptionen winziger Wellenkreise ähnlich denen, wenn der Regen plötzlich einsetzt, und das erregt bei den immer wieder herabstoßenden Sturmmöwen heftige Konkurrenz.

Draußen ist es warm, fast südlich mild, und ich arbeite bei offenen Fenstern, doch wenn ab und zu eine vereinzelte Wolke vor die Sonne zieht und die Temperatur um ein paar Grad sinkt, werde ich deutlich daran erinnert, wie lang und endlos der Winter nach unserer Fahrt um Admiralty Island mir erschien. Den ganzen November und Dezember durch hing der Himmel grau und runzlig wie ein Elefantenbalg über Juneau, ließ Schneeflocken herabrieseln, die im Fallen zu Regen wurden, bis ich um Weihnachten des trüben Lichts wirklich überdrüssig war und die immer gleichen Seevögel nicht mehr sehen konnte, die der Wind immer wieder taumelnd an meinem Fenster vorbeifegte; ich betete um einen durchdringenden Nordwind, der kalt und stark genug wäre, die Sonne bis an den Südpunkt ihrer Bahn zu jagen, damit sie um so eher wiederkehren könnte, voll des Lichts und der Wärme des Frühlings. Mein Vater und meine Mutter hatten seit langem ihre Winterparkas gegen das milde Klima einer Kaffeefarm auf Hawaii eingetauscht, und ich hätte sie gern besucht, aber im Chartergeschäft gibt es gute und schlechte Jahre, und die zurückliegende Saison hatte auf meinem Konto nichts übriggelassen, das für ein Flugticket in die Wärme gereicht hätte. So schob ich statt dessen den Ölofen noch eine Stufe höher, zog einen zweiten Pullover an und hatte den Februar zur Hälfte hinter mich gebracht, als Michio anrief.

»Ich bin in Tokio gewesen«, sagte er. »Und ich habe tolle Neuigkeiten.«

Ihr Name war Naoko. Soviel war klar. Der Rest bestand aus wirren Erläuterungen, daß sie die Tochter der besten Freundin seiner Schwester war und er schon eine Zeitlang ein Auge auf sie geworfen hatte und sie perfekt sei, wirklich absolut perfekt – und das alles war am anderen Ende der Leitung zu einem riesigen Schwall enthusiastischen Geplappers vermengt.

Ich versuchte, mir mit ein paar Fragen einen Weg durch den Redefluß zu bahnen, was mir schließlich auch gelang, als er endlich Luft schnappen mußte: »Michio! Willst du damit sagen, daß du eine Freundin hast?«

»Ich denke, wir werden heiraten, Lynn. Ziemlich bald heiraten.«

Der Rest des Winters war leicht zu ertragen – als wäre etwas von Michios Begeisterung über die Telefonleitung gekommen und hätte die Enge der *Wilderness Swift* überflutet, der Jahreszeit die Langeweile ausgetrieben, ein Ende der ewigen Nacht versprochen. Ich trug noch immer zwei Paar Socken und einen Pullover, wenn ich zu Bett ging, doch der Frühling schien nicht mehr in unerreichbarer Ferne zu sein.

Die Dinge nahmen eine neue Wendung, als ich in die örtliche Bücherei marschierte, um mir die Zeit mit ein paar Zeitschriften zu vertreiben, und eine Ausgabe von *Alaska Geographic* fand, die dem Thema Bären gewidmet war.

Das Titelbild zeigte einen unwiderstehlich niedlichen jungen Braunbären, der sich, die Vorderpfoten unter den Kopf gestemmt, ein Päuschen gönnte. Der Bär war eine lokale Berühmtheit, ein an Menschen gewöhnter Bewohner des McNeil River State Game Sanctuary, der schon in so vielen Reiseprospekten, Werbeanzeigen und Kalendern erschienen war, daß er einem vage vertraut wie ein zweitklassiges Filmsternchen vorkam. Er ließ sich so einfach fotografieren, daß der Kader von professionellen Naturfotografen, der alljährlich die Geheimtips von Alaskas Wildnis abklappert, ihm einen Namen gegeben hatte. Otto war vier oder fünf Jahre alt, als dieses Bild aufgenommen wurde, und wie bei seinen menschlichen Gegenstücken, die als Models für Anzeigen posieren oder im Fernsehen auftreten, war es nur eine Frage der Zeit, bis ein jüngerer, flauschigerer oder noch geduldigerer Bär seine Stelle einnehmen würde.

Das Foto auf der ersten Seite war noch besser: Zwei bierkruggroße Eisbärjunge, die sich in den Schnee drückten, schwarze Knopfaugen und niedliche Stupsnäschen auf Zuckerwatte-Körpern. Was das Foto nicht zeigte (aber in der Legende erklärt wurde), war der Umstand, daß die Jungen sich vor Angst zusammenkauerten und aneinander klammerten, um wenigstens geschwisterliche Nähe zu suchen, während Wissenschaftler außerhalb des Bildes ihre unter Drogen gesetzte, bewußtlose Mutter mißhandelten.

Ich blätterte zum Inhaltsverzeichnis um. Eine halbseitige Abbildung daneben zeigte einen Schwarzbären, der Löwenzahn mampfte – eine Pflanze, die ursprünglich nicht in Alaska heimisch war, doch die im Lauf des letzten halben Jahrhunderts sich entlang der Fernstraßen und rings um städtische Siedlungen ausgebreitet hat und überall dort sprießt, wo der Boden durch menschliche Eingriffe gestört wurde. Die Perspektive des Bildes ließ mich vermuten, daß es leicht von oben aufgenommen worden war. Es sah aus, als hätte man es von einer Straße aus gemacht.

Ich überflog die Zeitschrift, indem ich die Seiten von hinten nach vorn unter meinem Daumen durchrutschen ließ. Es gab Fotos von Grizzlys vor Reisebussen, von Schwarzbären in Mülltonnen und von Bären, die zwischen den Flammen einer brennenden Müllkippe herumstöberten. Es gab Aufnahmen von Bären, die von Biologen betäubt worden waren und ein Halsband verpaßt bekamen, und viele Bilder von Fotografen, die Bilder von Bären machten. Die Texte waren informativ und gut geschrieben, ich war jedoch etwas enttäuscht, daß die Ausgabe mehr von den Beziehungen zwischen Bären und Menschen zu handeln schien als von Bären als einem Element der Wildnis.

Ich klappte das Heft zu und lehnte mich im Stuhl zurück. Ich konnte es genausogut auch von vorne nach hinten lesen. Nachdem ich noch einmal das Inhaltsverzeichnis überflogen hatte, schlug ich den ersten Beitrag auf (»Schwarzbären« von Bruce Baker) und entfaltete die Zeitschrift auf meinem Schoß.

Mein Herz setzte einen Schlag lang aus. Überdeutlich war mir das Brummen einer Neonröhre über mir bewußt, das Ein- und Ausströmen meines Atems. Auf der linken Seite, gegenüber dem Titel des Beitrags, prangte das Foto eines silberblauen Bären.

Das stämmige, muskelbepackte Tier stand halb frontal, halb seitlich zur Kamera, ein Hinterbein war ausgestreckt, als hätte es mitten im Lauf innegehalten, um ins Objektiv zu starren. Jedes Deckhaar an Kopf, Schultern und Rücken des dichtbepelzten Tieres hatte die Farbe von Platin, das Foto war so scharf, daß ich das Fell unter meiner Hand zu spüren vermeinte. Das Wollhaar – die dichte Matte feiner, fest verfilzter Haare, die Pelztieren als Isolation dient – war grau, vielleicht schwarz, und zusammen mit den silbernen Deckhaaren ergab das einen Effekt, der nachvollziehbar machte, daß jemand, der die Farbe dieses Tieres beschreiben wollte, zum Ausdruck »blau« greifen konnte.

Ich suchte die Seite nach einer Quellenangabe ab und setzte mich ein bißchen aufrechter, als ich den Namen des Fotografen erkannte. John Hyde hatte fast ein Jahrzehnt für das Alaska Department of Fish and Game als einziger offizieller Naturfotograf des Staates gearbeitet, bis die Wahlen eine besonders hartleibige und konservative Legislative an die Macht katapultierten und der Etat des Ministeriums drastisch zusammengestrichen wurde; zum Teil war das eine Strafaktion, weil einige Biologen nicht bereit gewesen waren, dem Begehren eines einflußreichen Senators zu entsprechen und eine Insel in der Nähe von dessen Wohnsitz mit Wapitis zu besiedeln. Durch die Etatkürzungen zur Untätigkeit verdammt und von der korrumpierten Politik angewidert, kündigte John und ging das Risiko ein, sich als freiberuflicher Fotograf selbständig zu machen.

Er hat das Kreuz eines Rugbyspielers und so breite Schultern, daß er im steifen Gegenwind den ganzen Tag lang klaglos ein Kajak paddeln oder einen schweren Rucksack schultern kann, ohne über das Älterwerden zu jammern. Wenn er lacht (was er oft tut), verengen sich seine Augen zu schmalen Schlitzen mit glitzernden schwarzen Punkten, und seit er freiberuflich arbeitet, ist er häufig Passagier auf der *Swift*. Wo immer er hingeht, trägt John eine Klunkerkette aus Perlen und Ringen, die ein kleiner Plastikwal ziert – ein Talisman, den seine Tochter für ihn gefertigt hat und den er erst abnimmt, wenn er sich nachts in seinen Schlafsack rollt, und sich gleich wieder umhängt, sobald er morgens herauskrabbelt. Er ist ein guter Freund, aber ich wußte, daß bei John, dem die Familie über alles geht, die Frage nach dem Wie, Wann und Wo von etwas so Seltenem wie einem Gletscherbären in einem so hart umkämpften Geschäft wie der Naturfotografie dem Versuch gleichgekommen wäre, seiner Tochter das Abendessen wegzunehmen.

Der Bär starrte mich aus der Zeitschrift in meinem Schoß an.

Keine Möglichkeit, dachte ich und lehnte mich wieder zurück. Auch nur zu fragen, hätte John in eine peinliche Situation gebracht. Dennoch war das Foto genau der Beweis, den ich brauchte, daß Träume – wie Michios Sehnsucht nach einer Familie – manchmal wahr werden, und daß die Chance, einen Gletscherbären zu fotografieren, tatsächlich existierte.

John stützte sich mit einem Ellenbogen auf den Tisch und starrte mich von der Seite eine lange Sekunde an, den Mund in der Hand verborgen, als wollte er per Körpersprache ausdrücken: »Das will ich nicht preisgeben.« Und doch tat er es.

»Sagt es bloß niemand anderem, okay?«

Es war Anfang Mai. Über ein Jahr war vergangen, seit Johns Foto von einem Gletscherbären veröffentlicht worden war, Michio hatte geheiratet, und die Rauschbeerbüsche an den Berghängen oberhalb von Juneau waren mit Blüten wie durchscheinende rosa Glöckchen bedeckt.

»Versteht sich von selbst«, antwortete ich nickend. Michio murmelte eine Zustimmung und fingerte auf einer Skizze herum, die auf dem Tisch zwischen uns lag. Die Zeichnung – eine grobe Karte einer tief eingeschnittenen Bucht – zeigte, welch enormen Respekt John Michio entgegenbrachte, war ein weiterer Beweis, wie die Menschen Michio vertrauten, weil er ihnen vertraute. Auch ich fühlte mich geschmeichelt. Solches Wissen mit einem Tourführer zu teilen, der von Fotografen lebt, war eine Großzügigkeit, die ich nie erwartet hätte.

»Hier.« John malte mit der Bleistiftspitze dort einen Punkt auf die Küstenlinie, wo eine hingekritzelte blaue Linie einen Wasserlauf darstellte. »Nehmt die Gummistiefel mit. Es ist eine große Flutniederung, und ihr werdet ziemlich matschig werden.«

Wir pflichteten ihm bei. Der Bleistift zitterte, tanzte einen nervösen Rhythmus in Johns Hand. »Und sagt niemandem etwas«, wiederholte er. John machte sich nicht nur wegen anderer Fotografen Sorgen. Uns allen war klar, daß es Leute gab, die sich nur allzugern das Fell eines Gletscherbären an die Wand hängen würden. Und wir alle wußten, wie effizient der »Regenwald-Telegraf« eine Neuigkeit in einer kleinen, festgefügten Gemeinde wie Juneau verbreiten konnte. Wenn ich morgens irgend jemandem unser Ziel verriet, würde es bis zum Abend überall, vom Büro des Gouverneurs bis zur Müllkippe, bekannt sein.

»Danke, John.« Michio machte eine leichte Verbeugung. »Ich glaube, diesmal werden wir mehr Glück haben.«

Er faltete die Kartenskizze zusammen und strich mit dem Daumen die Kanten glatt, ehe er sie in ein zerschlissenes Notizbuch steckte, dessen Deckel er dann noch einmal rasch aufklappte, um kurz ein hineingeklebtes Foto zu betrachten. Es war ein schlichtes Bild, nur ein 7x10-Schnappschuß, wie man ihn von Drogerien oder Fotomaten geliefert bekommt – kein Kunstwerk, wie man es bei einem Fotografen von Michios Kaliber erwarten sollte, aber seit seiner Ankunft in Juneau hatte ich ihn schon mehrere Male das Notizbuch hervorholen und einen sehnsüchtigen Blick hineinwerfen gesehen. Wenn er dieses schlichte Bild anbetete, war es, als hätte er seinen Beruf als Fotograf aufgegeben und seine eigentliche Bestimmung gefunden: Der Schnappschuß zeigte seinen kleinen Sohn.

Als ich Shoma kennenlernte, zitterte Michio vor Aufregung; auf den Fußspitzen hüpfte er herum, um die Menge von Passagieren überblicken zu können, die Flug 66 der Alaska Airlines entstiegen. Noch immer kamen Nachzügler die Treppe herunter, als ich eine schlanke Asiatin ausmachte, die sich, unter der Last einer großen Schultertasche schwankend und eine weitere hinter sich herziehend, einen gewundenen Weg durch die Menschentrauben bahnte. Ich wollte Michio gerade Naoko zeigen, als sie innehielt, um ein in ein Tuch gewickeltes Bündel in ihrer Armbeuge zu richten, doch er war schon fort, sprang und duckte sich durch die Menge und wich einer Gruppe großer Männer mit Angelruten seitlich aus, um das Bündel aus ihren Armen zu nehmen.

»Mein *aka-chan*! Mein Baby!« Michios Gesicht verströmte Begeisterung, als er den eingewickelten Säugling mit ausgestreckten Armen über seinen Kopf hob, als wollte er dem Himmel ein Opfer darbringen, und ihn dann an seine Nase herunterführte. Shoma war erst wenige Wochen alt und erfreute sich des durch nichts zu unterbrechenden Schlafes eines Neugeborenen; die Augen in dem vom Tuch eingerahmten winzigen roten Gesicht waren fest geschlossen.

Eine Mischung von Englisch und Japanisch plappernd tanzte Michio im Kreis herum. Naoko war fertig, erschöpft von der langen Reise und der noch immer ungewohnten Erfahrung, Mutter zu sein, aber irgendwie schaffte sie es, gleichzeitig von innen heraus zu strahlen. Daß sie Michio so sehr den Kopf verdreht hatte, war nachvollziehbar: Sie ist eine wunderschöne Frau, hat dasselbe freimütige Gesicht und dieselben sanften, freundlichen Augen wie ihr Mann und ein schüchternes Lächeln, das besagt, daß die Welt ihr Freund ist. Ich blieb im Hintergrund, als Michio sich ihr zuwandte und ihr das Baby hinstreckte – nicht, damit sie es nehmen sollte, sondern als wollte er ihr einen Blick auf etwas sehr Grundsätzliches gewähren – und etwas zwischen ihnen passierte, das in mir den Gedanken aufsteigen ließ: *So* sollten die Menschen sein.

»Das ist mein Sohn Shoma«, sagte Michio und zog mich am Ärmel zu dem Kind, das er im Arm schaukelte. Naoko beugte sich vor und entwand das Baby sanft seinen Händen, dann mußte sie selbst lachen, daß sie so erleichtert war, den Kleinen wieder sicher in ihren Armen zu haben.

Ich streckte einen Finger aus. »Wie geht's, Shoma?«

Eine winzige Hand kam unter dem Tuch hervor, ergriff mit erstaunlicher Kraft meinen Finger und führte ihn in das winzige, saugende O von Shomas Mund. Einen kurzen, zeitlosen Augenblick lang wußte ich, wie es ist, Teil von etwas ungeheuerlich Großem zu sein.

MICHIO SCHWEBTE AUF Wolke sieben. Seine Arbeiten hatten ihm eine Ausstellung im Carnegie Museum eingebracht, seine Bücher verkauften sich in Europa und Japan sehr gut, und seine neue Familie bot ihm wie das Lager einer Kompaßnadel einen Angelpunkt, um den sein Leben sich drehen konnte. Als ich bemerkte, daß er nicht mehr mit Tabak und Pfeife herumfummelte, schüttelte er in vollem Ernst den Kopf und sagte: »Das habe ich aufgegeben. Ich muß lange leben für meinen Shoma.«

Mir ging es nicht so gut. Es gab Probleme mit dem Geschäft, die anzugehen ich nicht das Herz hatte, weil dieses Organ wegen einer Liebesbeziehung, auf die ich mich mit vielen Hoffnungen eingelassen hatte und die nun am Zerbrechen war, sich anfühlte, als sei es herausgerissen und filetiert worden. Zudem hatte ich den größten Teil des Winters in Hawaii verbracht, um meinem immer schwächer werdenden Vater bei der Chemotherapie beizustehen, und als sich nun Michio über den Tisch lehnte, um Johns handgezeichnete Karte wie mit der Wünschelrute nach Bären zu befingern, erinnerte mich sein gekrümmter Rücken daran, wie mein Vater sich zum Erbrechen über das Gitter seines Betts gebeugt hatte und was für ein Gefühl es gewesen war, nichts weiter tun zu können, ihm keine weitere Erleichterung verschaffen zu können, als ihm eine Hand auf die Schulter oder ein feuchtes Tuch auf die Stirn zu legen, und, als die Ärzte die tägliche Ladung von Strahlen und giftigen Chemikalien für wirkungslos erklärt hatten, ihm in ein Flugzeug nach Mexiko zu helfen, wo eine Privatklinik behauptete, sie könnten mit einem Extrakt aus Aprikosenkernen Krebs heilen.

»Weh tun kann's nicht«, antwortete der Onkologe meines Vaters schulterzuckend auf die Frage nach dieser Alternativbehandlung. Als Mediziner zeichnete ihn eine gewisse Bescheidenheit aus – kein Halbgott in Weiß –, aber indem er die Möglichkeit einräumte, daß andere Disziplinen eine Hoffnung boten, die die konventionelle Medizin nicht nährte, bekannte er zugleich, daß er nicht weiterwußte und die Aussichten meines Vaters gering einschätzte.

Unter der neuen Behandlung blühte mein Vater auf und schien kräftiger zu werden, bis er sich eines Tages stark genug fühlte, um einen Ausflug über Land zu machen. Es war ein schöner Tag, die Hügel waren voller Kakteen, an der Küste brachen grüne Wellen, und als es Abend wurde, war er in guter Stimmung, kramte ein paar Brocken Spanisch hervor und machte mit dem Fahrer Späße, der den Miet-Van durch ein paar Kurven in der Wüste jagte. Plötzlich schoß eine große Eule aus dem Dunkeln ins Scheinwerferlicht und durchbrach die Windschutzscheibe in einem Schauer von Federn und Glassplittern; da fiel er in sich zusammen und wurde ganz still, das schlechte Omen hatte ihn aus der Fassung gebracht, und er ergriff meine Hand.

Danach schien er zu schrumpfen, zusammengesackt saß er im Rollstuhl, wenn ich ihn die gekachelten Flure des Krankenhauses entlangschob, und er wollte nicht mehr viel reden oder lachen, außer, wenn es um Erinnerungen an seine Jugend ging: Geschichten vom Überleben der Dürrejahre in einem Zelt, während draußen Regierungsangestellte die Herde der Familie abschlachteten, um im Rahmen eines Förderprogramms – es war die große Weltwirtschaftskrise – die Rindfleischpreise in die Höhe zu treiben. Für die Nebenerwerbsviehzüchter von Texas war diese Dezimierung ein Horror, ein herzzerreißendes Blutopfer, das weit über den Verlust von Dollar hinausging.

Dennoch brachten die Erinnerungen ein bißchen Leuchten in seine Augen zurück, und ein Lächeln huschte über sein Gesicht, als er daran denken mußte, wie sein Vater wütend auf einen Regierungsmitarbeiter losging, der – trotz der ausdrücklichen Warnung meines Großvaters, das nicht zu tun – sein Lieblingskalb abgeknallt hatte.

»Dad sagte dem Scheißkerl, er solle sich vom Acker machen, sonst würde er ihn umbringen«, kicherte er, »und der Spechtkopp zog dann auch ziemlich schnell Leine.«

Als er diese Geschichte erzählte, zeichnete sich so etwas wie Stolz und Freude auf seinem Gesicht ab, als wäre das wütende Vorgehen meines Großvaters gegen den Regierungsmitarbeiter in seiner Erinnerung der größtmögliche Beweis, wie sehr sein Vater ihn liebte – mehr noch, als ein Viehzüchter seine Herde liebt, die er durch die Jahre der Dürre gebracht hat. Erst später ging mir auf, daß diese Geschichte meines Vaters Art war, mir zu sagen, daß auch er alles getan hätte, um das Glück meiner Kindheit zu schützen.

Es war also nicht alles negativ. Es gab flüchtige Momente der Zufriedenheit, sogar des Humors, die diese niederschmetternden Tage durchzogen. Nachdem die Chemotherapie ihm den Rest seiner dünnen Haare geraubt hatte, kamen wir zu dem Schluß, daß er mit seiner Vollglatze auf ziemlich virile Weise – nach dem Motto, »rutsch mir den Buckel runter, wenn's dir nicht paßt« – gut aussah, und in einem unbeschwerten Moment verstärkten wir diesen Effekt noch, indem wir ihm ein (temporäres) Tattoo am Kopf verpaßten. Nachdem er aus dem Krankenhaus nach Hause zurückgekehrt war, machte es ihm viel Spaß, sich eine Mütze aufzusetzen und sein Lieblingscafé aufzusuchen, wo er im geeigneten Moment die Mütze abnahm und sich mit der Hand übers nicht existente Haar strich, dann die Mütze wieder aufsetzte und so anderen Gästen kurz den Anblick eines schwarzen Panthers gönnte, der ihm über den Schädel stelzte. (Eine verdutzte Kellnerin hätte ihm beinahe Kaffee in den Schoß gekippt; und als ein geistloser Spaßvogel an der Tankstelle ihn fragte, wie er seine Haare verloren hätte, brachen die Umstehenden vor Lachen schier zusammen, als er zurückbellte: »Viel auf dem Kopf gestanden, damit Leute wie *du* mir den Arsch lecken können!«)

An solche Dinge versuche ich mich zu erinnern, nicht an den Anblick von Haut, die fest über Knochen gespannt war. All das erklärte ich Michio, als wir uns durch das Sumpfland an der Mündung des Flusses quälten, den John uns genannt hatte. (Er hatte recht, was den Matsch betraf: Wir gingen bei Ebbe an Land, und keine 20 Meter weiter steckten wir schon bis zu den Knien drin.) Beim Herannahen unserer schmatzenden Schritte floh zwitschernd ein Goldregenpfeifer. *Ti-tiit!* rief er in Panik, als er über den Schlamm davonhopste.

Michio bückte sich, um seinen Stiefel zu befreien, der im Matsch feststeckte; er hatte aufmerksam zugehört, als ich von der Krankheit meines Vaters berichtete, und nun fragte er, was ein »Spechtkopp« sei.

Ich mußte einen Augenblick nachdenken. Es schien mir zu umständlich, zu erklären, wie der Ausdruck nach dem Bürgerkrieg von freigelassenen Sklaven erfunden und zur Bezeichnung des »verarmten weißen Gesindels« benutzt wurde, das noch immer das Leben der Schwarzen bestimmen wollte, und wie er später generell auf den Unwillen der Südstaatler, die jeder Änderung abhold sind, gemünzt wurde, indem man sie mit einem Vogel verglich, der sein Leben lang seinen Kopf gegen hartes Holz hämmert. Ich wählte die einfachste Möglichkeit.

»Das ist Südstaaten-Slang, Michio. Jemand, der nicht weiß, wie man sich benimmt.«

Der Regenpfeifer rannte am Wassersaum hin und her, als würde er etwas suchen, das er verlegt hatte, dann blieb er stehen und begann sich das Brustgefieder zu putzen.

»Regenpfeifer«, sagte ich überflüssigerweise, als ich auf den Vogel mit der schwarzweißen Brust zeigte. Es war ein Männchen in vollem Brutkleid. »Ist vielleicht gerade von Hawaii hergekommen.«

Wenn der Winter langsam seine Decken einrollt, um den Frühling hereinzulassen, ziehen ganze Schwärme von Wanderwasserläufern, Steinwälzern, Sanderlingen, Wassertretern und – etwas sperrig benannten – Borstenbrachvögeln (um nur ein paar zu erwähnen) mit einem Zwischenstop hier, einer Rast dort, die Pazifikküste hoch; sie kommen von weit her, einige sogar aus Panama und Argentinien, und auf ihrem Weg schließen sich ihnen immer mehr Schwärme an. Mitte Mai dann sieht man auf den wichtigen Etappenplätzen wie etwa an der Mündung des Stikine River bis zu 300 000 Vögel pro Tag fressen und sich ausruhen; sie sind auf dem Weg in die Arktis, wo sie brüten, unter der nie untergehenden Sonne des Nordens ihren Nachwuchs großziehen und sich dabei von der immensen Biomasse an Insekten ernähren, die Michio zum Pfeifenraucher machten.

Der Vogelzug einer jeden Art ist ein Wunder an Navigation, was aber die schiere Leistung und Ausdauer angeht, können nur wenige dem Regenpfeifer das Wasser reichen. Der elegante Vogel, der jetzt vor uns auf einem Bein stand und den Kopf auf die Schulter legte, war vielleicht vor gerade mal 48 Stunden in Hawaii losgeflogen, hatte sich bis in die dünne, sich rasend schnell bewegende Atmosphärenschicht des Jetstreams in 20 000 Fuß Höhe emporgeschraubt und dann nach Norden Richtung Polarstern einen Nonstopflug über 2500 Meilen angetreten – was einen Energieverbrauch bedeutet, der das Körpergewicht eines Regenpfeifers glatt halbieren kann. Im Herbst kehren dann die erwachsenen Regenpfeifer mehrere Wochen vor ihrem Nachwuchs in die

Tropen zurück, denn die Jungvögel müssen erst noch ihre Flugkünste perfektionieren, und unterdessen fressen sie wie wild Insektenlarven und alles andere, was ihnen vor den Schnabel kommt, um sich den notwendigen Fettvorrat zuzulegen, während ihre Eltern ihre eigenen Überlebenschancen dadurch zu verbessern suchen, daß sie abfliegen, ehe die ersten Schneeflocken rieseln. Irgendwie finden die uneingeweihten Jungen ihren Weg von der Arktis zum Archipel von Hawaii, dessen Inseln nichts als kleine Punkte in den riesigen Weiten des Pazifiks sind und leicht verpaßt werden könnten; daß ihnen das ohne das Vorbild ihrer Eltern gelingt, ist sicherlich eine der bemerkenswertesten Leistungen der Natur.*

Ich bewunderte das zarte, gold-braune Schachbrettmuster auf dem Rücken des Männchens und fragte mich, wieviel Prozent seines Nachwuchses die Reise wohl nicht schaffen, sondern sich erschöpft auf der Meeresoberfläche niederlassen würden, von der sie sich, da ihnen die gefetteten Federn oder die Schwimmfüße echter Wasservögel fehlen, niemals wieder erheben können, und – der Gedanke schoß mir durch Mark und Bein – ob mein Vater, wenn die Regenpfeifer nach Hawaii zurückkehrten, noch am Leben sein würde. Oder war auch er im Begriff, den Wendekreis des Krebses ein letztes Mal zu überqueren?

Michio kämpfte sich seitwärts einen matschigen Abhang hoch, immer vorsichtig mit einem Fuß nach dem anderen rutschend, um auf diesem Schlammpudding nicht das Gleichgewicht zu verlieren.

Ich folgte ihm, und oben auf der Anhöhe, wo der Matsch dem Gras wich, wandte ich mich um und betrachtete die häßliche, monströse Linie unserer Fußstapfen, ehe ich das Fernglas aus dem Rucksack holte.

* Meines Wissens wird die Flugleistung des Pazifischen Goldregenpfeifers nur noch von der der Uferschnepfe übertroffen, einem 25 Zentimeter großen Vogel mit einem keck nach oben gebogenen Schnabel, der in jedem Herbst Alaska zu einem Nonstopflug nach Neuseeland verläßt – eine Entfernung von 6500 Meilen!

»Das ist das Paradies«, murmelte ich. »Ein Bärenparadies.« Vor uns zog sich ein enges Tal, wie ein Hohlweg zwischen den bewaldeten Hängen, in einem weiten Bogen nach links, bis es dem Blick entschwand. Von der Flußmündung aus, so weit man sehen konnte, war es von leuchtendem Smaragdgrün, als hätte Gott entschieden, hier an diesem entlegenen Ort seinen ganz persönlichen Bowling-Rasen anzulegen, und ich rechnete schnell im Kopf nach: Rund anderthalb Kilometer tief, 250 bis 500 Meter breit, ein bißchen was für die Verjüngung des Tales und die Fläche des Wasserlaufs abgezogen – das Tal bot mit gut 40 Hektar frisch gesprießter Segge eine wahrhaft saftige Weide mit dem Lieblingsfutter von Bären.

Michio zeigte auf eine Spur, die sich mäandernd am Ufer des Wasserlaufs hinzog. Zwei weitere, größere, kreuzten die erste in schrägem Winkel und verloren sich dann in einem Stück mit Roggen. Über gut 100 Meter war entlang des Flußufers die üppige Vegetation bis auf ein paar zerfledderte Flecken gründlich abgegrast, und als wir weiter landeinwärts gingen, fanden wir noch einmal ein halbes Dutzend Spuren. Ein Grizzly hatte das Tal von Osten nach Westen durchquert, der Rest der Fährten stammte von Schwarzbären.

»So viele.« Michio blickte nach links und rechts. Zu beiden Seiten war die Wiese von einem so dichten Erlengebüsch gesäumt, daß es einem Dutzend Bären als Versteck genügt hätte.

»Nicht bloß *kuma*«, sagte ich und machte einen Bogen um einen mattgrünen Kotkegel. Gänse schätzen frische Segge aus denselben Gründen wie Bären, und die Wiese war mit ihren Hinterlassenschaften übersät. Am Rand einer sumpfigen Senke entdeckte ich die Fährte eines jungen Wolfes, der eine Regenwasserpfütze umrundet hatte, zu einem Stein gelaufen war, um ihn zu beschnüffeln, und wieder zurück und sich schließlich in Richtung einer Baumgruppe getrollt hatte, und als wir tiefer in das Tal hineinwanderten, spürte ich, wie das Gewicht von allem, was ich in der Stadt zurückgelassen hatte, von meinen Schultern genommen wurde – der Geruch des Krankenzimmers verflog mit dem Abheben eines Wanderdrosselschwarms, den bohrenden Schmerz der problematischen Liebschaft wischte der Flügelschlag eines Raben hinweg. Das Tal zu durchqueren war wie eine verhaspelte Angelschnur zu entwirren, wobei die entscheidenden Hinweise zum Aufdröseln im Graffiti der Fährten, im versprenkelten Gelb des Hahnenfußes und in der labilen, zitternden Balance einer Adlerfeder auf dem untersten Ast eines Baumes sichtbar wurden.

Michio zog die Feder heraus und steckte sie sich, den Kiel vorsichtig zwischen die Maschen fädelnd, an seine Mütze. Ich konnte einen kleinen Wasserfall weiter oben murmeln hören, und als sich am Ende des Tales eine Gänseschar mit lautem *Honk-honk-honk* in die Lüfte erhob, kniete ich mich hin und suchte das Erlengebüsch nach dem Grund für ihre Alarmrufe ab.

Einen Moment lang – nichts. Dann schwankte ein Zweig, und ein Schatten am Fuß eines Baumes wurde zu einem Bären. Seine Schultern glänzten in der Sonne, als er sich auf die Wiese hinaustrollte, und als er stehenblieb, um etwas zwischen seinen Pfoten zu befummeln, akzentuierte das Licht das Heben und Senken seines Felles.

Michio setzte den Rucksack ab, baute das Stativ auf und wählte ein Objektiv. Ich machte dasselbe, den Rucksack gegen meine Beine gelehnt. Der Bär hielt inne, hob die Nase und beschnüffelte die Luft nach Gefahren, dann senkte er den Kopf und riß sich ein Maul voll Segge ab. Wir waren dicht genug dran, um das Malmen und Knirschen zu hören, während er das Gras zerkaute, und Michios Kamera flüsterte ihr »Tschi-tschi-tschi« zurück.

Der Bär schlenderte langsam näher, sein Kopf schwang dicht am Boden hin und her, wenn er zum Grasen stoppte. Als er nur noch 30 Meter entfernt war, hatte ich einen halben Film verbraucht, und durchs Objektiv konnte ich genau sehen, wie seine Kiefer arbeiteten. Bei 20 Metern war der Film voll, und ich tastete nach meinem Rucksack, ohne den Bären dabei aus den Augen zu lassen. Ich spürte den Rucksack schwanken, griff hin und hörte ihn mit einem *Plumps!* zu Boden fallen.

Der Bär wirbelte in einer Spirale von Muskeln und schwarzem Fell herum, die sich zu einer wilden Flucht entfaltete. Schlamm und Gras flogen in alle Richtungen, als er zum Ufer hinunterdonnerte, auf der anderen Seite hochstürmte und auf das entgegengesetzte Ende der Lichtung zuraste. Kaum hatte er die Wiese überquert, drehte er sich noch einmal zu uns um, pausierte lang genug, um mit beiden Vorderfüßen aufzustampfen und ein verächtliches *Huff-huff* hervorzuprusten, ehe er krachend im Unterholz verschwand.

Ich fand es nicht gut, daß ich den Bären um seine Mahlzeit gebracht hatte (und uns um die Fotogelegenheit), versuchte das aber mit einer saloppen Anmerkung zu überspielen.

»Hast du das gesehen, Michio? Wie er versucht hat, uns zu sagen, daß er eigentlich keine Angst hatte?« Wie ein Junge, dachte ich, der denen, die ihn drangsaliert haben, ein paar Schimpfworte an den Kopf wirft, ehe er hinter einem schützenden Zaun verschwindet.

»Ich sah es«, sagte Michio. Sein Gesicht wirkte besorgt. »Er hält uns für Spechtkopps, Lynn.«

ES WAR SCHON nach neun Uhr, als wir zum Boot zurückkehrten. Die Sonne ging unter, wir waren hungrig. Der Himmel trug ein mildes Babyrosa. Wir hatten mehrere Bären gesehen, allerdings keinen Blauen Bären, und an den nächsten beiden Tagen war es dasselbe: Früh am Morgen zum Ufer rudern, solange der Nebel noch in den Bäumen hing; einen guten Aussichtspunkt auf einer Anhöhe oder einer Kuppe suchen; dann die nächsten 16 Stunden lang die Show genießen. Selten kam es vor, daß mehr als eine halbe Stunde verging, ohne daß wir einen Bären im Blick hatten, oft waren da zwei oder drei zugleich, einmal sogar vier, die da in der Wiese ihre Kreise zogen wie Elektronen um einen Atomkern, in sorgfältig abgezirkelten Bahnen ihren Tanz von Dominanz und Interaktion aufführten, der jedem Bären seinen Platz in der Ursinengesellschaft zuweist. Im Gegensatz zu dem Bären, den ich erschreckt hatte, schien von ihnen keiner an unserer Gegenwart Anstoß zu nehmen, und am zweiten Nachmittag kam ein stämmiges Exemplar bis auf einen knappen Steinwurf an mein Stativ herangebummelt; er streckte sich am Boden aus und begann zu schnarchen, als würde er darauf vertrauen, daß Michio und ich Wache standen, während er ein Nickerchen hielt.

Gegen Ende des zweiten Tages fingen wir an, die Bären als Individuen wahrzunehmen, jeder hatte seine eigene Persönlichkeit, und wir konnten sie anhand subtiler Unterschiede in ihrem Erscheinungsbild identifizieren. Einer hatte einen Rotstich auf Schulter und Rücken, als hätte man ihn mit Paprika bestäubt; ein anderer trug einen Latz aus weißem Fell vor der Brust. Es war, als hätten wir uns problemlos in ihre Gemeinde eingeschlichen, und je besser wir unsere Nachbarn kennenlernten (und sie uns), desto zufriedener waren wir damit, einfach die Wolkenschiffe über den Himmel ziehen zu sehen oder – was die Bären oft zu tun schienen – bloß dazusitzen und dem Stinktierkohl beim Wachsen zuzuschauen und darauf zu warten, daß der Gletscherbär auftauchte. So friedlich war das Beobachten, daß ich mich fühlte, als würde ich aus all den Beschwernissen auftauchen, die ich in Juneau mit an Bord genommen hatte, genau wie dieses von Gletschern gemeißelte Tal einst aus dem Eis aufgetaucht war – langsam, mit einem unbändigen Drang zum Leben und dem Gefühl der Erleichterung, daß wenigstens hier die Dinge noch in Ordnung schienen.*

*Während der Eiszeit war so viel vom Wasser der Erde zu Eis gefroren, daß das Gewicht der Gletscher das Land wie einen Schwamm zusammendrückte. Jetzt, da das Eis zurückgeht, quillt das Land wieder erleichtert auf: In einigen Gegenden des nördlichen Südostalaska sinkt der Meeresspiegel um bis zu 3,75 Zentimeter pro Jahr. Beweise dafür findet man in Form alter, von den anbrandenden Ozeanwellen unterspülter Terrassen, die bis zu 150 Meter über dem heutigen Meeresspiegel liegen. Um bei menschlicheren Maßstäben zu bleiben: Aus jüngerer Zeit finden sich entlang der Küste bei Juneau (Meeresspiegelsenkung 0,75 bis 1 Zentimeter pro Jahr) verrottende Treibholzstämme inmitten satter Wiesen mit Gräsern, die kein Salz vertragen. Dies ist ein eindeutiger Hinweis, daß die Stämme antrieben, als das Land noch tiefer lag, und daß es sich seitdem über die Gezeitenzone hinaus gehoben hat.

Aber wo war der silberne Bär? Abends starrten Michio und ich abwechselnd auf John Hydes Foto und die Kartenskizze, um uns davon zu überzeugen, daß wir an der richtigen Stelle waren. Daran bestand kein Zweifel; die Komposition von Erlen und Gras, der Lichteinfall, die Muster der Flechten an den Bäumen – alles war genau so wie auf dem Foto, so eindeutig zu identifizieren wie ein Gesicht. Ich wurde die Vorstellung nicht mehr los, daß der Blaue Bär vielleicht ein Wechselbalg war, eine Kushtaka-Kreatur, die an einem Tag schwarz oder zimtbraun war und blau am nächsten, mit einem Wimpernschlag vom normalen zum außergewöhnlichen Erscheinungsbild wechseln konnte und zurück.

»Vielleicht«, sagte ich zu Michio, während ich mir noch eine Kartoffel auf den Teller legte, »haben wir die ganze Zeit schon den Gletscherbären gesehen. Einer dieser Bären, die wir jeden Tag beobachten, *ist* vielleicht der Gletscherbär, und wir waren einfach nur noch nicht dabei, wenn er sich verwandelte.«

»Und vielleicht«, scherzte Michio, »suchst du schon zu lange nach einem Gletscherbären.«

Er hatte natürlich recht. Es war eine haarsträubende Vorstellung, über die jeder rechtschaffene Wissenschaftler oder Biologe nur die Nase rümpfen konnte.

»Aber warum nicht?« argumentierte ich. »Schneeschuhhasen wechseln die Farbe. Und Schneehühner auch.«

Michio überlegte eine Weile und löffelte sich Bratensauce aus der Pfanne auf den Teller. Ich war mit Kochen dran gewesen und die Sauce war voller Klümpchen.

»Eisfüchse«, sagte er und schwang den Löffel wie einen Taktstock, »und Wiesel.«

An den Hermelin mit seinem weißen Winterpelz und der ebenholzfarbenen Schwanzspitze hatte ich nicht gedacht. Ich fügte der Liste noch Marmelalk und Taubenteiste hinzu, dann strich ich sie wieder; Farbwechsel des Federkleids waren zu weit verbreitet, um zu zählen. Doch die Vorstellung, daß ein Gletscherbär etwas mit den verschiedenen Säugetieren gemeinsam haben könnte, die das Fell wechseln, war zu spannend, um sie achtlos beiseite zu schieben. Könnte der Blaue Bär ein Rückfall in die Eiszeit sein, als ein vergleichbarer Mechanismus während der viel längeren Winter für eine Tarnfarbe sorgte? Gab es da ein verkümmertes, verirrtes Gen, das sich ab und zu wieder einschaltete, einen schwarzen Bären zu einem silbernen transformierte und wieder zurück? Darüber dachte ich immer noch nach, als ich in jener Nacht in meinen Schlafsack kroch. Solange man nicht einer Menge Bären ziemlich lange Zeit auf den Fersen blieb, konnte das niemand wissen.

15 Feuer in der Wildnis

Am Morgen hatte sich der Himmel zugezogen, und es begann zu regnen. Als ein Schwall Wasser nach dem anderen auf das Kajütendach prasselte, zog sich Michio eine Jacke über den Kopf, kuschelte sich noch tiefer in seinen Schlafsack und murmelte etwas wie »bis Mittag schlafen«. Der morgendliche Wetterbericht der Küstenwache in Juneau warnte vor stürmischen Winden aus Richtung Golf, dann wurden die Seeleute gebeten, nach einem überfälligen Segelboot Ausschau zu halten. Es war einfach kein Tag zum Fotografieren.

Am Abend wiederholte die Küstenwache das Ersuchen um Informationen wegen des Segelboots und stufte die zu erwartenden Winde zu Stürmen herauf.*

Um Mitternacht war der Sturm zu einer Bestie geworden, einer wütenden Bulldogge, die wiederholt den Anker vom Grund losriß und die *Swift* Richtung Ufer trieb, während Michio und ich die Ankerleine Hand über Hand aufholten. Die nächsten 36 Stunden lang wurden wir niemals ganz trocken, denn immer wieder mußten wir aus der Kajüte hinaus in den Regen laufen, der so hart herabprasselte, daß er auf der Haut weh tat, und darum kämpfen, den Anker einzuholen und wieder auszuwerfen, damit wir nicht an Land gepustet wurden. Als der Sturm nachließ, waren wir völlig erledigt, und als er endlich weiterzog, weinte keiner von uns ihm eine Träne nach.

Allerdings regnete es weiter. Auch am folgenden Tag schüttete es noch, nichts deutete darauf hin, daß es nachlassen

* Windgeschwindigkeiten zwischen 34 und 47 Knoten (62 bis 88 Kilometer pro Stunde) werden als stürmische Winde klassifiziert, alles darüber (in manchen Ländern auch schon ab 41 Knoten) ist Sturm beziehungsweise Orkan.

würde, und wir mußten zugeben, daß wir die Angeschmierten waren. Ich mußte nach Juneau zurück, wo ein deutsches Fernsehteam darauf wartete, daß ich ihm dazu verhalf, Grizzlys im Frühling zu filmen. Michio war enttäuscht. Er hatte gehofft, einen Teil seiner Auslagen durch den Verkauf einer Gletscherbär-Story an eine japanische Zeitschrift wieder hereinzubekommen, doch auch auf ihn warteten andere Verpflichtungen.

»Vielleicht«, sagte er und faßte damit die Vergeblichkeit unserer Bemühungen zusammen, »vielleicht ist es so, daß einen Gletscherbären nicht zu finden *gerade* die Geschichte des Gletscherbären *ist.*« Dann schüttelte er trübsinnig den Kopf und verwarf diese Idee als »zuviel Zen«.

Die Deutschen bekamen ihre Filmmeter und bezahlten mich – und das war schon das Beste an diesem Sommer. Die Überschriften der Zeitungen boten nichts weiter als die üblichen Variationen von Krieg und Katastrophen, die Krebskrankheit meines Vaters breitete sich in seinem Gehirn aus, und mit der Beziehung, an der ich mich den Großteil des Winters und den Frühling über abgearbeitet hatte, lief es immer schlechter. Mit jedem Tag wurde es schwieriger, sich vorzustellen, daß der Planet wie ein Uhrwerk seine Umlaufbahn um einen hell brennenden Stern zog oder daß die Lachse zurückkehren würden, wenn die Zeit dafür gekommen war.

Am 3. Juni (die meisten Seelöwen und Robben bekamen gerade ihre Jungen) eröffnete im Alaska State Museum eine Wanderausstellung über den Tongass National Forest; *The Tongass: Alaska's Magnificent Rainforest* war das Resultat einer Zusammenarbeit einer Reihe gleichgesinnter Fotografen mit der Smithsonian Institution, und es war gut gelungen, die Schönheit der Küstenregenwälder zu präsentieren; weniger erfolgreich war der Versuch, die Auswirkungen der rücksichtslosen Kahlschläge auf das Land zu veranschaulichen, denn die Ausstellung ging zu oberflächlich über die Dezimierung von Wildtier-Populationen, die Vernichtung der Lachs-Laichgründe und die toxischen Abfälle hinweg, die rings um die Holzverarbeitungsfabriken güterzugweise ins Wasser gelangten. Auch wurde nirgendwo erwähnt, daß die Bundesregierung die künstlich aufgeblähte Holzindustrie mit jährlich über 50 Millionen Dollar subventioniert. Es gab Gerüchte, daß die Ausstellung ursprünglich sich solcher Fragen hätte annehmen sollen, daß aber, nachdem Alaska im Kongreß damit gedroht hatte, am Etat der Smithsonian Institution Rache zu nehmen, nur eine »bereinigte« Version der Ausstellung realisiert wurde.*

Da ich noch einen Nachmittag totschlagen mußte, ehe meine nächsten Klienten eintrafen, hatte ich Zeit, durch die Ausstellung zu schlendern; hier und da blickte ich Touristen oder Studenten über die Schultern, bevor ich zum nächsten Porträt eines Adlers oder Hirsches weiterging. Die Abzüge waren großartige, tischgroße Paneele von außerordentlichem Detailreichtum, und ich blieb stehen, um zu bewundern, wie sich die Nadeln einer fast lebensgroßen Fichte von der Wand abzuheben schienen. Dann betrat ich den nächsten Raum.

An der Wand gegenüber vom Eingang zur zweiten Hälfte der Ausstellung fiel sofort eine Baumscheibe ins Auge, die einen Querschnitt durch den Stamm einer ungeheuer dicken Fichte bot; die einzelnen Jahresringe waren mit kleinen Fähnchen markiert, auf denen bedeutsame historische Ereignisse notiert waren: Magna Charta, Kolumbus in Amerika und andere Daten bis zu dem Tag, an dem der Baum gefällt wurde.

Ich wich einem Ehepaar mittleren Alters aus, das vom Fähnchen »Ein großer Schritt für die Menschheit« bis zum Geburtsjahr des Gatten zurück zählte, betrachtete kurz das Bild von einem Grizzly in einem Bach – und blieb wie angewurzelt stehen. An der Wand neben dem Jahresring-Kalender

* Die zwei Senatoren und der eine Kongreßabgeordnete Alaskas werden in den Wahlkämpfen regelmäßig von der Holz-, Bergbau- und Ölindustrie großzügig unterstützt.

hing ein über einen Meter hohes Foto von einem Gletscherbären.

Es fällt schwer zu beschreiben, welche Gefühle mich beim Anblick des Bildes überwältigten: Neid, Frustration, Begeisterung, Erstaunen – alles hatte in diesem Cocktail Platz. Während ich das Foto anstarrte, muß ich mit mir selbst gesprochen haben, denn zwei Mädchen im Teenageralter, die in der Nähe herumlungerten, faßten sich an den Schultern und tauschten wissende Blicke aus, als ich mich bückte, um die Legende zu studieren, und flüchteten dann aus dem Saal, als ich laut auflachte.

Ich lachte, weil ich als Urheber einen der profiliertesten nordamerikanischen Naturfotografen erkannte, einen Künstler aus Seattle, dessen Name auf den Rücken so vieler Bücher zu finden ist, daß sie ein ganzes Regal füllen könnten. Und ich lachte, weil das Tier fälschlicherweise als Grizzly bezeichnet war.

Es war unmöglich, daß der Fotograf nicht wußte, was er da festgehalten hatte. Er ist bekannt dafür, daß er alles akribisch vorausplant, und kein Profi von seinem Kaliber und seiner Produktivität hat die Zeit, in abgelegenen Gegenden herumzustiefeln, ohne genau zu wissen, was für Motive ihm dort vielleicht vor die Linse kommen.

Nein, sagte ich zu mir, den Fehler mußte einer der vielen Menschen begangen haben, durch deren Hände der Abzug gegangen war, als man die Ausstellung organisierte. Daß das Personal einer so berühmten Einrichtung wie der Smithsonian Institution in diesem Bild keinen Gletscherbären erkannt (und vielleicht niemals davon gehört) hatte, bestätigte nur, wie selten und außerordentlich dieses Foto war – und das wurde noch einmal durch die Tatsache unterstrichen, daß der Fehler auch nicht dem Stab des Alaska State Museum aufgefallen war, das schließlich im Herzen der Heimat der Gletscherbären steht.

Bei näherer Betrachtung des Fotohintergrunds war klar, daß es nahe der Stelle aufgenommen worden war, wo auch John Hyde seines gemacht hatte. Es war ein anderer Bär –

etwas cremiger in der Farbe, nicht ganz so stahlblau –, doch das hieß nur, daß irgendwo in den zerklüfteten Buchten westlich von Juneau die Gene der Eiszeit an die Oberfläche gesickert waren, sich wie das Land nach dem Rückzug des Eises erholt hatten, und daß meine Chancen, endlich einen Blauen Bären für Michio zu finden, sich verdoppelt hatten. Als ich aus der gedämpften Atmosphäre des Museums hinaus in die Sommersonne und den Verkehrslärm trat, plante ich bereits unsere Rückkehr.

Vielleicht im September, wenn die Lachse noch springen … ein Versteck an dem Wasserfall bauen, wenn die Fische sich zu seinen Füßen tummeln …

DAD HATTE MÜHE, der Zeremonie zu folgen. Meine jüngere Schwester heiratete; sie stand vor dem Altar einer aus Natursteinen gemauerten Kirche auf einer kleinen Insel nördlich von Juneau, und während ich hinter ihm auf der harten Holzbank saß, sah ich ihn zittern, wegdämmern, dann wieder mit einem Ruck zu sich kommen und verwirrt um sich blicken, als er zu verstehen versuchte, was er hier unter diesen Fremden machte. Der lange Flug von Hawaii hatte sowohl ihn als auch meine Mutter erschöpft; und als der Priester fragte: »Wer führt diese Frau zum Altar?«, mußte er auf eine Antwort warten, während man Dad auf die Füße half und er mühsam nach den paar einfachen Worten suchte, mit denen der Vater seine Einwilligung erklärt. Der Kloß in meinem Hals resultierte ebensosehr aus der Verwirrtheit in den feuchten Augen dieses Mannes, der noch vor wenigen Monaten komplexe Rechenaufgaben im Kopf lösen konnte, wie aus der Hoffnung und der Liebe, die in der Hochzeitszeremonie zum Ausdruck kamen.

Vor der Spitze der Insel vollführte ein einsamer Buckelwal einen Hechtsprung, tauchte ab, verschwand und hinterließ nichts als die Lamentierereien der Möwen und ein paar Wellen, die sich rasch verliefen.

Es wurde August, und Kanada brannte. 500 Kilometer weiter im Norden rasten Buschfeuer durch die Wälder Yukons und der Nordwestterritorien und legten düsteren Qualm wie ein Leichentuch über das Land. Michio verspätete sich, die Änderungswünsche eines Lektors irgendwo in Übersee und ein bedrohlich nahe rückender Erscheinungstermin hielten ihn auf, und nachdem wir drei Tage auf ihn gewartet hatten, fuhren John Hyde und ich ohne ihn los. Der Wetterbericht hatte ein Hoch angekündigt, das blauen Himmel und klares Wetter bringen sollte – günstige Voraussetzungen zum Bootfahren und Fotografieren, die wir einfach nicht verpassen wollten.

»Nimm das Postflugzeug nach Kake«, sagte ich zu Michio. »Such dir jemanden mit einem Funkgerät, der uns Bescheid gibt, und wir kommen dich holen.« Wie in den meisten Dörfern sind die Menschen von Kake so freundlich, daß er keine Probleme haben dürfte, jemanden zu finden, der ihm helfen würde, die *Swift* anzupeilen. Es wäre nicht weiter schwierig für ihn, nach Juneau zu fliegen, dort eines der kleinen Wasserflugzeuge zu erwischen, die täglich den 180-Meilen-Flug um Kupreanof Island machen, und sich uns anzuschließen, um eine Woche lang Wale zu fotografieren.

Der Plan funktionierte, und als ich auskuppelte und die *Swift* an den Kai steuerte, um ihn aufzugabeln, hatten John und ich allen Grund, ihn wegen seiner Säumigkeit zu tadeln: Am zweiten Tag unserer Suche hatten wir einen einzelnen Wal entdeckt, der um einen Heringsschwarm herum blies und tauchte. Zehn Minuten, nachdem wir die Stelle erreicht hatten, reckte der Wal seinen 40-Tonnen-Körper in voller Länge aus dem Wasser und ließ sich mit einem donnernden Platscher wieder hineinfallen, was sicherlich als Signal an andere gedacht war, sich ihm anzuschließen, denn binnen Minuten kamen aus allen Himmelsrichtungen der scheinbar leeren See Wale angeschossen. Als alles vorüber war, hatte die Herde die Heringe stark dezimiert, und John hatte alles auf Film festgehalten.

»Fünfzehn- oder zwanzigmal ist er auch gesprungen«, sagte John und wedelte mit einer Plastiktüte voll belichteter Filme vor Michios Gesicht herum. Michio schlug sich mit der Hand an die Stirn und spielte den Konsternierten, doch er konnte seine Freude nicht verbergen. Wir verschwendeten keine Zeit und fuhren volle Kraft voraus wieder nach Norden, weil wir hofften, die Buckelwale wiederzufinden, ehe sie sich zerstreuten.

Vier Stunden später sah es so aus, als hätte uns das Glück verlassen. Dasselbe Hochdrucksystem, das uns das ruhige Wetter bescherte, brachte auch den Rauch der Buschbrände in Kanada mit sich und verteilte ihn über die Eisfelder bis nach Alaska. Der Smog wurde stündlich dichter, und während wir nach den Walen suchten, verschleierte der Qualm schon den Horizont und drohte die Sonne zu verdecken. Als wir die Wale endlich gefunden hatten, war alles in blasses, schmutziges Licht gehüllt, das so leblos und deprimierend wirkte, daß weder Michio noch John nach einer Kamera griffen.

24 Stunden später spielte ich mit der Idee aufzugeben. Berichten zufolge wüteten die Brände immer schlimmer, und durch einen Nebelschleier gelben Qualms sah die Welt einfach krank aus.

»Das ist Spritverschwendung«, argumentierte ich. »Und der Wetterbericht sagt, es kann noch tagelang so gehen.«

Michio blickte von einem neuen Objektiv auf, das er reinigte, einem 500-mm-Spiegeltele, dessen wichtigstes optisches Element nicht eine gläserne Linsengruppe, sondern ein hochglanzpolierter Parabolspiegel war. Er dachte über mein Argument nach, dann schüttelte er den Kopf. »Nichts zu fotografieren in der Stadt, Lynn.« Zuvor hatte er mir schon erklärt, er plane, eine optische Eigenart des Spiegelobjektivs dazu zu nutzen, um die Sonnenreflexe auf dem Wasser als runde »Lichtkringel« wiederzugeben – dieser Effekt sei unbedingt für ein Bild nötig, das ihm vorschwebe.

»Das könnte schön sein«, sagte er und zeichnete mit der Hand den Schwung eines abtauchenden Walschwanzes in die Luft. »Im Sonnenschein, wenn das Wasser vom Schwanz tropft …«

Zwei- oder dreimal seit unserer Abfahrt aus Kake war in unserer Nähe ein Wal aufgetaucht, doch nie dicht genug oder genau so zur Sonne positioniert, wie Michio das haben wollte. Und angesichts des flachen, garstigen Lichts, erinnerte ich ihn, war die Wahrscheinlichkeit verschwindend gering, daß er das Bild, das er vor seinem geistigen Auge hatte, auf Film bannen könnte.

Ich hatte unrecht. Und als die Sonne sich dem Horizont näherte, wurde immer deutlicher, wie unrecht ich hatte. Der sich ständig ändernde Winkel, in dem das Licht durch den Qualm fiel, ließ das Wasser erst sanft golden, dann orange und schließlich scharlachrot erstrahlen, und als die Sonne den Horizont erreicht hatte, zauberten ihre Spiegelungen ein loderndes umgedrehtes Ausrufezeichen auf die See. Weitere Wale tauchten auf – auch Schweinswale –, und das Zusammentreffen dieser Ereignisse bot eine Gelegenheit zum Fotografieren, die überwältigender war als alles, was ich mir hatte vorstellen können.

Michio und John hörten nicht auf, auszulösen, neuen Film zu laden und weiter auszulösen. Ringsum kamen Wale zum Blasen an die Oberfläche, atmeten tief die Luft in ihre gigantischen Lungen und tauchten wieder ab. Ich hatte alle Hände voll zu tun, kuppelte ein und aus, drehte die *Swift* mal so, mal so herum, um sie im richtigen Winkel zur Sonne an die passende Position zu manövrieren. Als einen Steinwurf vom Bug entfernt ein Wal in die Höhe schoß, sprang Michio in Stellung, zog die Schärfe nach, während er auf die Knie fiel, und fing das Arrangement aus Tier, Sonne und rotglühender Spiegelung in einer Aufnahme ein, die diesen ganzen schrecklichen, verräucherten Tag in einen makellosen Augenblick verwandelte.

Als wir nachts in Gambier Bay vor Anker lagen, schrieb ich in mein Tagebuch: »Auf der anderen Seite der Grenze sind heute alle Höllenfeuer losgebrochen – und irgendwie endete das alles in Schönheit.«

»NICHT DIESES JAHR«, antwortete Michio, als ich für September eine Suche nach dem Gletscherbären vorschlug. »Ich muß meine Pläne für die Tschuktschen machen.«

Sein Interesse an Ureinwohner-Kulturen hatte ihn in jüngster Zeit über die Beringstraße nach Sibirien geführt, wo nomadische Rentierhirten, in Zelten lebend, noch immer mit ihren Tieren wandern. Jetzt hatte er all seine Leidenschaft und Phantasie darauf ausgerichtet, ein ganzes Jahr bei ihnen zu verbringen und ihr Leben zu dokumentieren. Am aufregendsten aber, sagte er, fand er die Möglichkeit, seine Frau und sein Baby mitzunehmen. »Shoma und Naoko bei mir. Das wäre die schönste Erfahrung meines Lebens.«

Große Worte, dachte ich, für jemanden, dessen Leben bereits so reichhaltig ist.

»Aber vielleicht im Frühling?« lautete sein Gegenvorschlag; allerdings fügte er den Vorbehalt hinzu: »Wenn wir dann nicht bei den Tschuktschen sind, dann ja.«

In mir tat sich eine leichte Leere auf, ein Gefühl, unheimlich wie der Rauch, der in der Luft hing. Ich wußte, wir würden niemals aufhören, nach dem Blauen Bären zu suchen, bis wir ihn gefunden hatten – hatte nicht Michio selbst sich geweigert, aufzugeben, nur weil der Rauch das Fotografieren unmöglich erscheinen ließ, und hatte er nicht über ein Dutzend Jahre lang an seinem Buch über die Karibus gearbeitet? Doch die Vorstellung, irgendwann unser Ziel zu erreichen, nahm plötzlich einen leicht bedrohlichen Zug an: Wenn wir es schafften, könnte das das Ende unserer gemeinsamen Unternehmungen bedeuten.

Ich freute mich für Michio, daß sich ihm so großartige Lebensperspektiven eröffneten; doch eine Familie zu haben und Jahr um Jahr mehr in Übersee zu reisen, brachte Veränderungen mit sich, die die Möglichkeit einschlossen, daß sich die Bande zwischen uns abschwächten. Ich wollte nicht, daß sich an dieser Freundschaft etwas änderte, war nicht zu dem »Loslassen« bereit, das die Folge sein würde. Ich war schon gezwungen, viel zuviel loszulassen.

Die Wut hatte mich gepackt. Eine giftige Raserei mit rotgeränderten Augen, die alles überstieg, was ich bislang kannte. Zwischen meinen Fahrten hatte ich ein bißchen das Appartement meiner Freundin renoviert – einen Schreibtisch, ein Bett für ihr Kind gebaut –, und jetzt kauerte sie sich in eine Ecke der Küche, während ich herumgeiferte und mein Werkzeug in eine Tasche schmiß. Jemand hat einmal Liebe als »den wunderbaren, schwerelosen Moment am höchsten Punkt der Schaukel« umschrieben, und nach monatelangen Vermutungen, daß sie sich jedesmal, wenn ich über Nacht auf ihren Sohn aufpaßte, die Freiheit nahm, sich einen anderen Mann zu krallen, war dieser Moment nun vorbei – und der Sturz begann –, als ich unerwartet zu ihr kam und »ihn« die Treppe herunterhasten sah.

Alles kochte über. Das überzogene Kreditkartenkonto; das Leiden an dieser Affäre; der als Ersatzskipper der *Swift* angeheuerte Freund, der ohne Vorwarnung kündigte und mir keine andere Wahl ließ, als bereits gebuchte Touren im Wert von Tausenden von Dollar abzusagen und den Klienten, die wütend anriefen und mich wegen des plötzlichen Scheiterns ihrer Pläne zusammenstauchten, die Erklärung schuldig zu bleiben. Ich stopfte den Bohrer in die Tasche, zählte meine Stechbeitel und knallte die Tür zu. Ich mußte nach Hause, mußte eine Tasche mit schwarzen Klamotten packen. Auf Hawaii war ein Begräbnis zu erwarten.

»Du solltest so bald wie möglich kommen.« Die Stimme meiner Mutter war fest, eine ungewohnt hohe Tonlage war das einzige Anzeichen von Anspannung.

»Wie geht es ihm?«

»Nicht sehr gut. Dein Bruder wird morgen früh hier sein.«

Nicht sehr gut. Wir drückten uns noch immer vor der Wahrheit, versuchten so zu tun, als hinge ihr Geruch nicht schon längst im Raum. Ich versuchte meine Stimme nicht zittern zu lassen, doch nachdem ich »tschüs« gesagt hatte, lag ich auf dem Boden und heulte.

»Man sagt, nicht mehr als vier Tropfen alle zwei Stunden.« Die Mitarbeiterin des Hospizes legte den Kopf in den Nacken, um zu demonstrieren, wie ich mit einer Pipette meinem Vater das Morphium unter die Zunge träufeln sollte; dann schaute sie mich mit einem Blick an, der besagte: »Das war die offizielle Version; jetzt tun Sie, was Sie tun müssen.«

»Wie wird das ablaufen?« fragte ich. Sie wußte, was ich meinte, und antwortete mit einer knappen Beschreibung, wie die Nieren versagen, was zu einem Flüssigkeitsstau in den Lungen führt.

»Sie werden es hören. Vielleicht gibt es Schwierigkeiten mit der Atmung ... Wir nennen es das ›Todesrasseln‹ ...« Sie machte eine Pause und gab meinem Bruder eine Liste von Beerdigungsinstituten. »Sein Herz wird aufhören, wenn die Anstrengung zu groß wird.«

Ich fragte mich, ob ihr bewußt war, daß sie den neutralen, wertfreien, professionellen Sprachgebrauch von »das« und »es« zur Umschreibung der Organe meines Vaters zugunsten des menschlichen Mitgefühls aufgegeben hatte, das sich andeutete, als sie sein Herz als »sein« bezeichnete. Er lag auf der Seite unter einer der Decken, die er mit meiner Mutter über 40 Jahre lang geteilt hatte, die Bartstoppeln auf seiner unrasierten Wange schimmerten wie Sand. Seine Augen waren geschlossen – wie schon den ganzen Tag –, und ich fragte mich, ob er hörte, was wir sagten. Als ich nach dem langen Flug von Alaska nach Hawaii auf der Farm eingetroffen war, lag er in derselben Position, und als ich mich über ihn beugte, um ihm zu sagen, daß ich da sei, bekam ich keine Antwort.

Zärtliche Berührungen sind in meiner Familie nicht üblich, doch als alle das Zimmer verlassen hatten, legte ich mich neben ihn, drückte meine Brust gegen seinen Rücken ... *einst Muskeln, jetzt Knochen* ... vergrub mein Gesicht in seinem Nacken ... *als ich ein Kind war, hat er immer nach Zigaretten gerochen* ... legte meine Arme um ihn, hielt ihn fest, als könnte ich ihn am Weggehen hindern, und flüsterte: »Bitte, Daddy. Geh nicht.«

Die Seele verlässt den Körper im Moment des Todes, sagt man, wie ein silberner Ballon steigt sie empor. Ich paßte genau auf und sah nichts, aber ich fühlte etwas sich meiner eigenen Brust entwinden, Membranen, Bänder und Adern zerreißen, das auf dem Weg nach draußen die Rippen zerbrach und eine Wunde hinterließ, die für immer das Leben in das davor und das danach teilen würde: davor, als es den Trost eines Vaters gab, und danach, als es ihn nicht mehr gab.

16 Kamtschatka

Zwei Tage, nachdem mein Vater gestorben war, hängten die Leute im Museum das Foto des Gletscherbären ab und packten die Ausstellung ein. Das letzte Kreuzfahrtschiff des Sommers fuhr nach Süden und verunstaltete den Himmel mit seiner Rauchfahne. Zwei Wochen später rasierte scharfer Frost das Laub von den Bäumen. 800 Kilometer weiter nördlich floh ein Schwarm junger Regenpfeifer vor dem Wintereinbruch. Im Dezember fiel Schnee aus einem Himmel wie Holzqualm; im Februar schlängelte sich das Polarlicht wie Dampf über den Himmel. Im März ging der Wind mit dem Frühling schwanger, und als Michio anrief und sagte, er sei für den Gletscherbären zu beschäftigt, war ich enttäuscht, nahm es aber mit Fassung hin.

»Wie wär's Ende des Sommers?« fragte ich und erzählte ihm von meiner Idee, bei dem Wasserfall in John Hydes Tal ein Versteck zu bauen.

»Ich weiß nicht«, sagte er und erklärte dann, er plane Juli und August (den Höhepunkt der Lachssaison) an einem Ort zu verbringen, der mittlerweile schnell zum Mekka aller wurde, die sich für Bären interessierten: Am Kurilskoja-See auf der Halbinsel Kamtschatka, 2500 Meilen weit weg im fernen Osten Rußlands.

Denkt man sich Ostsibirien als Faust, streckt sich die Kamtschatka-Halbinsel wie ein 1200 Kilometer langer Daumen zwischen das Ochotskische und das Beringmeer. Sie ist ein Land der rauchenden Vulkane, der dichten, goldenen Birkenwälder und der Flüsse übervoll mit Lachsen. Im Süden, am Kurilskoja-See, lebt eine Grizzly-Population, die mindestens so groß ist wie irgendeine in Alaska. Auf einer Landkarte tauchte Kamtschatka erstmals 1665 auf, als ein russischer Kartograph namens Semion Remisow mit Bleistift eine grobe

Annäherung an das gerüchteweise bekannte Land auf Pergament zeichnete. Es dauerte weitere 30 Jahre, bis die ersten Russen die Halbinsel erreichten, und noch mal 30, bis Gerüchte über das riesige, reiche Land 1725 Peter den Großen dazu brachten, einen dänischen Kapitän zum Leiter der ersten Kamtschatka-Expedition zu bestimmen. Vitus Bering hatte den Auftrag, die Halbinsel zu kartieren, dann weiter nach Osten zu fahren und zu beweisen, daß Asien und die Neue Welt getrennte Erdteile waren. Nachdem er drei Jahre gebraucht hatte, um sich bis ans Ostende Asiens durchzuschlagen, baute Bering zwei Schiffe und kämpfte sich durch den ewigen Nebel lange genug nach Nordosten durch, bis er die Straße zwischen Alaska und Sibirien fand, die heute seinen Namen trägt; doch angesichts miesen Wetters, unfähiger Offiziere, schlechter Ausrüstung und einer beinahe meuternden Mannschaft war er gezwungen, die Reise abzubrechen, ohne tatsächlich die Neue Welt gesehen zu haben.

Drei Jahre brauchte Bering, bis er den Zaren überzeugt hatte, ihm noch eine Chance zu geben; letzten Endes erwies er sich als begnadeter Überredungskünstler, denn als er 1733 Sankt Petersburg verließ, marschierte er an der Spitze der größten Expeditionsarmee, die die Welt bis dahin gesehen hatte. Er hatte Befehl, die Westküste Amerikas zu finden und sie weiter bis hinunter nach Mexiko zu erforschen. Die 10 000 Männer der »Großen Nordischen Expedition« brauchten sieben Jahre, bis sie Kamtschatka erreichten; dort bauten sie eine Stadt, die Bering Petropawlowsk nannte – nach seinen beiden Schiffen *St. Peter* und *St. Paul*. Und am 15. Juni 1741 gelang es ihm, weit genug nach Osten zu segeln, um den Mount Saint Elias bei Yakutat zu sehen, ehe ihn die gnadenlosen Stürme des Golfs von Alaska zurückschlugen.*

* Am 31. Juli legte die *St. Peter* kurz auf Kayak Island (bei Cordova) an. Bering selbst ging nicht an Land, doch unter den Offizieren und Seeleuten, die er ans Ufer schickte, war auch ein deutscher Naturforscher namens Georg Wilhelm Steller. Steller hatte, ehe er Europa verließ, John James Audubons Verzeichnis der Vögel der Neuen Welt studiert, und als er auf der Insel weilte,

Krank und erschöpft versuchte Bering nach Petropawlowsk zurückzugelangen, erlitt jedoch in der Nähe einer kleinen Insel vor der Küste von Kamtschatka Schiffbruch und starb. Seine Mannschaft überlebte den Winter, indem sie Hunderte fast handzahmer Seeotter erschlug, um ihr Fleisch zu essen und sich in die Felle zu wickeln. Nach ihrer Rettung kehrten ein paar der Überlebenden in Otter-Pelzmänteln nach St. Petersburg zurück, und der Anblick des dunklen, dicken Fells reichte, um eine Welle von *promyschlenniki*-Pelzjägern auszuschicken, die über die Beringstraße nach Alaska ausschwärmten. Es dauerte kein Jahrhundert, bis dieser brutale Goldrausch die Seeotter in weiten Teilen ihres Verbreitungsgebiets ausgelöscht hatte; doch nachdem das geschafft und Alaska 1868 an die Vereinigten Staaten verkauft worden war, verschwand Kamtschatka aus dem öffentlichen Bewußtsein des Abendlands. Nach der Oktoberrevolution war das gesamte Gebiet für Fremde – Russen wie Ausländer – gesperrt, bis das Sowjetimperium 1990 zerfiel.

Gleichfalls 1990 flog der Besitzer einer Agentur für Abenteuerreisen in Juneau auf der Suche nach neuen Angeboten für seinen Katalog nach Tschukotka in Sibirien, um dort an der Küste mit einem *umiak*, einem Eskimoboot, zu paddeln; und nachdem er von der bemerkenswerten Zahl Bären in dem Reservat gehört hatte, war er im folgenden Herbst wiedergekommen und mit einem gemieteten russischen Armeehubschrauber hingeflogen. Als Ken Leghorn nach Juneau zurückkehrte, machten seine Berichte mir klar, daß der Khaketsin – ein mit Lachsen vollgestopfter Fluß mit haufenweise Bären an den Ufern unter rauchenden Vulkanen – genau so ein echter, ursprünglicher Fleck war, wie ich ihn mir zum Erkunden immer erträumt hatte.

erkannte er einen zwischen den Fichten herumhuschenden Vogel als Vetter des amerikanischen Blauhähers – was der erste greifbare Beweis der Expedition war, daß sie tatsächlich, von Westen kommend, die Neue Welt erreicht hatte. Der kobaltblaue Diademhäher mit seinem rauhen Ruf und dem charakteristischen Flugverhalten ist in Alaska heute noch als *Steller's jay* bekannt.

»Es war unglaublich«, erzählte mir Ken. »Vier Stunden lang wanderten wir einen Bach hinauf und zählten 56 Bären.« Zweimal wurden sie angegriffen; das eine Mal konnten sie durch eine Biegung im Bachlauf entkommen; das andere Mal vertrieben sie den Angreifer, indem sie schrien und Äste schüttelten.

Als Michio fragte: »Was meinst du, Lynn?«, wußte ich, daß das seine Art war, bei mir anzuklopfen, ob ich mitkäme. Im Lauf der Jahre hatte er mich schon eingeladen zu einer Expedition auf eine Insel vor der Küste von British Columbia, um dort die Ruinen von Langhäusern der Ureinwohner zu fotografieren, nach Manitoba, um Eisbären zu suchen, und ins Arctic National Wildlife Refuge, um die Wanderungen der Karibu-Herde zu bewundern, doch meine geschäftlichen Verpflichtungen und der Termindruck hatten mich immer davon abgehalten, mich ihm anzuschließen; jetzt zeigte ein Blick auf meinen Kalender, daß ich wieder einmal ablehnen mußte. Ich war für die Wochen ausgebucht, die er auf Kamtschatka verbringen wollte.

»Aber kannst du im September nach Juneau kommen?« wollte ich wissen.

Er zögerte mit seiner Antwort. Er hatte so viel zu tun – Projekte in Afrika, Sibirien und Alaska. Und dazwischen Zeit für die Familie zu haben, war seine absolute Priorität.

»*Tabun*, vielleicht«, sagte er. »Ich werde anrufen, wenn ich zu Hause bin.«

DER JULI BEGANN, als ruhte ein Segen auf ihm. Evelyne R., eine semiprofessionelle Fotografin aus der Schweiz, zeigte auf einen blauen Eisberg, der nahe der Mündung eines Fjords vorbeitrieb, und sagte: »Ich will einen Adler da drauf.« Sie hatte kaum zu Ende geredet, als ein Weißkopfseeadler aus dem Wald hervorschoß, mit ausgebreiteten Schwingen rüttelte und sich auf dem Eis niederließ; drei Kameramotoren surrten, und Evelynes erhebliche Leibesfülle bebte vor Freude, als sie und ihr Gatte verblüffte Blicke wechselten. Seit Tagen war das Wetter perfekt, der Himmel strahlte, das Wasser war wie Glas, und jedesmal, wenn einer meiner Passagiere sagte: »Ich würde jetzt gern … [einen Orca, einen Schweinswal, ein Luftblasennetz oder was auch immer] … sehen«, ging der Wunsch in Erfüllung. Orcas spielten mit unserem Kielwasser, Schweinswale stoben vom Bug weg, Buckelwale und Seelöwen hielten längsseits des Rumpfes ein Nickerchen. Es war Dominiks und Evelynes dritte Reise nach Alaska, und sie hatten jede Menge guter Fotomotive erwartet; doch für Gary, einen Fotografen aus Utah, war es die erste Fahrt, und er hatte ganz große Augen, so erstaunt war er über unser Glück. Gary hatte stets gute Laune und einen buschigen Schnurrbart – der allerdings nicht ausreichte, sein permanentes Grinsen zu verhüllen – und stellte die Art von Klienten dar, über die ein Tourführer sich besonders freut; schon bald nachdem er seine Ausrüstung an Bord der *Swift* gebracht und die ersten Witze gerissen hatte, bekam ich das Gefühl, es nicht so sehr mit einem Kunden als vielmehr mit einem Freund zu tun zu haben.

Unser Glück währte die gesamte zehntägige Zickzackfahrt mit der *Swift* die Stephens Passage nach Süden hinunter, quer durch den Frederick Sound und wieder nach Norden in die Chatham Straits, denn alles, was wir uns nur wünschen konnten, bekamen wir auf dem Präsentierteller gereicht.

Das änderte sich, als wir Kake anliefen.

Wir brauchten Treibstoff, unser Wasservorrat ging zu Ende, und nach einem längeren Aufenthalt in der Enge der *Swift* war man stillschweigend übereingekommen, daß wir dringender als Essen, Wasser oder Benzin alle eine Dusche brauchten. Vom Hafen in Kake sind es nur wenige Schritte bis zu einer Kombination aus Hotel, Laden und Café, wo der Reisende für drei Dollar ein Stückchen billige Seife, ein sauberes Handtuch und jede Menge heißes Wasser bekommt. Dominik ging voraus, während Gary und ich das Boot betankten, und nachdem wir auch die Wasservorräte aufgefüllt hatten, war es ein gutes Gefühl, auf dem staubigen Weg zwischen Hafen und Stadt sich die Beine vertreten zu können.

Im Hotel stopfte Gary das Telefon mit Münzen, während ich Cheeseburger bestellte und mich im Laden umsah.

»Es gibt Eis am Stiel«, sagte ich und stellte eine Plastiktüte voll Lebensmittel neben Garys Tisch auf den Boden. Seine Haare waren noch naß vom Duschen. Die Aussicht auf die Leckerei schien ihn zu freuen, und als ich ihn fragte, berichtete er, zu Hause sei alles in Ordnung.

»Die schlagen einen Mordskrach, Mann. Vor allem meine Tochter.« Voller Stolz schüttelte er den Kopf. Soweit ich wußte, gab es kaum etwas im Leben, das Gary keine Freude machte, doch wenn er von seiner Familie sprach, ging ihm das Herz ganz besonders auf. Über seine Frau hatte er mehrmals erzählt: »Ohne Lillian wäre ich nichts. Sie ist der Grund, warum ich lebe.«

Ich sah mich nach der Kellnerin um und bestellte eine Cola. Durch die Durchreiche in die Küche konnte ich sehen, daß der Koch etwas auf dem Herd brutzelte.

»Ich habe noch Zeit, meine Nachrichten abzuhören«, sagte ich. Das Münztelefon hing nur wenige Schritte von unserem Tisch entfernt an der Wand über einem Zeitungsständer. Ich drückte die Tasten, wartete, bis der automatische Operator sich meldete, dann gab ich den Code ein, der mich auf mein Telefon zu Hause zugreifen ließ. Die erste Nachricht stammte von einem britischen Produzenten, der auf Informationen wegen eines Films wartete, den wir seit einem Jahr diskutierten. Als zweites kam ein Telefonvermarkter, der die Dienste noch einer weiteren Kreditkartengesellschaft pries, und während ich den Lösch-Code eintippte, sah ich über die Schulter hinweg nach, ob die Cheeseburger schon kämen.

»Hallo, Lynn? Hier ist Clara.« Die sanfte weibliche Stimme kam aus der Vergangenheit. Es war fast zehn Jahre her, daß wir uns kennengelernt hatten: Ich hatte damals einen zurechtgebogenen Drahtkleiderbügel und einen Schraubenzieher in der Hand und wollte vor dieser wunderschönen Chemikerin mit der schmeichelnden Stimme, die sich aus ihrem Auto ausgesperrt hatte, den Helden spielen; sie hatte einen Freund in Fairbanks, über 1000 Kilometer weit weg. Und durch einen dieser kleinen Zufälle, die in Alaska so häufig sind, verband uns auch die wechselseitige Freundschaft mit Michio. Sie hatte ihn kennengelernt, als er vor mehr als einer Dekade zum Studieren nach Fairbanks gekommen war. Seit sie wieder nach Fairbanks gezogen war, um bei ihrem Freund zu sein und dort zu unterrichten, hatten sich unsere Kontakte auf gelegentliche Briefe oder Postkarten beschränkt, und mein Puls schlug schneller, als sie sagte: »Ich mußte dich einfach anrufen.«

Die anschließende Pause war lang genug, um mich nach dem Warum fragen zu lassen, und mich überkam schlagartig das Gefühl, daß sie mir entweder etwas sehr Gutes (Wollte sie wieder nach Juneau ziehen? Wollten sie und John heiraten?) oder etwas sehr Schlechtes berichten wollte. Mein Pulsschlag erhöhte sich weiter, als ich auf dem Anrufbeantworter hörte, wie sie tief Luft holte.

»Es hat einen Unfall gegeben«, sagte sie. Sie suchte nach Worten. »Einen Unfall mit Michio. Er ist von einem Bären getötet worden.«

Ich glaube, ich ließ den Hörer fallen. Ich erinnere mich noch, daß ich meine eigene Stimme »oh, mein Gott« sagen hörte und wie sich das kühle Metall an meiner Stirn anfühlte, als ich mich gegen den Apparat lehnte. Aus der Leitung drang noch immer Claras Stimme.

Ich tastete nach dem Kabel und hielt den Hörer gerade noch rechtzeitig wieder ans Ohr, um sie etwas von Rußland sagen zu hören – auf Kamtschatka –, und wie traurig sie sei.

Die nächste Nachricht war von meiner Schwester: »Ich habe gerade das mit Michio erfahren«, und danach meldete sich eine japanische Stimme, die ich nicht erkannte, mit den Worten: »Lynn-san … sehr leid tun … Hoshino-san tot durch Bär.«

Ein ums andere Mal piepste der Anrufbeantworter und übermittelte Nachrichten aus Deutschland, Japan, Kalifornien, Fairbanks und Juneau – Freunde und Bekannte aus aller

Welt, die mir alle denselben, entsetzlichen Schlag in die Magengrube versetzten: Michio war tot, ein Bär hatte ihn aus seinem Zelt geholt.

Hier die näheren Umstände, wie ich sie heute kenne.

Michio traf am 25. Juli im Kurilskoja-Braunbärenreservat ein; in seiner Begleitung war ein dreiköpfiges Fernsehteam aus Japan; wie viele Besucher des Reservats hatten sie einen Hubschrauber gemietet um hinzukommen. Sie waren die ersten Fotografen beziehungsweise Filmemacher, die in diesem Jahr die Erlaubnis bekommen hatten, im Reservat zu arbeiten, und sie hatten ihren Besuch zeitlich so abgestimmt, daß er mit der Rückkehr der Lachse zusammenfiel. Im Reservat erwarteten sie bereits Igor Rewenko, der führende Braunbär-Biologe Rußlands, und sein Bruder Andrei, um ihnen zu helfen. Rewenko hatte ich zwei Jahre zuvor kennengelernt, als ein paar Freunde, die sich um den Schutz der Braunbären bemühen, ihn nach Juneau brachten, wo er einen Diavortrag über die Kamtschatka-Bären hielt. Binnen Minuten hatte ich das Gefühl, daß dieser stämmige, sorgfältig seine Worte wählende Russe mit der wachen Intelligenz in den Augen jemand wäre, dem ich voll Vertrauen in Bärengegenden folgen würde und auf dessen Arbeiten als Wissenschaftler ich mich verlassen könnte. Andrei, der weniger gut Englisch spricht, ist ihm angeblich ziemlich ähnlich.

Das Camp an jenem mit sattem Gras bewachsenen Kap ist einfach; es besteht aus einer einzigen, grob gezimmerten Hütte, die gerade für sechs Menschen und ihre Ausrüstung reicht, sowie einem kleineren Schuppen mit Blechdach, der als Vorratslager dient, und einem Aborthäuschen. Ein paar hundert Meter entfernt steht ein Beobachtungsturm am Khaketsin, ein kleiner Verschlag auf sechs Meter hohen Stelzen, von dem aus man freie Sicht auf die Grizzlys hat, die im Fluß fischen. Am gegenüberliegenden Ufer, nahe dem Auslaß des Flusses, der den See mit dem Ochotskischen Meer verbindet, gibt es ein Fischwehr und ein einfaches Camp, das zu dieser

Zeit von ein paar russischen Fischereispezialisten und einem Doktoranden der University of Montana namens Bill Leacock, der gemeinsam mit Rewenko an einer Untersuchung über die Bären-Population von Kamtschatka arbeitete, sowie dessen Familie bewohnt war.*

Kurz bevor Michio und die anderen eintrafen, war ein großer männlicher Bär in die Hütte eingedrungen, hatte das Innere verwüstet und an den Wänden die tiefen Scharten seiner Klauen hinterlassen. Nachdem sie durch das zerbrochene Fenster eingestiegen und so gut wie möglich aufgeräumt hatten, instruierte Igor die anderen, jedwede eßbaren Abfälle zu verbrennen und alles übrige zu vergraben. Die Lachswanderung hatte sich verspätet – es waren noch keine Fische da –, und den hungrigen 300-Kilo-Bären, der die Hütte heimgesucht hatte, auf die Idee zu bringen, es könnte einen Zusammenhang zwischen Menschen und Freßbarem geben, wäre ein gefährlicher Fehler. Nach diesen Vorsichtsmaßnahmen bezog das Team die Hütte – bis auf Michio, dem es, solange ich ihn kannte, angesichts der Enge einer Hütte stets lieber war, im Freien zu übernachten. Selbst als nur wir beide an Bord der *Swift* waren und den Komfort eines Ofens und fließend warmen Wassers genossen, zog er es gelegentlich vor, seinen Schlafsack auf dem Vordeck auszubreiten oder sich mit einem Buch auf das Kajütendach zurückzuziehen – was ich nie als

* Ein Fischwehr ist eine Art Staketenzaun quer durch einen Seeausfluß, so daß wandernde Lachse ein schmales »Tor« passieren müssen, wo man sie zählen kann. Leacocks Untersuchung zur Bären-Population war von entscheidender Bedeutung, weil niemand, auch nicht Igor Rewenko, wußte, wie viele es da gibt. Seit dem Zerfall der Sowjetunion kursierten immer wieder Gerüchte, daß auf Kamtschatka wüst gewildert würde, und bei seinem Besuch in Juneau 1994 schätzte Igor, daß zwischen 2000 und 2500 Bären allein in jenem Jahr getötet worden waren. Abgesehen von der illegalen Trophäenjagd wird die weltweite Bären-Population vor allem durch den unersättlichen Bedarf der Chinesen an Bärengalle gefährdet, die in der traditionellen chinesischen Medizin als unverzichtbare Ingredienz gilt. Zahllose Tests haben bewiesen, daß die Verabreichung von Bärengalle nutzlos und unsinnig ist: Sie hat absolut keine therapeutischen Qualitäten – außer denen eines Placebos.

Versuch interpretiert hatte, meiner Gesellschaft oder der anderer Menschen zu entkommen, sondern immer als Ausdruck seiner Vorliebe für die Düfte und Töne an der frischen Luft betrachtet hatte. Auf Kamtschatka schlief er in seinem Zelt.

Am Samstag, den 26. Juli, traf ein zweiunddreißigjähriger amerikanischer Fotograf aus Anchorage am Kurilskoja-See ein. In einem Interview mit einem Redakteur der *Anchorage Daily News* berichtete Curtis Hight, auch er habe sein Zelt aufgebaut, ein paar Meter von Michios entfernt, nachdem Igor ihm gesagt hatte, in der winzigen Hütte sei kein Platz mehr – vermutlich, weil die Ausrüstung des Fernsehteams jeden freien Fleck beanspruchte.

Mit der Abenddämmerung wechselte das Wetter, dichter Nebel zog auf, und Michio krabbelte in sein Zelt.

> »Weck mich, falls ein Bär kommt«, sagte Hoshino leise, als er hineinging.*
>
> »Wie bitte?« fragte Hight.
>
> »Weck mich, falls ein Bär kommt – in die Nähe des Zelts«, sagte Hoshino noch einmal.
>
> [Zweieinhalb Stunden später]** wurde Hight abrupt von heftigem Lärm geweckt … Es hörte sich an, als käme er aus dem Lebensmittelschuppen, [rund 15 Meter] entfernt.
>
> Hight schlüpfte aus dem Zelt und begann sich zaghaft umzusehen. Vorsichtig ging er um die Hütte in Richtung Lebensmittelschuppen. Ein großer Braunbär sprang auf dem Blechdach auf und nieder. Offensichtlich versuchte er hineinzukommen.

* Auszug aus einem Artikel von George Bryson für *We Alaskans*, einem Magazin, das der Zeitung *Anchorage Daily News* beiliegt.

** In meiner Korrespondenz mit Hight kamen einige Diskrepanzen zwischen seinem Bericht von dem Zwischenfall und dem in *We Alaskans* veröffentlichten zu Tage. Wo es möglich war, habe ich Hights Korrekturen und Erläuterungen aus erster Hand mit eckigen Klammern in den Text des Artikels eingefügt.

Hight schrie und klatschte in die Hände. Der Bär schaute ihn an. Hight schrie wieder … [und fragte sich, warum] niemand sonst im Lager aufgestanden war. Langsam zog sich der Bär zurück und drehte hinter Hoshinos Zelt ein paar Kreise.

Hight rief nach Hoshino, und der steckte seinen Kopf aus dem Eingang. »Da ist ein Bär – vielleicht drei Meter hinter deinem Zelt!«

»Wo?« fragte Hoshino und blinzelte in die Dunkelheit.

»Genau da!« sagte Hight. »Soll ich Igor holen?«

»Ja, hol Igor«, antwortete Hoshino.

Die Hütte war verschlossen. Hight begann gegen die Tür zu hämmern und schrie, draußen sei ein Bär.

Binnen weniger Augenblicke kam Rewenko mit einer Dose Pfefferspray heraus.

Es gab keine Gewehre im Camp; sie waren verboten. Also versuchten Rewenko, Hoshino und Hight ihr Bestes, den Bären durch Schreien und Aneinanderschlagen von Töpfen zu vertreiben. Es funktionierte nicht. Schließlich nahm Rewenko das Bärenspray. Er ging [sieben bis neun] Meter an ihn heran, zielte und drückte ab.

Hight, der das Ganze aus rechtem Winkel beobachtete, sah den atomisierten Pfeffer leuchtend weiß durch die Luft schießen und kurz vor der Nase des Bären sich zu einer Wolke ballen, die schließlich zu Boden sank. Der Bär beugte sich herunter und beschnüffelte das Gras. Der Pfeffer schien ihm nichts auszumachen.

Es war ein ausgewachsenes Männchen von rund 300 Kilogramm, schätzte Rewenko, mit einer deutlich sichtbaren roten Wunde quer über die Stirn. [Hight erklärte, die Größe des Bären sei erst geschätzt worden, nachdem man ihn erschossen hatte, nicht von Igor in jener Nacht.]

Rund eine halbe Stunde lang versuchten die Männer, den Bären aus dem Lager zu jagen. Ein ums andere

Mal drehte er um und lief bergan, nur um dann wieder kehrtzumachen und zurückzukommen. Schließlich zog er sich anscheinend aus freien Stücken zurück.

Am nächsten Morgen beschloß Hight, im Beobachtungsturm zu schlafen. Rewenko meinte, die Wunde an der Stirn hätte sich der Bär wahrscheinlich zugezogen, als er das Fenster der Hütte durchbrach, und auf der Plattform sei es sicherer als am Boden. Michio entschied sich, im Zelt zu bleiben.

Am folgenden Tag überquerten Andrei Rewenko, Michio und das Fernsehteam mit dem Boot den See, um alternative Aufnahmeorte zu suchen. Da die Lachse sich verspätet hatten, versammelten sich nicht so viele Bären um das Kap, also mußten sie andere Optionen ausprobieren. Am selben Tag flog der Eigentümer einer Fernsehstation in Petropawlowsk mit seinem eigenen Hubschrauber ein und machte Curtis Hight seinen Platz auf dem Beobachtungsturm streitig. Statt wieder auf dem Boden zu schlafen, breitete der Fotograf in dieser Nacht seinen Schlafsack auf dem Dach der Hütte aus, oberhalb von Michios Zelt.

Am nächsten Morgen, berichtete Hight, machte der Besitzer der Fernsehstation etwas so Abwegiges, daß ich Schwierigkeiten habe, es zu glauben: Er legte am Seeufer Lebensmittel aus, um den Bären in Reichweite seiner Kamera zu locken, dann nahm er den Bären auf Video auf, während er die Köder fraß.

»Offensichtlich hegte [der Fernsehmann] keine sonderlichen Schuldgefühle deswegen, denn in dem Bericht, den sie ausstrahlten, zeigten sie genau diese Einstellung«, sagte Hight. »Jeder im Camp sah, was da passierte – sah diesen Bären herunterkommen und anfangen [die Lebensmittel zu fressen].«*

Ich empfinde quälende Verbitterung, wenn ich daran denke, daß der Russe auch noch eine Holzkiste voller Brotlaibe in seinem Hubschrauber ließ. Der Bär riß die Fenster aus dem

* Aus Brysons Artikel.

Helikopter, um hineinzugelangen, und damit war das Unheil endgültig angerichtet: Dank seiner Bereitschaft, den Bären um jeden Preis zu filmen, und dank seiner Sorglosigkeit im Umgang mit den Lebensmittelvorräten hatte der Mann vom Fernsehen im Kopf des Tieres den Zusammenhang zwischen Menschen und Fressen gefährlich verstärkt.

In der Nacht zum 2. August war Igor abermals gezwungen, den Bären mit seinem Spray aus dem Lager zu jagen.

Tag um Tag warteten Männer wie Bären auf die Lachse. Nacht um Nacht standen die Brüder Rewenko dem hungrigen Bären gegenüber, wenn er ins Lager kam. Am 6. August, berichtete Igor, bestürmte er Michio, in die Hütte umzuziehen – der aber zog noch immer sein Zelt vor.

Am 7. August kamen in Schüben endlich die Fische, und Hight berichtete, der Bär habe an den seichten Stellen einigen Erfolg gehabt – aber für Michio hatte der Laichzug zu spät eingesetzt.

In seinem übersetzten Bericht schildert Igor Rewenko im Detail die Tragödie, die folgte:

> [Es] passierte um vier Uhr morgens. Ich erwachte durch den Ruf eines [japanischen] Kameramanns. »Zelt! Bär! Zelt!« Innerhalb von zwei Sekunden standen ich und mein Bruder und der Rest des Teams draußen und hörten Michios Schreie und das Grollen des Bären. Es war dunkel, und wir strahlten mit Taschenlampen das Zelt an, das von dem Bären da im Gras zehn Meter von uns entfernt zerstört wurde.
>
> Sofort fingen wir wie verrückt an zu schreien, doch der Bär hob noch nicht einmal den Kopf. Ich fand eine Schaufel und einen Blecheimer und fing an, damit Lärm zu machen, drei bis fünf Meter vom Bären entfernt. Der Bär hob nur einmal kurz den Kopf, dann nahm er Hoshinos Körper zwischen die Zähne und verschwand in der Dunkelheit.*

* Ibid.

Der Bericht in *We Alaskans* fährt dann fort:

> Danach überschlugen sich die Ereignisse. Igor Rewenko nahm das japanische Fernsehteam zur Wissenschaftsstation auf der anderen Seite des Sees mit. Dort rief Bill Leacock per Funk um Hilfe. Die Gruppe kehrte mit Gewehren in ihr Camp zurück. Bei Tageslicht suchten sie rund um die Hütte alles ab und erkannten, daß der Bär Hoshinos Körper in einen dichten Wald verschleppt hatte.
>
> Um [ein Uhr] traf ein Hubschrauber mit einem Berufsjäger und einem Offizier einer Spezialeinheit ein. Rewenko ging mit an Bord, und bald hatte er den großen Bären ausfindig gemacht. Der Pilot trieb ihn aus dem Wald heraus. Jetzt rannte der Bär zum Camp zurück. Der Helikopter verfolgte ihn. Hight, der gerade am Ufer entlangging, sah ihn direkt auf sich zukommen.
>
> »Ich war gut 250 Meter vom Camp entfernt«, berichtete Hight, »und der Bär raste nun genau auf das Ufer zu, er kam geradewegs auf mich zu …«
>
> Der Hubschrauber wendete direkt vor dem Bären und jagte ihn zurück. Der Offizier und der Jäger schossen mehrere Male aus ein paar Metern Höhe.
>
> Hight sah den Bären fallen, rannte hin, sah den Hubschrauber landen – und im selben Moment den Bären wieder aufstehen. Er lebte noch und rannte jetzt mit aller Kraft auf den Wald zu.
>
> Der Helikopter hob wieder ab und setzte sich abermals über ihn. Noch einmal feuerte der Offizier. Der Bär krachte zu Boden. Hight erreichte die Stelle in dem Moment, als der Hubschrauber wieder landete. Der Jäger stieg aus und schoß ein letztes Mal auf den Bären …
>
> Instinktiv machte [Hight] ein Foto von dem Bären.

Zurück an Bord der *Swift* hatte ich das seltsame Gefühl, alles um mich herum von irgendwo außerhalb meines Körpers zu beobachten. Ich war wie betäubt, und ich vermute, ich lief auf Autopilot, als ich meinen Sicherheitscheck machte, die Maschine anließ und die Leinen einholte. Gary war besorgt um mich, bot an, Kaffee zu kochen, und beobachtete mich aus den Augenwinkeln, doch meine Schweizer Gäste zeigten keine Reaktion, als sie vom Tod meines Freundes erfuhren.

An die lange Fahrt nach Norden durch den Frederick Sound habe ich keine anderen Erinnerungen als die an glattes, graues Wasser unten und einen von Wolken gesprenkelten Himmel oben. Ich nehme an, ich hatte auf »Tourführer-Modus« geschaltet, so daß die äußeren Bereiche meines Gehirns den Horizont nach den Orcas oder Buckelwalen absuchten, die meine Klienten sehen wollten, doch im Inneren kämpfte ich gegen einen rasenden Zorn, gegen die Wut darüber, daß der Zyklus der Jahreszeiten mich zu dem Glauben verführt hatte, Michio und ich würden immer noch eine weitere Chance haben. Irgendwo in der Nähe der Brother Islands bekam ich mich wieder in den Griff, verknotete den Schock und das Nicht-wahrhaben-Wollen zu einem Bündel, das ich irgendwo tief drinnen verstaute. Du bist bei der Arbeit, sagte ich zu mir. Du mußt deinen Job tun.

Im Westen zog die Sonne die Feuchtigkeit aus dem Wald, der Admiralty Island um die Schultern drapiert war, und ballte sie zu Wolken. Um acht Uhr tauchte eine halbe Meile vor dem Bug ein Wal auf, und ich nahm das Gas weg, um die *Swift* anzuhalten.

Wir trieben und schaukelten sanft in der Stille, als das sonore *Paah!* seines Ausatmens rings um uns widerhallte. Die Sonne verbarg ihr Gesicht hinter Wolken, breitete ihre Silberflügel aus und schickte Lichtbündel wie Speere aus dem Himmel herab. Der Wal kam näher, drehte sich langsam nach links und nach rechts, dann krümmte er den Rücken und blies wieder.

Denken Sie sich eine große Stille, so rein wie Bergluft, nur vom Piepen der Seevögel unterbrochen. Wellen schmatzen gegen den Rumpf. Da drüben zieht sich ein Arrangement von Inseln und Bergrücken in einer Reihe von Pastelltönen zwischen Grau und Blau in die Ferne.

Und jetzt stellen Sie sich vor, daß mitten im Zentrum dieser Szenerie ein zwölf Meter langer Wal durch die Wasseroberfläche bricht und sich, als wolle er explodieren, in die Höhe wirft. Es donnert wie Artilleriefeuer, wenn der Wal sich dreht und auf den Rücken wirft und einen Herzschlag später mit einem gigantischen Knall aufs Wasser platscht.

Genau das passierte, nicht ein-, sondern fünfzehnmal; als hätte der Wal – einst Landsäuger, jetzt Meerestier – beschlossen, nun ein Vogel zu werden, so warf er sich immer und immer wieder gen Himmel empor.

Der erste Ausbruch hatte uns völlig überrascht, der zweite verblüfft; beim dritten war die Erwartung elektrisierend, und beim fünften waren alle Gedanken an Michio und die Tragödie für einen Moment aus meinem Geist gelöscht, denn das ist das Geheimnis solcher Schönheit, daß sie uns außerhalb unserer selbst an einen Ort jenseits des Denkens und der Erinnerung bringt und uns dadurch mit allem versöhnt, eins macht.

Als der Wal zum fünften Mal sprang, übermannte mich eine stille, noch zögerliche Freude, denn der Flug des Wales erinnerte mich an so viele ähnliche Momente mit Michio, wenn die Ekstase der Naturgewalt uns vor Ehrfurcht und voller Adrenalin trunken gemacht hatte; und in gewisser Weise war ein Teil von mir überzeugt, daß der Wal Michio *war*, der kam, um Lebewohl zu sagen.

Meine Verzückung hielt nicht lange vor. Als die Show zu Ende ging, war das Licht weg, hatte Wasser und Himmel als graue Schatten zurückgelassen, und als der Wal ein letztes Mal tauchte – einen Wasserfall von seiner Schwanzflosse herabschickend –, lähmte die Erinnerung an Michio, wie er auf der ersten unserer vielen gemeinsamen Touren in Dankbarkeit mit erhobener Kamera die Wale grüßte, mir die Zunge. Gary und die anderen plapperten noch aufgeregt, doch ich warf die Maschine an und steuerte die *Swift* schweigend zu einem geschützten Ankerplatz.

In der Gambier Bay hatte das Wasser die Farbe von Rauchglas. Nachdem ich den Anker geworfen hatte, schnappte ich mir ein Bier aus der Kühlbox, murmelte ein paar Worte zu den anderen und zog mich aufs Vordeck zurück. Sturmmöwen zogen in lockerer Formation vorbei und riefen mit sanften Stimmen, während sie ihrem Schlafplatz entgegenstrebten.

Gary steckte den Kopf aus der Tür: »Bist du okay, Lynn?«

Ich drehte mich nicht um und hob nur das Bier, um ihm für sein Mitgefühl zu danken.

»Okay«, war alles, was ich murmeln konnte.

Die Berge verwandelten sich in Silhouetten, und eine weitere Erinnerung an Michio schnürte mir die Kehle zu. Gambier Bay war genau der Ort, an dem wir das letzte Mal zusammen geankert hatten – in der Nacht, als Kanada brannte. Einen Moment lang glaubte ich, ich würde ihn in der Kajüte summen hören, und das Schlucken tat weh, als ich einen Zug Bier nahm. Ich schloß die Augen und drückte das Kinn auf die Brust, um nicht zu schluchzen.

Als ich die Augen wieder öffnete, war es dunkel.

17 Primärfarben

Ich weiß nicht, warum ich die Trauerfeier für Michio in Fairbanks verpaßte. Wahrscheinlich hatte mich irgend jemand gebucht, um ihn irgendwo hinzubringen, doch wer, daran kann ich mich nicht erinnern, und wofür, das interessierte mich offensichtlich nicht, denn ich hatte aufgehört, mir Notizen oder Eintragungen ins Logbuch der *Swift* zu machen, ich fotografierte nicht, und die Seiten meines Tagebuchs blieben leer. Eine Freundin erzählte mir später, die Feier habe an einem klaren, schönen Herbsttag stattgefunden, die Birken um Fairbanks hätten Gold getragen. Über 200 Menschen drängten sich in der Dog Mushers' Hall, um zahllose Rednerinnen und Redner einen Mann preisen zu hören, den viele von ihnen mit »mein bester Freund« bezeichneten. Wie ein roter Faden durchzog die Trauerfeier das Thema des Erstaunens ob der geheimnisvollen Poesie, daß ausgerechnet Michio, der alles Natürliche liebte, in den Fängen eines Bären den Tod fand; und obwohl die Tragödie und der Verlust schrecklich waren, wurde gefragt, ob – oder akzeptiert, daß – in gewisser Weise dies irgendwie richtig war. Nick Jans, ein Lehrer aus einem kleinen Dorf nahe des Polarkreises, einer der luzidesten und poetischsten Autoren Alaskas, sprach für alle, als er sagte: »Ich vergebe dem Bären, der Michio von uns nahm.« Und dann fügte er hinzu, als könne er immer noch nicht ganz glauben, was passiert war: »Er kann nicht gewußt haben, wer Michio *war.*«

Eine Freundin schickte mir das Programm der Veranstaltung. Darin waren drei Absätze aus einem Essay von Michio ins Englische übersetzt, gut hundert Worte, die zeigen, wie er über Bären und Furcht dachte. »Wenn es keinen einzigen Bären in Alaska gäbe«, schrieb er,

… könnte ich in aller Seelenruhe durch die Berge wandern, ich könnte kampieren, ohne mir Sorgen zu machen. Aber was für ein langweiliger Ort wäre Alaska!

Hier teilen die Menschen das Land mit den Bären. Zwischen Menschen und Bären herrscht eine gewisse Zurückhaltung. Und diese Zurückhaltung zwingt uns zu einer Demut, die ein wertvolles Gut darstellt.

Weiterhin zähmen und unterwerfen Menschen die Natur. Doch wenn wir die wenigen Überbleibsel der Wildnis besuchen, wo Bären frei umherstreifen, können wir noch immer eine instinktive Furcht spüren. Wie kostbar dieses Gefühl ist. Und wie kostbar diese Orte und diese Bären sind.*

Die Freundin, die mir das Programm schickte, hatte mit schwungvoller, femininer Hand darauf geschrieben: »Seine Asche soll teils in Alaska, teils in Japan verstreut werden.«

Auch ich mußte Asche verstreuen. Seit Tausenden von Jahren halten die Menschen an der Nordwestküste Amerikas zu Ehren der Toten eine »Einjahresfeier« ab, und meine Familie griff, um meinen Vater trauernd, unbewußt diese Tradition auf. Am 15. September, dem Jahrestag seines Todes, kehrte meine Mutter mit seinen eingeäscherten Überresten nach Alaska zurück.

* Übersetzt von Karen Colligan-Taylor, die viele Jahre lang eine enge Freundin von Michio war. Karen lernte ihn 1979 kennen, in dem Sommer, als er zum ersten Mal Südostalaska besuchte; sie und ihr Ehemann Mike bauten gerade nahe der Einfahrt zur Glacier Bay eine kleine Hütte. Nach einer Dissertation über japanische Umweltliteratur zog Karen mit ihrer Familie nach Fairbanks, wo sie an der University of Alaska einen Studiengang für Japanisch einrichtete und weiter zu Michio Kontakt hielt, der das Grundstück neben ihrem kaufte, ein Haus baute und sich dort niederließ. Derselbe Essay wurde auch veröffentlicht in Michios *The Grizzly Bear Family Book* (New York North-South Books, 1993).

Mittlerweile hat sich Karen von der Universität freistellen lassen, um selbst zu schreiben und eine Anthologie mit Michios Fotos und Prosatexten herauszugeben.

Von Anchorage aus fuhren wir 160 Kilometer nach Süden; die Straße war mit rastlosen Herbstblättern gepflastert, die beim Vorbeifahren golden hochwirbelten. Der Himmel war von einem schwindelerregenden Herbstblau, und wo das Wasser des Flusses, an dem wir uns versammelten, über ein Bett grüner und weißer Steine strömte, war es so klar wie die Luft. Blaurückenlachse im Scharlachrot des Laichens schwammen darin.

Rote Fische und gelbe Blätter unter blauem Himmel: durch meine Tränen sah ich die Szenerie zu einem Mosaik von Primärfarben verschwimmen, als ich mit der erstaunlich schweren Asche meines Vaters in den Händen ans Ufer trat. Zischend rieselte die Asche ins Wasser, die schwereren Teilchen sanken sofort zwischen den Lachsen hindurch zum Grund und kamen inmitten von Kieseln und Klumpen frisch gelaichter Eier zur Ruhe; das leichtere, pudrige Material blieb an der Oberfläche und trieb in Bändern und Schwaden zwischen den Gruppen goldener Blätter dahin; feinster Staub stieg wie Rauch aus dem geleerten Behältnis empor, wand sich in der Brise zu Kringeln und wurde verweht. Die letzte materielle Spur meines Vaters hatte sich verloren.

Am nächsten Morgen war in der Tageszeitung von Anchorage eine kleine Notiz zu lesen:

Ein Gedächtnisgottesdienst für Michio Hoshino wird um 14 Uhr in der Alaska Christian Church abgehalten.

Ich hätte es ahnen können, wenn ich daran gedacht hätte, daß Michio in der größten Stadt Alaskas genügend Freunde für eine zweite Trauerfeier hatte. Ich zögerte, ehe ich zum Telefonbuch griff – *ich glaube nicht, daß ich so etwas an zwei Tagen hintereinander aushalte* –, dann fuhr ich mit dem Finger die Spalten entlang, bis ich die Adresse fand.

Die Kapelle war schlicht, prunkte nicht mit überladenen Glasmalereien oder geschnitzten Holzbänken, und als ich eintrat, rückte Naoko gerade eine Reihe von Metallstühlen zurecht.

»Wie geht es dir?« fragte ich. Sie war überrascht, mich zu sehen.

»Ich bin … in Ordnung.« Sie zwang sich zu einem matten Lächeln.

Sie wirkt stärker, als ich mich fühle, dachte ich. Shoma, jetzt zwei Jahre alt und noch zu jung, um den Verlust zu begreifen, tollte in einem gebügelten Pullover und neuen Schuhen vorbei, duckte sich unter einen Tisch, der zum Altar umfunktioniert war, und lugte in eine Vase mit Blumen. Der Altar war ganz einfach: Ein sauberes Tuch auf einem Klapptisch, ein Kerzenständer und ein paar Blumen, ganz ähnlich wie es meine Schwestern für meinen Vater in einer genauso schlichten Kirche arrangiert hatten. (Mein Beitrag zu jenem Altar war eines von Michios Büchern, das so aufgeschlagen war, daß es ein Foto des Sonnenaufgangs über Teklanika im Denali National Park zeigte.)

»Er ist groß geworden«, sagte ich zu Naoko und nickte in Richtung Shoma. Etwas anderes fiel mir nicht ein.

Nachdem ich ein paar Worte mit den diversen Fotografen und Biologen, die ich in der Menge erkannte, gewechselt hatte, setzten wir uns auf die unbequemen Stühle. Es gab eine Diashow mit Bildern von Alaska, dann eine Schweigeminute, und danach traten einige der Anwesenden vor und ließen die anderen an ihren Erinnerungen und Erzählungen teilhaben.

Ich habe es immer vermieden, öffentlich zu reden. Mein Gesicht brennt dann, und ich zittere, Schweiß läuft mir über die Hände. Doch für Michio (und für Shoma und Naoko) mußte ich das tun, mußte zu sagen versuchen, was mich bewegte. Ich kritzelte ein paar Notizen auf ein zusammengefaltetes Programm, um nicht hängenzubleiben, schluckte noch einmal und ging ans Pult. Statt meinen Notizen zu folgen, erzählte ich, wie Michio einmal nach Juneau geflogen kam und vergessen hatte, Kleidung mitzunehmen; ich mußte unter Tränen lachen, als ich fortfuhr, daß er nach einer blitzschnellen Einkaufstour in funkelnagelneuen Jeans zurückkehrte – und daß drei Tage später das große Kartonetikett des Herstellers noch immer an der Gesäßtasche der Hose hing. Ich wollte damit nicht illustrieren, wie geistesabwesend Michio sein konnte, sondern wie wenig Egoismus oder Ichbezogenheit er besaß und wie sehr seine Aufmerksamkeit (im Gegensatz zu der der meisten Leute) stets auf die Welt um ihn herum konzentriert war.

Ich bin nicht sicher, ob die Anekdote richtig ankam. Zwei Japanerinnen im mittleren Alter blickten sich irritiert an, runzelten dann die Stirn, als wären sie zu der Ansicht gekommen, daß ich mich über den Toten lustig machte, und ich beeilte mich klarzustellen, daß dem nicht so war, indem ich, mich selbst unterbrechend, von dem Abend berichtete, an dem ich von seinem Tod erfuhr, von dem Wal vor der Gambier Bay, der immer wieder hoch ins silberne Licht gesprungen war.

»Er stieg einfach immer wieder hoch«, sagte ich unter Schluchzen: »Der Wal … *kujira*, meine ich … er war wie Michio …«

Ich wollte noch sagen, wie ich seine Gegenwart spürte, daß er in diesem Wal und in dem großartigen Licht irgendwie zugegen war, aber die Worte wollten mir nicht über die Lippen kommen. Statt dessen endete ich mit dem Satz, den ich auf den Programmzettel gekritzelt hatte.

»Als Fotograf«, las ich vor, »brachte mir Michio bei, wie ich mit meinen Augen *sehe* – doch als Freund, wie ich mit meinem Herzen *erkenne*.«

NACH DEN TRAUERFEIERN war das Wetter zwei Wochen lang düster und grau. In Juneau sprudelten die Rinnsteine wie Bergbäche, und die Bewohner hielten sich von den Straßen fern. Als schließlich der Wind nach Norden drehte und Blau vom Himmel wieder Besitz ergriff, lud ich ein geborgtes Kanu an Bord der *Swift*, und ohne irgend jemandem ein Wort zu sagen, wohin ich wollte, ließ ich mein Schiff rückwärts zu Wasser.

Der Wind pfiff von den Eisfeldern herab und türmte das Wasser im Taku Inlet zu kochenden Wellen, die die *Swift* auf dem Kiel hin und her kippen ließen und sich in kalten Schauern über das Deck ergossen. Kleine Boote vermeiden in der Regel die Querung des Taku Inlet, wenn diese in der Gegend als »Takus« bekannten ablandigen Winde wehen – sie haben schon kleinere Schiffe zum Kentern gebracht, hört man. Doch an jenem Tag waren die Witterungsverhältnisse bloß unangenehm, nicht wirklich gefährlich, und eigentlich scherte ich mich auch nicht drum. Hochkonzentriert durch die Wellen zu steuern, mich gegen den nächsten, alles erzittern lassenden Schlag zu wappnen, das war genau das, was ich brauchte: die Grenzsituation, in der die Unmittelbarkeit der materiellen Welt und ihre Herausforderungen alles andere Denken blockieren. Seit den Trauerfeiern hatte ich mit niemandem reden, keinen sehen wollen; ein Freund drückte es später so aus, daß ich »nicht sehr nett« gewesen sei. Als die Granitfinger von Devil's Paw in Sicht kamen, drehte ich das Ruder um ein Viertel nach Steuerbord, so daß ich die Wellen achtern hatte.

Die nächsten 30 Meilen glitt ich vor dem Wind so rasch dahin, daß Schauer weißer Gischt vom Bug wegflogen. Als ich in die Holkham Bay abbog, war das Wasser von Soun-doun so ruhig und grün, daß die sich darin spiegelnden Berge wie aufgemalt wirkten.

Ein Metallgrat am Bug des Kanus kratzte über das Kajütdach, als ich es seitlich herunterwuchtete. Es war ein Arbeitsgerät, zerbeult und zerdellt, die Aluminiumhaut war in den Tarnfarben der Entenjäger gestrichen. Doch die Ästhetik interessierte mich nicht – die Konzentration und den Rhythmus, die schiere *Anstrengung*, ein Kanu zu fahren, das brauchte ich. Es machte nichts, daß die Paddel nicht zueinander paßten und zu kurz waren.*

Den ganzen ersten Tag paddelte ich mit der Sonne im Rücken, während runde Kuppen und steile, bewaldete Klippen an beiden Seiten vorüberzogen. Das Wasser flüsterte und gluckste, wenn ich das Paddel hineinsteckte, die See aufspieß-

* Im Stehen stellt man das Blatt des Paddels vor die Füße und hält sich den Stiel vor die Brust; der Griff sollte dann zwischen Kinn und Nase enden.

te und sie mit den Armen an mich zog. Schlag um Schlag breitete sich das Brennen untrainierter Muskeln über meinen Rücken aus, und an meinen Händen stachen die größer werdenden Blasen.

An einem der Lachsbäche, wo Michio und ich auf den Blauen Bären gewartet hatten, ging ich an Land und suchte nach Fährten. Da ich keine fand, lief ich zum Kanu zurück, und mit einer kurzen Paddeldrehung am Ende des Schlags ging ich wieder auf Kurs und hielt ihn.

Der Fjord knickte nach Norden ab, dann nach Osten, dann wieder nach Norden, und mit jeder Meile, die ich landeinwärts kam, wuchs der Wald höher und steiler, bis aus Hängen Wände wurden, aus Schrägen Steilabbrüche, und jahrhundertealter Regenwald, so dick und undurchdringlich wie jener am Amazonas, Erlen und Weiden wich, die sich an Klippen klammerten.

Das erste Nachtlager errichtete ich neben einer umgestürzten Hemlocktanne vom Umfang eines Rhinozeros. Am zweiten Tag wurden die Eisberge zahlreicher, und ich begann mich durch die von ihnen gebildeten Alleen und Labyrinthe zu winden, die sich beim Gezeitenwechsel jederzeit hinter mir schließen konnten. Brucheis kratzte und klingelte an der Aluminiumhaut des Kanus, wenn ich durch dickere Partien fuhr, es zischte und knackste wie Reisigfeuer. Am zweiten Abend war es schwer, zwischen den Erlen eine Lichtung zu finden, die groß und flach genug war, um das Zelt aufzubauen; schließlich begnügte ich mich mit einem Flecken von der Größe eines Billardtischs. In dieser Nacht war der Boden unter meinem Schlafsack mit Wurzeln und Steinen durchsetzt.

Am dritten Tag kam der Regen; so dicht trieben die Schwaden, daß man einfach mit ausgestrecktem Arm eine Handvoll Wasser schöpfen konnte; ich hielt mich nahe der dunkel aufragenden Fjordwände, um mich bei der trüben Sicht nicht zu verirren. Die Drachenrücken der Klippen ragten schwarz glänzend geradewegs bis in die niedrigen Wolken, die die Farbe von Asche hatten. Kaltes Wasser lief mir in den

Kragen, tröpfelte den Rücken hinab, und als der Morgenkaffee mir auf die Blase drückte und ich mich im Kanu hinkniete, waren meine Hände so kalt und steif, daß ich kaum den Latz aufbekam.

Als ich weiterpaddelte, wurde der Winkel der Granitwände flacher, sie zogen sich zurück und wichen einem Tal, aus dessen Mitte das Rauschen eines vom Regen angeschwollenen Wasserlaufs durch den Nebel drang. Nach der Karte, die ich zusammengefaltet in einer Plastiktüte bei mir hatte, entwässerte das Flüßchen weiter oben eine Senke zwischen den Bergen, ehe es 600 Meter tief durch eine Schlucht herabstürzte. Das Geräusch war grotesk, lauter als jedes andere Naturphänomen unterhalb eines Vulkanausbruchs. Als ich das Kanu an Land zog, konnte ich den Rumpf nicht gegen die Steine schlagen hören, so sehr brüllte das Wasser, das die Farbe von Zement hatte und über Findlinge von Kleinwagengröße hinwegsprang und kochte.

Wenn ein Gletscher sich zurückzieht, hinterläßt er einen Felsengrund so kahl und unfruchtbar wie der Mond, und hier schien sich die ganze Welt in wütende Wasser und Steine verwandelt zu haben.

Ich wußte, daß noch einige Zeit lang – zehn oder zwanzig Jahre vielleicht – das Leben in dieser Umwelt einen außerordentlich schweren Stand haben würde; nur Flechten, Moose und ein paar weitere einfache Lebensformen sind in der Lage, sich allein von den Mineralien in den Steinen und den Gasen in der Luft zu ernähren und somit solche sterilen Geröllandschaften zu besiedeln.

Mit der Zeit jedoch würde sich in den Ritzen und zwischen den Abbrüchen organisches Material ansammeln und schließlich einen kargen Boden ergeben, in dem vom Wind oder von Vögeln herbeigetragene Samen und Sporen wurzeln und zu wachsen beginnen. Wenn erst einmal ein paar Pioniere wie Gras und andere Blütenpflanzen Fuß gefaßt haben, bildet sich mehr dürftiger Boden, und nach vielleicht einem halben Jahrhundert erobert Erlengebüsch die Gegend im Sturm. Erlen binden im Boden Stickstoff und reichern ihn mit Nährstoffen aus ihrem verrottenden Laub an, was ausreicht, daß nach ein paar weiteren Jahrzehnten sich Samen von Bäumen einfinden, Wurzeln schlagen und diese hinuntertreiben, um sich vom Boden zu ernähren. Wenn die Sämlinge überleben, stürmen sie zum Licht empor, hoch über ihre buschigen Nachbarn hinaus, bis an einem heißen Sommertag eine Wolke gelber Pollen von derselben Art aus der Ferne vom Wind herangeweht wird und den jungen Baum einhüllt. Binnen Tagen bilden sich an seinen Zweigen Samenansätze aus, die mit der Möglichkeit eines Waldes schwanger gehen. Eichhörnchen und Häher kommen, hacken, picken, buddeln, fressen, kacken und verbreiten die Früchte aus den Zapfen in der ganzen Gegend. Immer mehr Samen gehen auf, und immer mehr Sämlinge sprießen, werden zu Schößlingen, die schließlich zu so großen Bäumen heranwachsen, daß sie dicht an dicht, Astspitze an Astspitze stehen und Schatten auf die Erlen werfen, die dann an Lichtmangel zugrunde gehen.

Fichtennadeln sind extrem sauer, und im Lauf der nächsten hundert Jahre verändern sie, indem sie zu Boden fallen, dessen Zusammensetzung von der alkalischen Stumpfheit des Kalks zum scharfen, bitteren Stechen der Säure. Ironischerweise vertragen Fichten keine Säure – ihr eigener Abfall schmeckt ihnen nicht –, Hemlocktannen und Lebensbäume hingegen schon. Diese Eindringlinge mischen sich in die Hegemonie der Fichten ein, bis sie selbst groß sind, alt werden und von einem wütenden Wintersturm gefällt werden. Wenn dann der Frühling kommt, dringt durch die Löcher, die sie in das Blätterdach gerissen haben, die Sonne, woraufhin Rauschbeeren und Hartriegel dort ein zügelloses Gelage veranstalten. Nach einer Jahrhunderte währenden Schwangerschaft ist ein umfassender, richtiger Wald geboren.

Während ich damit beschäftigt war, in Etappen alles Lebensnotwendige auf eine Anhöhe zu schaffen, die vom tosenden Wasser weit genug entfernt war, dachte ich darüber nach, wie intelligent dieser Prozeß ist und wie er sich endlos durch die Zeiten fortsetzen wird. Der Nebel zog sich zu, löschte das

Tal aus, und als ich einen faustgroßen Stein in den Regen hinauswarf, verschwand er in den Schwaden, als würde er völlig frei von der Welt davonfliegen. Einen Moment lang ging ich dem Gedanken nach, hier einem Gletscherbären zu begegnen, verwarf ihn aber dann wieder: In diesem Regen war es so gut wie ausgeschlossen, irgend etwas zu sehen.

DAS TRÜBE, NASSE Wetter hielt an diesem wie am folgenden Tag an; der Regen fiel, als würde sich ein himmlischer Ozean über die Erde ergießen. Ich hatte Angst, mich zu weit vom Zelt wegzubegeben und vielleicht den Weg zurück nicht mehr zu finden, und so aß und las ich, schlief ein wenig, las weiter, dann lag ich auf dem Rücken und lernte das Muster der Nähte im Nylonzeltdach auswendig.

Nach 48 Stunden versiegte der Regen, die Wolken lockerten auf, und die Luft stand reglos im Tal. In der Ferne hingen die brüchigen Stelen und Säulen des Gletschers aus den Wolken herab und kippten langsam eine nach der anderen in den Fjord. Oberhalb des Gletschers wurden nach und nach unzählige Gipfel sichtbar, türmten sich zu Kaskaden und erstreckten sich seitwärts in die Ewigkeit. Der Wasserlauf toste noch immer, doch es fehlte ihm die bedrohliche, monströse Präsenz, die er während des Unwetters gehabt hatte.

Der Gletscher und alles, was er erschuf – Berge und Täler, die er mit seinem Kommen und Gehen herausmeißelte, ganze Welten aus Stein, die er umschichtete –, all die Epochen, die hinter und vor mir lagen, die geologischen Zeiträume, die unser menschliches Streben und Trachten nicht folgenreicher erscheinen lassen als Namen und Daten auf alten Grabsteinen, die schließlich unter den sanften, steten Tropfen des Regens verschwinden: Als ich all das betrachtete, kam ich mir winzig vor, und zugleich fühlte ich eine große Zufriedenheit mein Blut erwärmen.

Als ein Laubsänger in der Nähe trillerte und Seeschwalben und Möwen auftauchten, zog ich die Wanderstiefel an, packte

Wasser, Essen und Fernglas in eine Tasche und begann zu klettern. Zwischendurch schaute ich durchs Fernglas, beobachtete und lauschte. Ein Quartett Ziegen auf einer Bergschulter oberhalb des Tales hielt abwechselnd Wache, bis sie sich an diese langsam kriechende Kreatur gewöhnt hatten und mir erlaubten, zwischen ihnen herumzuwandern, wobei sie nur gelegentlich den Kopf hoben, um mißtrauisch zu schnaufen, wenn ich aus Ungeschick einen Stein lostrat, der davonkollerte.

Nach ein paar so verbrachten Tagen fühlte sich der Vorratssack leicht an, und der Brennstoff für den Kocher ging zur Neige. Ich blieb noch einen weiteren Tag, dann zog ich das Kanu über die moosbewachsenen Findlinge und paddelte in der Richtung davon, aus der ich gekommen war. Das Toben des Bachlaufs blieb hinter mir zurück.

Weiter unten im Fjord war das Wasser mit der Brut des Gletschers verstopft. Zu Dutzenden lagen Seehunde ausgestreckt auf flachen Eisschollen, die zwischen massiveren Bergen von der Größe und Gestalt verfallener Ruinen herumtrieben. Die ängstlichen Seehunde verließen beim Anblick des Kanus in Panik und flossenschlagend ihre Eisflöße; die mutigeren ließen sich zögerlich ins Wasser gleiten, nur um gleich wieder hinter dem Kanu aufzutauchen und ihm voll Neugier mit großen Augen zu folgen, bis ich mich umdrehte und sie rasch abtauchten.

Ein Adler auf der Spitze eines pyramidenförmigen Eisbergs duckte sich, als ich näherkam, breitete die Flügel aus und verschwand hinter seinem Ausguck. Mit einem Paddelschlag bugsierte ich das Kanu um den Eisberg herum und erblickte drei Adler – zwei ausgewachsene mit weißen Köpfen und einen braun marmorierten jungen –, die an der Karkasse einer Robbe herumzerrten. Der noch nicht ausgewachsene Vogel zog heftig an einem schlaffen, rosa Strang, der aus dem Bauch des toten Körpers heraushing, während die ausgewachsenen mit ihren gelben Krummschnäbeln und Krallen das Fleisch vom Körper rissen. Eine zweite, größere Robbe, deren Schulter und Schnauze blutbefleckt waren, lag in einigem Abstand vor Angst gelähmt am Rand des Eisbergs, war hin- und hergerissen zwischen Fluchtreflex und dem, was ich für Mutterliebe hielt.*

Bei meinem Anblick schreckten die Adler hoch, und ich erstarrte. Ich war so dicht an der Szene, daß ich die feinen Details der Raubvogelkrallen erkennen konnte, das Elfenbein und Gelb der Haut und die lange, tödliche Krümmung des Sporns. Normalerweise sind Adler sehr scheu und fliegen beim ersten Anzeichen von Gefahr davon, doch jetzt reckte der größte Vogel den Hals, wandte den Kopf und durchbohrte mich mit starrem Blick; und das gelbe, reptiliengleiche Auge sah mich so herausfordernd an, daß mir der Schauder des Ausgeliefertseins über den Rücken lief. Ohne zu zwinkern, stechend und furchtlos fixierte er mich, und irgendein uraltes, animalisches Erbe tief in meinem Innern schien zu erkennen, daß der riesige Vogel in diesem Moment ganz und gar Jäger war und mich kaltblütig taxierte, als wollte er abschätzen, ob sich der Aufwand lohnte, von meinen Organen und meinen Augen zu kosten.

Die fremdartige, echsenhafte Nickhaut zuckte kurz über den starren Blick, als wollte sie eine Entscheidung signalisieren, dann verwarf der Adler den Gedanken an mich, senkte den Kopf und zerrte weiter an dem Robbenjungen herum. Flügelschlagend kämpfte kurz Adler gegen Adler, und der jüngste wurde von der gedeckten Tafel vertrieben. Die zweite Robbe rollte sich mit einem gurgelnden Bellen vom Eis ins Wasser und verschwand.

Die Strömung trieb mich immer dichter an die Freßorgie heran, bis ich das Blut und die Eingeweide riechen konnte. Ich konnte mich nicht bewegen – erfüllt von der irra-

* Es ist höchst unwahrscheinlich, daß die Adler die Robbe getötet hatten. Gelegentlich holen sie sich ein Neugeborenes, ehe es schwimmen kann, doch eine größere Robbe zu schlagen wäre für sie sehr schwierig, wenn sie nicht bereits schwer verletzt wurde, vielleicht von der Kugel eines Jägers oder Fischers, vielleicht von einem Schwertwal oder durch einen plötzlich umschlagenden Eisberg. In diesem Fall war das unmöglich festzustellen.

tionalen Angst, selbst Opfer eines begierigen Angriffs zu werden.*

Ich nahm das Paddel fest in die Hand und verlagerte mein Gewicht, überlegte, wie ich mich im Kanu zu Boden werfen und mit dem Paddelblatt zuschlagen könnte, fürchtete aber auch, daß ich dabei im eisigen Gletscherwasser kentern könnte. Doch die Vögel ignorierten mich weiterhin und konzentrierten sich darauf, ihre Beute zu zerreißen. Ich war so nah dran, daß ich das Kratzen ihrer Krallen auf dem Eis hören konnte.

Zerrend und schlingend wurden in einem Wirbel aus Fell und Fleisch die Überreste der Robbe vertilgt. Der junge Adler erwischte eine Darmschlinge und würgte den Strang Innereien herunter. Seine Eltern veranstalteten mit einem langen Fleischstreifen ein Tauziehen, und schon bald lag nur noch der Balg wie eine umgestülpte Socke zwischen dem versprengten Blut, den Haaren und den Knochen.

Als die Räuber einen letzten Kriegsruf erschallen ließen und sich nacheinander in die Lüfte erhoben, sackte ich zusammen und beugte mich vornüber, atmete tief durch und legte das Paddel quer über meine Knie. In der Ferne donnerte der Gletscher, eine weitere Eissäule stürzte in den Fjord.

Ich zitterte. Die Brutalität und Endgültigkeit beim Verschlingen der Robbe hatten mir die Nerven blank gelegt; die Fresserei war so wild und barbarisch gewesen, daß allein der Gedanke daran all die Schönheit, die ich im Werk des Gletschers gefunden hatte, und all die Eleganz der natürlichen Systeme als Illusion hinwegzuspülen drohte. Die Zufriedenheit, die ich im Zelt beim Gletscher gefunden hatte, sie war dahin.

* Es ist mir wichtig, darauf hinzuweisen, daß ich niemals davon gehört habe, daß Adler sich gegenüber Menschen aggressiv verhalten – es sei denn, sie verteidigen ihr Nest, und selbst dann tun sie es in der Regel nicht. Bei einer anderen Gelegenheit kam ich mit der *Swift* sogar noch näher an eine Gruppe fressender Adler heran; ich hatte zwei Fotografen an Bord, aber die Vögel zeigten keine Reaktion. Dennoch war meine Furcht vielleicht nicht ganz so lachhaft, wenn man bedenkt, daß ich aus einem niedrigen, schwankenden Kanu heraus in jenes nicht blinzelnde Dinosaurierauge blickte.

Alles, was hinter mir lag, kam dicht und trübe wie der schlammige Wasserlauf wieder hoch. Lustlos ließ ich mich treiben, ab und zu nur mit dem Paddel schlagend, und hörte zu, wie Gott das Eis umschichtete, bis mir die Kälte in die Füße kroch und mich zwang, weiterzupaddeln.

Brennholz gab es reichlich im Wald an jenem Abend, und ich schichtete ein brüllendes Feuer auf, um die Wärme in meine Knochen zu zwingen. Das Wasser fiel und legte einen breiten Muschelstreifen frei, und die untergehende Sonne ließ an den fernen Bergwänden die Schatten hochwachsen. Irgendein kleiner Raubvogel ließ sich am Rand der Dämmerung hin und her treiben, in aller Stille jagte er nach sorglosen Singvögeln und Mäusen. Den dunkelsten Teil des Dämmerlichts hindurch rang ich mit mir und brütete, verzweifelt versuchte ich, den Geheimcode des Lebens zu enträtseln; und als mir das nicht gelang, dürstete mich nach Whiskey, bis ich schließlich in meinen nassen Schlafsack kroch und zusammengerollt mit dem Rücken zum Feuer einschlief.

Als ich am nächsten Morgen erwachte, tat mir alles weh. Ich nahm zwei Aspirin, stach die Blasen an meinen Händen auf, verband sie und schluckte noch zwei Tabletten. Der Schlaf hatte keine Erholung gebracht, Träume von gelben, blutunterlaufenen Augen und vom Klettern auf einen endlosen, schlammigen Berg hatten mich darum betrogen. Ich hatte nichts mehr zu essen – abgesehen von einem Päckchen Trockenmilch, das naß geworden und verklumpt war –, aber ich fuhr an der kleinen Bucht vorbei, in der die *Swift* vor Anker lag, und paddelte weiter.

An der Mündung des Fjords hielt ich mich dicht am Ufer, ging gegen die hereinkommende Flut an und kämpfte mich durch die Wirbel und Strudel, die hinter den Landzungen brodelten. Es wäre klüger gewesen, am Strand zu sitzen und auf den Gezeitenwechsel zu warten, doch ich entschloß mich zum Kampf gegen die Strömung; ein ums andere Mal hieb ich das Paddel in die kurzen Stoßwellen und zog mich gegen die brennenden Blasen voran. Ströme von Schweiß aus den Augen blinzelnd, schaffte ich mit jedem Hieb einen knappen halben Meter und verlor wieder 15 Zentimeter, sobald ich das Blatt aus dem Wasser nahm.

Für einen dreiviertel Kilometer brauchte ich eine Stunde, und ich war nah dran aufzugeben, bis ich schließlich einen Punkt in der Stephens Passage erreichte, an dem ich die Kraft der Strömung nachlassen, umkippen und dann von hinten kommen spürte. Die weite Wasserfläche hinter Harbor Island lag glatt und glänzend wie Quecksilber, und jenseits des Wasserwegs erstreckte sich der grüne Rücken von Admiralty Island so weit nach Norden und Süden, wie mein Auge reichte. Mit der Strömung im Rücken kam ich schnell voran. Als der Höhepunkt der Flut überschritten war und das Wasser wieder zu fallen begann, blinkte nahe Thistle Ledge ein Heringsschwarm silbern, eine Möwe legte die Flügel an und stürzte sich kopfüber in die See. Plötzlich ließ ein Wal eine Sprühnebelfontäne in der Luft explodieren. Ich paddelte gegen die Strömung zurück, um meine Position zu halten, als eine große dunkle Masse auftauchte und blies und das Wasser in Strömen von der immensen Krümmung schoß, und dann sah ich zu, wie ein weiterer Wal und noch einer und abermals einer auftauchte, spotzte und blies, bis ihre Anzahl in dem Durcheinander von Flossen und Finnen nicht mehr auszumachen war.

Einer nach dem anderen tauchten die Wale kopfüber ab. Die Anführerin, eine Matriarchin mit einer Schwanzflosse von der Größe eines Gemüsebeets, machte den Anfang, die anderen folgten, und gemeinsam zwangen sie die Fische in eine wirbelnde Schraubenformation. Augenblicke später stieg die Spannung spürbar, die Wasseroberfläche zitterte und bebte wie ein Topf, der zu kochen beginnt, und dann drang der scharfe, spitze Jagdlaut vibrierend durch die Aluminiumhaut des Kanus.

30 Meter vom Ufer entfernt zerplatzten in großem Bogen Luftblasen, dann wieder Stille. Ein einzelner Hering sprang, dann 20 weitere, schließlich drängten sie sich zu Dutzenden

und Hunderten an der Oberfläche. Wie ein Vulkanausbruch explodierend durchbrach die Herde mit aufgerissenen Mäulern die Wasseroberfläche, und aus meinen Lungen drang ein Aufschrei, als ich auf eine drei Meter lange rosa Zunge starrte. Eine Flutwelle wirbelnden grünen Wassers drohte über dem Kanu zusammenzuschlagen.

Ich zog an den Paddeln und ruderte das Kanu rückwärts, weg von den durchbrechenden Köpfen und schlagenden Finnen. Mein Herz klopfte wie wild vor Freude und Furcht, ich schickte einen Schrei zu den Walen hinüber, und aus seinem großen, fischgefüllten Schlund rief einer von ihnen mit kehligem Grunzen zurück.

Eine Stunde lang führte die Herde gegen die Heringe Krieg und dezimierte den Schwarm in einem stetigen und präzisen Rhythmus: tauchen, mit Luftblasen einkreisen und dann wieder hoch ins Licht schießen, mit dem Maul zuerst in die Kugel wirbelnden Silbers hinein, sich dann ein bißchen an der Oberfläche herumlümmeln, um zu Atem zu kommen, dann wieder hinunter in die Tiefe tauchen.

Die Sonne erreichte ihren westlichen Quadranten. Die See funkelte vor Fischschuppen und Tran. Als das Wasser immer weiter sank, zerstreuten sich die Wale und malten mit ihren Atemfontänen Ausrufezeichen an den Horizont, als wollten sie unterstreichen, wieviel Glück sie hatten, ein Leben so voller Beute genießen zu können.

Früh am Abend errichtete ich mein Lager; ich sammelte eine Handvoll schmaler, brauner Blätter in einem Sumpf hinter dem Waldsaum, und mit dem Messer löste ich eine Portion Napfschnecken von einem Felsen. Während ich darauf wartete, daß der Grönlandporst-Tee zog, dünstete ich das Fleisch der Napfschnecken und aß sie eine nach der anderen. Das Fleisch war zäh wie Gummi und schwer zu kauen, schmeckte aber köstlich nach Meer. Noch immer hungrig, suchte ich das Unterholz nach wildem Grünzeug ab, doch es war zu spät im Jahr. Den Salat aus Knotenfuß, Farnwedeln und Bachkräutern, den ich mir vorgestellt hatte, gab es entweder nicht, oder die Pflanzen waren schon zu alt und faserig, um sie noch mit

Vergnügen essen zu können. Vom Kanu aus fischte ich vorsichtig mit einem Stock und einem Paddel einen kleinen Dungeness-Taschenkrebs, der seine Fähigkeit überschätzt hatte, sich dank der Tarnfarbe seines Panzers in einer Senke zwischen Seegras und Steinen verstecken zu können.

Ich tötete den Dungeness-Taschenkrebs, brach ihn auf und wickelte ihn in Tang, dann legte ich ihn zum Dämpfen aufs Feuer und grub derweil eine Handvoll der schwarzen, stärkehaltigen Wurzeln von Kamtschatka-Lilien aus. Ich suchte mir einen bequemen Platz auf einem großen Stein, löste das süßliche Krebsfleisch aus den Schalen und ließ es mir zwischen Bissen der knackigen, reisähnlich schmeckenden Wurzeln genauso munden wie die Beine des Krebses, die ich auslutschte. Die Blasen an meinen Händen brannten im Salzwasser, als ich mir anschließend im Meer die Hände wusch.

Die Energie der Wale bei ihrem Freßrausch hatte mich ergriffen. Der gespenstische Sopran des Jagdlauts hallte immer wieder in meinem Kopf nach. Seine Tonfrequenz, sagt man, soll die Körper der Heringe in Resonanzschwingungen versetzen, wodurch sie desorientiert oder gelähmt werden, aber nachdem ich den Ruf aus so großer Nähe gehört und gespürt hatte, wie er die Haut des Kanus zum Schwingen brachte, war ich mir sicherer als je zuvor, daß es sich weniger um ein Mittel der Jagd handelt als vielmehr um einen Freudenschrei, einen Jubelgesang, mit dem die Einheit der Sippe zelebriert wird.

Es war eine wunderschöne Erfahrung gewesen, von unerbittlicher Kraft, und es war schwer zu begreifen, wieviel Tod dieses Schauspiel zugleich mit sich gebracht hatte. Vielleicht hundert Tonnen kleiner, silberner Leben wurden diesem Gelage geopfert, doch es war offenkundig ein fairer Handel, die vielen kleinen für das eine große Leben hinzugeben, genau wie ich es nicht bedauerte, die Napfschnecken, die Kamtschatka-Lilien und den Dungeness-Taschenkrebs als mein Abendessen verzehrt zu haben. Und die Adler hatten das gleiche getan, um ihres eigenen Lebens willen nahmen sie der Robbe das ihre.

Vor meinem geistigen Auge sah ich wieder die Asche meines Vaters, wie sie im klaren Wasser zwischen den laichenden Lachsen herumtrieb. In Gedanken zählte ich nach, wieviel Tode ich gesehen hatte, und deren Summe markierte das Schicksal alles Lebendigen, das darin besteht, gefressen zu werden, sei es von Walen, Adlern, Bären oder den Mikroben des Grabes. Doch dies ist fester Bestandteil des Lebenskreislaufs, sagte ich zu mir selbst, diese Umwandlung von Körpern in mehr Körper, von Leben in Leben. Die zerfledderten Überreste des Krebses zu meinen Füßen legten ein leuchtend rotes Zeugnis davon ab, wie aus Tod Leben wird, daß der Tod die *unabdingbare Voraussetzung* für Leben ist, und da dies so ist, entzieht er sich den Etikettierungen von gut oder böse.

Im Tagebuch seiner Reise durch Alaska im Jahr 1786 notierte Jean-François de Galoup, Comte de La Pérouse: »Erhaben ist die Natur nur im Großen; in den kleinen Dingen ist sie gleichgültig.« Dasselbe hätte er gut auch über das menschliche Leben sagen können: im Detail oft schwierig und schrecklich, aber dennoch Teil eines großartigen, unvorstellbaren Plans, eines gigantischen Gobelins, von dem ein Teil zu sein ich mich privilegiert fühlte, sei es draußen in Wind und Regen, zwischen Eisbergen und Wald, wo alles, was lebt, die Pflicht hat, anderes Leben zu nähren oder zu konsumieren, oder in der Gesellschaft eines Menschen wie Michio. Die Vorstellung, daß mein Vater jetzt Teil dieser Nahrungskette war, von der die Lachse und all die Haie, Schweinswale, Orcas, Adler, Bären und Menschen leben, gefiel mir außerordentlich.

Ich sammelte die Schalen ein, warf die Überreste meiner Mahlzeit ins Wasser zurück und dachte daran, wie auch diese Reste ihre Moleküle und Mineralien dem Zyklus des Lebens übereignen würden.

Nichts wird verschwendet, versicherte ich mir. Alles ist Austausch.

ZWEI TAGE VOR Weihnachten pendelten die Temperaturen in Anchorage bei minus 18 Grad. In den 30 Jahren, seit ich das erste Mal meinen Fuß in die Stadt gesetzt hatte, war sie zu einer kosmopolitischen Arena mit vierspurigen Straßen und Supermärkten überregionaler Ketten gereift, doch als ich hindurchfuhr, um eine Freundin und ihren Partner zum Abendessen in einem thailändischen Restaurant zu treffen, glitzerten die Bäume wie eh und je von Kopf bis Fuß in einem weißen Frostkleid.

Jo war eine der ersten Fotografinnen, die ich durch Michio kennenlernte; das war im zweiten Jahr unserer Freundschaft, als sie in den Südosten kam, um sich uns für zwei Wochen auf der *Swift* anzuschließen. Sie ist blond, von beständiger Kreativität, was ihre Fotos angeht, und hat genau die Art von Wangenknochen und gefühlvollen Augen, die es mir schwermachen, sie nicht anzustarren. Nach jener ersten Tour war sie mehrere Male wieder nach Juneau zurückgekehrt, und weil man, wenn man mit einem anderen Menschen tage- oder wochenlang die Enge eines kleinen Bootes teilt, garantiert zu dieser Person, solange es sich nicht um einen ausgesprochen nichtssagenden Charakter handelt, entweder eine Beziehung herstellt oder sich ihr entfremdet, war Jo zu einer vertrauten Freundin geworden. Nach einer letzten Runde *pad thai* und Shrimps am Spieß schlug sie vor, für das Dessert das Lokal zu wechseln.

»Freundschaft schloß er mit allen, aber ich hatte immer das Gefühl, daß da zwischen euch beiden etwas Besonderes war«, sagte sie, als wir über Michio sprachen. Sie hatte in Fairbanks gelebt, ehe sie nach Anchorage zog, und sie war es gewesen, die mir berichtet hatte, an was für einem wunderschönen Herbsttag die Trauerfeier stattgefunden hatte und wie viele Menschen ihre Trauerrede mit den Worten begonnen hatten: »Er war mein bester Freund ...«

Was sie sagte, machte mich verlegen, also fing ich ein eher oberflächliches Gespräch mit ihrem Partner an – einem Botaniker mit einem säuberlich gestutzten Bart und einer schnellen Auffassungsgabe, den ich gleich mochte, als wir uns zum ersten Mal trafen –, während Jo sich entschuldigte und verschwand. Mir gefiel, wie vernarrt Rob in Jo war, wie seine

Augen ihr folgten, als sie wiegenden Schrittes an den Regalen der Buchhandlung entlangging, die wir uns zum Nachtisch ausgesucht hatten – eine dieser Zweigniederlassungen einer großen Kette, die mit dick gepolsterten Sofas und einem angeschlossenen Espressobar-Café für eine heimelige Atmosphäre sorgen. Ich glaube, ich merkte gerade an, wie gut mir der Schokoladenkuchen mit Himbeersauce schmeckte, als Jo wieder auftauchte, Platz nahm und ein flaches, in Geschenkpapier gewickeltes Päckchen vor mich auf den Tisch legte.

Ich dankte ihr, lupfte das Papier und löste ein Stück Klebeband mit dem Daumen – ich ließ mir Zeit, um die Vorfreude zu steigern. Als ich eine Ecke des blauen Papiers zurückschlug, kam der Rücken eines Kinderbuches zum Vorschein, und als ich weiter auspackte, waren Titel und Autor schon halb zu lesen.

Ich riß den Rest des Papiers herunter und strich mit der Hand über den glänzenden Schutzumschlag, auf dem in schlichten Buchstaben stand: *Nanuks Geschenk* von Michio Hoshino (übersetzt von Karen Colligan-Taylor für Cadence Books). Ich überlegte, was ich sagen sollte, doch es tat weh, als ich zu sprechen versuchte. Statt dessen blätterte ich einfach nur die Seiten um und überflog den Text von Michios letztem Buch.

Nanuk ist der Begriff der Inupiaq-Eskimos für Eisbär, und in seinem gerade erschienenen Werk erzählte Michio für Kinder die Geschichte eines jungen Ureinwohners, dem Enkel eines Jägers, der auf seinem Weg durch einen arktischen Sturm vom Geist eines Bären in seine zukünftigen Verantwortlichkeiten und Pflichten im Leben eingeführt wird. Der Kloß in meinem Hals löste sich ein bißchen, als ich las:

Junge, wir essen Robben. Ringelrobben jagen Dorsche, und Dorsche verschlingen kleinere Lebewesen im Meer … Wir werden ständig in neuen Lebensformen wiedergeboren.

Jäger stoßen ihre Harpunen in Beluga-Wale: Wale fangen Lachse, und Lachse fressen Heringe … Wir werden ständig in neuen Lebensformen wiedergeboren.

Wölfe jagen Karibus, und Karibus weiden Flechten ab. Füchse holen sich die Eier und Küken nistender Vögel, und diese Vögel fressen kleine Insekten ... Wir werden ständig in neuen Lebensformen wiedergeboren.

Der Wind, der den letzten Atem deines Großvaters davontrug, gab ihn einem neugeborenen Wolf als dessen ersten Atem im Leben ... Wir werden ständig in neuen Lebensformen wiedergeboren.

Kalt lief es mir den Rücken hinunter, als ich die nächsten Zeilen las, eine gespenstisch hellseherische Zusammenfassung all dessen, was der Geist des Eisbären dem angehenden Jäger erklärte, einem Jungen, der begierig nach seinem Platz im Leben suchte:

Wir alle sind Ausdruck der Erde.
Wenn du für mein Leben betest,
wirst du Nanuk,
und Nanuk wird Mensch.

Eines Tages werden wir uns in dieser Welt von Eis treffen.
Wenn das passiert, kommt es nicht darauf an,
ob ich es bin, der stirbt, oder du.

In etwas mehr als 500 Worten, verteilt zwischen 29 Fotos von Eisbären und ihren Jungen – wie sie umherziehen, sich balgen, fressen und schlafen, inmitten des Blau und Weiß einer Welt, die weder Wasser noch Land ist –, hatte Michio alles gesagt, wofür ich in diesem Buch hunderttausend Worte brauchte.

Epilog

Der Bär kam zwischen den Erlen hervor und lief ein paar Schritte auf den Strand zu. Er hielt inne, hob die Nase und schnüffelte in die Luft. Dann stand er still da und interpretierte die Brise. Es war Ebbe, und der Geruch von Blasendolde und Tang erfüllte die Luft. Ein Rabe rief sein *Kolk-kolk* aus den Bäumen herab.

Einer meiner Passagiere hob das Fernglas. Ich tat es ihm gleich und zog die Schärfe nach, um den Bären deutlich zu sehen. Die Sonne stand hinter einem dünnen Wolkenschleier, das Licht war weich und grau, und als das Tier schwerfällig den Kopf senkte und einen weiteren Schritt in Richtung Wasser machte, begann sich in meinem Kopf eine Frage abzuzeichnen.

Irgend etwas ist an dem anders, wollte ich sagen, hielt mich aber zurück; ich wollte nichts behaupten, ehe ich nicht sicher war. In meiner Begleitung waren zwei Fotografen, mit denen ich bislang noch nicht zusammengearbeitet hatte: W., ein großer, langsam kahl werdender ehemaliger Großwildjäger, der über ein enzyklopädisches Wissen von der Wildnis Alaskas verfügte, und D., ein junger Fotograf aus Wyoming, der bei jedem Wort von W. an dessen Lippen hing.

Im Winter nach Michios Tod hatte ich an mehrere Fotografen, die ich nur vom Namen her kannte, Einladungen verschickt, sich mit mir auf die Suche nach neuen Motiven und Erfahrungen zu begeben, ihnen meine Dienste zu einem Preis angeboten, der gerade so eben meine Kosten deckte. Ich hatte diese ansonsten unkluge Geschäftstaktik vor mir dadurch gerechtfertigt, daß dies eine Möglichkeit sein könnte, meine Klientenliste zu erweitern und gleichzeitig neue Gegenden zu erkunden, doch im nachhinein betrachtet, war mein wahres Motiv vermutlich der unterbewußte Wunsch, die von

Michio hinterlassene Lücke zu füllen, indem ich unter seinen Kollegen nach neuen Freunden Ausschau hielt.

Das konnte natürlich nicht funktionieren. Zwischen meinen Passagieren und mir stimmte die Chemie überhaupt nicht, und die Atmosphäre auf der *Swift* war kaum zu ertragen, seit W. und D. an Bord waren. W. schien bemüht, hinter der Fassade gelehrter Zurückhaltung zu verbergen, daß er meine Ansichten mißbilligte, verriet sich aber durch ein Repertoire kleiner Gesten, etwa durch ein gelegentliches, ruckartiges Anheben des Kinns, lange Blicke aus dem Fenster, statt meine Fragen zu beantworten, und lebhafte Gespräche mit D., die erstarben, sobald ich hereinkam.

W. starrte durch sein Fernglas und grunzte: »Das könnte einer sein.«

Seit drei Tagen waren wir in dieser Bucht, einem sich nach Osten öffnenden, nur bei Flut durch eine Engstelle zu erreichenden Ankerplatz im Schatten der Chilkhat Mountains.* Während dieser Zeit hatten wir zahlreiche Bären gesichtet (sowohl Grizzlys als auch Schwarzbären), genauso mehrere Elche und die Fährte eines streunenden Wolfs. Die Bären hatten uns mehrfach Gelegenheit für erstklassige Fotos geboten – vor allem ein Grizzly von der Gestalt eines Sumoringers, der die außerordentliche Körperkraft seiner Spezies dadurch demonstrierte, daß er eine enorme Steinplatte mit nur einer Pfote anhob, bloß um ein paar Würmer darunter aufzulecken. Doch in meinem Bemühen, eine Verbindung zu Michio beizubehalten, hatte ich auch stets weiter nach dem Blauen Bären gesucht, und meine Passagiere und ich saßen an jenem Vormittag schon seit Stunden an Deck und suchten die Küstenlinie nach dem Aufblitzen eines grauen Fells ab. Die Bucht verzweigte sich hinter dem Einlaß nach links und

* Wie zuvor schon erklärt, herrscht unter Naturfotografen ein erhebliches Besitzstandsdenken, also versprach ich D. und W., den Ort nicht preiszugeben; zu dieser Geheimhaltung motivierte mich des weiteren nicht nur die Exklusivität unserer Fotos, sondern auch die Sorge, daß die genaue Benennung der Stelle Wilderer in Versuchung führen könnte.

rechts, beide Arme endeten hinten in einer Schlammzone, in die jeweils ein Wasserlauf aus den Bergen mündete. Ungefähr in der Mitte vor Anker liegend, konnten wir alle Ufer gut überblicken – eine wesentlich effizientere Art und Weise, ein großes Gebiet abzusuchen, als die Strände entlangzuwandern oder auf einen Berg zu klettern.

Diese Strategie schien sich auszuzahlen. Das durch den gazegleichen Wolkenschleier dringende Sonnenlicht glänzte auf den Schultern und Deckhaaren des Bären. Mein Herz schlug schneller. W. grunzte wieder. Ich war noch immer nicht sicher, ob der Bär silbern war oder ob uns lediglich die Entfernung und der Winkel des Sonnenlichts hinsichtlich seiner Farbe täuschten; doch je länger ich durchs Fernglas schaute, desto sicherer war ich von Sekunde zu Sekunde, daß das Tier, wenn es nicht blau war, dann verdammt noch mal nicht schwarz war!

»Laßt uns gehen«, sagte ich und begann das Skiff klarzumachen. D. und W. sortierten hastig ihre Ausrüstung und packten die Kameras ein, wobei sie hin und wieder eine Pause machten, um einen weiteren Blick auf den Bären zu werfen. Nachdem ich den Außenborder montiert und einen »Jetzt-wird's-ernst«-Beutel, Leinen und Anker ins Boot geworfen hatte, machte ich dasselbe. In letzter Zeit hatten einige Fotos von mir bei Wettbewerben reüssiert oder waren anderweitig in die Öffentlichkeit gelangt, und die ersten Fotoagenturen hatten mich bereits mit Angeboten kontaktiert, meine Werke zu vermarkten. Ich zögerte anzunehmen, größtenteils weil ich mich damit in direktem Wettbewerb zu den Klienten begeben hätte, die ich als meine Freunde betrachtete; und um eine Alternative zu haben, hatte ich mit digitaler Videografie zu experimentieren begonnen. Jetzt lagen in meinem Rucksack zusätzlich zur 20 Jahre alten Kleinbild-Ausrüstung eine teure neue japanische Videokamera, Reserve-Akkus, Bänder, Vorsatzobjektive, Korrekturlinsen und sonstige dringend nötige Kinkerlitzchen.

Der kleine Außenborder erwachte stotternd zum Leben, wir legten von der *Swift* ab und fuhren langsam und vorsichtig

Richtung Ufer. W. und D. behielten unser Zielobjekt im Auge, während ich auf die Strömung und die Windrichtung achtete und nach einer Stelle zum Anlegen suchte, von der aus wir den Bären nicht aufscheuchen würden. Auf halbem Weg zwischen *Swift* und Strand sah W. kurz durch sein Fernglas und nickte ein einziges Mal, aber nachdrücklich mit dem Kopf.

Das war der Bär, den wir suchten, das Tier, hinter dem ich seit so langer Zeit her war. Energien pulsierten in meinem Körper und schickten Wellen der Begeisterung durch meine Adern. Doch so rasch sie gekommen war, so schnell verblaßte meine Euphorie wieder; nie nahm ich die Abwesenheit einer anderen Person so intensiv wahr, wie mir jetzt Michio fehlte, als ich die Videokamera aus dem Rucksack holte, auf den Bären zoomte und den blassen Glanz seines Pelzes sah.

Der Außenborder spotzte und schüttelte sich, als ich das Gas auf Leerlauf drehte. Die Kamera wackelte und lieferte Bilder von einem Bären, der wie besoffen herumschwankte. Neben mir hörte ich, wie D. mit seiner Kamera ein Bild nach dem anderen schoß. Der Gletscherbär senkte den Kopf, hob ihn wieder und starrte in unsere Richtung, dann trat er einen Schritt zur Seite und blieb wieder stehen. W. machte eine Aufnahme, dann deutete er mit dem Kopf Richtung Ufer. Der Blaue Bär war zu weit entfernt. Wenn wir ein brauchbares Bild machen wollten, mußten wir am Strand ein Stativ aufbauen, das stabil genug für ein langes Tele war.

Seepocken kratzten am Rumpf, als ich den Außenborder abstellte und hochkippte und das Skiff an Land treiben ließ. Kaum waren wir im flachen Wasser, schulterten D. und W. ihre Rucksäcke und stiegen aus. Dann gingen sie den Strand hoch, indem sie immer dann, wenn der Bär zum Grasen den Kopf senkte, langsam ein paar Schritte weiterschlichen. Ich blieb zurück und legte, nachdem ich die Leine am Bug festgemacht hatte, vorsichtig balancierend den Anker auf den Rand des Skiffs; dann gab ich ihm einen festen Stoß, um es in tieferes Wasser zu treiben, und schließlich ließ ich den Anker mit einem Ruck der Seillänge, die durch meine Hand glitt, ins Wasser fallen.*

Aufgrund des Plätscherns hob der Bär den Kopf, wich zurück und blickte in unsere Richtung. Ich erstarrte zur Salzsäule. W. und D. machten dasselbe. Nach einem langen, stieren Blick senkte der Bär wieder den Kopf und riß ein Maulvoll Gras ab, dann drehte er sich seitwärts, so daß wir ihn in voller Länge sehen konnten. Ich hielt die Luft an und griff mir mit der Hand an die Brust. Sein Fell hatte die Farbe geschliffenen Metalls – oder die des Sonnenlichts, wenn es am Rand eines Sturmtiefs auf See flackert.

Die nächsten 20 Minuten lang bewegte sich der Bär, abwechselnd grasend und witternd, in der Reichweite von W.s und D.s Teleobjektiven. Nach einem weiteren langen Blick auf die drei merkwürdigen Kreaturen, die da in 100 Meter Entfernung langsam den Strand entlangschlichen, zog er sich an den Waldrand zurück und begann absichtlich über einer Reihe kleine Schößlinge hin und her zu laufen und sie mit seinem Bauch zu streifen, als wollte er sich kratzen.**

Ich nahm meine Kamera aus dem Rucksack und versuchte auf den Bären scharf zu stellen; hin- und hergerissen war ich zwischen bebender Erregung – *endlich, endlich* – und dem leisen, quälenden Bedauern bei dem Gedanken, daß ich zwar endlich einen Blauen Bären zu Gesicht bekam, dies aber in der Gesellschaft von Menschen, zu denen eine Beziehung herzustellen ich keinerlei Hoffnung hatte.

So hatte das nicht sein sollen, dachte ich, und eine tiefsitzende Erinnerung an die merkwürdige, herzliche Frustration stieg in mir auf, die ich manchmal gegenüber Michio wegen

* Selbst in dem Moment, da sich ein zehn Jahre alter Traum erfüllt, muß man an die Gezeiten denken. Das Wasser fiel so rasch, daß das Skiff, wenn ich es nicht in tieferem Wasser verankert hätte, binnen Minuten auf dem Trockenen gelegen hätte.

** Auf diese Weise setzt der Bär seine Duftmarken und grenzt sein Revier ab; gewissermaßen sagt er damit: »Hier bin ich – und ich werde hier nicht weggehen.«

dessen liebenswerten Qualitäten wie Zuspätkommen und geistesabwesender Vergeßlichkeit empfunden hatte, bis ich fast laut loslachte: *Michio, wo zur Hölle steckst du, jetzt, da wir endlich den Bären gefunden haben?*

Ich montierte die Kamera auf das Stativ, stellte die Verschlußzeit ein und machte ein paar Aufnahmen, dann biß ich mir frustriert auf die Lippe. Die Entfernung war für mein Objektiv einfach zu groß.

Ich steckte den Fotoapparat wieder weg, ließ die Videokamera aufs Stativ schnappen, schraubte einen Teleadapter vor das Objektiv und drückte den Startknopf. Der Bär schlenderte hin und her, an Schultern und Hinterbacken spielten die Muskeln. Während die Kamera lief, schüttelte er abrupt ein wenig den Kopf, und wie ein Mann, dem plötzlich eingefallen ist, daß er was erledigen muß, hob er die Nase in den Wind und trollte sich zielbewußt und schnell Richtung Wald, wo er in dichtem Buschwerk verschwand.

Der Sonnenuntergang näherte sich, das Licht schwand. Das Wasser war gefallen, gestiegen und hatte dann wieder zu fallen begonnen, während wir auf die Rückkehr des Bären warteten, doch das Ufer blieb leer und leblos. Zurück auf der *Swift* waren W. und D. nicht darauf eingegangen, wie sehr es mich bewegt hatte, den Bären zu sehen, wie dies nach so vielen Jahren der Suche mir wie eine spirituelle Erfahrung vorgekommen war; und als das Abendessen auf dem Herd stand, überwachten wir abwechselnd die stetig dunkler werdende Stelle an Land, wo der Bär verschwunden war.

»Er ist zurück«, sagte W. und erhob sich, mit dem Finger hindeutend, vom Tisch. An Land tauchte ein blasser Schatten zwischen den Erlen auf und verschmolz mit einem Flecken Gras.

D. schüttelte den Kopf und verwarf die Wiederkehr des Bären als wertlos. »Es ist zu dunkel zum Fotografieren.« Ich zögerte; ein tief verwurzelter Impuls, das zu tun, was für meine Klienten am besten war (was bedeutete, jetzt den Bären in

Ruhe zu lassen und zu hoffen, daß er morgen zurückkäme), kämpfte gegen die Erregung, den Bären zu sehen, bis ich schließlich nachgab, die Kameratasche grapschte und mit den Worten »das Licht reicht für ein Video« ins Skiff stieg.*

In Wahrheit war ich gar nicht daran interessiert, den Bären auf Video zu bannen. Ich war auf die Gelegenheit aus, den Bären zu sehen – nein, bei dem Bären zu *sein* –, ohne dabei von anderen Menschen oder von dem Verlangen, diesen Anblick in eine Handelsware umzuwandeln, abgelenkt zu werden; ich wollte vielleicht das Geräusch hören, wie er das Gras zerkaute, oder ein bißchen von seinem typischen Geruch nach nassem Hund und Kuh und Bärenklau abbekommen. Kurz, was ich wollte, war ein intimer Moment mit dem Bären, aber als Mann und Bär, nicht als Bär und Führer, und ich wollte mir vorstellen, wie es gewesen wäre, dies gemeinsam mit meinem Freund zu erleben.

Der Außenborder startete auf den ersten Zug und schnurrte gleichmäßig, als ich von der *Swift* ablegte. Es war die Stunde am Abend, wenn die Landschaft die Farben verliert, wenn ein Wald mehr grau als grün ist und das Wasser eine Schattierung dunkler als der Himmel. Der Bär konzentrierte sich ganz aufs Grasen, machte mal einen langsamen Schritt hierhin, mal einen dorthin. Hinter mir konnte ich das leichte Rauschen der Flut hören, die die Felsen an der Einfahrt zur Bucht umspülte; in den Baumwipfeln sang laut eine Halsbanddrossel.

Die Strömung war stark, und ich steuerte das Skiff so in schrägem Winkel zum Ufer, daß ich mich seitwärts in Richtung Bär bewegte – nicht die beste Anschleichtechnik, aber aus Gründen, die ich nicht benennen kann, hatte ich das Gefühl, daß ich mich ihm langsam, aber frei und offen nähern sollte, ohne Versteckspiel, ohne List, ohne Täuschungsmanöver.

Ich war keine 50 Meter mehr entfernt, als der Bär aufblick-

* Aus technischen Gründen braucht man für Digitalaufnahmen viel weniger Licht als für eine Filmbelichtung, wobei neuere Geräte sogar in der Lage sind, in fast völliger Dunkelheit noch Bilder aufzuzeichnen (wenn auch nicht in Farbe).

te und mich direkt ansah – ein aschfahles Phantasma im Dämmerlicht. Bei 35 Metern wandte er sich zur Seite und präsentierte das tiefe Blaugrau seines Rückens und seiner Flanke. Bei knapp 20 Metern senkte er den Kopf und fing wieder zu fressen an, wobei er mich mit einem gelegentlichen Seitenblick im Auge behielt.

Fünfzehn Meter, dreizehn Meter, zwölf Meter – ich stellte den Außenborder ab, zog leise ein Skull aus der Lasche und ruderte, bis ich den Boden berührte, dann griff ich nach meinem Rucksack.

Beim Geräusch des Reißverschlusses blickte der Bär hoch, ein Stengel Lolch-Gras hing ihm aus dem Maul. Ungeachtet des Dämmerlichts und ohne an Verschlußzeiten zu denken, hob ich die Kamera und drückte den Auslöser.

Eine volle Minute verstrich, dann eine weitere, während wir einander anstarrten; ich konnte seine Rippen sich wölben sehen, wenn er atmete. Als er seinen Kopf senkte, um sich einen weiteren Bissen Gras zu gönnen, konnte ich seine Kiefer mahlen hören. Mit dem Skull schob ich mich noch ein kleines Stückchen weiter an ihn heran – näher, als vernünftig oder klug war.

Auch heute noch bin ich mir nicht sicher, wie weit ich gegangen wäre, wenn ich angelegt hätte, ausgestiegen wäre, das Skiff hätte treiben lassen, während ich geradewegs auf den Bären zugegangen wäre und ihm meine Hand auf den Rükken gelegt hätte, um die festen Muskeln unter seinem Fell zu fühlen. Ich werde es niemals wissen, denn bevor ich diesen letzten Schritt tun konnte, verletzte ich eine Grenze, die der Bär gesetzt hatte, eine ideelle Linie im Raum, und er drehte sich um und blickte mich schräg von vorn an. Einen Moment lang verlagerte er sein Gewicht von einem Fuß auf den anderen, als überlegte er, was zu tun sei, dann wirbelte er plötzlich herum und sprang mit zwei weiten, explosiven Sätzen fort, in den Wald hinein.

Wie versteinert saß ich da und wartete auf das Krachen der Zweige, das in der Regel einen hastigen Rückzug begleitet. Ich lauschte, aber ich hörte nichts, lauschte noch konzentrierter und hörte wieder nichts. Mit nichts als dem Rauschen meines eigenen Bluts in den Ohren begann ich mich zu fragen, ob der Bär ein, zwei Meter innerhalb des Gesträuchs, das den Wald zum Strand begrenzte, haltgemacht hatte und nun seinerseits lauschte, stockstill dastand und mich aus der alles verschlingenden Dunkelheit heraus fixierte.

Ich hätte gern berichtet, daß das Zusammentreffen mit dem Bären so etwas wie eine grandiose Offenbarung nach sich zog – wie für einen Sekundenbruchteil alles um mich herum überirdisch dunkel und hell zur gleichen Zeit war, als würde ich das Gemenge von Wasser und Fels und der Hunderten von Lebensformen im Wald und im Meer wie ein gleißendes Strahlen wahrnehmen, das nicht das Ergebnis von Licht war, sondern vielmehr Bestandteil des eigenen Fließens von einem Element zum nächsten, schimmernd und glänzend wie das Fell des Bären –, aber ich kann es nicht, denn als der Bär erst einmal weg war, war ich nur ein Mann, der allein in einem Skiff im Dunkeln saß und zu gedankenlos zu nah an ein friedlich grasendes Tier herangegangen war und es erschreckt, verjagt hatte.

Bei seiner Flucht erwies sich der Gletscherbär als ein ganz normales Exemplar wie alle anderen Bären auch, mit denselben Merkmalen und Reaktionen wie jedes Mitglied seiner Spezies. Letztlich war er nur ein gewöhnlicher Schwarzbär, mit nichts Außergewöhnlichem an sich außer der Farbe seines Pelzes, und mir ging auf, daß es wahrscheinlich nie einen Unterschied gemacht hätte, ob ich einen gefunden und fotografiert hatte oder nicht. Was *zählte*, das war klar, war die Erfahrung der Jagd und der Freundschaft, die ich während der Suche genossen hatte. Was zählte, waren all die Dinge, die wir gesehen und getan hatten, solange wir der Spur des Blauen Bären folgten.

Etwas hatte ich nie ganz verstanden, bis ich mich hinsetzte, um diese Geschichte aufzuschreiben, mein Leben bis auf diese letzte $\frac{1}{60}$ Sekunde zu entblättern, als der Verschlußvorhang fiel und das Bild des Blauen Bären festgehalten wurde. Bis dahin hatte ich nie begriffen, wie jedes einzelne Ereignis, egal wie wichtig oder nichtig, und jedes Zusammentreffen im Lauf eines langen Lebens von einem zum anderen führt und das wieder zum nächsten und wie dieser Prozeß mit der Exaktheit eines Uhrmacherverstandes oder der Rückkehr der Lachse abläuft, so daß wir jene Lektionen lernen können, die uns zu jedem Zeitpunkt unseren Wert und unseren Platz zeigen – bis zu diesem, dem letzten Moment, wenn es an der Zeit ist hinzuschreiben:

Ende

Anmerkung des Autors

Im Interesse der Kürze habe ich mir die dichterische Freiheit genommen, bei bestimmten Passagen dieser Erzählung Ereignisse, die sich im Verlauf mehrerer Reisen ereigneten, in eine zusammenzupacken, und bei anderen, wo mit der Zeit meine Erinnerung an den genauen Inhalt von Gesprächen verblaßt ist, nach bestem Wissen und Vermögen die geistige Atmosphäre dieser Momente zu rekonstruieren.

Danksagung

Ich bin zahllosen Menschen zu Dank verpflichtet, die zur Vollständigkeit und Stimmigkeit dieses Buches beigetragen haben.

Ich möchte Gladi Kulp von der Alaska State Historical Library danken, die für meine Recherchen unzählige Dokumente ausgrub, und Kurt Dunbar aus Bellingham, Washington, der mich vor mehreren haarsträubenden Fehlern bewahrte. Wayne und Marie Ivers aus Yakutat, Linda Daniel aus Juneau und Bruce Dinneford vom Alaska Department of Fish and Game waren so freundlich, Teile des Manuskripts gegenzulesen. Dank schulde ich auch John Hyde und Kim Heacox dafür, daß sie ihre Erinnerungen an Michio mit mir teilten, und Curtis Hight, daß er mir half, die Umstände seines Todes besser zu verstehen.

Von den zahllosen Naturschützern, Biologen, Forschern und Wissenschaftlern, deren Arbeit mein eigenes, begrenztes Verständnis der natürlichen Systeme Alaskas erheblich erweitert hat, muß ich besonders Richard Carstensen, Robert Armstrong, Greg Streveler, Fred Sharpe und Beth Mathews für ihre stets vorhandene Bereitschaft zur Belehrung danken.

Eine besondere Würdigung verdienen Warren Frazier, der für einen Boxer eine ziemlich gute Hebamme abgibt, und Dan Halpern, dessen Ermutigung von entscheidender Bedeutung war.

Und nicht zuletzt danke ich Leta Schooler und Schooler Farms auf Hawaii dafür, daß sie die Rechnungen bezahlten.

Auswahlbibliographie

Armstrong, Robert H., *Guide to the Birds of Alaska*. Alaska Northwest Books, 1990.

Baker, Marcus, und William H. Dall, *Pacific Coast Pilot. Coast and Islands of Alaska*. U. S. Government Printing Office, 1879.

Bohn, Dave, *Glacier Bay: The Land and the Silence*. Sierra Club–Ballantine Books, 1967.

Conner, Cathy, und Daniel O'Haire, *Roadside Geology of Alaska*. Mountain Press, 1988.

Cutter, Donald C., *Malaspina and Galiano: Spanish Voyages to the Northwest Coast*. University of Washington Press, Douglas and McIntyre, 1991.

Dauenhauer, Richard, und Nora M. Dauenhauer, *Haa Shuka, Our Ancestors: Tlingit Oral Narratives*. University of Washington Press, Sealaska Heritage Foundation, 1997.

Davis, Neil, *Alaska Science Nuggets*. Geophysical Institute, University of Alaska, 1982.

Emmons, George T., *The Tlingit Indians*. Hg. v. Frederica de Laguna. University of Washington Press, Douglas and McIntyre, 1991.

Ford, John K. B., und Graeme M. Ellis, *Transients: Mammal-Hunting Killer Whales of British Columbia, Washington, and Southeastern Alaska*. University of British Columbia Press, 1999.

Ford, John K. B., Graeme M. Ellis und Kenneth C. Balcomb, *Killer Whales: The Natural History and Genealogy of »Orcinus Orca« in British Columbia and Washington State*. University of British Columbia Press, 1994.

Goldschmidt, Walter R., und Theodore H. Haas, *Haa Aani, Our Land: Tlingit and Haida Land Rights and Use*. University of Washington Press, Sealaska Heritage Foundation, 1998.

Henning, Robert A., *Admiralty: Island in Contention.* Alaska Geographic Series, Bd. 1, Nr. 3. Alaska Geographic Society, 1974.

ders., *Alaska's Bears.* Alaska Geographic Series, Bd. 20, Nr. 4. Alaska Geographic Society, 1993.

ders., *Exploring Alaska's Birds.* Alaska Geographic Series, Bd. 28, Nr. 1. Alaska Geographic Society, 2001.

Hilson, Stephen E., *Exploring Alaska and British Columbia.* Evergreen Pacific Publishing, 1997.

Jans, Nick, *Tracks of the Unseen: Meditations on Alaska Wildlife, Landscape, and Photography.* Fulcrum, 2000.

Morey, Walt, *Operation Blue Bear: A True Story.* Dutton, 1975.

Muir, John, *Travels in Alaska.* Houghton-Mifflin, 1915.

O'Claire, Rita, mit Richard Carstensen und Robert H. Armstrong, *The Nature of Southeast Alaska: A Guide to Plants, Animals, and Habitats.* Alaska Northwest Books, 1992.

Olson, Henry, und Richard Bayne, *The Wit and Wisdom of Tiger Olson (Oldtime Alaskan).* Douglas Printing, 1979.

Orth, Donald J., *Dictionary of Alaska Place Names.* U. S. Government Printing Office, 1971.

Stewart, Doug, »Tales of Two Orcas«, in: *National Wildlife,* Dezember/Januar 2001.

Thill, Michael, und Mary Jo Thill, *The Aleut Evacuation: The Untold War Story.* Videoband. Gaff-Rigged Productions, 1992.

Wickwire, Jim, und Dorothy Bullitt, *Addicted to Danger.* Pocket Books, 1998.

Wood, C. E. S., »Among the Thlinkit Indians in Alaska«, in: *Century,* Juli 1882.

Young, S. Hall, *Hall Young of Alaska: The Mushing Parson.* Fleming H. Revell, 1927.

Weiterführende deutschsprachige Literatur findet sich u.a. in:

Ludwig, Alfred, *Alaska.* Mai Verlag, Dreieich 1997.

Pott, Eckhart, *Alaska: Landschaft und Tierwelt.* Landbuch-Verlag, Hannover 1989.

Von Mishio Hoshino *liegen auf deutsch vor:*

Das Grizzly-Bären-Kinder-Buch. Verlag Neugebauer Press, Salzburg, München 1992.

Arctic Odyssee: Erinnerungen an die ferne Arktis. Tecklenborg Verlag, Steinfurt 1999.

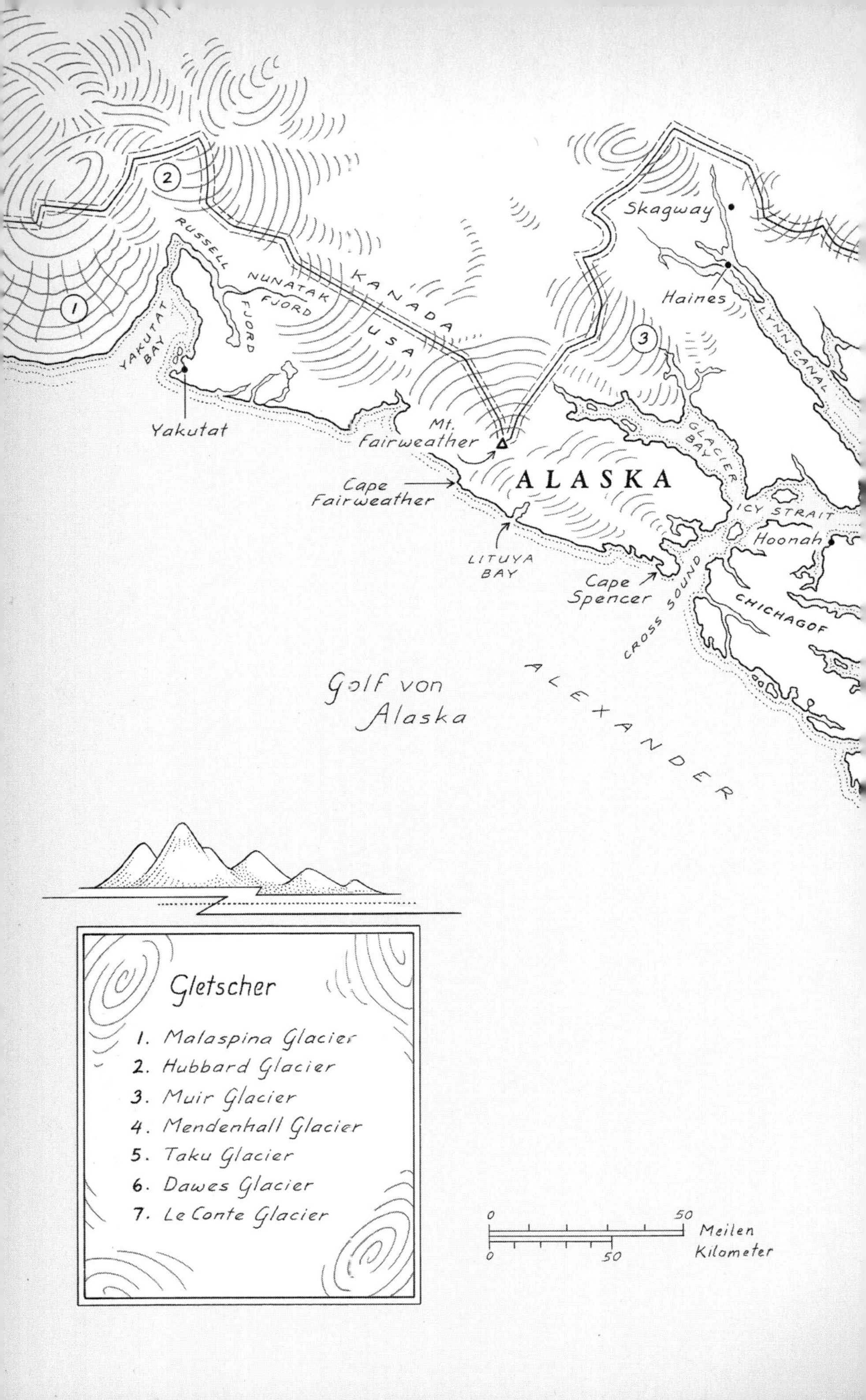

1
2
3
RUSSELL FJORD
NUNATAK FJORD
KANADA
USA
YAKUTAT BAY
Yakutat
Skagway
Haines
LYNN CANAL
GLACIER BAY
Mt. Fairweather
ALASKA
Cape Fairweather
LITUYA BAY
ICY STRAIT
Hoonah
Cape Spencer
CROSS SOUND
CHICHAGOF
Golf von Alaska
ALEXANDER
Gletscher
1. Malaspina Glacier
2. Hubbard Glacier
3. Muir Glacier
4. Mendenhall Glacier
5. Taku Glacier
6. Dawes Glacier
7. Le Conte Glacier
0
50
Meilen
Kilometer
0
50

N
O
S
W
Juneau Icefield
Devil's Paw
Taku Harbor
4
5
Juneau
TAKU INLET
SNETTISHAM INLET
HOLKHAM BAY
TRACY ARM
Stikine Icefield
STEPHENS PASSAGE
FUNTER BAY
ADMIRALTY ISLAND
ENDICOTT ARM
6
KANADA
USA
BRITISH COLUMBIA
Tenakee
Angoon
GAMBIER BAY
CHAIK BAY
ISLAND
CHATHAM
PYBUS BAY
7
Petersburg
FREDERICK SOUND
PERIL STRAIT
WHITEWATER BAY
Kake
KUPREANOF ISLAND
Wrangell
ALASKA
Baranof
BARANOF ISLAND
STRAIT
KUIU ISLAND
Sitka
ARCHIPEL
PRINCE OF WALES ISLAND
Ketchikan
QUEEN CHARLOTTE ISLANDS (KANADA)

Expeditionen in unbekannte Welten

Nigel Barley
Traumatische Tropen
Notizen aus meiner Lehmhütte
ISBN 3-423-**12399**-0

Tanz ums Grab
ISBN 3-423-**12795**-3

Die Raupenplage
Von einem, der auszog, Ethnologie zu betreiben
ISBN 3-423-**12518**-7

Hallo Mister Puttymann
Bei den Toraja in Indonesien
ISBN 3-423-**12580**-2

Traurige Insulaner
Als Ethnologe bei den Engländern
ISBN 3-423-**12664**-7

Franz Binder
Kailash
Reise zum Berg der Götter
ISBN 3-423-**24343**-0

Mary Crow Dog
Lakota Woman
Die Geschichte einer Sioux-Frau
ISBN 3-423-**36104**-2

Rae Graham
Mashudu
Die weiße Zauberheilerin
ISBN 3-423-**36056**-9

Peter Nichols
Der Freisegler
Logbuch der Erinnerung
ISBN 3-423-**34012**-6

Redmond O'Hanlon
Ins Innere von Borneo
ISBN 3-423-**20220**-3

Kongofieber
ISBN 3-423-**20324**-2

Annemarie Schimmel
Berge, Wüsten, Heiligtümer
Meine Reisen in Pakistan und Indien
ISBN 3-423-**30639**-4

Im Namen Allahs, des Allbarmherzigen
Der Islam
ISBN 3-423-**36111**-5

Paul Theroux
Der alte Patagonien-Express
ISBN 3-423-**20031**-6

Die glücklichen Inseln Ozeaniens
ISBN 3-423-**20224**-6

Beck Weathers
Stephen G. Michaud
Für tot erklärt
Meine Rückkehr vom Mount Everest
ISBN 3-423-**20585**-7

Konrad Lorenz im dtv

»Es gibt keinen erfolgreichen und guten Biologen, der nicht aus inniger Freude an den Schönheiten der lebendigen Kreatur zu seinem Lebensberufe gelangt wäre.«
Konrad Lorenz

Das sogenannte Böse
Zur Naturgeschichte der Aggression
ISBN 3-423-33017-1

Konrad Lorenz behandelt einen gefährlichen Grundantrieb menschlichen Verhaltens: die Aggression, das heißt den auf den Artgenossen gerichteten Kampftrieb bei Mensch und Tier. Das Buch hat eine fruchtbare und nützliche Diskussion über die natürlichen Grundlagen des menschlichen Daseins in Gang gesetzt, die so rasch nicht wieder verstummen wird. Ein Schlüsselwerk von epochalem Rang.

Er redete mit dem Vieh, den Vögeln und den Fischen
ISBN 3-423-20225-4

Das Haus von Konrad Lorenz in Altenberg bei Wien glich einer Arche Noah: Es war bevölkert von allen möglichen Tieren, die mit großer Liebe an ihrem Herrn und Meister hingen. Humorvoll und selbstironisch schildert Lorenz seine Erlebnisse mit den Tieren und berichtet dabei viel Wissenswertes über deren differenzierte Lebensgewohnheiten und Verhaltensweisen.

So kam der Mensch auf den Hund
ISBN 3-423-20113-4

Aus uralten Instinkten erklärt Lorenz das Verhalten unseres vierbeinigen Hausgenossen, das manchmal fast menschlich anmutet, dem Hundeliebhaber allerdings oft unverständlich und sogar unheimlich erscheint. Jede Hunderasse, aber auch jeder einzelne Hund hat einen eigenen (und oft eigensinnigen) Charakter, den nur entschlüsseln kann, wer die Entwicklungsgeschichte und Verhaltensformen dieser Tierart kennt.

Kleine Philosophie der Passionen

Heiner Geißler

Bergsteigen

ISBN 3-423-20039-1

»Bergsteigen ist ein Abenteuer. Es gehört wahrscheinlich zu den letzten großen Abenteuern, die heute auf der Erde noch möglich sind. Es ist eine immer wieder faszinierende körperliche und seelische, geistige und charakterliche Herausforderung. Es ist, wie gesagt, Leistungssport in wilder und schöner Landschaft, in unmittelbarer Berührung mit der Erde und ihren Pflanzen, mit Fels und Eis in ständiger Abhängigkeit und Beobachtung von Sonne und Mond, den Sternen, dem Wetter, den Wolken am Himmel. Es fordert Können, Umsicht, Solidarität, Moral und Beherrschung der Technik, aber es sollte ein Abenteuer sein, das das Leben schöner macht und nicht vernichtet.«

»... ein anekdotischer Querschnitt aus dem Bergtagebuch eines liebenswerten Exzentrikers: gleichzeitig eine Standortbestimmung des modernen Bergsteigers, der die Berge braucht, damit er die Zivilisation da drunten ertragen kann.«

Süddeutsche Zeitung

»Man erfährt viel in diesem kleinen Buch: über das Bergsteigen – und über den Menschen Geißler. Ein guter Tip für Bergfreunde und Politikinteressierte.«

Westfälische Nachrichten

Kleine Philosophie der Passionen

Karl Forster

Segeln

ISBN 3-423-20038-3

»›Kurs liegt an.‹ Ein häßlicher Moment. Es ist 2 Uhr morgens, die Nacht hat keine drei Stunden gedauert, weil wir wieder nicht in die Kojen gekommen sind. Und jetzt bin ich also dran. Es sind immer die ersten fünf bis zehn Minuten, in denen man heftig darüber nachdenkt, warum man sich das antut. Warum man auf einer acht nächtens durch das Mittelmeer eiert, nur um irgendwann in irgendeinem Kapheneion einen ›Metrios‹ zu trinken, diesen halbsüßen, heißen, starken, kleinen griechischen Kaffee, den die Türken natürlich einen türkischen nennen.

Nun, die ersten Minuten sind vorbei. Das Auge hat sich an die Dunkelheit gewöhnt. Der Körper bewegt sich im Rhythmus des Schiffes. Man beginnt wieder, eins zu werden mit dem Meer, das illen aufzwingt. Und es wird dabei kräftig unterstützt enn die beiden nicht wollen, dann kann kein Mensch obei es, und das könnte mit ein Grund sein, warum man sich so etwas immer wieder antut, durchaus Möglichkeiten und ein bißchen auszutricksen. Man nennt das

irbel an Erinnerungen und Episoden, gefühlsam, lyrisch, komisch …«
Süddeutsche Zeitung, München

»Karl Forster gilt als ungekrönter König der Ägäis und vermittelt glaubwürdig und unterhaltsam, daß es auf dem Boot nicht nur feucht, sondern auch fröhlich zugehen kann.«
Thomas Grasberger in der AZ

Bitte besuchen Sie uns im Internet: www.dtv.de

DIERCKE-Wörterbuch Allgemeine Geographie

Herausgegeben von Hartmut Leser

ISBN 3-423-03421-1
Originalausgabe

Im ›DIERCKE-Wörterbuch Allgemeine Geographie‹ werden rund 15000 Fachwörter aus den naturwissenschaftlichen und humanwissenschaftlichen Teildisziplinen definiert. Verwandte Fachbegriffe verschiedener Nachbarfächer der Geographie wurden mit eingearbeitet. Dadurch wird der interdisziplinäre Zusammenhang geographischer Begriffe und Fragestellungen verdeutlicht. Auch ausgewählte methodische Begriffe und Fragestellungen werden erläutert. Die Definitionen sind für den Laien verständlich formuliert, der fachwissenschaftliche Anspruch wird dabei aber keinesfalls vernachlässigt. 500 Karten, Profile und Schemazeichnungen ergänzen und veranschaulichen den Text.

Das ›DIERCKE-Wörterbuch Allgemeine Geographie‹ erschien erstmals 1984, erfuhr bis 1995 acht Auflagen und liegt jetzt in einer vollkommen überarbeiteten Neuausgabe vor!

Dabei wurden die geographisch-raumwissenschaftlichen und die klassisch-geowissenschaftlichen Teile des Nachschlagewerks erweitert. Berücksichtigt sind sowohl gewandelte Traditionsbegriffe, als auch umweltbezogene Neuschöpfungen. Auch bioökologische und biogeographische Bezeichnungen finden ihren Platz in diesem zuverlässigen, aktuellen und kompetenten Wörterbuch.

Geoökologie • Geomorphologie • Bodengeographie • Klimageographie • Hydrogeographie • Biogeographie • Wirtschaftsgeographie • Sozialgeographie • Siedlungsgeographie • Stadtgeographie • Bevölkerungsgeographie • Verkehrsgeographie • Fremdenverkehrsgeographie • Bioökologie